U0000678

破譯邊疆 破解帝國

From Frontier Policy to Foreign Policy

The Question of India and the Transformation of Geopolitics in Qing China

印度問題與清代中國地緣政治的轉型

馬世嘉
Matthew W. Mosca

羅盛吉 譯

海外學界一致肯定

這部博而不繁的新作，無疑將使我們重新思考清王朝的世界觀和鴉片戰爭的歷史背景。

——米華健（James A. Millward）
美國喬治城大學艾德蒙・沃爾什外交服務學院歷史學教授

馬世嘉利用漢文、滿文、蒙古文及歐洲材料，透過這部令人驚喜的處女作，重新思考過去五百年的亞洲史學編纂史。在本書中，作者無處不顯示出自己在駕馭多語言材料方面的淵博學識。

——艾爾曼（Benjamin A. Elman）
普林斯頓大學東亞研究及歷史學講座教授

作者出色地修正了我們對清代中國與新出現的英屬印度強權之間關係的理解。清王朝並不是一個無力控制其邊緣地區的失敗政體，而是擁有複雜的資訊獲取體系，以處理與邊疆共同體間的關係。一八五〇年之後，一種視野更寬廣的「對外政策」逐漸形成，以應對來勢兇猛的西方列強。

——克里斯托弗．貝利（C. A. Bayly）
劍橋大學維爾．哈姆斯沃思帝國史與海軍史講席教授

本書立論堅實，銳氣逼人，讀起來像一部偵探小說。「印度」的真正含義是什麼？它究竟在哪？它對清王朝而言意味著什麼？本書貫穿了政治史、外交史、文化史與思想史等領域，對於重構十九世紀早期的中國史是一部必讀之作。

——蓋博堅（R. Kent Guy）
美國華盛頓大學西雅圖分校歷史系教授

這是一部卓越的、為學界所亟需的著作，對於所有研究晚期帝制中國史和早期現代全球史的學者而言都是一部必讀之作。

——吳勞麗（Laura Newby）
荷蘭萊頓大學教授

作者清晰地論證了清朝統治精英如何積極參與知識與世界觀的建構，本書對於推動清史的研究可謂一大貢獻，也有助於重構我們對西方帝國主義時代中國對外關係史的理解。

——陸德芙（Jennifer Rudolph）
哈佛大學費正清中國研究中心執行董事

本書打破了天下與朝貢體系的傳統解釋模式，將文化史、思想史與地理學、政治學、對外關係的研究融為一體。

——《中國研究書評》

作為對中國忽視對外關係這種陳舊觀點的回應，本書不僅做出了全面的修正，而且提供了思想史層面的敘事重構，由此產生的方法論同樣可以應用於清代政治史研究的其他領域。

——《中國學報》

本書對清朝地圖學、地理學和詞典編纂學的多樣化模式，及其如何拓展對早期現代世界的認識的討論，即使是中國研究領域之外的學者也能從中獲益良多。

——《東亞研究書訊》

作者呈現在我們面前的是一部具有說服力的清代對外關係史專著，檢視了一七五七年至一八六〇年間朝廷了解和認識英屬印度的過程。書中分析了邊疆政策與對外政策在一個多民族帝國中的緊張關係，為關注亞洲的國際關係學家和歷史學家提供了寶貴的思想養分。

——美國《選擇》雜誌

導讀

清朝的情報蒐集與邊疆政策的轉型

蔡偉傑
美國印第安納大學內陸歐亞學系博士

自一九九〇年代初起發軔的美國新清史（New Qing History）「學派」，近年來在兩岸學界受到頗多關注。該學派對過去以漢人視角為本位的清史研究提出商榷，強調應從滿洲統治者的視角出發，並利用過去較被忽略的非漢文材料（主要為滿文），將清朝放在早期近代歐亞帝國形成的脈絡中進行研究與比較。這樣的取向也引起了批評的聲浪。然而論者的焦點主要放在第一代的新清史學者如柯嬌燕（Pamela Kyle Crossley）與歐立德（Mark C. Elliott）等人身上，而忽略了新清史第二代學者的新發展。而在這些第二代學者中，馬世嘉（Matthew W. Mosca）改寫自其博士論文，並於二〇一三年出版的新書《破譯邊疆．破解帝國：印度問題與清代中國地緣政治的轉型》正是所謂「新清史二．〇」的代表作之一。如今聽到由羅盛吉迻譯的本書正體中文版將由臺灣商務印書館發行，我也感到十分高興。

作者於二〇〇八年獲美國哈佛大學歷史與東亞語言聯合學程博士，在孔飛力（Philip A. Kuhn）、歐立德與濮德培（Peter C. Perdue）等人指導下完成博士論文。後曾於美國加州大學柏克萊分校與香港大學進行博士後研究，並任美國維吉尼亞州威廉與瑪莉學院（College of William and Mary）歷史系助理教授，現任西雅圖華盛頓大學歷史系助理教授。其研究興趣包括了中國與內陸亞洲史，主要關注大清帝國的對外關係以及清代地理與史學思想史。

本書所處理的問題主要有兩個：首先是自一七五〇至一八六〇年間，清朝皇帝、官員與學者們如何看待大英帝國勢力在印度的崛起？其次是對此一局勢的了解又如何影響清朝政策以便維護自身安全？本書鑑別了發生在這段期間的兩個主要變遷：一是清朝政府在對外政策上存在從多元化的邊疆政策過渡到一元化的對外政策；二是清帝國內部的資訊階序的變遷——即邊疆相關資訊從初期由中央內廷獨占，到後來在地方官員與學者間得以自由流通的情況。清帝國並非用政策上的差異來區分不同的邊疆，而是帝國自身對威脅的感受主導了對外政策的選擇。基本上清朝在十八世紀中葉平定準噶爾後，就認為自身的安全得到了一定程度的保障，而將目標轉向於維持新領地的穩定與和平上。

但為何清朝會相信在平定準部之後，自身的安全會得到基本保障？特別是十八世紀中葉以降，清朝周邊的國家與民族都被捲入當時歐洲帝國主義的殖民擴張中，其中又以大英帝國為甚，但是清朝卻沒有因此而產生危機感。作者認為造成這種情況的關鍵在於清帝國的地理與地緣政治思想。在當時的清朝，無論是官員或是學者，對當時的地緣政治知識都必須跨越不同語言與文化的障礙，缺乏一個標準化的框架，這點相當不利於整合不同的區域知識。直到後來政策辯論的非官方渠道、戰略性挑戰的新意識，以及地理學的進步打破了邊疆政策的獨占後，清朝才首次出現了將不同邊疆視為整體的對外政策。大英帝國在亞洲的擴張及其威脅事實上比準噶爾更甚，因為此一威脅很有可能迫使清帝國放棄多元化的邊疆政策，而採行協作程度更高的一元化的對外政策。但是要認識到這樣的威脅需要對不同邊疆的資訊進行同步分析，而這正是邊疆政策所禁止的取向，因此清朝實際上陷入了一種惡性循環。簡言之，清朝缺乏所謂的大戰略（grand strategy）考量。

本書除前言與結論外，正文一共分為四個部分：

第一部分「清帝國的世界視野」（The Qing Empire's Vision of the World）由第一章〈許許多多的印度：清朝地理學常規中的印度，一六四四—一七五五〉（A Wealth of Indias: India in Qing Geographic Practice, 1644–1755）構成。

在此，作者從孔恩（Thomas Kuhn）的科學史典範理論出發，說明清初的地理學就類似於其理論中的前典範科學（pre-paradigmatic science），充滿了各種互相牴觸與競爭的理論。不管是儒家《尚書・禹貢》中的九州四海論、佛教中以須彌山為軸心的四大洲論、伊斯蘭教中以麥加為世界中心的論點，或是歐洲傳教士傳來的七大洲五大洋的理論，都無法找到一以貫之的世界觀來整合解釋。然而當清朝學者試圖弄清楚何者為真時，他們能仰賴的對象一般是本國商人、水手與旅人，但是這些人很可能吹噓自身經歷，而外邦人又被懷疑可能故意提供不實資訊，因此雙方說法都無法輕信。到最後清朝地理學者只好將各種異聞「姑錄存之，備參考焉」，導致了地理不可知論產生。相較清朝地理學以文本敘述為主，西方地理學則以數學地圖製作為主，因此為了得出準確的位置與地名，西方發展出一套評估資訊階序的系統，而引入經緯度系統則是西方地理學的巔峰，這是雙方最大的差異。就傳統中國對印度的了解，源自於梵文 *Sindhu* 的身毒，後來被天竺所取代，而佛教傳入中國後則引入了印度一詞。後來還有滿蒙同源詞的厄訥特克（滿語 *Enetkek*、蒙語 *Enedkeg*）、源自藏語的甲噶兒（*Rgya-gar*）、源自察合台文的痕都斯坦（Hendustan）、明末耶穌會士引入的印第亞與莫臥兒（源自波斯語的 *Mughul*），以及回民習用的欣都斯塘（Hindustan）等等。縱然這些稱呼的來源極度多元化且存在孔恩所言的不可共量性（incommensurability），但由於清初對於追蹤印度的情報並無迫切需求，也因此能夠容忍這種不可共量性。這種情況直到一七五五年清朝進軍準噶爾後才有所改變。

第二部分「鍛造一個多民族帝國：邊疆政策的頂點」（Forging a Multiethnic Empire: The Apex of a Frontier Policy）包括了第二章〈征服新疆與「欣都斯坦」的出現，一七五六—一七九〇〉（The Conquest of Xinjiang and the Emergence of "Hindustan," 1756–1790）、第三章〈圖繪印度：製圖學脈絡下的地理不可知論〉（Mapping India: Geographic Agnosticism in a Cartographic Context），與第四章〈發現「披楞」：從西藏看英屬印度，一七九〇—一八〇〇〉（Discovering the "Pileng": British India Seen from Tibet, 1790–1800）。

第二章從「欣都斯坦」一詞的出現討論乾隆朝中葉對於印度認識的提升。在征服東突厥斯坦的過程中，當地和外國報導人提供的情報引起了清廷對於葉爾羌以南地區的注意。這些情報提供了北印度與莫臥兒帝國末年混亂的政情，對於熟悉印度作為佛教發源地的乾隆皇帝而言，這些可信度高的情報對他的世界觀構成了極大的挑戰，而他吸收這些資訊的結果後來也反映在他的詩文當中。然而由於忽略了來自南方海疆的情報，「欣都斯坦」與印度的關聯仍舊是一大問題。

在第三章中，有別於之前對文本資料的分析，作者從清廷所製作的地圖來分析清朝對印度的認識。清廷的地圖製作始於康熙年間，這些地圖的範圍不僅含括了清朝以外的國家，如阿拉伯、波斯與印度，同時也已經開始使用西方地圖常見的經緯度。然而前述的地理不可知論仍舊影響了清廷的地圖製作與接受效果。在繪製有關清朝治下的領土時，這些宮廷地圖所提供的資訊被認為是具有權威性的；然而在描繪外國時，宮廷地圖的權威性則大為降低。清朝官員和學者僅有在查無其他相關材料時，才會參考這些地圖的相關資訊，因此這些地圖僅僅被視為是解釋外部世界的諸多版本之一，並不具權威性。

第四章從廓爾喀之役與馬戛爾尼（George Macartney）出使中國探討清廷對於英屬印度的了解。

正當清朝將注意力放在欣都斯坦時，大英帝國的勢力已經悄悄在印度半島上立穩腳跟。一七九一年廓爾喀二度入侵西藏，乾隆皇帝派兵平亂。基於情報與外交聯絡的需求，清朝將軍與位在加爾各答的英國總督取得聯繫。不久後，一七九三年英皇喬治三世派遣的馬戛爾尼使團在造訪北京時，馬戛爾尼本人已經預料到清朝對於東印度公司在印度的擴張有所擔憂，後來也有跡象顯示，最晚在一七九四年，清廷已經知道東印度公司在孟加拉的擴張及其在廣州貿易之間的關係。然而由於葉爾羌、西藏與廣州三邊的報導人在人名、地名等用語上的不同，加上滿文、耶穌會士與中文在用詞上的差異，在情報整合上出現極大困難。這導致清廷並未意識到大英帝國威脅的嚴重性，也因此這兩起事件並未成為清廷由邊疆政策過渡到對外政策的契機。

第三部分「轉變的時期，一八〇〇—一八三八」（The Age of Transition, 1800–1838）則由第五章〈十九世紀初英屬印度與清朝的戰略思想〉（British India and Qing Strategic Thought in the Early Nineteenth Century）與第六章〈在中國沿海發現英屬印度，一八〇〇—一八三八〉（The Discovery of British India on the Chinese Coast, 1800–1838）組成。

第五章討論十九世紀大英帝國在亞洲的進一步擴張與清朝的反應。一七九八至一八〇五年間，英屬東印度公司打敗了印度半島上最強大的對手馬拉他人（the Marathas）後，英國在印度的勢力已經無人能挑戰了。在拿破崙失敗後，英國海軍在印度洋與中國海上也無人能敵。許多亞洲與歐洲國家當時都已警覺到英屬東印度公司的威脅，其中有部分也曾經向清朝求援。然而清朝卻置之不理，僅持續蒐集相關情報而已。在印度與歐洲國家努力尋找盟友時，清帝國卻有意地避免與其他國家結盟，並且準備僅靠一己之力保護邊疆。如果要了解清廷的動機，有必要重建清朝從海疆、西藏與新疆角度所見的情勢。

第六章探討一八〇〇至一八三〇年間，清朝的邊疆政策與其無視拿破崙戰爭期間英國在亞洲的擴張有何關係。在這段期間，雖然清廷的對外政策並沒有顯著的改變，但是在正式的官方通訊以外，對於外界已經出現更為完善且靈活的看法，而這也逐漸動搖了清朝邊疆政策的基礎。在十八世紀的清朝，國家壟斷了對外政策的討論，然而一七九九年乾隆皇帝駕崩之後，清帝國的軍事史、方略與外國地理作品開始引起了漢人文士的討論。這也受到當時經世學風的影響，其成果主要反映在阮元所編纂的《廣東通志》上。另外，西方地圖雖然在這個時期得到更加廣泛的利用，但是清朝的官員與學者仍然對其存有疑慮。雖然當時少數清朝學者認知到大英帝國的擴張，但是他們相信這對清朝威脅不大。一八三〇年代，由於鴉片貿易被視為是白銀外流與銀價高漲的主因，鴉片問題遂成為朝野與經世學者關注的議題，英屬印度作為鴉片產地也因此受到注目。而由於後來鴉片戰爭的影響，使得整合不同邊疆的情報日漸重要，因而促進了外國地名的標準化，這也為後來破除清朝地理不可知論與對外政策的出現奠立了基礎。

第四部分「對外政策及其局限」（Foreign Policy and Its Limits）包括了第七章〈鴉片戰爭與英帝國，一八三九—一八四二〉（The Opium War and the British Empire, 1839–1842）與第八章〈對外政策的浮現：魏源與清朝戰略思想對印度的再詮釋，一八四二—一八六〇〉（The Emergence of a Foreign Policy: Wei Yuan and the Reinterpretation of India in Qing Strategic Thought, 1842–1860）。

第七章討論鴉片戰爭的爆發與英屬印度的地位在清朝戰略中的提升。一八四〇年鴉片戰爭之際，英國戰艦進入渤海灣，這也是自一六九〇年準噶爾蒙古大汗噶爾丹以來，再次有外國軍隊進逼北京。然而清朝發現自己對於來自海上的攻擊，缺乏有效的反制能力，因此朝野大臣開始苦思應對之道。在各種反制方案中，英屬印度的重要性浮上檯面。林則徐等人接受了外籍顧問的建言，認為英國地狹人稀，其財富與力量主要來自印度。因此若能切斷印度與英國的聯繫，英國的實力將大受打擊。雖然鴉片戰爭的範圍主要限制在南方海疆，但是清朝官員與學者的注意力逐漸轉移到英國在印度與阿富汗的勢力，並且思考應對之策。隨著新需求的出現，過去的戰略、官僚制度與地理思想也開始轉向。

第八章討論鴉片戰爭結束後清朝對於英國戰略的轉向以及當中印度角色的轉變。一八四二年鴉片戰爭結束後，最早開始反思清朝地理與戰略困境的學者首推魏源。在努力蒐集各種材料（特別是西人著作）的情況下，他才可能提出跨越清朝海疆與陸疆的對外政策，而這也打破了過去邊疆政策的地理與地緣政治設想，即地理不可知論以及進取的對外政策，利用所有潛在的戰略優勢以達成單一目標。到了一八四〇年代中葉，思考清帝國在內亞的戰略位置時，已經不能忽略英國與俄國帝國主義在當地的勢力。雖然魏源的進取主張遭到駁斥，但是防衛性地緣政治思想已經變得更加一致與集中，把各個邊疆視為彼此孤立的時代已經一去不返。

結語以「邊疆政策與對外政策之間」為副標，說明此一政策轉向在清史與歐亞歷史上的意義。一八四二年以後，清廷的邊疆政策已經破產，而一八四六年英國在征服旁遮普後取得與清朝劃定西藏邊界的權利。一八四六年廓爾喀再度警告清朝，如果尼泊爾被英國征服，那麼英國將對西藏造成威脅。清朝對此事的處理則標誌了從邊疆政策朝對外政策的轉向。駐藏大臣琦善在奏報秦噶畢（Joseph Gabet）與古伯察（Régis-Evariste Huc）入藏經過時，首次確認披楞即英吉利。此後，即便清朝在對外政策上採取守勢，但已經不能再忽略不同邊疆之間的政策協調需求。一八六一年總理衙門的設立就是例證，後來李鴻章與左宗棠對海防與陸防的辯論，更說明了清朝的大臣深刻理解到海疆與陸疆息息相關。可以說，發現英屬印度一事對於理解曾在清帝國治下的地區及其現代史而言，具有深遠的意涵。

在本書所運用的史料上，作者主要使用了美國哈佛燕京圖書館、大英圖書館、中國第一歷史檔案館與國家圖書館、臺灣中央研究院傅斯年圖書館與國立故宮博物院，及日本東洋文庫等處的檔案與圖書資料。涉及的研究語文包括了中、英、滿、日、法、德、藏、蒙、波斯與察合台文等。這不僅延續了美國新清史第二代學者使用多語種檔案以反映清朝作為多民族帝國的研究旨趣，並且在深度與廣度上也有所提升。

在過去討論清朝對外關係的研究中，清朝被認為是閉關自守且拒絕現代化的天朝，對於英國的富強一無所知。[1] 然而作者在本書中透過整合廓爾喀方面的情報與馬戛爾尼在信件中表達的顧慮，說明了在馬戛爾尼使團訪問北京前後，至少清朝在當時已經認識到英國在印度與廣州的勢力。即便這種認識還是相當模糊，且並未感受到英國的強大威脅，但清朝對於外界並非一無所知。可以說，本書對之後研究清朝對外關係的學者提出了更高的要求，未來學界勢必得整合更多元的角度和材料去看待清朝的對外關係，才可能有更加全面的認識。

本書除了可以從新清史的角度來探討以外，其實也受到近三十年來大英帝國史研究中的新帝國史（New Imperial History）影響。根據阿西娜·賽利亞圖（Athena Syriatou）的概括，舊帝國史研究大英帝國的治理網絡、統治方式與意識形態；而新帝國史則更關注帝國內部的種族、性別與階級網絡，或是不同文化和藝術的相遇與混雜認同的擴散等等。[2] 如貝利（C. A. Bayly）對於大英帝國的印度情報網研究，分析了眾多的印度情報與資訊在翻譯中失落的原因，同時他還考察了這些提供情報的報導人的社會與知識背景，以及殖民者對他們的認知。[3] 而本書的主題其實也就是清朝邊疆資訊的流通、翻譯和中央政府的決策過程，作者也採用了貝利的資訊秩序（information order）概念來概括這些資訊的形成與流通。另外其分析滿蒙漢官員，以及傳教士與商人等報導人在資訊網路上的等級關係等等，都可以看出受到新帝國史的啟發與影響。

總結前述，過去新清史一向被認為在處理清代內亞相關的歷史，且主要關注的時期集中在十九世紀以前或二十世紀初。(4) 因此其強調使用非漢語材料的方法以及對內亞的關注，似乎對鴉片戰爭後的清朝對英法等國的關係並未能提供有效幫助。然而與同為新清史第二代學者柯塞北（Pär Cassel）對討論中日領事裁判權的比較研究一樣，(5) 本書在引入新帝國史的問題意識，並將新清史討論的時段擴展到一八〇〇年以後至鴉片戰爭前後的清史。同時透過分析多語種的檔案與資料，從清帝國的陸疆與海疆資訊蒐集與理解的角度，來討論清朝的對外關係，在討論的視野、議題與時代上都有所突破。相信本書對於近代中國史、內亞史與世界史研究者來說，都能夠提供一些啟發。對清朝對外關係與近代中印關係有興趣的一般讀者而言，本書也是不能錯過的佳作。

---

(1) 關於本觀點的代表作，參見阿朗．佩雷菲特（Alain Peyrefitte）著，王國卿等譯，《停滯的帝國：一次高傲的相遇，兩百年世界霸權的消長》（二版，新北：野人出版，二〇一八）。

(2) 阿西娜．賽利亞圖著，徐波譯，〈民族的、帝國的、殖民的和政治的：英帝國史及其流裔〉，《全球史評論》第十輯（二〇一六），第四四頁。

(3) C. A. Bayly, *Empire and Information: Intelligence Gathering and Social Communication in India, 1780-1870* (Cambridge: Cambridge University Press, 1996).

(4) 張婷，〈漫談美國新清史研究〉，刊於趙志強主編，《滿學論叢》第一輯（瀋陽：遼寧民族出版社，二〇一一），第三六七頁。

(5) Pär Cassel, *Grounds of Judgment: Extraterritoriality and Imperial Power in Nineteenth-Century China and Japan* (New York: Oxford University Press, 2012).

中文版序

本書的核心論點，就是在十八世紀至一八六〇年間，清帝國開始了一場由邊疆政策到對外政策的轉變。本論點既已構劃於此書之中，此處我則想藉此機會，在這篇序中再次把兩項值得更強調的重點複誦出來。其一，是清朝與準噶爾之間的長期戰爭所具備的重大意義。在對準噶爾戰爭中，清朝那巧妙的情報蒐集與戰略布局，使其得以逐步削弱並最終克服了準噶爾這個勁敵，而這些手法歷史學家們猶未完整重構出來。對清朝的皇帝以及官員們而言，在這些複雜的戰役中，他們必須在一大片廣袤遼遠的土地上蒐集情報，同步考慮一大群涉入者各自的利益算盤，包括西藏、土爾扈特蒙古，北向經裏海至俄羅斯、哈薩克乃至瑞典。在雍正宮廷中，藉由在清政府服務的耶穌會士之助，備製了首創的一批地圖，這證明了清帝國在此時期對中亞所投入的關注。筆者個人的研究主張，對於清帝國而言，無論在海疆或陸路皆至關緊要的英屬印度這個強權，是個較諸準噶爾政體而言，更為散逸難解的現象。在這個基礎上，本研究把清朝對準噶爾戰爭之表現歸類到屬於「邊疆政策」而非「對外政策」。即便如此，在對準噶爾戰爭的種種舉措中，清廷實際協調出的樣貌，比起一八六〇年以前其他各方面，可以說是最接近一種融貫的「大戰略」的情況。清廷之得以建構出這麼有效的戰略，即使只是因為其對準噶爾更加了解，而這種了解即使只是因為準噶爾對清廷而言比起英屬印度更為熟悉，我們也不該就此貶低清廷在內亞與中亞那大膽且精密的作戰。再者，許多首次警醒清帝國有關當代印度政局發展的情報渠道，都在準噶爾戰役中就已開啟了。清朝對準噶爾政策及其在後來面對歐洲各帝國之威脅的回應，有必要再做更多的研究。

在時間序列的另一端，決定將本書的最終分析定於一八六〇年左右，則是基於篇幅上的要求，並不意味著此後的事件就不那麼重要。我主張，魏源在《海國圖志》中所提出的世界觀，隱隱具備革命性的潛力。在這個世界觀當中，可以把地理學資料置入一個整合式的看待世界的概念裡，而此前任何時代中，都不可能這麼樣地看待世界。而這個世界觀還把地理學上的洞見搭配上一整套戰略議程，這套戰略議程，至少在魏源看來，將可使清朝重歸太平強盛。雖然我認為比起此前的清朝觀察家們而言，魏源的戰略思想對西方帝國主義及其戰略有著較佳的理解，但我並不主張這點就必然使魏源具有「現代性」，更不主張他的計畫是建立在正確的假設之上。魏源的作品使得「對外政策」成為可能，而隨著時局之變遷，對外政策更成了宰制清朝戰略思考的政策，但我並不認為到了一八六〇年之際對外政策就已成為主流。相反地，地理學上的謎團和諸多那種我稱之為邊疆政策的手法，在一八六〇年以後仍保留了下來。從某方面來看，中印關係在一八六〇年以降雙方互動更為密切之後，變得更有趣了。在此，我僅僅主張，在一八四〇年到一八六〇年間是個分水嶺，此前具壓倒性優勢的邊疆政策，在這段時期開始了那長久而緩慢的、向著對外政策的傾斜。

本書之撰就，出自於筆者相信著：若能較好地分析清朝與印度的互動以及清朝對印度的理解，將可釐清清朝的戰略推理及其地理學成果。儘管筆者對此主題提出了一種解釋，卻也知道這種解釋仍有討論空間，也希望往後的研究者能估量它、強化它，甚或在挖掘出其缺失並發現新證據後能夠揚棄它。在本書有幸得以譯成中文後，這種修改並進步的過程將可大幅加速。對此，我對於那些在中國史領域的專業同道們的洞見與斧正寄予厚望。不用說，本書所有的錯誤皆由作者本人負責。

在本書翻譯成中文的過程中，我背負了許多人情債。首先向本書的譯者羅盛吉先生致上最高的謝意。他是位認真的翻譯工作者，一絲不苟地努力，舉出了本書中不少徵引材料上以及其他方面上的細節問題，將本書的譯文在許多方面表現得比原文還優秀。同樣感謝蔡偉傑博士，是他促成了本書的翻譯，沒有他全心全力的支持，這本書就不可能面對中文讀者了。我也要向對本書負責的北京後浪出版公司和臺灣商務印書館的中文版編輯團隊們道謝。也讓我趁機再次向蕭鳳霞教授以及香港大學香港人文社會研究所表達感激之情，他們的支持，是這部作品原書得以出版的關鍵。我願意把這部中文版獻給我對兩位導師的回憶：孔飛力教授（Professor Philip Kuhn）和鮑森教授（Professor James Bosson）。他們的慈愛、智慧、堅毅啟發了這個研究計畫，並在各個方面提供了幫助。

致謝

在本書的研究過程中，我背負了許多人情債。首先我得感謝孔飛力（Philip A. Kuhn）、歐立德（Mark C. Elliott）、濮德培（Peter C. Perdue）三位教授，他們對我的渴求提供了不竭的支持與崇高的典範。同時蕭鳳霞與梁其姿二位教授對我的研究提供適時支援，在此亦深致謝忱。

還有許多朋友們曾提供我物質與心靈上的協助。特別感謝小沼孝博（Onuma Takahiro）博士與魏春秋（Brian Vivier）博士，他們辛勤地審閱了整份原稿。其他曾惠予協助的有以下諸位：布戴維（David Brophy）、黛雯（Devon Dear）、馮建明（James Fichter）、胡穎、金由美（Loretta Kim）、克里斯托夫·禮頓（Christopher Leighton）、許思亮（Ben Levey）、李仁淵、歐麥高（Max Oidtmann）、謝健（Jonathan Schlesinger）、卓鴻澤、張樂翔。儘管有這麼充沛的幫助，本書中的任何錯誤當然仍由作者負全責。此外，研究過程中使用了許多檔案與圖書，我謹此向管理同仁致上謝忱：主要是哈佛燕京圖書館、大英圖書館亞非研究閱覽室、北京中國第一歷史檔案館與國家圖書館、臺北國立故宮博物院與中研院傅斯年圖書館，以及東京東洋文庫。至於財務支援則來自多方。最初階段，本研究獲得美國政府（外國語言與區域研究獎學金與傅爾布萊特國際教育研究所獎助金）與哈佛大學（薛爾頓旅行、賴肖爾、懷亭）獎學金，而加州大學柏克萊分校中國研究中心（Center for Chinese Studies of the University of California, Berkeley）同樣惠助我一筆獎學金。香港大學人文社會研究所允許我於三年的時光中在令人振奮的環境裡從事研究，若無該研究所慷慨協助出版，本書將不可能面世。史丹佛大學出版社的斯黛西・華格納（Stacy Wagner）與卡蘿麟・布朗（Carolyn Brown）兩位提供了高明且勤敏的意見，審稿人與兩位匿名讀者全面且有益的建議也具有同等重要性。

最重要地，我要向我的家人與歐萊利兩家人（Mosca and O'Reilly families）致謝——阿姨們、叔伯們、嬸祖母們和表親們——以及我的兄弟彼得（Peter）與約翰（John）。本書獻給我深愛的父母，保羅與伊蓮（Paul and Eileen Mosca）。

翻譯說明

1. 方括號〔〕中的內容，多半是作者馬世嘉於引文中用以補足文義時所添。
2. 印度、尼泊爾等之人名、地名盡量依原音翻譯。印度拼音中的p、t、k等乃注音之ㄅ、ㄉ、ㄍ，印度拼音中的ph、th、kh才是注音的ㄆ、ㄊ、ㄎ。或有譯者依英語讀法翻譯，茲不取。由於梵印語言輔音之多樣，此處盡量採近似玄奘體系之音譯，例如人名Subrahmanyam作「須婆羅門閻」，不作「蘇布拉赫曼亞姆」。
3. 印度、尼泊爾等原文依天城體書寫之人名、地名，盡量附之以規範拉丁字母轉寫模式。若俗寫太流行則亦採俗寫。印度、中亞各地穆斯林人、地名，若無較通用之拉丁字母轉寫，則依英語俗寫附出。
4. 盡量區別尖團：此處尖音團音乃指該術語之原始定義（《圓音正考》滿文標音），即齒音與喉牙音之對立：ja札 vs. ga噶／加、ji濟 vs. gi吉、si西 vs. hi希等等。除非已太過通行者不改，如喬治等。
5. 部分國名、地名主要依本書範圍內為主，如布哈拉作布哈爾、浩罕作霍罕、莫臥兒作莫卧爾等。

6. 有關口字旁之怪字：初，此類字多創於唐代密教徒之手，為敬誦咒音，不敢有差池，其華音所欠者則添口字旁以別之，如「羅 la／囉 ra」。其後此類口旁字竟遭濫用，或有凡遇音譯一概添加口字旁者。本書則依語境翻譯術語：如「英國／英吉利／𠸄咭唎」，原書或概作 British，譯文則各依情境，如平敘文用英國，特定人物（如魏源反對口字旁怪字）之介紹時用英吉利，介紹其他人物（如某些認為要用口字旁表達音譯詞的人）時用𠸄咭唎不一。

7. 西方人等等若自有漢名，如「南懷仁（Ferdinand Verbiest）」、「蔣友仁（Michel Benoit）」等，除第一次出現附其原文外，之後非必要則不附。讀者可參看人名拉丁字母對照並索引。其餘音譯人地名亦同，僅初次出現或必要時方附拼音。

8. 某些差異不大者，各依歷史情境音譯而不另說明。如歐邏巴即歐羅巴，加那大即加拿大。

9. 另請參照別名一覽及索引。

10. 徵引書目已有譯本者，書名盡量依譯本用字，以便讀者查考。唯冊數、頁碼則俱依原文。例如恆慕義《清代名人傳略》，原書分兩卷，人大清史所譯本作三冊，本書引用時依英文本之兩卷劃分。仍請讀者留意。

11. 本書作者註置於各章章末，譯註則隨頁註出。

12. 譯者才疏學淺，本書譯文如有錯誤，望讀者多多指教。

目次

第二部分 鍛造一個多民族帝國：邊疆政策的頂點

第四章 發現「披楞」：從西藏看英屬印度，一七九〇—一八〇〇

第二部分 轉變的時期，一八〇〇—一八三八

第四部分　對外政策及其局限

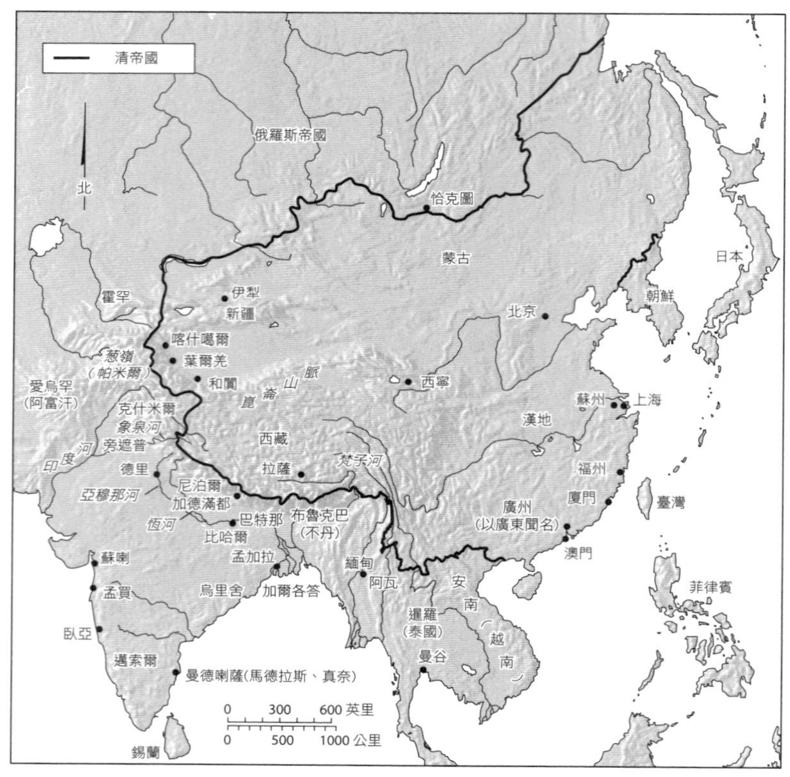
清帝國
北
俄羅斯帝國
恰克圖
蒙古
日本
朝鮮
霍罕
伊犁
新疆
北京
喀什噶爾
葱嶺
（帕米爾）
葉爾羌
和闐
崑崙山脈
西寧
愛烏罕
（阿富汗）
克什米爾
象泉河
旁遮普
印度河
西藏
蘇州
上海
漢地
德里
拉薩
梵子河
福州
亞穆那河
尼泊爾
加德滿都
廈門
臺灣
恆河
巴特那
布魯克巴
（不丹）
廣州
（以廣東聞名）
比哈爾
澳門
蘇喇
孟加拉
緬甸
阿瓦
安南
菲律賓
孟買
烏里舍
加爾各答
暹羅
（泰國）
臥亞
越南
邁索爾
曼谷
曼德喇薩（馬德拉斯、真奈）
0 300 600 英里
0 500 1000 公里
錫蘭

圖1　清帝國及其鄰國

導論

一六三八年，亞洲大陸東北邊緣一蕞爾小國的滿洲人統治者皇太極，向來訪使節作了一預示性之誇耀。他宣稱蒙元與前此各朝代皆曾遠征至印度，而如今的大清則正好與之相等。1 (1) 這個斷言在當時看來幾近荒謬，可是在其後繼者的征服行動下，帝國西向擴張至內亞、殲滅了勁敵準噶爾後，竟得以實現。一七五七年七月(2)，獨立準噶爾國的最後一位君位覬覦者阿睦爾撒納，為躲避追襲而來的清軍而逃至俄羅斯。乾隆帝完全接收阿睦爾撒納之領土的兩年後，清朝疆域臻於極盛，而其西藏與新疆之西界則確實毗鄰印度次大陸。帝國之強固，前此未有。

然而幾乎就在阿睦爾撒納逃離戰場的同時，另一場戰鬥引爆於遙遠的南方，戰鬥結果使得清朝面臨了一個嶄新且更有力的強鄰。一七五七年六月，東印度公司及其同盟者擊潰孟加拉的納瓦卜（nawāb）(3)，在其一系列征服行動的織錦上縫製了第一片拼綴，日後將建立英國在全印度的實質統

(1)「昔遼金元三國之主，當征戰時，西伐厄訥特黑（Enetkek，印度）……朕今日正與相等也。」

(2) 此指格里曆，以下皆同。

(3) 納瓦卜：莫臥爾帝國授予印度土邦之半自治穆斯林統治者的爵稱。

治。此後百年間，東印度公司的兵力在喜馬拉雅山脈以南擴張領域，其效力一如清朝在喜馬拉雅山脈以北之所為。公司的代理人除了在廣州及印度各港口已建立的商貿外，還開始出現在自中亞各城市至中國北方海岸之清朝邊疆的廣大弧線上。此行動之目標為擴張與中國的貿易，這項收入對於英國補足其花在印度的征服與治理成本上，不可或缺。到頭來，其終究還是因為財務需求而得靠武裝力量來保護該項貿易。

一八四〇至一八四二年間，英國方大量運用印度資源的鴉片戰爭，對清朝而言是史無前例的軍事挫敗。第二場與英帝國之戰爭爆發於一八五六年，為禍之慘則更烈。距乾隆迫阿睦爾撒納逃亡不過一世紀，皇帝的曾孫就眼見著他的代表——總督葉名琛——被英國俘虜而遭強制流放到加爾各答。當初在決定性地擊敗其邊疆上的重大威脅之時，清政府曾經自命所向無敵，如今卻才發覺到其所遭逢的鬥爭格局竟然艱鉅如斯。

清朝的君主、官員、學者們如何解釋一七五〇至一八六〇年間在印度崛起的英帝國強權？而此一理解又如何影響他們所提出或執行的政策以維繫帝國之安全？本書藉由考察這些互相糾結的問題，以乾隆帝將帝國力量帶至高峰作為本時期之開始，至清朝在歐洲諸帝國面前窘迫無助地暴露其弱點作為本時期之結束，確認在此期間產生的兩項重大改變。其一為清政府對外關係的一項轉移——從「邊疆政策」轉向「對外政策」。在十八世紀，帝國統治者設想本朝乃受諸多分隔的邊疆區域所環繞，各區域皆依其各自的政治環境而進行分析與管理。此處「邊疆政策」之所指，即皇帝與其部院大臣們依區域制定策略，以指導清朝與外部世界各種關係之規畫。此項方針，對於彈性地統治帝國迢遠畸零之邊區相當合適，而今在清朝面對歐洲諸帝國時卻顯得極其無力。這些歐洲帝國同時操控著多重區域，這些區域彼此不相鄰接，無法從任何單一邊疆的角度加以管理甚至完全概括理解。自十八世紀晚期起，中國地理學者與策士們就在和這項轉變的意涵搏鬥著。當中所提出的一項解決之道，可以稱之為「對外政策」，在鴉片戰爭後未幾即首次完整表述，但該想法的浮現時間則更早。「對外政策」乃針對一個統合的外在世界，設想出一個單一的帝國利益之階序。這項視角的轉變，終於在清朝統治者與臣民怎麼看待其自身地位上造成了一場革命：清帝國不再唯我獨尊，而成為諸多競爭實體中的一員。過去的策略必須藉由探索甚或模仿中國之對手而調整。

雖說是受到外在事件所驅使，但清帝國資訊秩序（information order）的內在改變，對於從邊疆政策到對外政策的轉向之影響也同樣重要。[2] 一八〇〇年以前，清朝版圖是個由各種相異的被征服民族所組成的混合體，統合在同一統治家族之下。儘管皇帝與一小群高級顧問對整個疆域有一全景視野，但實際情況是，不同區域強烈倚賴各區域的地方掌權者，依循地方政治傳統而治理。各個區域交給首都的報告反映了當地居民的語言與文化。對地方統治而言，這種觀點的多元性毫無問題，實屬必要。然而，針對同一事件，由帝國四周的報導人所遞交的平行報告，欠缺共同用語來加以整合。由於對外在世界的描述極為倚賴相異的地方專門術語、政治概念、宇宙論，清朝中央政府雖早已獲致大量且持續成長累積的資料，但那些資料卻不是一種能了解並詮釋的整合母體。

一八〇〇年前後，正當清朝朝廷的能力趨弱之時，私家漢人學者們卻開始對帝國管理制度之改革愈發興趣盎然。在這過程中，他們打破了朝廷對帝國邊疆全景視野的壟斷。私家漢人學者們使用不同來源的官方與非官方資訊，也開始測繪本國版圖內的非漢族邊疆，乃至域外的世界。如此浮現的非官方政治討論領域，較諸官僚制之局限則更具彈性且不羈。在十八世紀，政府曾經把地理與地緣政治資訊統合在一有限的尺度下。而今，個人研究者的運算能力，透過信件或印刷品在學術網路間交流，卻能夠獲致超越單一帝國主機的結論。(4) 迄至十九世紀中葉，漢人學者已成功為研究世界的地理學創造了一種標準化詞彙。藉此，帝國諸多地方化的觀點乃首次翻譯為單一語言，產生了新的全球視野以及對其戰略利益的重新評估。

或許沒有其他案例如同中國對英國在印度活動的理解般，對於整合知識的需求是那麼巨大，建構此系統之困難是那麼令人氣餒，而結果之成功又是那麼深刻。橫亙陸地與海洋，沿著將近清帝國全境的連綿南部邊疆，商業與宗教維繫著清朝與印度的接觸。藉由這種互動，諸多關於印度的資訊由外國報導人傳給清朝邊區的屬民，而後進入政府檔案或私家著述裡。然而，由於這些記述乃經由帝國沿邊居民之文化視鏡濾過後而得，故中國所知之印度各種活動僅為片段。例如，關於英國征服莫臥爾印度一事，清政府透過不同管道獲取不同參考資料，其中就有一份在葉爾羌之克什米爾商人的口述報告、一份尼泊爾的稟文、來自葡萄牙耶穌會士的一封信，以及來自北京英國使節的意見。這些資料各自使用著相異的地理詞彙且提供了彼此矛盾的政治解釋。因此，理解當前局勢發展不僅只需要被動的觀察，還需要主動、時而激烈交鋒的分析與辯論過程。由於印度對清朝觀察家而言，既有著泛泛的熟悉感，又在地緣政治上有所干係，故重建這些爭辯得以讓吾人一窺全帝國的資訊流通渠道、戰略思想之原則與習慣，以及官方與學術圈之交流，如何形塑本時期清帝國整體之地理與地緣政治的世界觀。

在清朝學者與官僚對發生於印度的事情獲得日益清楚的圖像後，他們也了解到其所處的現狀，是清朝正與同樣可畏的對手角逐。這個轉變在地理學領域最為明顯。過去在各種經典世界觀之中，歐洲人的地圖僅居於微小且具爭議之一隅，如今卻已被接受為世界及其組成部分之唯一有效表述。這些地圖的中國版本開始使用標準化詞彙以消弭此前所見名稱上的多語言混亂。隨著此種知識散播愈廣，清帝國的政治領袖們首次覺察到在其帝國邊疆正進行著全球規模的鬥爭。清廷頓然必須認清本帝國有可能被更大的鄰國所征服，控管著由各個小鄰邦所構成的百衲織錦已是明日黃花。綜言之，地理學與策略思考的改變，使統合的對外政策得以浮上檯面，要求政府在與他國的互動上更加主動，成為邊疆政策之外的另一選擇。此事並未迅速改變一八四〇年後清朝對外關係的舉措，甚至一八六〇年後亦然。邊疆政策的影響得以保存的原因，與其說是受到具傳統思維之官員的官僚惰性或自滿所影響，毋寧說，更多是為了適應龐大的內部多樣性需求。如同筆者在結論中將論及的，邊疆政策和對外政策間的平衡，實與清帝國的內部政局緊密聯繫。

重新思考清朝對外關係

在地緣策略的展望中，有兩項因子推動了從邊疆政策到對外政策的調整：盛行的外在世界概念——即其基本實際形狀與清帝國和其他國家在世界中的配置，以及在此地緣政治情境下，設想如何在最大程度上確保帝國安全。關於外國發展的新資訊，顯然能引領帝國策略的再策劃。或許沒那麼明顯的是，策略設想本身，就可能強烈地影響到官方與學者規劃政策時，所得到的資訊完整程度與形態。在清朝這個案例中，情報蒐集、處理與解釋的方式，由智識遺產、官僚程序以及對帝國安全的評估所形塑。由此基礎出發，就有可能調解前述清帝國與外在世界關係的兩種相互矛盾之視野，以及資

(4) 作者此處以電腦運算比擬帝國之運作。

訊在形塑這些視野的過程中所扮演的角色。

直到最近，人們一直認為一八四〇年以前帝制中國的對外關係取向，主要受到一理想世界秩序的意識形態成見所型鑄。由費正清（John K. Fairbank）的努力啟其先河，在其所建構的普遍架構之解釋中，明清在對外關係上存在一種基於華夏自我中心意識形態（Sinocentric ideology）的「中華世界秩序（Chinese world order）」，並藉由統稱為「朝貢體系」的諸制度程序所彰顯。[3] 這個世界秩序本質上為「一種中國本部（帝國政府之）行政體系的外延」(5)，並設計來強化——或看似強化——以皇帝為中心對外族的分級階序。[4] 儘管理論上皇帝宣稱其為普世主宰，但與其說該體系之主要目的是為了掌控中國實際對外狀況之經濟與軍事利益，毋寧說是向國內大眾證明外國人承認且臣服於皇帝的權威。包括貿易獎勵、宗教與文化壓力，以及偶爾一用的斷然興兵動武等種種方式，都是用來製造表面的順從。

在這個詮釋之下，君主與官員們在歸類與管理外族時，顯現出抱持著一套在本質上是先驗的體系（a priori system），該體系毋庸仔細審視個別屬國的實情，或其彼此間的動態。費正清因此主張，中國苦於對外國強權相關知識的匱乏，這情況造成中國對外有根本的誤解而僅有貧乏的外交選擇，尤以十八世紀與十九世紀前期為最。在費正清的經典研究《中國沿海的貿易與外交》（*Trade and Diplomacy on the China Coast*）中，他簡要評論了一些主要的清代地理學成果，且僅僅將這些成果視為貧乏的、「無可救藥地混亂的」、在實務上無用的：「這些中國關於西方夷狄的俗說、愚昧、混亂之樣板，並未呈現出些獨特的觀念與評估，在人們的心目中無法留下什麼印象。」而這就是造成中國「在與西方接觸時欠缺智識上之準備」的一項因子。[5]

帝制中國的對外關係之基本指導元素，在後續研究（特別是那些關注中國與歐洲國家之政治互動者）中持續被視為與現實的世界觀相牴觸。儘管在學界探索何為驅策清朝對外關係之力量的過程中，內部政局的因素逐漸大過意識形態，但中國外交仍然被視為是向內觀照的（inward-looking）且流於維持「表象」。[6] 衛思韓（John E. Wills, Jr.）曾提出，清朝統治者（尤其是康熙皇帝的後繼者們）防禦性地關注禮儀形式而非外在現實，因而「一種對幻覺的危險倚賴，將是中國對外政策上持續不斷的錯誤」。[7] 鮑拉切克（James Polachek）尤其強調「對外政策的『宮廷政治』（'court politics' of foreign policy）」，這種情況把對外在世界的評論報導，詮釋為國內議事日程所喬裝的代理鬥爭，尤以鴉片戰爭前後數十年為甚。[8] 而該時期所產生的主要地緣政治分析成果，較諸為了獲取評分成績所作的爭辯「相去幾希」。[9] 如果清朝官方與學者對危險的外在趨勢顯得無知無覺，那也就沒什麼理由得去探索引發他們政策選擇的情報材料與策略思考了。

關於清代地理學常規（practice）上的學術研究也是類似的情況，直到最近才開始考慮清朝的政治與策略意涵。迄今最大的中國地理子領域研究——明清地圖學研究，以文化史與思想史的觀點，投注可觀的心力於闡明歐洲地圖與「科學的」地圖學技術在中國備受爭議的接納過程。[10] 至於地圖與書面材料可能如何影響國家與私家學者的策略視景則受到忽略，就連地圖資料有可能轉移意識形態上已確立的世界觀的這種見解都存在著爭議。[11] 在最近關於海洋領域的研究成果中，唯有在鴉片戰爭當時及隨後時期，關於外在世界的知識以及中國策略思考的演化，才被視為該主題的兩個面向。[12]

長期以來，人們一直認為清朝對內亞與中亞的政策迥異於其追向海洋歐洲強權的政策，但直到過

(5) "an outward extension of [the imperial government's] administration of China proper"

去二十年間，這個想法才被併入重新思考整個清朝對外關係的研究主軸之中。[13] 和對海上邊疆的研究著重於清朝在一八四〇年以後面臨的多次敗北不同，有關清廷內地政策之研究，卻反而強調清朝在征服與統治西藏、青海、回部以及將近蒙古全境的老練與務實，看重其政治策略的成功。在不受狹隘、華夏自我中心式的設想障蔽之下，可以看出清朝的滿洲統治者使用了種種後勤、技術以及管理上的創新手法，較諸同時代歐洲、俄羅斯各政府所實施的建國計畫，不遑多讓。清朝在內亞擴張與守護其利益的作法，和其他「近現代」國家相仿。[14]

滿洲內亞政策的成功，部分得歸因於其著重使用資訊以組織並執行外交與軍事行動。在中央管理上，白彬菊（Beatrice S. Bartlett）曾指出，通信的傳遞與歸檔，以及商議政策的方法，乃是為符合大規模作戰之後勤需求改革而得的。[15] 較佳的溝通與計畫，搭配上關於蒙古政治文化的精密知識，皆有助於清朝綏靖草原。[16] 無論是蒐集自外國的資料或由宮廷所繪製的地圖，皆為清朝「在控制中亞的鬥爭中所使用的武器」。[17] 換言之，實用主義、靈活性以及混合武力、詭道與外交的卓識，讓清帝國得以支配內亞，而這項成就足以媲美同時代任何其他帝國的征服。

因此，當代學術成果在描述清朝在內亞的對外關係時用了主動、積極等字眼，卻在描述中國本部之海疆時使用被動、消極等詞語。何以十八世紀的清帝國，在某一舞臺上展現出如此具有活力的傑出表現，卻又在下一世紀顯得無法在他處複製該項成功？有一種解答，是將清朝對外關係沿時間與空間斷層分割為較小、較易處理的單位，認定內亞與海洋領域具有本質上的差異，還認定帝國在十九世紀時的能力較諸其在十八世紀之高峰期已極度萎縮。這些區分有其效力。一般公認，在十八世紀末與十九世紀初的數十年內，清政府的能力受限於財政危機，這反映在官僚管理之效率與紀律的明顯衰退、社會動盪與叛亂上。[18] 約莫同時，中國在全球經濟中之地位也進入了重大的相對衰退狀態。[19]

欲解釋清朝對外關係的風格轉變，若僅依憑對區域或時期的先入之見，而不試圖理解清朝君主及其部院大臣們如何基於其可獲取之資訊以擬定策略，則仍然會造成誤導。強而有力、具侵略性的對外政策，是清朝用以保障蒙古草原之計畫的一部分。此對外政策以擊敗準噶爾、遏阻俄羅斯擴張為目標，在其常規中顯現出了「近現代」的特性。儘管一六七〇年代至一七五〇年代間，主要在內亞舞臺上，清朝的帝國構建與其他歐亞各地所進行者，顯得最具比較性，但也不意味著清政府為該區域特地預留一種帝國主義的特殊風格。一旦準噶爾的威脅消除、對蒙古的控制能獲得確保，清朝在當地的政策即由攻勢作戰，轉為以費正清所謂朝貢體系般的控制技術來維持穩定的邊疆。在清朝領域的西部邊緣，朝貢的先例並非為意識形態的理由所服務，反而「不多、不少，恰好是個外交用工具箱……裡面充滿著各類器具，每個器具都是數個世紀以來的中國統治者們曾試用且檢測過的」。[20] 換言之，帝國對不同邊地並無絕對的政策區別，毋寧說是所遭受的威脅之本質引領帝國對外政策的不同選擇。

檢驗不同的時間、空間下對政策的改變，前述結論就浮現出來了。君主與官員們對於帝國的地緣政治態勢在理解方式上的改變，在清朝對外關係的寓意上最為重大，其重要性甚至超過任何中央政府能力的衰落。一般公認，在十八世紀晚期的某個時點上，亞洲其他地區還在熾烈進行著帝國構建之時，清政府卻從中轉向了。[21] 這裡再次重申，對準噶爾的最終勝利具有劃時代的重要性，創造了一種無異於某些美國評論家在冷戰閉幕時所聲稱的「歷史之終結」。縱然乾隆仍將繼續發動邊疆戰爭（某些戰爭甚至曠日持久且血腥），卻似乎不再有相鄰強權危及帝國本身。清政府在為了戰爭而組織起來的刺激下持續成長、改革，以至於如同濮德培（Peter C. Perdue）所言：「邊疆軍事挑戰的終結，造成官僚體制失去了活力。」清朝君主們追求行政中央集權、密集的資源榨取，以及技術上的創新，以求勝過其敵國外患且維持自家的社會秩序。一旦其周遭不再有重大對手，「脆弱、自滿與僵固」便開始顯現。[22]

概括說來，征服中國後，控制蒙古的軍事力量仍舊是帝國安全最重要的面向，因此準噶爾帶來的挑戰就備受注意。就層次上而言，清朝對準噶爾在資源與策略創新上的投注都異於施諸其他相鄰民族者。朝廷不願在其他地方作盤算的諸般策略——主動遣使、正式條約、先發制人的攻擊——皆獲允用以對付這個敵人，即便讓乾隆吃足苦頭的緬甸之戰亦不足與之相比。[23] 從而，解釋清朝對外關係，最重要的元素既非區域例外性，亦非中央政府的能力起伏——這些當然也是相關元素——毋寧在於皇帝、學者與官員對於外在力量所帶來的風險之理解方式。若此為然，則吾人對情報與策略間的聯結就需要較此前更多的關注了，而這個聯結既是清朝謀國者們所認識到的，也是他們得出結論的依據。基於這個取徑，筆者主張：清朝策士們的推理與他們在其他同時代歐亞諸帝國的儕輩相較，並沒有政治、文化意識形態，或是經濟因素上的根本區分。相反地，清朝政策之所以歧異於其鄰邦，乃至最終使其國防付出巨大成本，實肇因於清朝在一七五七年征服準噶爾後，對於主要的地緣政治動力以及外國威脅之程度具有迥異的認知。

這引起了第二道難題：何以清帝國在阿睦爾撒納奔亡後即相信其自身基本上安全無虞？且此時此刻歐亞大陸上其他帝國，包括某些極貼近清朝邊境者，正展開狂熱的生存鬥爭，即所謂「全球帝國主義之第一紀元」，何以清朝卻減緩其競爭性的國家構建？[24] 七年戰爭（一七五六——一七六三）見證了英國東印度公司以主要陸上強權的身分在印度興起，法國大革命與拿破崙戰爭則是一世界性的鬥爭，幾乎牽連至亞洲各個角落，而英俄間的「大博弈」（the Great Game）未幾即開演。密集的對抗不局限於歐洲各帝國間：迄至一八四〇年，幾乎每個環繞清帝國的政體，從澳門經大陸東南亞、印度、尼泊爾至阿富汗而北上至俄羅斯，皆深深陷入連鎖的領土鬥爭——在這些鬥爭中，英帝國尤以英屬印度為其核心角色。清帝國受到如此密集的戰火與外交捭闔所環繞，為何其竟謝絕參與此一幾為普世性的聯盟布局、大戰略計畫以及密集監控——這些清帝國才在數十年前卓越地從事過的活動——卻恰恰相反地甚至放鬆了其國家構建之努力？[25] 何以其地緣戰略分析會從盛行的歐亞趨勢中脫隊？

了解此中歧異的關鍵，就在於清帝國的地理與地緣政治思想。清廷看待世界的方式有其異趣。歧異不必然表示缺乏精密的情報蒐集或資訊處理。檔案紀錄顯示，清廷至少獲致大半在其周遭所發生的重大軍事交戰之情報——包括發生於印度者。許多情況下，當時國外事務的詳細情形可輕易地由國內及國外的報導人處取得。尤有甚者，所有這些材料皆交託予一體系，該體系集中處理情報蒐集、歸檔、檢索以及出版，以資指導萬一遭遇複雜的後勤與軍事行動之所需。乾隆一如同時期之歐洲君主們，乃一案牘勞形之「皇帝官僚」（royal bureaucrat），並有一批忠貞、聰智且勤勉的臣僕追隨。[26]

清政府之所以對其策略環境之認知迥異乎其他歐亞帝國，主要歸因於地緣政治世界觀與策略思考間的相互關係。對準噶爾的軍事行動，儘管在執行上橫亙後藏至內蒙古之遙，但卻是彼此毗鄰且相對易於追蹤的。準噶爾政體的本質與結構，對於熟悉草原戰爭之手段與目標的清朝滿、蒙精英軍事顧問而言並不構成問題。甚且，拜準噶爾威脅深度之賜，朝廷得以指揮對敵方活動的常態監控。一旦該威脅解除，清廷之焦點即轉向至維持其已擴大之既有領土。在內亞邊疆，投注於蒐集與分析情報之能量也有所衰微。[27] 中央政府的關注分化到一大片互相分隔的邊疆上，而情報蒐集則局限於直接相鄰的邊境威脅上。雖然清政府很成功地保持和平而不陷入無謂的外國糾紛泥淖中，卻也失卻其辨析潛在威脅的能力——即便可獲得與這些威脅相關的巨量情報。較諸準噶爾的威脅，釐清英國在亞洲的活動遠具挑戰性。這得將非毗鄰的軍事、外交行動拼湊合觀，且需梳理不熟悉的政治與經濟制度之意義所在。結果是兩者互相強化：只有大規模威脅所造成的恐懼才能夠證明與邊疆政策決裂而改轅易轍的行動是正當的，但要釐清這樣的威脅卻又得將獲自帝國周邊的情報加以綜合，而這種作法又正是立基於邊疆政策的取向所抑制的。

總之，清朝對外關係中最重要的變數，在於朝廷與私家學者認為他們將面臨的是種分隔的、地方化的挑戰，抑或是單一的、整合的、使全帝國都被捲入的危機。對十八世紀的西歐各帝國而言，他們的對手將迫使他們從事全球規模的作戰，這件事是不言自明的，故而從全帝國的利益與目標來看，地方境遇亦不可僅視作孤立事件。[28] 最近，研究歐洲與亞洲其他帝國的學者們，發現辨析統治者們決定其廣大版圖上整體利益之「大戰略」（grand strategy）十分有用。[29] 對於本書研究時期中之多數情況而言，清朝政治家與學者們即便在最鬆散與最抽象的層級上，也從未設想一可理解的「大戰略」，理由之一在於他們對清朝利益的判斷與其鄰邦之評估差距懸殊。藉由重構出清朝君主與官員們如何看待世界，以及影響他們的智識與政治因子，本書將證明這些差異乃肇因於在推理驅策下對於外部情況的回應，而這種推理與指導他們英國對手的預設，並無基礎上的不同。因而並非意識形態，實乃分析的規模造就了清朝謀國者與其對手的區隔。隨著時間推移，至少有某些清朝觀察家已由跨越諸多小邊疆的「高高在上的分離」（masterful disengagement），轉而具有可與其主要對手相匹敵的「大戰略」了。而這個轉換軌跡正是本書所欲講述的故事。

重構清朝地緣政治的世界觀

上述重大轉變的關鍵在於清朝君主、大臣、學者們的世界觀。欲重構其觀點，首先必須認識到用以鞏固邊疆政策的世界觀（在這個世界觀當中，外部發展被放在區域化的碎片而非全景視野中檢視），實受到思考程序與習慣二者之混合物所強化。有三點特別重要：關於清政府與鄰邦君長之關係的策略預設、清朝官僚體制在其情報蒐集與對外關係中的結構，以及地理學研究成果的智識脈絡。

清朝與外國統治者間的關係基本上被視為是雙邊的，而要怎麼在不直接關乎清朝領土的糾紛中保持中立，則令清政府頭疼。從帝國的立場，臣服的聲明以及與屬國君長間的最高領導權交換，完全不意味著對抗第三方的共同防禦協定，也不意味其為攻擊性聯盟，毋寧說是用以穩定清朝某一片邊境的一個元件。這些政策是設計來維持現狀的，在極端的情況下，也會動武來恢復原樣。扣掉偶有例外的危險，如本書將說明的，不管是當作有用的盟國或共同的敵人，清政府甚至不願去慎重考慮將第三國劃入其對待外國的關係當中。對於捲入屬國內部派系的鬥爭或外部爭執之危險，清帝國有著敏銳的警覺心，故僅在危及其鄰接邊境周圍的區域時才會有所反應。除非清帝國審慎考慮欲進行一場重大戰役，否則並無必要常態且全般地對邊疆本身以外的事件多所調查。進一步說，為管理如此綿長的邊境，帝國的監控是危機導向的，而一個看起來很平靜的邊疆區域不太會引來主動的詳細調查。

清朝官僚體制的結構與程序也吻合這個策略擬定的地方化手法。對某一片特定邊疆的責任，以及對超出其範圍的特定政體關係之管理，落在相鄰省分或其他領土的行政官員身上。一旦地方不平靖時，將情報呈往北京即為該官員的責任，並需附上其解釋及政策提議，此提議則可能受皇帝與部院大臣所考慮並修正。而協調可能會在皇帝的最高智囊團——軍機處——處理，軍機處則可能會彙整由數個區域所送來的資訊以釐清特定問題，但這是例外情況。正常來說，一般會預設地方官員能夠蒐集所有必要資訊以處理任何地方紛擾，而彼等上呈的情報一般也僅用於該情境之下。

這個結構的結果必須從官僚責任制的角度來思考。朝廷對外在世界的認知在很大程度上受到地方官員所左右，而地方官員如此左右朝廷，以求切合其自身利益之舉也是可以理解的。一般而言，這意味著除了最緊迫的邊疆問題外皆可忽略。皇帝通常把外國帶侵略性的行為，認定為地方官員管理不當之表面證據，最起碼也會迫使他們去謹慎調查。由於朝廷期望邊疆寧靜，無論是中央政府或地方官們都不鼓勵詳探表面和平的邊境區域。奉命研判外在世界的最佳官僚們，也從而最傾向保持官方式的忽視。承認某處出了問題意味著必須提出解決方案，且將對該方案之履行負責任。問題愈大，責任就愈讓人厭惡。欲掃視浮現威脅的程度並引發朝廷的注意，需要特別勤勉、有能且無私的官僚。而如同我們將看到的，泰半官員僅針對非常狹窄局限的問題呈上有限的解決方案，甚至也只在無法放任這些問題時才有動作。

邊疆政策是由極簡主義的假設所支持的：即帝國的邊地可被分割成不同區域，各區域的常規管理可由鄰近官員們以地方情報與資源來駕馭，而在這樣的管理下，即毋庸涉足於對鄰國的內政或對外關係之常態監控。在這假設被證明是缺乏確實根據的情況下，個別官僚為了保護自身的前程（即使不是性命），其身負的重擔也造成他們寧願掩飾而不願挖掘潛在問題。應該強調的是，在針對許多地方環境差異極大的邊疆進行經濟管理的情況中，有限官僚制所發揮的效果也適用於這個取徑。在許多案例中，該方法甚至造成一種符合朝廷所期待的良性且常規之邊疆互動，而得以相對上不受中央關注。

若說策略與官僚體制因子已傾向將帝國對外關係切割成片段的各邊疆，則這個取徑又受到帝國研究外國地理學的方法所增強。在如此廣袤分散的疆土上，來自各邊疆的資訊皆背負了該區域特有的語言與文化印記。即使來自某邊疆的一份報告與來自另一邊疆的報告所指涉的意涵有所重疊，這些語言與文化印記卻讓人難以辨認出兩份報告說的是同一回事。無論是官員或學者皆未曾擁有一個標準化的架構，把所有可獲得的地理學知識在同一個架構中建立起相互關係。在這些條件下，幾乎不可能把許多地方資訊的絲線編綴進一連貫的織錦中，還能從分析互數個邊疆的資訊中辨識出趨勢。

如前所述，策略、官僚體制、外國地理學，這三項因子會相互加強，而任一項因子在其範圍內有所改變，亦將牽動其餘二者。過去這幾項受到人為限制的領域被施加在官僚們身上，官僚們遵奉防護不使之變動。但這個情況逐漸被另一個與之相匹敵的私家經世學者社群（見第七章）所打破。這群人有意願且剛剛有能力將帝國的政治問題視為整體而發表其書面考量。在亞洲新崛起的歐洲人帝國強權，尤其是在印度的不列顛，引發了政治討論上緊迫感的增長，以及對於外國情勢日益細緻的探索。這一次又是私家學者最極力地強調必須有所行動。當他們的探索更加深入、更多關於地緣政治的原始情報浮現時，就愈發有可能建構一個關於中國在世界上之位置的、融貫且全景的視野。總括來說，非官僚式的政治論辯渠道、對戰略挑戰的新認知，以及地理學的進步，打破了邊疆政策的壟斷，致使外交政策成形，而此外交政策方才首次視帝國邊疆為一體。

這三項關鍵元素中，清代地理學的世界觀乃是最難以重構的。其故在於，欲重構此世界觀，有賴於今人所不熟悉的、甚至是違反直覺的學術分析模式，而這些模式又是由大量來自相異文化和語言背景的資訊材料所構成。那些來自各個地方的對外在世界的視角，其構成元素彼此牴觸，而這些難以調和的元素卻在漸次稠密的資訊傳輸網路之下，被攢集彙整進一些浮動的、臨時的綜合體中。各個個體依據其本身對可靠性的判斷，從來歷相異的材料中作出揀擇，因而地理學的世界觀在整個帝國中有相當大的歧異。以印度這個案例來說，由於關於印度的資訊網路之蒐集與詮釋遍及帝國各邊疆，而提供貢獻者又非僅只於私家學者或非漢人的帝國精英，而包括了水手、商人乃至一大群外國人，這些看法就變得尤其複雜。

複雜度源自明顯不可共量的（incommensurable）(6) 材料本身之多元性，以及傳播這些材料的官方與非官方成果之文類傳統。語言上的差異意味著某一外國地名之稱呼在另一地常常無法被理解。分歧的文化與區域歷史則已影響了不同族群在特定概念與預設上的地理與政治思維。外國報導人的政治忠誠也影響了報告，例如，在印度崛起的不列顛強權到底是善意的還是野心勃勃的？對外在世界的討論甚至在中國不同省分之間也可以有歧異：地方因子——例如接近歐洲人的廣州與澳門，或有著密集海外移民網路的福建——也可能依可獲致之知識而留下印記。[30] 要想跨越區域或知識分子社群之間的語言與文化邊界來傳遞融貫的地理學認識，著實大不易。

各種歧異的觀點又由於清朝政府與學術世界內的知識傳遞網路而更加複雜化。任何一條已知的資訊，其經歷委實難以預測。許多股關於印度的資訊流跨越清朝邊境而來，當中某些資訊流或許由於吸引了政府高層的注意，或者由於在學術成果中普遍被記錄，或兩種情況皆發生，而在整個帝國中廣泛流通。其他知識串流，雖說在某些特定地方或特定群體亦遍為人知，卻可能罕見於檔案或載籍，而在中央政府及帝國其他區域的臣民中相對地一直無人知曉。

臣民間傳播著的「一般知識」（ordinary knowledge）也必須列入考量。一般知識（如同大衛摩根〔David Morgan〕在中世紀波斯的案例中所註記的）恐怕「比起我們就現存文獻證據所假設的還要更廣泛」。[31] 較諸前此中國史上任何時期，此時有更多的帝國臣民，尤其是商人、水手以及回鄉僑民，對國外情況有著專業的熟悉。然而一般而言，他們的「實用知識」一如其他專門職業團體的實用知識般，是屬於那種「從未登上書寫或印刷紙頁上的、有巨大變異的知識傳統」。[32] 這有一部分是因為關於地理的書寫或治國經世似乎需要極高文采，而那僅為文人精英所能，一部分又由於那些在國外生活者或是與外國人密切接觸者傾向於避免誇耀他們的知識。[33] 可以肯定清政府與私家學者們很清楚一件事：藉由官方證詞或文人書記官所錄下的記載，擁有特定背景的臣民可用以攫取關鍵情報。但商人、水手、海外移民很少去蔓衍傳播他們的專業，這點仍限制了帝國的知識基底，特別是已知在東南亞的華人社群（以及自十八世紀末葉起在印度與東印度洋的華人社群）經常生活在與歐洲帝國管理密切接觸的環境下。他們欠缺管道來把新興的政治與經濟趨勢的「常態知識」傳達到政治或學術精英那裡——而這些精英們又常對所獲得的未確證的第一手報導抱持懷疑態度。

賴以記錄地緣政治資訊之文類，其視界、目的與傳統也造成影響。這一點在官僚體系的檔案上最為突顯。在官僚體系的檔案中，官方對他們所上呈的事實與提議負有責任，從而下筆異常慎重，僅僅載入與手頭行政問題直接關聯的資訊。對於一些密切相關卻帶有讓人為難之面向的知識，檔案作者很可能雖然知曉卻壓抑不寫。相似的限制也發生在正式參考用的學術作品上。通常這些作品是由一組學者所為，而這組學者皆有其在適切性與權威性上的限制。同樣地，學術作品的作者可能對當前事務的情況早已獲悉許多資訊，但在格式的限制下，允許他們寫出的卻少得多。私家書寫擁有較大的自由，得以徵引任何材料、提供他們自身的意見或理論。但即使在私家著述上，此處所談到的文類——一篇綜論、一篇短論、一段劄記中的小箋註、一封信——還是影響著可資運用的分析與證據。

在清代，文類決定了分析外在世界的三種主要模式。第一，操作型地理學（operational geography），乃用於清政府的文書往來上。此處，官方主要倚賴著尚在世的、專精於地方情況的報

(6) 不可共量：孔恩《科學革命的結構》（見本書參考書目）所提出的概念。指研究類似問題的相異典範（paradigm）間，彼此在基本術語之使用上或概念理解上都有所歧異，因之也無從比較何者是「科學的」。《科學革命的結構》第九、十、十二章對此概念作了重點討論。

導人，對於學術作品乃至政府檔案則甚少關注。第二，學術型地理學（scholastic geography），則是僅僅由文人進行分析的文本模式，通常是在政府贊助下做研究，例如帝國方志。嚴格的證據運用規則要求必須使用有權威的書寫材料，通常是先前的官方成果。此處，儘管編纂員們可能會引用含口頭查訪的官方文檔，卻幾乎不曾有親身的口頭查訪。最後，還有私家型地理學的領域，這屬於個別作者的私人書寫。這些著作的尺度與重要性依不同時代而差距極大，其差距與官方和學術圈的流行態度有關。一八〇〇年之後，這種模式得以密集進行時，是最具活力、多樣性、全面性的研究形式，不受僵固傳統或官僚體制限制所拘束。然而比起學術型或操作型地理學，私家型地理學也是探索起來最散亂且最紛歧的領域，實際上也沒有任何個人有能力掌握那巨量的地理書寫文集。

應該強調的是，要說全面性或者獲得普遍認同，沒有任何單一種類的材料甚或是材料類型能辦得到。毋寧說，會對地理學感興趣且保持必要接觸的人，都會經常查閱所有三類材料以架構他們的世界觀。因此，儘管相異文類有可能一時間顯得像是來自彼此隔絕而差異極大之心智世界下的產物，這些文獻事實上仍是同一研究領域的相異面，其彼此間的緊密聯繫比起表面上所給人的感覺還要深。官員或編纂員們在某個場合書寫嚴謹，卻在其他情況下以私人筆記或論述透露出在他們更正式的著作中未曾暗示過的情報，這種情形並不罕見。話雖如此，縱然學者們飽覽群籍，這許多專門的文類也意味著地理書寫往往只不過是他們彼此間的間接對話。最終，一種文類的發展影響了其餘二種，但卻是以複雜細緻的方式所達成的。

沒有哪種單一材料可以拿來視同於清朝預設的世界觀。原始資料、詮釋與文類的多樣性，意味著不存在任何兩個人在探討印度問題及其現狀時使用完全相同的資訊基底。本研究並不妄想探索**那唯一**的清朝對印度的視點（*the* Qing perspective on India）這種不存在的幻象，或者意圖承擔起闡明每種個別觀點這般不可能的任務。反之，本研究將追尋帝國內的主流對話與論辯、重要評註者所採取的種種立場、評註者們彼此間的關係，以及隨著不同材料在其影響力之升降變化下的觀點演化。

欲構繪出這個範圍內的諸觀點間之聯結與融貫趨勢，下列研究高度倚賴對某些事物的歷史語文學分析，這些分析今日看來既不重要又枯燥，但對中國官員與學者們之構造論述與組織資料卻構成極重要的元素：地理學詞彙，以及最重要的，地名。如第一章將要解釋的，中國學者們受制約地視地名為地理學分析之基礎。實際上，對於印度，所有那些片段的地域、文化觀點都與他們的特殊語彙有所聯結，而源自相異的語言及經典材料。某些關於印度的術語普遍為人所知；某些僅出現在來自特定區域或智識背景的書寫材料中；還有一些僅為個別作家所獨有。這龐雜的地名對建構一個融貫的世界圖像而言確實是個重要而惱人的關卡，而它也是中國學者欲從事密集分析時所面臨的外顯難題。但這些地名對史家而言也是個恩賜。因為一份作品中所提及的地名，無異是該作者曾參查哪些材料的足跡。這些地名透露出了直接與間接材料；地名彼此間相互關係的置放方式則提供了洞悉該作者如何理解大量術語的管道，且經常透露出影響作者最深的材料是哪些。一位作者在多大程度上欲建構一個綜合的世界觀，則是看出清朝官員與學者們把世界視為區域片段抑或巨大整體的最佳代表。

本書的計畫

第一部分　清帝國的世界視野

本書開篇，首先探索清朝統治之初的一個世紀內，在帝國內流通著的、關於印度資訊的稠密構造，以及其應用到印度的分析。第一章說明清朝統治開頭一百年內主宰外國地理研究的材料與技術，集中在兩個議題上：即透過提出相互間難以共量的證據體彼此之聯繫，所開展的地理學論述方式；以及相應的懷疑論態度，認為地理學主張不過是臨時性的，筆者將這點稱為「地理不可知論」（geographic agnosticism）。關於印度，流傳著大量彼此競爭的觀點，而非一個單一且具有優勢的世界觀。這些觀點或者來自從漢朝至明朝的作家，他們遺留下一大批相異材料的遺產；又或者來自佛教徒、穆斯林以及基督徒作家，他們依據自身的智識與宗教傳統而提供地理描述；也有來自於蒙古與西藏的學者們，他們影響了滿洲人，而後又影響了漢人文士。儘管所有這些地理世界觀的諸元素彼此間曾交叉傳播且互相影響，但這些元素仍保留著各自在術語上、宇宙論上、宗教及政治意涵上的根本歧異。其結果可被設想為受離心與向心力間緊張關係所帶出的一個地理學論辯的單一場域，但卻從未凝結為一個穩定的綜合體。

第二部分　鍛造一個多民族帝國：邊疆政策的頂點

接下來三章關注乾隆時期，一個有著大量軍事與學術成就的時代。該時代裡，向心與離心力皆成長增強。正當帝國軍隊開入遙遠又陌生的區域中，關於印度的新報告以不熟悉的詞彙表達而傳達到朝廷。對於本身身兼學者及學術贊助人角色的乾隆皇帝而言，在綜合地理學知識時，匹配這些日益增長的資訊多樣性，正是他那前無古人的個人興趣。乾隆組織了多語言團隊來翻譯、處理並解釋他的將軍們所蒐集到的資訊，而滿漢官員們則靠著本地報導人與耶穌會傳教士的協助來繪製帝國邊外領域的地圖。縱然有這樣龐大的勞動，也只綜合了關於印度可獲致之資訊的一小部分。

在一七五〇與一七六〇年代，從南疆的制高點向外看，清政府所遇上的印度主要是「痕都斯坦（Hindūstān）」。數十年後，在一七八八至一七九三年間，出自欲從西藏驅走尼泊爾廓爾喀的動力，部分早先被稱之為痕都斯坦的土地，現在被用不一樣的藏語語彙來描述了。在海岸，受到歐語和中國方言的影響，其他稱呼當代印度的術語仍然盛行。只有到了一七九〇年代，才首次浮現在亞洲蔓延擴展的不列顛帝國主義，並不適於以地方情報蒐集來理解之徵兆。由於之後在喜馬拉雅山脈的戰爭湊巧遇上不列顛使者馬戛爾尼爵士在一七九三年的到來，清不得不去強調馬戛爾尼所代表的國家嘆咭唎與最近在孟加拉被發現的披楞（法朗機(7)，指歐洲人）間的聯繫。乾隆朝廷動用各種情報渠道得以查明這兩個群體間顯然的關係，但這個理解卻保留在模糊狀態，且不曾影響他們的對外關係戰略。隨之而來的五十年間，對孟加拉披楞的政策與對在廣州的嘆咭唎的政策仍舊各自獨立形成。

(7) *Farangi*，與明朝史料「佛朗機」同源，來自阿拉伯人對歐洲人之稱呼。詳本書第五章。

第三部分　轉變的時期，一八〇〇—一八三八

到了十九世紀的第一個十年，清廷那裂解的世界觀，較諸其亞、歐鄰國的戰略與軍事關注，已愈發顯得落伍。大英帝國已成為清朝南方邊疆上唯一最有力的強權。對多數與清方有所接觸的外國觀察家而言，此事件乃一亞洲強權均衡的革命性翻轉，有待北京給予適當的回應。與此效應相關的訊息，搭配上關於英屬印度的報告，各自以不同渠道傳達到清廷，並且各以其本身區域語境下之地理慣用語來表述。儘管清廷看到了一部分的情況，不列顛在印度的擴張並未被其視為一個整體，而亞洲其他地方所共有的那深刻的反英恐懼，也並未讓皇帝及其最高層的部院大臣有所掌握。

欲使新形態的地緣政治世界觀浮現，地理學知識、政策決定之結構，以及戰略預設中之相互調整實屬必須。這些調整在一八〇〇年後開始發生，第五章與第六章即描述其浮現。在乾隆朝之後，許多當初使漢人文士在研究地理學與邊疆事務上止足的限制如今已解禁。漢人文士們抓住了許多前所未有的材料，愈發能以一整合的全景來看待帝國邊疆，也漸漸了解到大英帝國之活動無所不在。對鴉片貿易以及其背後之財政與指揮結構的注意，使得漢人文士們對於英國所控制的亞洲領土辨識出一個臨近的網路。沿此線索而推論，中國學者們發現在廣州所知道的那些印度各港口，即所謂的「港腳」，其實是歷史上早已知曉的印度地區。一旦「英屬印度」之概念得以獲致，其作為英帝國財經與軍事之柱石的重要性亦隨之迅速變得顯而易見。

第四部分　對外政策及其局限

對某些學者而言，這項認識導致其重新考量清朝地理學與戰略常規之基礎。當中最重要的學者是深具影響力的政策分析家魏源。魏源主張，帝國如今裂解的邊疆觀點致命地妨礙了辨識與應對英國威脅的能力。前輩們的發現與戰時情報所蒐集的果實（見第七章）構成了重要的資訊堆，足以讓魏源去完成難倒他那些前輩們的事業：把帝國的地理學知識整合起來。在魏源筆下出現了一個參照外國地名的標準化系統，並突顯某些地名，把其他地名隱於其下。對魏源而言，這項地理學知識革命的成果，幾同於整合帝國對外政策。他主張，那些過去導因於只關注地方而看似離散的邊疆，實乃一大戰爭的各前線。魏源偏離了早先的常規（儘管他粉飾了其歷史報告以掩蓋這個事實），而主張清朝應構築聯盟以對抗其主要敵人：大英帝國。魏源計畫的核心在於誘勸尼泊爾、緬甸、俄羅斯來與清朝聯盟以襲擊印度，並與印度人合作以驅英人回到海上。一旦喪失了鴉片收入以及印度敘坡兵，英國將無法對中國形成威脅。換言之，魏源所提議的，就是某些英國觀察家擔心俄羅斯將在「大博弈」中所採用的、讓清帝國去威脅印度的戰略。

為適應外國帝國主義，在鴉片戰爭後數十年間，清朝對外關係變得更加中央集權，且經手多個地方官員而來的斷裂性政策決定之缺陷也變得更明顯。這也是清政府之所以建立其第一個「外交官署」總理衙門的部分理由。[34] 然而，魏源那更激進的觀點——一個緊密整合的帝國，並運作起與外國強權間的密切聯盟——則不受採納。不受採納的其中一項因子確定是來自清朝官僚的內部警告。官僚們並不想賭上他們的事業乃至性命來鼓吹那可能會以災難作結的高成本手法。另一項因子則是政府在軍事與財務資源上的限制，以及潛在聯盟那已知的不可靠性。對自己的弱點，清帝國政府了解得比魏源還犀利得多。

清帝國在一八四〇年後所面臨的，不僅只是在兩個模型間做出抉擇的問題：其中一個是失敗卻熟悉的戰略模型，另一個則是有效率或所謂具「現代性」的模型。這場挑戰乃在於地方需求與條件如何和整個帝國的戰略設想做出平衡。為維持控制各邊疆，清政府需要地方領導人的資源與合作。突顯地方需求的邊疆政策理路，仍是強盛與穩定的源頭。無論哪種邊疆政策或對外政策都無法以其最純粹的形式立足。找出邊疆政策與對外政策間的正確平衡以求改變外在條件，即便在清政府轉變成一個漢人的政府時也還是一個重大問題。

關於「印度」的說明

本書使用「India（印度）」一詞以指涉今日學者們更常以南亞指稱的該區域。筆者決定保留印度一詞以忠於書中所引用的漢文與滿文材料。如同清朝學者犀利指出的，「亞細亞」乃歐洲人的地理學概念。此概念之有效與否猶有爭議，人們多半只是勉強接受而已。相反地，英語「India」一詞則與漢語所指涉的該區域之稱謂同字源（一如與該語相對應的蒙、滿稱謂）。這貼切的英漢用語可延伸至該詞在地理學上的可塑性。不論在英語或在漢語，於本書所研究的範圍期間內，「India」的邊界具模糊性。在這個意義下，比起一個具誤導性的技術詞語「南亞」而言，「India」還是適合些的。

筆者研究範圍內的數十年期間當中，印度乃是一個諸強權競爭下的拼貼物。要在多大程度上、在怎樣的等級上把印度視為一個統一的抽象實體方才說得通，此問題已超出本研究的範圍。[35] 至於本書的研究，以「印度」為分析單位確實有其意義，理由有二。首先，幾乎清帝國的所有臣民都接受印度為一融貫的地理學概念，不受其政治單位外延所影響。在印度邊界內的各個獨立邦國一般則被理解為一個較大的印度之組成分子。進一步來說，由於本研究著重在清朝如何理解英帝國在此數十年內蠶食征服印度，故首先必須研究這些區域在被英國征服統治前如何被理解。因此，較諸迄至一八六〇年受到英國直接或間接統治之次大陸上該片土地（緬甸除外），本研究的目標多少仍以「印度」此概念更為適合。從而本研究對南印度較少關注，也是因為除了某些港口外，南印度與清帝國罕有接觸。偶爾有些迄一八六〇年仍不受英國直接支配的土地——主要是尼泊爾、克什米爾以及東阿富汗——將成為我們分析的對象。因為他們在清帝國與印度間扮演了關鍵的居間角色。不用說，本研究中的「印度」一語與今天的印度共和國並沒有任何時代誤植的關係。

作者註

1. 《清太宗實錄》，第一冊，第五五二頁（卷四二，葉六下）。
2. 關於一種帝國的「資訊秩序」概念，借自白利，《帝國與資訊：印度之情報蒐集與社會溝通，一七八〇—一八七〇》；對於清帝國，參看馬世嘉，〈帝國及邊疆情報之流通：清朝對奧斯曼的概念〉。
3. 費正清的觀點在一九四一年的研究〈論清朝朝貢體系〉（與鄧嗣禹合著）中首次清楚闡明，其後在一九六八年的導論性論文〈一種初步的構想〉中勾勒出輪廓。
4. 費正清，〈一種初步的構想〉，第一一頁。
5. 費正清，《中國沿海的貿易與外交：一八四二—一八五四年通商口岸的開埠》，第一〇—二二頁。
6. 衛思韓，《使團與幻覺：遣向康熙的葡萄牙及荷蘭使節，一六六六—一六八七》，第一七一頁。
7. 前揭書，第一七九頁。
8. 鮑拉切克，《內部的鴉片戰爭》，第三頁。
9. 前揭書，第二〇三頁。
10. 李約瑟，〈地理學與地圖學〉；余定國，〈傳統中國地圖學及其西化的問題〉；司馬富，〈測繪中國世界〉。
11. 司馬富，〈測繪中國世界〉，第九二頁。
12. 林珍珠（《魏源》，第九六頁）主張，在鴉片戰爭前，清朝的地理學書寫——尤其少數關乎海洋世界者——「大多遭忽略」。
13. 費正清視清朝在內亞之統治基本上為華夏自我中心式的觀點（〈一種初步的構想〉，第三—四頁）），在一九六〇年代遭到法夸爾〈滿族蒙古政策的起源〉與傅禮初的挑戰。傅禮初視早期清朝統治者猶非屬「中國的」，後期清朝統治者方在實務上如是（〈中國與中亞〉）。之後衛思韓對比了中國官方在沿海的「防禦性」與滿蒙官方掌控內亞的「攻擊性」（〈朝貢、防禦與獨立：關於明清對外關係中某些基本觀念的用途與局限〉，第二二七頁）。然而，僅在一九九〇年代末，在清朝對外關係的研究中，內亞才得以躋身其間與沿海平齊。
14. 被鬆散歸入所謂「新清史」旗下的史家包括了濮德培、何羅娜、衛周安以及羅友枝，他們已在清帝國與同時代歐、亞其他各帝國間描繪出平行關係。引述參下。
15. 白彬菊，《君主與大臣：清中期的軍機處（一七二三—一八二〇）》，第一二〇—一二一頁。

16. 濮德培，《中國西進：大清征服中亞》，第七四頁。
17. 濮德培，〈邊界、地圖和運動：近代早期歐亞地區的中國、俄國和蒙古帝國〉，第二六四頁。
18. 曼素恩、孔飛力，〈王朝衰落與叛亂的根源〉。
19. 彭慕蘭，《大分流：歐洲、中國及現代世界經濟的發展》。
20. 吳勞麗，《帝國與汗國：清與浩罕關係政治史》，第九—一〇頁。
21. 何羅娜在其《清朝的殖民事業：近代中國早期的民族誌與製圖學》中主張，十八世紀時清政府「處在可選擇使用近現代之技術以捲入帝國建構之最前線的情況下……這在十九世紀已不再可能」（第二一〇—二一一頁）；羅友枝將「近現代典範」視為尤其適合於「清的形成」，意即主要是十七、十八世紀（〈清的形成與早期現代〉，第二〇七頁）。衛周安對這個發展評註道，清朝統治者們曾經是「夠格與西方列強競爭的對手，得以冠上帝國主義者之頭銜」，但後來卻「幾乎被壓倒性地擊敗」了（《北京的六分儀：中國歷史中的世界潮流》，第九四頁）。
22. 濮德培，《中國西進：大清征服中亞》，第五四七—五五一頁。
23. 如同戴瑩琮所觀察到的，異乎準噶爾諸戰役，緬甸戰爭對清廷而言並不「在其整體帝國構建的議程上」，毋寧算是失控的局部衝突。（〈偽裝的挫敗：清朝緬甸戰役〉，第一五五頁。）
24. 白利，〈全球帝國主義的第一紀元：一七六〇—一八三〇年頃〉。
25. 這種對同盟的爭奪並不局限於歐洲：證據顯示其亦可見於穆斯林與印度世界，例如在奧斯曼帝國、波斯、邁索爾、爾蘭積星（Ranjit Singh）的錫克帝國、尼泊爾等。
26. 柏克，《知識社會史：從古騰堡到狄德羅》，第一一九頁。
27. 吳勞麗，《帝國與汗國：清與浩罕關係政治史》，第ix頁。
28. 例如參看雅普，《英屬印度的戰略：不列顛、伊朗、阿富汗，一七九八—一八五〇》。
29. 阿哥斯頓，〈資訊、意識形態以及帝國政策的限度：奧斯曼—哈普斯堡競爭脈絡下的奧斯曼大戰略〉，第七六—七七頁；帕克，《腓力二世的大戰略》；勒東尼，《俄羅斯帝國的大戰略，一六五〇—一八三一》。
30. 衛思韓，〈偶然的聯繫：福建、中華帝國與早期現代世界〉，第一七七—一七九頁。
31. 摩根，〈波斯對蒙古人與歐洲人之認知〉，第二一五頁。
32. 周紹明，《書籍的社會史》，第一六三頁。
33. 艾爾曼，《科舉文化史》，第二七六—二七七頁。

34. 陸德芙，《晚清中國的協商力量：總理衙門與政治改革》，第八八—九〇頁。

35. 關於對此問題的探討，參考阿塔爾·阿里，〈印度意識之演化：皇帝阿克巴與宰相阿布勒法茲勒〉；須婆羅門閻，〈在印度這個窗口上〉。

第一部分

清帝國的世界視野

第一章

許許多多的印度

清朝地理學常規中的印度，一六四四—一七五五

清初中國的外國地理學常規

清朝官員與學者如何理解外在世界的物理與政治態勢？地理學是所有科學中最重經驗者之一，同時，此學門的本質也就在於處理大量可得的域外土地描述，包括軍事情報、旅人報告、宗教與歷史書寫以及地圖。然而這些材料當中，包含大量相互牴觸的陳述與詮釋。在這個情境下，研究世界並不意味著被動地耗用本身早已明晰的證據，反而不如說是奮力追求把可得的資料整理出理路。因此，在探究形成清朝世界觀的經驗基底之前、在說明個別學者建構於此世界觀上之論述前，必須先從地理學界的常規開始討論：在多重世界觀彼此共存且各自演化下的推理及論辯的模式，以及這些方法所造成的各種態度。

清代的外國地理學學者明白知道他們的知識是受局限的、不確定的、臨時的。[1] 這並不是緣於資訊的缺乏，數世紀以來與外在世界的互動，早已把關於外國地理的巨量資料帶到中國來了。問題毋寧在於這些資料彼此間那顯而易見的不可共量性。不同的報導人帶著相異的語言、地域、智識、宗教背

景，在一代又一代間累積下了整個文獻，這些報導人的報告沒辦法輕易地混合進一個融貫單一的陳述中。一代又一代的學者們藉由廣博的閱讀來認識並回應這項挑戰，其立論基礎則建立在大膽推演出各式理論，以調和那些似乎彼此極為矛盾的各種報告上。這種理論化的工作有賴於正式教育中反覆教導的詮釋與論證方法，尤其是對引用資料的蒐集與排比。聚焦在對專有名詞的歷史語言學探索上，以此來研究地理學，這種方式深深地受到文本研究與論辯所影響。由於精確空間資料之稀有或欠乏，在錯綜複雜、相互矛盾的材料中從事推理，地圖這個僅能把世界呈現出單一一種形象的物品，就遠不如書面地理學研究來得有用。在晚清以前，研讀外國地理學幾乎全是透過書面而非圖像。

由於中國學者意識到了有關外在世界之精確可靠的資訊難以取得，又由於他們擁有一種能容忍矛盾意見且推遲判斷的文本方法論，一般而言，他們對待外國地理學的態度可以稱之為地理不可知論。某些主張可能較受青睞而某些則遭到懷疑，但沒有哪一種主張能絕對獲得背書或徹底被屏棄。沒有任何一種關於世界的概念能取代其他各概念，而對地理學證據之價值的判斷則仍然是臨時性的。

不可共量性之元素：清初以前的世界描述

到了清初，中國地理學者對外在世界已經有了太多的資訊。相異背景的報導人的證詞，有的是對宇宙之廣泛全面的陳述，有的則是單次旅程之支離破碎的簡報。這些報導在時間的沉積下留下了許多層次的地理紀錄。學者們在一六四四年所獲的各種宇宙論，各自設想著不同數目、大小、形狀的海洋與大陸。同一區域經常被用相異的方式以不一致的名稱描述著。當地理學者們勤奮地閱讀了所有陳述且試圖建構理論來綜合這些陳述時，至少與原材料同樣巨量的諸般混合視點也隨之浮現。即便本書的研究範圍，不包括把清代以前的材料與綜合論證歸入一種簡化的類型學，但簡短地回顧這個過程，還是有助於證明何以地理學實證之內涵在持續不斷且熟練的調和意圖之下，仍然不可彼此共量。

在中國的智識傳統中，最早且最具影響力的世界描述之一出現在《尚書．禹貢》。〈禹貢〉在描述了中國的九個區域（州）之後，模糊地總結道：「東漸于海，西被于流沙，朔南暨聲教，訖于四海。」[2] 在戰國及漢初時期，更精巧的世界模型出現了。《山海經》構想出一個中央矩形，四邊環海，其後則有「大荒」。[3] 此外，鄒衍（約西元前二五〇年）則提出了世界由九塊大陸（州）所組成的說法，主張傳統經典《尚書》中所描述的中國只不過是其中一塊大陸的九分之一而已。他認為這種大陸每塊皆由一個「較小的海」（裨海）所環繞，而由一個巨「洋」（瀛海）整體包圍這九塊大陸。[4]

相互競爭的世界觀激起了學術論辯，而這些論辯多半隱含著政治意涵。鄒衍模型的支持者主張，此模型描繪世界之巨，勝過〈禹貢〉，反對鄒衍模型者則駁斥稱，鄒衍所說的內容無稽且貶抑中國。恰如魯威儀（Mark Edward Lewis）所指出的，〈禹貢〉受到那些傾向於推崇聖人所言者之高擡，而鄒衍的世界觀則受那些相信國家政策應超越古典遺產而進行富效率之革新者所推崇。[5] 意識形態的意涵可能被強加在經驗論述之上。

西漢初葉（西元前二〇六年—二五年），新的正史文類引領讀者更詳盡地進入外在世界。在後世正史的原型，即司馬遷的《史記》當中，敘事所及已囊括到游牧民族匈奴和其他外邦民族，而後續循此樣式的作品則繼續把中國相關朝代與外邦的政治關係繫年載錄。在地理學上與正史相輔相成的地方志，當其所討論的地區與外在世界相鄰時，也會附上對外邦民族的描述。[6]

即使在這些材料中最經典的〈禹貢〉及諸正史當中，不一致的情況也很明顯。舉例來說，對於「四海」是否果真環繞一中央陸塊，一直有著論辯，縱使「四海」確實環繞一中央陸塊，那四個海該如何對應已知地域也有著爭議。宋朝學者程大昌（一一二三—一一九五年）在發現了〈禹貢〉其實並未指明西海與北海之所在後，把目光轉到歷史證據當中。程大昌注意到一名漢朝使節曾到達條支（塞琉古帝國）背後的一片海，便視此為西海，而把另一片其他旅行者所報告的海視為北海。[7] 同時代還有一位更謹慎的學者洪邁（一一二三—一二〇二年），則只願意確證北、東、南海的存在。他認為西海的存在毫無證據，而條支背後的海洋只不過是南海之西濱。《尚書》所提到的「四海」「或許只是基於向外類推的論述（蓋引類而言之）」。[8] 然而，明朝學者丘濬（一四二〇—一四九五年）與楊慎（一四八八—一五五九年）則相信西海確實存在，理由在於據說雲南外極西處有一大水體（大海）。[9] 朱鶴齡（一六〇六—一六八三年）在一份箋註中充分收錄了所有這些論述，他本身則不添加任何自己的意見。稍後，清朝地理學家兼分類學家胡渭（一六三三—一七一四年）提出了一個激進的異議。在《爾雅》這本早期的字典或分類辭庫中，「四海」的定義是四方的外邦民族(1)，這樣的定義毋寧說更近似對「地」的描述而非「水」。胡渭以此為據，徹底否決〈禹貢〉所指之為海洋的說法。胡渭承認後續歷史中所描述的地點諸如「西海」、「北海」，乃真實存在的水體，但他認為以相去如此懸絕的這些水體來解釋儒學經典的宇宙論架構，並不適切。[10]

這些學者們全都深諳經典、歷史作品以及相關箋註，藉此著手研究地理學。儘管他們在同一個範圍內的正典材料上用了相似的文本方法，卻各自走到相分歧的結論。很清楚地，他們之中沒有任何一個人會相信某一件材料本身就是全面的，每位學者都覺得有必要調和各種材料，或至少得克服某些相異作品間彼此互相牴觸的資訊。

約在漢朝末葉，中國學者們開始面臨了一種嶄新又陌生的世界觀：佛教材料所呈現的世界(2)。這些材料宣稱世界環繞著一個由彌樓（須彌山）所構成的中央軸心，而彌樓這座山有著超自然的高度，周圍由一鹽海中之四大部洲（*dvīpa*）所環繞。[11] 人類僅居住在當中的南方大陸贍部洲（Jambudvīpa，或譯閻浮提洲），該部洲之形狀神似印度次大陸及西藏，南方狹長而北方寬廣，中央橫亙著醯摩嚩多（Himavat，即喜馬拉雅山脈）。這些山峰之北座落著聖湖阿那婆答多（Anavatapta），該湖通常被認為是西部西藏的瑪旁雍錯湖（梵：Mānasa Sarovara），據說印度河、恆河、烏滸河（阿姆河）與徙多河（梵：Śītā，即塔里木〔Tarim〕河）皆出自該湖。[12]

約在西元三〇〇年左右，佛教經藏譯為漢語在中國傳播，而佛教的宇宙觀也經由朝聖者之手詳盡地描繪出來。[13] 其中兩份由僧人所撰著的紀錄影響尤其深遠——分別是在三九九年經陸路至印度，於四一四年由海路回返的法顯（約三三七—四二二年）的《佛國記》；以及全由陸路來回的玄奘（五九六—六六四年）的《大唐西域記》。要想把源自佛教材料的主張與其他著述調和並非易事，以宇宙論而言，四大部洲環繞須彌山之理論在中國毫無可對應者。即便被大洋所包覆的贍部洲可以和「四海」中的各陸塊劃上等號，此佛教論述中的大陸還是包含著帶有陌生名號的未知特徵。再說，佛教徒的世界觀有很強的親印度偏向，把北印度——特別是菩提伽耶（梵：Buddhagayā）視作世界中心。[14] 雖然學者們寧採正統儒教作品，譴責這種偏頗，佛教材料仍漸漸有如異花傳粉般，把古老的觀念散布進許多綜合的立場中。安坐在贍部洲中心高山群中的阿那婆答多，以及佛教未傳入前中國材料中傳說

(1)《爾雅．釋地》：「九夷、八狄、七戎、六蠻，謂之四海。」

(2) 以下佛教術語與藏語等之音譯，未必採文獻所見之最早者。請讀者諒解。

的高峰、支撐上天之中柱崑崙，二者已開始被某些作者混同起來。[15] 這種綜合也擴展到水文地理學上。佛教傳入前的材料，對於黃河源的看法已有所歧異，造成多重源頭的複雜理論——經常帶有意識形態意涵——而這多重源頭則各連通到其地下各個支流。[16] 恰在此時，崑崙與阿那婆答多這兩個被視為天下主要河流之源的地方，開始被聯想在一起。例如，玄奘就很謹慎地斷言道，根據某些人所云，徙多河這條據佛教材料認為是流自阿那婆答多的河流，流入地下並在他處浮現而成黃河源。[17] 這仍留下一個倍受討論的問題：在清朝，康熙皇帝用了漢文史籍、佛教經藏，以及他本身的測繪地圖，來分析阿那婆答多與崑崙之關係（詳本章後述）。製圖學上也出現了綜合的趨勢。唐宋時期所製之供禱祝用的贍部洲地圖，最初幾乎無例外地聚焦在印度，到頭來卻演化成把其他方國納入贍部洲架構的世界地圖。其各個中間階段，則有證據顯示出僧侶們亟欲在此世界觀中賦予中國重要性，而苦於調和佛教論述中印度的地理自我中心情況。然而，到了晚明，各種整合的贍部洲地圖，以阿那婆答多湖為中心，都給了中國約莫與印度等同的空間大小。[18]

意識形態因子持續形塑對諸多不可共量資料的詮釋。一部佛教徒的作品《釋迦方志》由於對印度規模與印度中心論提供了熱切的描述，而激起了元朝學者吳萊（一二九七—一三四〇年）的怒火。對吳萊而言，僧侶朝聖者的權威性較諸《漢書》等正史來說，當然失色，正史對印度的描述才是不虛浮的實錄。吳萊引來了同為學者的佛教支持者錢謙益（一五八二—一六六四年）的批判。錢謙益相信該議題乃中國的自我中心性：「〔吳〕萊之意，謂身毒為蔥嶺西小國，釋種分散，遷徙不常。不若《〔釋迦〕方誌》所云中土大國也。」相對地，錢謙益相信佛教材料：「中印度之境，《西域記》所載，〔玄奘〕凡歷二十九國。萊據〈張騫傳〉中語，以臆斷之，曰：『一國而已。』彼所歷二十九國者，皆鬼國乎？」[19] 地理學的推理反映了宗教與意識形態之偏好。

伊斯蘭教同樣也把新的地理學概念傳入中國。在蒙古統治下，已知有許多穆斯林學者傳遞他們的知識給本地研究者，其中著名者有朱思本（約一二七三—一三三七年），他在一三一一至一三二〇年間備製了一張直到摩洛哥與中亞的地圖；還有李澤民，他的地圖（約一三三〇年）用到了伊斯蘭材料而繪出歐洲與非洲。[20] 在稍後的幾世紀裡，回民持續汲取阿拉伯與波斯地理學知識。其中某些知識深深與明清時期的精英文學以及哲學文化交織在一起，偶爾把伊斯蘭教的地理世界觀給譯介進來。[21] 這些則當然是麥加（Mecca，舊譯或作默伽）中心論的：以馬注（一六四〇—一七一一年）為例，他告知他想像中的非穆斯林對話者：「天房（*ka'aba*）居四極之中。」[22]

自宋代起，旅遊記述變得尤其有影響力。某些旅遊記述是由邊疆地區的學者所記錄下來的二手資訊，某些則是旅人描述他們自身的僑居經驗。明初的外交顯然擴大了這些文獻。[23] 迄至晚明，許多此類書寫已被消化融入那些志於處理整個已知世界的全面性地理學成果中，故而清初的學者們就得以自在地使用關於亞洲許多部分的目擊記述。

旅遊記述不像那些與外來宗教有關的作品，而傾向於提供對外在世界之片斷的描述，不會系統性地挑戰各種既存的宇宙論。然而，一旦新資訊積累起來，仍有可能激起些重大的概念性變革，海洋劃分與術語等方面即為其例。直到唐朝，「南海」一詞一直用以指稱所有南亞與印度洋之域外民族，如今卻不得不要求一個更精確的詞彙。周去非（約一一三五—一一八九年）的《嶺外代答》就把東南海與西南海的外邦劃分開來，其依據則是自三佛齊（Srivijaya）至廣州的一條邊界。同時「洋」一詞（傳統上意指「海洋」）的用法也變得與之相近。到了元朝的《島夷誌略》，東南海與西南海相對應地變成東洋與西洋，而這個概念架構又經由鄭和（一三七一—一四三三年）的航海編年史作者之手而流行起來。[24] 儘管兩洋間的區別線改變了，這兩個詞卻仍保留了對海洋世界的劃分。[25]

同時代的歐洲世界觀則在一五八四至一六〇八年間藉由耶穌會士利瑪竇（Matteo Ricci，一五五二—一六一〇年）所繪製流傳的一系列漢語地圖而引入中國。一六二三年則更進一步，艾儒略（Giulio Aleni，一五八二—一六四九年）勤苦增補前輩遺留的地理學筆記而撰就《職方外紀》，成為第一本系統性地提綱挈領介紹歐洲地理學的書。公平地說，「在傳布非中國世界的資訊上，遠比利瑪竇的那些地圖還重要」，艾儒略的成果在清朝時期一直廣獲參引查詢。[27] 再加上其後南懷仁（Ferdinand Verbiest，一六二三—一六八八年）的《坤輿圖說》，耶穌會的地理學已確切地將其記述呈現給中國學者了。

耶穌會士到達中國時，正好邂逅了來源相異的各種地理學概念造成的諸多相互牴觸的主張。包括世界乃由五個水覆大洲所組成的這種新奇理論在內，耶穌會士為推廣他們自己的觀點，不得不借用既存詞彙以使他們的描述聽來易懂、具說服力，把他們的主張「編碼」成「一可接受的格式來包覆著陌生的觀念」。[28] 耶穌會地理學家如利瑪竇、艾儒略、衛匡國（Martino Martini，一六一四—一六六一年）等人，廣泛地參查了各種明代材料。[29] 因此，這些傳教士即便在自己的書寫中也綜合了歐洲與中國的概念。中國學者多半不願意對耶穌會士的主張照單全收，故對他們而言，仍有必要在較舊的地理學傳統下考量歐洲人的論斷。一個五大洲的世界讓某些人想起了鄒衍的理論，儘管這層相似性所帶來的推論並不同。[30] 某些晚明的學者拒斥利瑪竇的地圖，就因為這些地圖若非顯得貶抑中國在世界上的地位，就是似乎誤導觀者對於歐洲實際的鄰近性與侵略意圖。[31] 一位佛教批評家主張，基督徒的神只不過是居於須彌山的因陀羅神而已，因而證明耶穌會士對整個（佛教式的）宇宙並不熟悉。基督教辯護者徐光啟（一五六二—一六三三年）則回覆道，恰恰相反，佛教徒狹隘的四大部洲觀點如今已被歐洲人更為寬廣的經驗所替代。實際上，徐光啟甚至推得更遠，宣稱中國佛教徒的宇宙觀在印度根本無人知曉（根據耶穌會與當地學者的討論），或許意指中國佛教徒剽竊了鄒衍的觀點。[32]

前面這段簡略回顧，描述了在中國研究外國地理學的一個弔詭之處。新材料持續出現，提供了關於外在世界中罕為人知的部分之原始資訊，同時卻也增加了讓地理學家們必須與之糾纏的名稱與概念的數量。一旦變量數目增加，處在重視廣泛閱讀的智識環境下，不但無法達致融貫綜合，尖銳的意見衝突反倒隨之浮現。在這些條件下，任何單一的一手材料皆欠缺內在權威性；而能夠從參照諸多其他材料來判定權威性的學術解釋家們所給出的裁定則極具分量。因此有必要仔細審視做出這種學術評估的程序。

地理學學術之技術

文本研究方法形塑了外國地理學的研究。關於外在世界的描述，不附地圖者居壓倒性的多數，即使那少數提供地圖者，也附帶了卷帙浩繁的文字描述。不附屬於書本的地圖則通常帶有廣泛的文本註解。[33] 相較於那數量龐大得多的書寫文獻，地圖在形塑清朝學者與官員的世界觀上只起了邊緣的作用。這種優勢又會自我強化：由於地圖不適於拿來闡述與論辯那些文獻證據中的微妙矛盾，故而文本材料才引來文本評註。

以文本為基礎的研究在外國地理學的主導優勢，有下述數種重要意涵。第一，由於中國沒有專門訓練且致力於地理學的從事者，任何受過標準精英教育的人皆可能在最高層次從事地理學研究。有這麼多學者提出帶有初步主張的意見供人考量，這使得具有個人特色的觀點快速增長。第二，地理學推論強烈受到文本學術的一般常規所影響。儘管地理學論述終究該建立在具有第一手知識的描述上，任何一件描述的有效性仍應以更寬廣的確證母體來評估。如果新舊陳述互相衝突，相牴觸的各主張之權威性就成了爭議的對象，從而使任何一份經驗性經歷陳述，都會牽連到更上層的應用於其上的文本批評之權威性問題。就像艾爾曼（Benjamin A. Elman）在晚明的自然研究中所附帶觀察到的，把文本證據蒐集到清單中意味著「在時間當中，文字作為註解（意即事物的文本生命）較諸其他對其所指涉的事物之分析方法更具有優先權」。[34] 即便是耶穌會士所帶來的全面系統，也沒有新奇且革命性的一組主張，能夠翻轉或自外於可用地理學材料的整個母體。

在清代，趁「考證學」運動興起之勢，因推崇「嚴密的考證，嚴謹的分析，廣泛地蒐集古代文物、歷史文件與文本保存的客觀證據」，[35] 文本研究變得尤其具優勢。在這種環境中，研究外國地理者受到如亨德森（John B. Henderson）所謂「評註性假設」（commentarial assumption）之影響。評註性假設衍生自經典研究，即認為材料之正典應展現一個基本的哲學整體，故而學者們應該運用其聰敏，調和各陳述間的明顯牴觸。[36] 地理學研究者們一如古典學者般，視其研究對象為一融貫的實體，並努力調和那些相互牴觸的相關主張。進而言之，這些評註傾向於變成開放式的知識倉儲，隨著時間經過，各種不同的解釋積累起來，使評註在分量與複雜程度上皆穩定地增長。[37] 在新的見解推進時，受尊崇的前人意見並不因此而被刪削，地理學理論之文獻就此趨於繁密。

由於多數地理學描述以文字形式存在而非以圖像表達，名稱就成為分析的基本單位。應用在中國內地時，這個方法不會引致多少麻煩，這是因為諸多紀錄釐清了專有名稱及其所指涉之行政單位在歷史上的出現與演化。一般而言，中國地名之語源學乃是清楚易知的，其出處或來自相鄰處之地形學特徵（尤其是河流），或歸於當地的動植物圈、吉祥字樣、故國舊邑、重要政治事件等。[38] 到了明清時期，精密專業的內地地名書籍開始出現。[39] 此種研究的中心乃是所謂的「沿革」法：以表格或文本形式，把某特定行政單位之地名承續及其疆界變化合宜地陳列出來。

這些精煉過的方法被引入外國地理學的研究中也是可以理解的。然而一種用在中國自身上成功的手段，要應用到域外名稱、政體以及疆界變化時，就顯得靠不住了。主要的麻煩之一在於那貌似簡單的音譯問題。如同一位清朝地理學者所抱怨的：

> 外國地名最難辨識：十人譯之而十異，一人譯之而前後或異。蓋外國同音者無兩字，而中國則同音者或數十字；外國有兩字合音、三字合音，而中國無此種字。故以漢字書番語，其不能脗合者，本居十之七八。而泰西人學漢文者皆居粵東，粵東土語本非漢文正音。展轉淆訛，遂至不可辨識。[40]

另一位清朝學者則辨識出至少有十八個相異漢字在不同時代裡用來音譯「俄羅斯」。[41] (3) 音譯的麻煩還添加上不同的報導人對同一群體用了相異的名稱。新名稱的出現，難道意味著原來某個民族被另一民族所取代？或是一場革命帶來政權替換？還是說只不過是報導人用了別名？如同清朝學者們所認識到的，在相關參考資料中，很容易發生某一個外邦遭忽視，或者某兩個地名被混同起來的情況。

(3)「俄羅斯……其先蓋名羅剎……《元史‧地理志》……阿羅思……斡羅思，即阿羅思也……嘉慶十年十一月，粵西關監督奏『路臣商人』至……阿、額、斡、鄂、俄、羅、儸、邏、洛、路、勒、斯、蘇、索、素、羅剎、邏車、路臣，皆對音字。」

在地名如何影響地理學概念上，錫蘭（Ceylon，今斯里蘭卡 Sri Lanka）是個具體的例證。中國古代材料中謂之為師子（獅子）國、僧伽羅以及其餘數種稱呼。但在明初鄭和航海時，該地以錫蘭（山）之名為人所識。當清朝的全面性工具書之編輯者欲著手於錫蘭地理之條目時，他們依據地名資料來蒐集與組織地理學知識。一七三六年後之某日，宮廷修纂官齊召南（一七〇六—一七六八年）奉命為帝國之綜合性地誌《大清一統志》撰寫域外民族之記述。他在錫蘭條下以敘述錫蘭山起筆：「自古不通中國。」但在這項決絕的敘述下卻又加了條註釋修正：「或云，即古『狼牙修』，梁時（五〇二—五五七年）曾通中國。」[42] 不論「狼牙脩」（以及「狼牙須」）是否即指斯里蘭卡抑或馬來半島之 Langkasuka(4)，甚至在不同時代中此名是否同時指涉二者，即便當代學人亦無定論。[43] 然而，對本書的目的而言，更有趣的問題在於，為何齊召南要加註說明錫蘭山與狼牙修之可能聯結，同時卻又對其可靠性態度曖昧閃爍？

齊召南之註釋引用《明史》，為其同僚剛剛完成的一部關於前朝的史書。《明史》本身曾有數種稿本。最早的一種敘述道：「錫蘭與柯枝（交趾）對峙……番語高山為錫蘭，故名。或云即古狼牙須國，在南海中。」[44] 本段的作者是尤侗（一六一八—一七〇四年），他是一位著名的戲曲家，通過博學鴻儒科而得以任職翰林院。[45] 在尤侗的其他作品中曾解釋說，他的域外地理知識來自「考《（明）會典》、《（明）一統志》所載，暨《西域記》、《（皇明）象胥錄》、《星槎（勝覽）》、《瀛涯勝覽》諸書」。[46] 換言之，他曾閱讀過那些重要的地理學材料——可補充的一點在於，這些材料本身通常就已經類似大量閱讀下的產物了。實際上，尤侗對錫蘭之語源學與位置之描述極似見於《皇明象胥錄》（序於一六二九年）者，而《皇明象胥錄》該段又深類其前之《殊域周咨錄》（序於一五八三年）。[47]《殊域周咨錄》作者嚴從簡，則是從檔案與文本研究中推衍出他的資訊。[48]

這些作者都認識到，他們所重複的前人主張，其實都具有不確定性。例如說，嚴從簡在他的條目中如此起筆：「錫蘭國，古狼牙須也。」但稍後幾行卻又澄清道：「前代不通中國，或曰狼牙須，梁時通焉。」[49]這種曖昧性在最終版的《明史》中仍存留著：「【錫蘭山】：或云即古狼牙修，梁時曾通中國。」簡言之，齊召南在《大清一統志》中所撰的條目受到兩種模型所撕裂。其直接傳承所自的《明一統志》，直截了當地敘稱「﹝錫蘭山﹞前代無考」。[50]反之，《明史》則開篇敘稱錫蘭與狼牙修之可能聯繫。齊召南之所以曖昧，顯然出自想順從兩種權威的意圖，而他還不是下筆曖昧的最後一人。數十年後，章宗瀛奉命確認《明史》的準確性時，表達了他的憂慮。他盡職地重閱《梁書》，從而注意到狼牙修「在南海中，此（錫蘭）則曰在西洋」。[51]章宗瀛顯然不了解，在梁代根本還沒有「西洋」這個地理學概念，至於變成後來「西洋」概念者，那時還被劃歸於「南海」之中。

這種形態的沿革判斷直接影響了地理學知識的組織與分類。清初百科全書巨著《古今圖書集成》之編輯群，接受了狼牙修乃錫蘭山古名的看法。因此任何人若想從該書讀到與明代錫蘭相關者，都必須查閱其【狼牙修部彙考】。[52]然而同樣的編輯群卻不認識唐朝朝聖者元奘（玄奘）所記錄的「師子國」其實也是明朝所謂「錫蘭山」的古名，遂將其錄至他條之下。

對地名的各種解釋也影響了對新地理學知識的接受。以艾儒略來說，儘管他在亞洲許多其他地名上都遵從了流行的中國式專有名稱，但他在其世界地理學中描述錫蘭時卻用了「則意蘭」這個新的音譯詞，且不將之與錫蘭山或其他較早的地名聯結。[53]可是中國學者在評估這份記述時，卻必須把耶

(4) 或云此地在今馬來半島東岸北大年以東和東北地區及今馬來西亞的吉打州。

穌會新給的名稱轉變回可與更寬廣的既存材料母體共量的術語。一位清初學者陸次雲（一六六二—一六八三年在世）接下這項挑戰。陸次雲很清楚等待在他前面的陷阱，如同他在例言中所云，「有一國而互見兩書，其名各異者」。陸次雲對他能「仔細地以證據考證（細加參考）」而「將這些地名以單一形式標準化（訂而為一）」感到樂觀。然而實際上他卻未能點出錫蘭與則意蘭之所指乃同一處。[54] 之後清朝的作家們又為錫蘭鑄造了新名稱，例如「西崙」，而未與較老的術語搭上聯結。

簡言之，當地理學資訊以文字安排時，地名擔當起組織資訊的重要工具，從而也成為用於建構外國地理學的基本構築磚塊。各名稱間怎麼互相聯結，對於如何理解域外情況有其實質的衝擊。與這項問題奮鬥的學者們當然會參查之前的權威著作，而這些記述本身之得以具備權威性，在很大的程度上又取決於其作者閱讀之廣博與識見之敏銳。無論是唐朝朝聖者、明朝水手抑或耶穌會傳教士的書寫，在受到編審嚴覈以及被適當地蒐集、排比、解釋以成為一種複合形式之前，都沒什麼用處。考慮到建構的困難與複雜，這種複合形式既是臨時而成，又常保有顯著矛盾。學者們在閱讀同類著作時將會留意到不同的細節，或對不同材料給予權衡，引發出差異極大的結論。如同錫蘭這個案例所顯示的，持續的再詮釋對一個國家的身分、歷史與位置留下了不確定的基本面向。

文本中心地理學中的空間世界觀

對於空間位置之描述也是以文本居壓倒多數，而在不同材料中，可以看到各個地點之位置被重新安排了。舉例而言，關於印度中之孟加拉（明譯：榜葛剌）的位置，就有著徹底衝突的觀點。曾隨鄭和出海的費信（約一三八八—一四三六年）在他的《星槎勝覽》中敘及孟加拉說：「其處曰西印度之地。」《明一統志》則取了個矛盾的位置，註稱：「西天有五印度國，此東印度也。」[55] 晚明的《殊域周咨錄》則閃爍其詞，提供了下述定義：「榜葛剌……即西天竺（西印度）也。天竺有印度國五，此東印度國，或云此西印度國。」[56]

由於書寫材料能輕易把各地點翻譯為一綱要式圖像，反過來也造成設定其相對位置之困難。晚明的全面性地理學，意圖以四象座標將所有外邦納入一個宏大的組織原則。儘管乍看之下，這似乎是想要有系統地在空間基底上安排地理學資訊，可是一旦深入觀察，就會發現這樣在座標上指定地點，其實非空間的考量恐怕比物理位置更重要。「南」、「西」、「北」、「東」在範疇上的意涵不僅只是四象座標。例如說，鄭和航海所行經之多數印度洋沿岸國家都被晚明地理學家置於「南」這個範疇內，而不管其實際緯度如何。但當中有些國家卻被認為屬於西域，因此被歸屬到「西」土去。孟加拉被鑑別為印度（傳統上屬西域）的一部分，通常列入自麥加橫亙中亞直到哈密的「西方」類，而非包括印度次大陸瀕海諸地點如科羅曼德爾海岸（舊譯：瑣里）的「南方」類。

在指派各國於四象的問題上，文化歷史因子較諸實際近似位置更具優先性。檢證忽魯謨斯（Hormuz，今譯霍爾木茲）、亞丁（Aden，舊譯阿丹）、麥加（Mecca，又稱天方，舊或譯默伽）之相對位置指派問題時，這種情況變得更明顯。忽魯謨斯位處今伊朗南海岸而控波斯灣之入口，亞丁在阿拉伯半島近紅海入口處，麥加則瀕於紅海岸。明初作品中將三處皆置於同一「西洋」區，但轉往大眾地理學之晚明則將之分入兩類。例如嚴從簡置忽魯謨斯於「南蠻」，與爪哇、錫蘭以及其他瀕海點並列。反之，天方國（麥加）則載入「西戎」類，與哈密、撒馬兒罕同舉——儘管這些地方離忽魯謨斯比麥加還近些。[57]《咸賓錄》把天方與阿丹都放入其〈西夷志〉中，卻把忽魯謨斯寫進〈南夷志〉裡。[58]清初《古今圖書集成》把天方放進西方諸國，卻把阿丹放在南方諸國。忽魯謨斯（在阿丹之東）被放到「西方」類，只不過證明了文本在空間因子上的影響力：該書之編輯群弄混了明代之忽魯謨斯與唐代之忽露摩國（或許接近今阿富汗之瓦罕一帶）。[59]簡言之，概念式圖像是擬空間的（quasi-spatial），經常只基於鬆散的慣用說法而把地點指派入其各自之空間範疇，卻不顧精確的實際位置。

較諸文本材料，地圖更有缺陷，因為地圖無法迴避或應付空間安排上的難解之謎。如同其他學者般，地圖製作者面臨同樣一批不可共量的大量材料，卻必須對世界之形狀以及世上諸地點之所在做出毫無曖昧的詮釋。這造就大量相互牴觸的圖像，這些圖像還經常出自同一作者，或見於同一彙編當中。羅洪先（一五〇四—一五六四年）那深具影響力的《廣輿圖》乃依據元明兩代的前人作品而繪，緬甸在此書的一張圖上是整個被陸地包圍，卻在另一張圖上又被繪為濱海之國。[60]數世紀後，清朝學者馬俊良（一七六一年進士）置三種彼此牴觸之地圖於一紙，又在另一作品中給了第四種解釋。[61]顯然，羅洪先與馬俊良為觀者考量，提出了多種潛在有效的處理方式，而某些地圖製作者則坦白承認他們所呈現的不過是種假設，讓讀者獲得「知識論上的選擇權」。[62]

在清初的智識條件下，地圖有著顯著的弱點，即沒有哪幅單一圖像可以恰當地調和一切手邊的資訊。地圖終究無法構成完整而自主表現的世界，這是由於地圖不能傳達出其所立基之證據彼此間的不可共量性。在清代文本地理學中，推理過程比臨時結論更重要，而推理正是地圖所無法展示的。充其量，地圖不過就是推衍自書寫材料之複雜世界觀的縮約版略圖罷了（也因此其本質上就是附屬的）。在這種限制下，官方作品中關於外國地理的章節，普遍謹慎地避免提供地圖，這一點可說毫不意外——即便這些作品仍提供了國內地圖。

證據與地理不可知論

前文所述之文本方法造成一種情況，可謂為中國地理學之考證弔詭：愈是一絲不苟地求索新的、一手的證據，權威性愈發掉入學者而非目擊者之手。由於新證據導致更複雜且不可共量的材料文獻，欲就中作出裁處的唯一方法在於考證，而只有受過必要訓練的學者方得以使用早先記述為參考基礎以從事考證。較老的材料，其關鍵性一如確鑿證據般並不被淘汰，從而愈發造如煙海的大量資訊就此積累起來。在這種情境下，即便是最全面的地理學系統，以鏗鏘有力的方式呈現，也無法獲致足夠的權威性來擊敗對立之解釋。相反地，如耶穌會地理學那樣的系統則是自我引用且歸入可獲致證據之完整體，從而成為一個大雜燴，個別清初學者視其方便而就中汲取內容。

清初地理學就像是孔恩（Thomas Kuhn）在《科學革命的結構》中所勾劃出的「前典範科學」（pre-paradigmatic science）。孔恩指出，在典範（paradigm）或者「融貫的科學研究傳統」（coherent traditions of scientific research）出現之前的時期，其特徵為：有一大堆互相競爭的觀點，彼此間即使在最基本的問題上也無法達成共識。在這些情況下：

> 那個時代的研究者雖然是科學家，但他們研究的總成果仍算不上是科學。因為……缺乏共同一致的看法，因此每一位寫……著作的人都被迫從頭由基礎開始建造他的舞臺。這樣做的時候，他可以隨意選擇支持其理論的觀察與實驗，因為……沒有一套公認的標準方法與現象是作者必

須利用及解釋的。[63] (5)

要想從不相關的事實中篩選出相關者，並沒有公認的判準，在這樣的情況下，個體研究者面對著一種資料的「泥淖」。要能走向一個獲得普遍接受的典範，不是光有新發現就可以的，消除某些陳舊的主張亦屬必須。一個興起中的典範「在那龐大的、初步的資訊庫中，只強調某些特定的部分」，[64]沒有一個共同的研究根基，學者們只能各說各話，卻無法為共同的事業做出貢獻。

儘管清初外國地理學之學圈仍在前典範狀態，對國內的研究則已開始走向一個較清楚的共識。在清朝領域內，官方的研究探險隊（最著名者厥為對帝國內之普遍製圖學的測繪）使得一種主流的空間認知得以浮現。以國內而言，直接觀察打破了千年來的文本爭論。宮廷作家們宣稱已完成溯得黃河「真源」的任務，此乃「自古探索所未及」。[65]同樣地，自清軍打通西域之後，「耳聞目見，皆得其真」，歷代史書之誤遂從而正之。[66]即使在私家記述中，「直接觀察」這種修辭也用於賦予特定描述以權威性，且把其他說法拒斥為謠言或道聽塗說。[67]

信賴性的問題使得親眼目睹的證據在帝國內部深具影響力，然而一旦到了清帝國控制外的區域，就沒那麼有權威性了。如同夏平（Steven Shapin）在科學革命上所看到的，證據的評價有其社會面向：對一份報導經驗之可信與否的判斷，與更廣泛的個人可靠程度之觀念有所聯繫。[68]中國學者同樣留意報導人是否值得信賴。權威性的（確切無疑、實證背書、潛在的可重複驗證）記述，在國內自可取得，但境外則否。儘管也有許多清朝臣民越過疆界而外出，但這些人當中卻罕有獲認可為儒雅、無私、可信的精英文獻報導人。相反地，他們都是些商人、旅客、水手，被人們認為有著誇大、輕信的傾向。更不用說外國人以及與他們有關聯的人士，人們往往懷疑這些人故意提供假資訊。

因此，對外國情況的直接觀察並不就是字面上的意義，考證仍屬必須。康熙年間，地理學家陸次雲希望能對整個世界做全面且可靠的描述，他的研究生動地演示了這種方法。陸次雲發現，毋庸置疑的材料例如正史等，並非全面性的資訊，而那些聲稱描述了最遙遠的輿地之材料則不甚可靠。例如說，《山海經》乃「等諸志怪齊諧，無從徵信」，即便是晚明大眾地理學如《咸賓錄》，雖可謂「相當完整（大備）」，卻「還沒徹底概括所有方向（猶未盡六合）」。想要更上層樓，陸次雲打算使用艾儒略的《職方外紀》，因為這本書來自於「個人經驗（親歷）」。[69] 然而陸次雲並非僅僅將耶穌會作品轉述到自己的書裡。身為學者，他有必要處理一大批重要的中國參考作品而「考證之」。陸次雲藉著綜合一切可獲得的材料，為使之看起來可信而加以調整，希望能逼近真相。他相當謹慎，某些主張即使可疑，也不徑直拒絕之：「宇宙之大，無所不有。即正史所載，亦有奇幻之言。存之以俟考證。」但決定這些材料是否有效且可錄入書中，還是陸次雲自己。縱使耶穌會士們被他視為能夠「令人聞所未聞」的「西域奇人」，一旦宗教信仰遮蔽了他們的判斷，仍然不可信賴。[70]

全面性與準確度間的權衡，在一個世紀後的《四庫全書總目提要》中徹底展現出來。《四庫全書總目提要》是十八世紀時一部受皇家贊助而編纂、對重要作品提出簡明評論的套書。此處，精英、有自覺的或正統的學者們被要求去估量個別材料的參考價值。尤其是私家著述，地理學主張能否具備權威性，端賴於該作者獲得認可之可靠程度。此前中國學者、官方的作品，由於其社會與智識背景相較而言近似於《總目提要》的編輯群，故可獲得較溫和的待遇，評判重心集中在作者如何獲致資訊上。

(5) 此處譯文主要採自程樹德等譯，《科學革命的結構》，臺北：遠流，一九九四。

一位宋朝官員曾在作品中有著關於遙遠印度與阿拉伯的描述，《總目提要》編輯群對之提出了一段很謹慎的評論，但仍總結道：「是書所記，皆得諸見聞，親為詢訪。」故而可「為史家之所依據」。[71] 當明朝官員黃衷（一四七四—一五五三年）所撰的《海語》被發現與《明史》有所牴觸時，編者總結以《海語》成書既離相關時點較近，內容又得自對事件見聞較清楚的海商，「似當不失其實」而且「可訂史傳之異」。[72] 具文人背景的旅人或地理學者之所以受責難，原因多在於輕信，而非偏頗或意圖欺騙。一位元朝出使真臘（今柬埔寨北部）的使者被批評為把一則神異事件歸諸佛而非天道常規，顯示他「見識非常狹隘（所見殊陋）」。[73] 類似地，清朝官員陳倫炯的《海國聞見錄》以基於直接經驗而聞名，「能夠裁決長久以來源自輕信造成的疑團（足以決千古耳食之疑）」。然而，編輯群仍質疑他所聲稱的暹邏鬼與鄭和鬥法一事。編輯群推理道：外國人迷信鬼怪，陳倫炯未能辨認出且否決這種謬傳，是他的「小差錯（少疏）」。[74]

可是一旦地理學作品的作者有其宗教背景或智識背景，而與《總目提要》編輯群之志趣不合，編輯群就會發出懷疑之聲。佛教徒與耶穌會士之記述就受到特別仔細的審視。法顯的《佛國記》被批判為帶有佛教徒式的親印度色彩：「其書以天竺為中國，以中國為邊地，蓋釋氏自尊其教，其誕謬不足與爭。」[75] 至於玄奘的《大唐西域記》，《總目提要》編輯群同樣評論說「侈陳靈異，尤不足稽」。[76] 耶穌會作者們被描繪成欠乏評判能力。艾儒略的《職方外紀》被說是講了很多「奇異不可究詰」的事而「似不免多所誇飾」。南懷仁的《坤輿圖說》也遭到類似的指控。[77]

雖說佛教徒與基督教徒作者們受到質疑，《總目提要》編輯群還是保留且傳布這些恰恰受他們所批判的作品。即便是不可信的記述，還是要尊重且流傳，這樣的責任一目了然。法顯的作品縱然有其短處，卻仍被認為是古老而有若干優點的，故而「存廣異聞，亦無不可也」。玄奘的作品也包含了有助於相互比較的資訊，故「姑錄存之，備參考焉」。類似的態度也延伸到歐洲作者的作品上。艾儒略那奇異的論斷招來了這樣的評語：「天地之大，何所不有？錄而存之，亦足以廣異聞也。」南懷仁同樣受到從寬處置：「然核以諸書所記，賈舶之所傳聞，亦有歷歷不誣者……（其書）不盡虛搆。存廣異聞，固亦無不可也。」儘管某些記述較諸其他更為可信，《總目提要》編輯群並不認為他們自己有資格判定一項記述絕對為偽，而寧願保存各種地理學記述。

這導致一種完美概念，異乎同時代歐洲地圖繪製者所追求的理想——基於準確而數學式地把大地以視覺處理的方式表現出來。《總目提要》編輯群推崇那些致力於把批判分析後的材料加以排比以核實知識的作品。[78] 清朝學者經常在地理學作品中特別指出的優點是「備」（完整），當一個作品從所有相關文本知識中作出全面且明慎的引證，就能被視作「賅備」或「備詳」。「備」表示一種特別形態的完整性：在必要項目的範圍中，「應有盡有」。[79] 理想上，「備」的作品中所蒐集的記述將能相互闡明且合併入一清晰的世界觀中。然而現實上這樣的作品經常包含著「異聞」，一些顯然誤信未經驗證的傳聞、誇飾，或者對異邦行徑的扭曲熱愛。但因為無法決定性地判斷任一主張為真或偽，最好的方式也只是「保存」所有這些材料，好讓未來的學者們有完整全面的證據以供運用。

這種地理不可知論的審慎態度，在對外在世界的兩種信念間構築了一片中間地帶：一是對某種單一描述抱持絕對的信仰，另一種則是無神論式的拒斥，認為外在世界不具有可認知的形式。[80] 原則上，中國地理學者們對於外在真實尋求一種融貫的視野，以求使所有可獲致的材料皆有意義。但一如宗教上之不可知論般，他們很清楚其知識的局限。在棘手的議題上，學者們有很大的餘地可提出新見解，但他們的見解不會令議題就此拍板定案。[81]

比較歐洲與中國的世界地理學

清代世界地理學的知識論，對照同時代歐洲盛行的方法，益發顯得有特色。當利瑪竇在一五八〇年代繪製其第一份中文世界地圖時，他不只獻給中文讀者一張新的世界地圖，也帶來了一種新的方法論。雖說細節猶有可討論的空間，但利瑪竇對全球的描繪大抵反映了他那時代幾乎所有受過教育的歐洲人所認可的共識：製圖學已成為一具備典範之科學，其發現能博得廣泛認同。才只不過一個世紀前，情況尚非如此。在十五世紀，中國、歐洲的地理學家同樣面臨著相似的「前典範型」方法的麻煩。何以歐洲學者能對世界的輪廓達致共識，而中國學者不能？

約當一四〇〇年時，文藝復興初期的歐洲地理學家們也面對著諸多關於世界外型之相矛盾的主張，這些主張出自於諸般古典材料（這些當然不可能彼此完全一致）、聖典及中世紀以耶路撒冷為中心的各世界地圖（*mappaemundi*）、各式航海圖，以及實際或推定之旅人與水手如馬可波羅的報告。十五世紀晚期的歐洲學者們試圖調和這些不可共量的記述。如同在中國般，地理學家們捲進了複雜的論辯：包括究竟有多少塊大陸及其形式如何，還有周邊諸洋的大小與輪廓。學者們竭其神思於協和相互牴觸的主張，卻僅只讓他們那些帶個人風格的結論留給後繼者爭辯與重塑。[82] 某些歐洲學者，一如其中國同好般，徒然羅列一大堆紛歧的意見而不打算就中擇定何者為是。[83] 就像羅洪先或馬俊良一樣，一本一四三六年由威尼斯地圖繪製者所撰之地圖書上呈現了三種相異且不怎麼能協調的地理學景觀。[84] 文藝復興時期的學者們對於彼此牴觸的世界觀是相當熟習的。

歸根結柢，地理大發現的旅程，以及藉由托勒密《地理學》翻譯成拉丁文而重新引入之數學式製圖學，此二者翻轉了地理學常規。可以肯定的是，從方法論上到各種假設上，歐洲地理學與中國地理學在共通處並無直接且根本的斷裂。托勒密理論之再引入，實際上強化了古典模型的影響：「在普林尼（Pliny）(6)與某些當代旅人之紛歧異見間，文藝復興學者毫不猶豫：他相信古典權威（*auctoritas*）。」[85] 海洋探索者也重視傳統文本材料。哥倫布（一四五一—一五〇六年），如同佛麟特（Valerie Flint）所論證的，廣泛閱讀過一切可獲致的材料——包括古典的、宗教的以及中世紀的。他「熱切地評註」，在不可共量之各記述間汲取相通點。哥倫布的理解受到這些異質材料所形塑：「他實際探索到的海岸線，在他表現出的論說之構造中僅起了很小的作用；而他想像中豐富多彩的境土其實才起了極大的作用。」[86] 在歐洲航海家到達美洲與印度洋過後又許久，探險家與地理學家們當中仍有激烈爭辯。新資訊的流通並不均勻，而較諸政客與水手，學術人文學者則更緩於放棄舊材料。儘管數學式製圖學之理想，理論上允許純粹以經緯格網座標來描述世界的物理與政治外廓；但實際上，即便是可到達的地點，都在天文測量上造成困擾。[87] 雖說早已受到更精確之證據的洗禮，麥卡托（一五一二—一五九〇年）仍持續參查馬可波羅，一如在他數世紀後的後繼者們般。[88] 迄於此時，歐洲仍然有著多種地理學主張。

因此，使歐洲與中國地理學常規走向相歧之路的，並不在於獲得完美且均質的地理學資料，西方學者仍然得與文本奮鬥。然而，歐洲發現了在數學式製圖學中有一研究方法，可將所有地理學資料帶入統一論辯場域中競爭。一旦「世界由分為三百六十度之球面所構成」此一論述獲接受，製圖學家們即可對某些確切點作爭論而不至於天馬行空。學者們不得不將汲取自紛歧材料中的元素，譯為一種標

(6) 老普林尼（Gaius Plinius Secundus、Plinius Maior，二三—七九年），古羅馬作家、博物學者、政治家。著有《博物志》（*Naturalis historia*），為拉丁文百科全書式傳世巨著。

準化的語言。各種材料已不再被允許自行其是，因為採納任一主張都會直接牽連到其他所有主張。[89] 更甚者，以天文學或數學方法推導、以經緯度格點表達位置，如此評估證據價值的架構也出現了。這大大地窄化了孔恩所謂的「預期的範圍（latitude of expectation）」——那種該學門從事者在其發現上相較於其儕輩可能有多少程度的差異。[90] 靠著在可被接受之資料整體中逐漸增多的微調，製圖學成為一門向著絕對準確直線前進的領域。

要體現中國文本中心地理學與歐洲地圖中心地理學的差異，我們可以比較兩位十八世紀晚期的重要學者之方法與假設：法國地理學家唐維爾（Jean-Baptiste d'Anville，一六九七－一七八二年）與清朝學者紀昀（一七二四－一八〇五年）。唐維爾曾獲得最新近的探索報告，但也一如紀昀那樣使用大量文本，包括古典、中世紀以及阿拉伯材料。在建構其地圖時他高度倚賴材料批判，試圖在紛歧及相牴觸的描述中構組一平衡之綜合。然而，對唐維爾而言，完整的地圖本身就是終點：數學式製圖學的傳統允許他將其部分文本式的結論完全表現在一張圖像中，且沒有必要發表他在建構過程中所撰寫的手稿評註及摘抄。[91] 對中國精英學者如紀昀而言，這兩種元素的重要性剛好顛倒過來。如同唐維爾般，紀昀勤奮地蒐集不同材料並批判分析之。然而紀昀並不把世界安置在一單一圖像上，在他的取徑中，反而對諸多地理學材料之不可靠性與地理學知識之臨時性抱持戒慎恐懼之心。從蒐集資訊的生涯中，紀昀體認到的是：古代與當代材料、域外與中國報導人，全都有彼此矛盾之處。他推測認為，如果佛教徒與穆斯林材料有問題，那麼南懷仁所獻的歐洲人地圖《坤輿圖說》恐怕也是誇大與誤導之詞。[92] 只有文本評註足以處理紀昀獲致的彼此牴觸之證據，以及他對各證據價值的精微考量，而不是單一無縫的世界圖像。

自十八世紀中葉至十九世紀中葉，中國地理學常規遲緩地從文本取向之地理不可知論，走向單一且標準化、架構在大致獲普遍同意之製圖學背景的世界觀。以印度為案例，來追蹤造就這個變化的因子，乃本書主要目的之一。為此，我們必須隨著清朝地理學者的腳步，既不讓任何單一材料或方法宰制我們的分析，也不排斥哪種材料、方法。地理學之學術乃眾多材料間的對話，且須作一總體來研究。

清初印度觀，一六四四—一七五五

在清初世界地理學之智識背景下，讓我們回過頭來探索在一六四四年滿洲征服北京至一七五五年乾隆對準噶爾大舉用兵之約一世紀間，印度是如何被理解的。欲對此主題從事考證，除了須注意到可獲得的經驗資訊外，也得考慮用以解釋資訊的推理方法，尤其是相互競爭之世界觀的流傳與互動。

相較於上個世紀之明朝統治，一六四四年後的百年間，在能獲致的地理學資訊上，看得出來有著爆炸性的分歧。這方面，部分得歸因於清朝征服前各種活躍族群的持續努力——水手們、沿岸官員們、耶穌會士、中國大城市的學者們，部分則得歸因於新的內亞版圖：軍事擴張以及隨之而來的對情報之愛好增加了資料的囤積。本時期的地理學乃是一個鬆散整合的調查領域。儘管清朝邊疆在一七五五年時較諸一六四四年離印度要近得多，而且首批關於英國活動之報告亦已送達清朝官員之手，但對清朝而言，無論在政治上或在智識上，都缺乏壓力促使其將各股彼此迥異的印度相關情報流彙整起來而系統地編入一融貫的形式中。

雖說整合鬆散，整個清帝國還是得視為一個地理學論辯的單一場域來處理。可以肯定的是，甚至包括皇帝在內，沒有哪個個人有辦法得到一切流通在帝國各邊界的地理學資訊，也沒有哪一種外國地理學的概念是帝國臣民眾所皆知或廣為流傳的。官員與私家地理學者們仍然碰到許多源自各類材料與各區域的世界觀。如欲理解帝國中的居民怎麼遭逢外在世界，人為地拆解這些世界觀只會製造一個誤導我們的畫面。與其關注個別的線索，我們更該演示清朝版圖內各角落裡流通的資訊之聯結構造，讓那些乍看之下似乎相當分散的、源自各區域與族群之知識有所交集。本節我們將跟隨著清朝觀察家的關注與方法，並特別留心在地名上。因為正是在地名這個基本的地理學知識之構造磚塊上頭，各種彼此牴觸的世界觀相互邂逅，造成了衝撞、被人們調和、部分地融合，或者保持緊張關係。

清朝肇建時期中文裡對印度的各種稱呼

迄至一六四四年，中國對印度及其組成城市、邦國、自然特徵等有著豐富的語彙。徹底探索這些術語，本身就是個研究專題。本節則僅簡短回顧那些自古以來遺留給清朝地理學家最有影響力的用詞。

在漢語中，如同在阿拉伯、波斯、歐洲諸語言中那般，對印度最通用的稱呼，歸根究柢，其詞源出於梵語詞 *Sindhu*「河川」（指印度河）。[93] 第一部提及印度的中文作品——司馬遷的《史記》稱之為「身毒」，但這稱呼不久就被更流行的「天竺」所替換。[94] 藉著佛教傳入之便，透過佛經與朝聖者的記述，印度在中國愈發為人知曉。諸般著作中，僧侶朝聖者玄奘之名著《西域記》，撰造了地名「印度」。[95] 雖說「印度」一詞並未取代「天竺」，但此語卻也獲得廣泛使用，尤其在指稱「五印度」（北、南、東、西、中）時，此區分變成一項傳統。[96] 迄至唐朝，在佛教徒與其他非宗教書寫中，對印度已出現過諸多其他不怎麼出名的稱謂，此處毋庸對之設計一個全面列表。[97] 蒙古語對印度的稱謂「Enedkeg」，以及稍後吸收此詞的滿語「Enetkek」，字源上同樣來自這些稱謂的漢語詞。[98]

在宋朝（九六〇—一二七九年）時，「激發中印交流的，主要是對商業利益的追求而不是佛教教條的布道」。[99] 當海上商貿替代了陸路接觸，印度——尤其是繁盛之邦孟加拉——走入留心海岸的地理學家們眼簾中。在其後的元朝又有對印度的新稱謂浮現，主要是「忻都」、「欣都思」，這兩個詞偶爾還會見於清代材料中。[100] 明初開始與印度有著更密切的接觸。明太祖派曾遣僧人宗泐（一三一八—一三九一年）由陸路到印度探求佛經。[101] 而一四〇五至一四三三年間的海上遠征則把中國的軍事與外交影響力帶到印度海岸，使節甚至深入內陸遠至德里（《明史》作「底里」）。[102] 然而到了十五世紀末，印度與中國之接觸萎縮了。在最後一次官方海上任務回返後，中國私人貿易商西向罕有越過滿剌加（痲六甲）的。[103]

在晚明，耶穌會士成為關於印度的重要資訊管道。傳教士們帶入他們的新術語，包括了拉丁文 *India* 之中文版，在利瑪竇筆下譯作「應帝亞」，而艾儒略則作「印第亞」。然而正如艾儒略所解釋的，這只不過意味著「天竺五印度」，其他晚明耶穌會士則乾脆保留了「印度」與「天竺」。[104] 第二項耶穌會士的發明「Mughal」，則無中文對應。在波斯，「مغول *Moghūl*」意指「蒙古」，源於莫卧爾王朝之創建者巴布爾（بابر Bābur，一四八三—一五三〇年），因其母系先祖乃成吉思汗後裔。(7)由於這稱呼隱含輕蔑意味，莫卧爾王朝本身並不接受此稱法。但葡萄牙人卻以 *o grão Mogor* 稱呼該帝國之統治者，即「偉大的莫卧爾」，故而 *Mogol* 及 *Mogor* 就此成為歐洲稱呼該朝及其領土之慣用語。[105] 這個帝國的建立幾乎剛好就在明朝官方最後一次印度之行後一個世紀，但中國的地理學家在耶穌會士以漢字「莫卧爾」一介紹它之前對之並無認識。為解釋這個新造語，他們用了既有的中國習慣：「印度有五，惟南印度尚仍其舊，餘四印度皆為莫卧爾併矣。」[106]

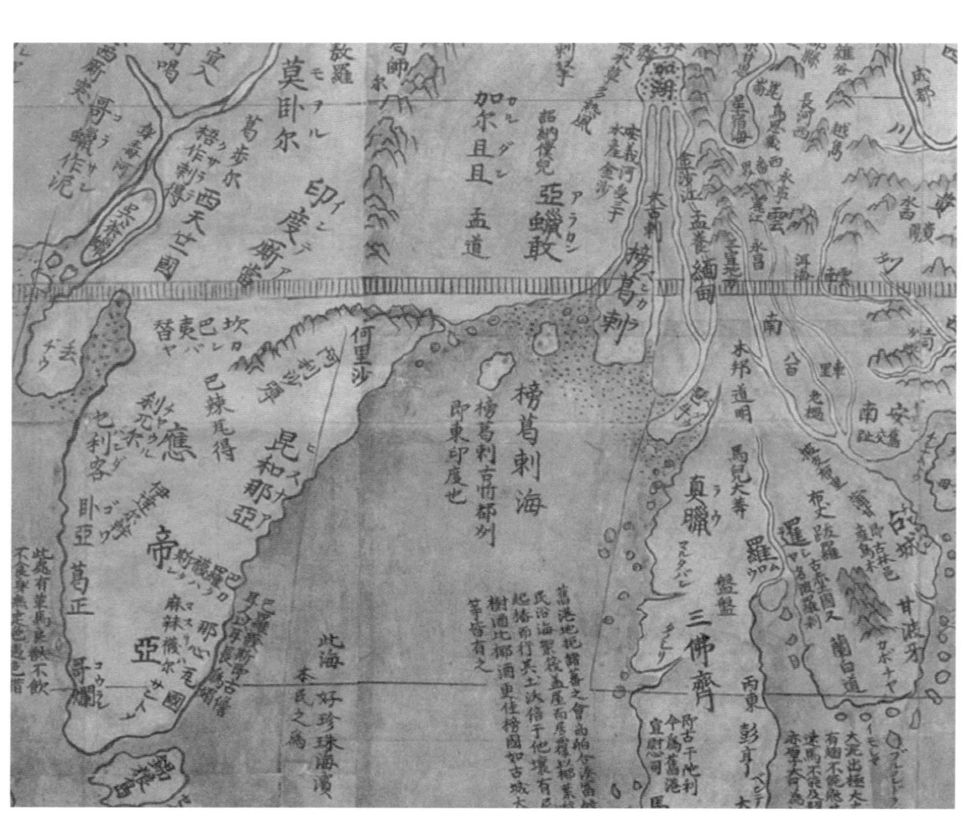

圖 2　利瑪竇《坤輿萬國全圖》（局部，日人仿製）

耶穌會士既夾雜了新術語，又保留了許多既有的中文詞彙，僅僅排除了專屬佛教徒的地理學術語與概念。[107] 利瑪竇就在舊名稱「榜葛剌」與「西天竺國」中穿插著「應帝亞」與「莫卧爾」。[108]

之後到了一六四四年，中國地理學者們擁有許多關於印度的術語可供運用。某些情況下，根於同一字源卻產生了顯然相異的稱謂（例如「身毒」、「天竺」）——一旦該根源又透過某種外語濾過而來，變成諸如「厄訥特黑（Enetkek）」或「應帝亞」的形式，紛歧就混雜起來了。其他情況下，某些區域或政體（例如孟加拉、莫卧爾帝國）則突顯出來。當清朝在一六四四年後密集地與外部世界相遇，關於印度的術語之堆疊也益發增多。

劃清「西洋」

在文本地理學中，來自不同區域或文化背景的術語彼此間漸變地交相浸潤，在很大的程度上影響了對印度的理解。一旦用了既有用語去校準新生詞彙，二者的語意都可能產生微妙的變化。個別作者在同一地名的使用上時常有些許差異。這個現象，以及在精英學者與沿海報導人之間在各種地理學世界觀上不穩定的理解所造成的衝擊，在「西洋」這個案例上特別生動。

元明時期，「西洋」一語之出現，本用以指稱約當今天印度洋的區域，後來其意指卻因為耶穌會

(7) 因其先祖帖木兒娶成吉思汗裔公主為妻，從而具 *kürgen*（ᠬᠦᠷᠭᠡᠨ 古列堅，皇家女婿）銜，巴布爾之母亦出自黃金家族。莫卧爾朝本身自稱之國號 گورکانی gūrkānī 即源自此詞。

士欲翻修中國人對「西方」的理解而複雜化。最初，無論是利瑪竇或其夥伴羅明堅皆未曾強調歐洲人的獨特。在一五八〇年代早期他們反而說自己來自印度（天竺國）——這也不能說完全不對，因為耶穌會士的亞洲經營據點就在印度臥亞（Goa，今譯果阿）。羅明堅為此辯護，理由在於中國尊印度為一文明且神聖的國度，故而該稱謂（天竺）恰好適於借來描述他自己的家鄉。直到一五九四年，耶穌會士之穿著仍似佛僧且被稱為「僧」。[109]

然而利瑪竇終究改弦易轍，開始「為中國創造歐洲意象」，而這個計畫使他必須撇清耶穌會士與印度的關係。[110] 對明朝地理學家而言，中國之西座落著西域，以陸路到達，至於海上則是西洋。這兩塊區域，各自被認為主要是佛教徒與穆斯林的地方，延伸到西方已知世界。耶穌會士希望把這個含糊不清的「西」（尤其是印度）貶到次級地位，以對比於一個迥異且更重要的基督教歐洲。如同陸鴻基所指出的，艾儒略希望把歐洲表現成為「在非中國世界中無可匹敵的。這意味著要貶低穆斯林及印度諸邦的光輝與威力」。[111] 耶穌會的中國人盟友接下這個極具爭論性的任務。張潮在其為耶穌會士於一六六九年撰就之《西方要紀》所寫的序中，對比了歐洲與印度這「兩西方」，而對後者不利。[112] 如同上文已述及者，對天主教議論有敵意的學者們認為這是支持歐洲的偏見，且指責耶穌會作品為虛假或誇大的。[113]

區辨歐洲與印度此一計畫之核心落在「西洋」一語上。利瑪竇覺察到中文材料把印度洋稱為西洋，而或許托勒密系統也把北亞大蠟海（Atlantic(8)）稱之為「西方之洋」（拉丁文：**Oceanus Occidentalis**），利瑪竇遂藉此創造了兩個不同的西洋。在他一六〇二年的地圖中，他把印度西海岸外的海洋標記為「小西洋」，而把北亞大蠟海標記為「大西洋」。艾儒略解釋道：「敝地總名為歐邏巴。在中國最西，故謂之太西、遠西、極西。以海而名，則又謂之大西洋（國）。」[114] 話雖如此，相較於小西洋，大西洋當然有著優越意味——縱然不在文化上，至少也在規模上。帶敵意的中國批評者甚至認為，用這「大」字就是一種視歐洲與中國平齊的傲慢舉動，因為中國朝廷也以此字自冠於國號之前。115

儘管利瑪竇在他的地圖上解釋了「應帝亞（印度），總名也，中國所呼小西洋」，其實在他到來之前印度似乎並未被這麼稱呼過。116 反而是利瑪竇給通常所用的「西洋」一語前加了「小」字以指稱海洋印度。117《明史》註記道，「大西洋」來自利瑪竇自稱，這暗示了其對應語「小西洋」同樣讓學者們感到陌生。118 更決定性的證據是，一本由利瑪竇與羅明堅合輯的葡漢字典裡面提到，葡萄牙語 *India* 即漢語「西洋」，而非小西洋——我們可以合理推測此處「西洋」用的乃是此前本地的用法。119 無論這個文脈中的 India 意思是否就是那個次大陸或者更廣義的諸印度，把印度洋稱為小西洋顯然是利瑪竇的個人獨創。

如果中國就這麼接受這區分，那麼新創造出來的兩種不同的西洋倒也不至於弄混。可是清朝的地理學家們對耶穌會系統感到陌生，且並不覺得這系統比起舊材料更具權威性，而舊材料中「西洋」一語早已有其界定清楚的意義。多數人不願意把過去所謂的西洋稱為「小西洋」，或將耶穌會士的故鄉稱為「大西洋」，因為這項調整就意味著接受了耶穌會士的地理學主張，或許還表示對他們的政治與宗教主張也抱持認同。但，如同《明史》編纂者所註記的，「其國人充斥中土，則其地固有之，不可誣也」——從而必須有個名稱。120 由於還沒有中國詞語來稱呼這個未知的耶穌會士之故鄉，所以有

(8) 此名稱源自亞特蘭提斯（Atlantis），而今所稱之大西洋則從利瑪竇系統。

必要在最小範圍內審慎地借用一些西方概念。故隨之而來的就是大量混合折衷以及混淆的推論。

宮廷編纂員們在如何吸收耶穌會資訊上意見並不一致。為《明史・外國傳》撰寫初稿的尤侗，很能接納耶穌會術語且指稱他們的故鄉為「歐邏巴」。另一位康熙朝官方編纂員則謂之曰「西洋國」，但卻遵用艾儒略的解釋而說「總名歐邏巴」。他細述道「在中國極西，故謂之大西洋」，而又有「小西、天竺國」。[121] 然而《明史》最終定稿畢竟還是刪去了「歐邏巴」而代之以「意大里亞」（意大利），稱其在大西洋中，恐怕是因為用了「歐邏巴」就相當於接受了那有爭議的耶穌會五大洲理論，而編纂員們認為這是「荒渺莫考」的說法。[122] 意大里亞則只不過是利瑪竇家鄉的名字，用了不致引發爭議。

當齊召南開始著手為《一統志》編纂相當於與葡萄牙、梵蒂岡以及耶穌會等相關之章節，他的條目名既不用「歐邏巴」亦不取「意大里亞」，而用了「西洋」。齊召南知道耶穌會士偏好「大西洋」之稱，但他卻稱他們為「西洋人」，且將一六七〇年之葡萄牙使節歸諸「西洋國」。荷蘭也被說是在西洋中，然而齊召南對明初鄭和所訪之各區域卻也繼續用「西洋」一詞。實際上，齊召南於西洋條下註「在西南海中」，蘇門答剌、占城同用此註——他似乎弄混了這兩個區域。[123] 一個更顯然的例子，是雍正朝所編纂的《廣東通志》，在其「西洋國」條目下混雜了關於明朝印度洋國家「古里」（有時候被叫做「西洋古里」）的資訊，以及清朝歐洲使節的記述，顯然編纂者沒弄清楚這裡牽涉到兩個相異的國家。[124]

最能體現清朝官方不願接受耶穌會士所造的大小西洋之別的，即在《清實錄》中。亙整個康雍乾時期（一六六二—一七九六年），「大西洋」僅出現了三次，「小西洋」則兩次。當中三例皆發生於引用沿海官員所上之奏疏，提示了這種區別主要留存在沿海口語當中。另一個案例中，葡萄牙使者被歸諸「大西洋」，但它處指稱同一使者則僅用「西洋」呼之。相對地，在大量的案例中，耶穌會士及西方諸國被謂之以「西洋」而不帶任何修飾語。[125] 故而，在官方紀錄中，「西洋」不論是用於印度洋或歐洲傳教士的故鄉都同樣合適。

某些清初學者，例如梅文鼎（一六三三—一七二一年），對於糾纏在這稱謂上的複雜性有更清楚的認識。身為熟悉耶穌會成果的數學家兼天文專家，梅文鼎覺察到「西洋」一詞內含的曖昧性：

> 按：回回古稱西域。自明鄭和奉使入洋，以其非一國，槩稱之曰西洋。厥後歐羅巴入中國，自稱大西洋，謂又在回回西也。今歷書題曰「西洋新法」，蓋回回歷即西洋舊法耳。論中舉新法，皆曰「歐羅巴」，不敢混稱西洋，所以別之也。[126]

對梅文鼎而言，單用「西洋」將導致兼指海洋穆斯林（回回）與歐洲人的含混問題。他並不簡單地接受耶穌會士區別大小西洋的方案，或許表示他發現了這是一種偏頗的、歐洲人自我指涉其家鄉的方式，不適於清朝學者。

在晚明與清代，每位作者所謂的西洋，其意涵有賴於其所熟悉的各種地理學傳統，以及對這些傳統的態度。一般而言，中國學者們不願把耶穌會士的新造語詞囫圇吞下，但在討論歐洲與歐洲人時卻又無法忽略。即便對耶穌會用語持懷疑態度的學者們也很熟悉傳教士的主張。在這個情況下，地理學詞彙既不構成不同學派，亦不產生和諧的混雜。反之，學者們各依其偏好汲取相異傳統中的各式特徵，賦予「西洋」一詞諸多微妙的涵義。

對西洋感興趣的，不只是在宮廷中奉職、基於書面證據的精英學者。到了一六八四年，在征服臺灣後，清廷控制了中國整個綿長且繁華的海岸。自此而後，許多地理學資訊源出於海上報導人，主要是地方官員以及貿易港口的商賈們。這些人雖說相對而言對外國狀況更為熟悉，卻罕有自願將其知識寫入載籍中者。也僅僅在政府（或是私家學者，但此情況較少見）希望向他們詢問到外國事件之時，他們才寫下其知識。不論其來源為何，當敘事者介紹了參考作品中所不見的口語地名時，沿海記述便又產生了一批新的地理學術語。在這種區域語境中，像「西洋」這樣的稱謂又獲得了更多的意涵。

迄至一六九八年，來自蘇喇（Surat，今譯蘇拉特）及印度其他各處的穆斯林貿易商開始航抵廣州。[127] 法國耶穌會士宋君榮（Antoine Gaubil）勾勒出一七二五年清朝對外關係的範圍，提到「歐洲人與在各印度的穆斯林（*Les Mores des Indes*）可以到廣州與福建的港口那兒」。[128] 漢文紀錄則更為謹慎，只有康熙收到一份關於來自「蘇喇廻子」（來自蘇喇的穆斯林）與「澎拜國」（孟買）船隻的奏摺。[129] 這些印度商人似乎保持低調且不太與清朝官員打交道，而這個時期的清朝官員們也不曾對印度的情況進行正式調查。

然而，在北京，康熙皇帝卻較為積極地向報導人徵詢外國情況。在清朝服務的耶穌會士持續地傳布歐洲的世界觀，其最著名者為南懷仁的《坤輿圖說》，這是一份世界地圖及隨附的書寫描述，於康熙初年即撰成。[130] 稍後，康熙接獲一份世界地圖及亞、歐、非、美洲各自之地圖。這些地圖由法國科學院所印製，附有漢文評註及地名。[131] 康熙還親自探問了一位曾到過歐洲的華籍耶穌會士范守義（一六八二—一七五三年），並命他就其旅遊寫一份記述。[132]

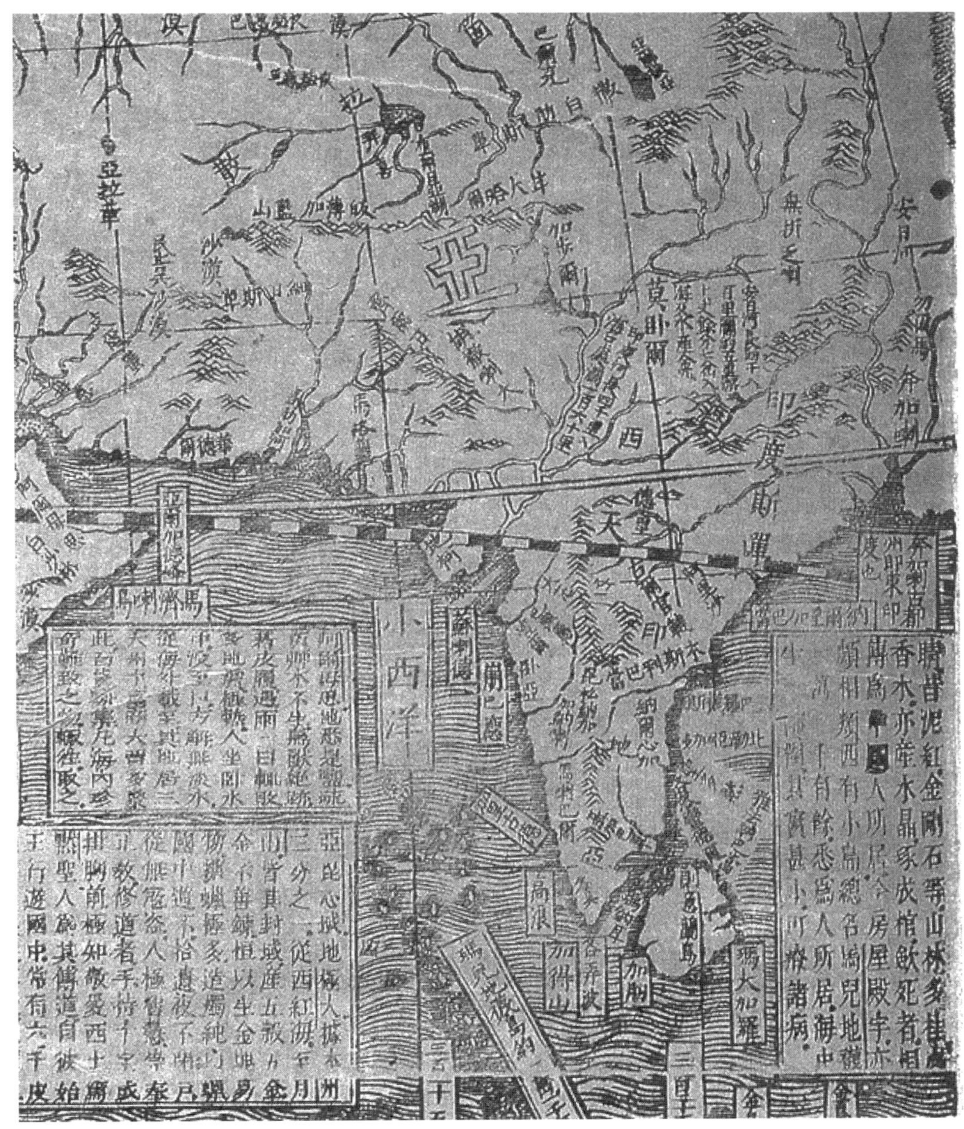

圖 3　南懷仁《坤輿全圖》（局部）

另一位被康熙探問海事情況的人物則是投降海盜陳尚義。憑藉陳尚義（或許還有其他報導人）的情報，這位皇帝對包括中亞政治在內的當代世界情勢提供了一條評論。在這份評論中，康熙提及了穆斯林民族的欣都斯坦(9)（回子溫都斯坦）且說明道：「西北回子種類極多，皆元太祖後裔，又有一支在小西洋。」[133] 這似乎隱約指著在印度的莫臥爾帝國，但也沒有證據可說明康熙從耶穌會地圖上認識到那些蒙古與「莫臥爾」間的關聯。而朝廷官員也可以接洽海岸報導人。蔡新（一七〇七—一七九九年）就曾經於一七四〇年，接洽他的福建同鄉程遜我（一七〇九—一七四九年），請其撰寫一部關於爪哇的記述，因為程遜我曾旅居爪哇。其成品綜述了從荷蘭領土所見的海洋世界。程遜我對印度用了獨特的地理學詞語：錫蘭叫作「西蘲」，提及其為荷屬島嶼之一，另外也提及了在爪哇的孟加拉人而稱作「望絞喇」(10)。[134]

清初最具影響力的海洋地理學作品《海國聞見錄》，則是一本介乎奉皇命與出自私人動機之間的撰著。該書作者陳倫炯是康熙宮廷中海洋情報的主要材料來源。[135] 其父陳昴原為海商，於清朝征服臺灣時，因嫻習海洋知識而受徵召，參與施琅之軍事密劃。[136] 其後，陳昴奉命出入東西洋，招訪鄭氏遺人，前後凡五載。[137] 歸國敘功仍為武職，陞至廣東右翼副都統。陳昴對域外諸國之地理配置有著非比尋常的系統化觀察，並以此著名，而這項知識也傳給了他的兒子。[138]

陳倫炯繼受其父之所見所聞，幼即博覽群籍，且熟悉外國情況、風俗與航海。稍後他成為侍衛，康熙向他詢問海上狀況，顯然是拿他的本地知識與其他中國及耶穌會材料作比較。陳倫炯本身回想起皇帝曾「親加教育，示以沿海外國全圖」。[139] 於一七二一年朱一貴叛亂時，陳倫炯因上奏平賊策故，獲指派為參將，其後歷任於福建、廣東、浙江，晉陞至提督。公事之餘，陳倫炯持續研究海外地理。在廣東，他回憶道：「日見西洋諸部估客；詢其國俗，考其圖籍。」這些地圖與他在宮廷時康熙曾繪製並演示給他看的完全一致。一七四八年，閩浙總督喀爾吉善評論他說：「水師鎮將中，求其稔悉洋面形勢，熟諳島夷番情者，甚難其人……〔陳倫炯〕於外番情形，水師訓練，無不熟悉。」140

陳倫炯把他所積累的資訊，精煉為對海洋世界的記述，成就為《海國聞見錄》（一七三〇年完成，一七四四年出版）。這部作品無論在內容詳盡上或流通與影響規模上皆獨一無二。為撰寫這部巨著，陳倫炯展現出與歐洲材料間的衝突關係。他似乎基本上認可各種歐洲地圖之準確，並把一張西式風格的歐、亞、非地圖收入其作品中，也許這張地圖就是依據他在宮廷中所見的各式耶穌會地圖。141 可是陳倫炯對於耶穌會書寫及命名傳統則幾乎不理睬。天主教作者們為了把歐洲稱謂的正確發音用漢語官話表達而傷透腦筋，陳倫炯恐怕卻只聽了口頭報導人所言，而用了更短且口語的形式。例如說，對於 **Hispania**(11)，他就用了「是班呀」而非艾儒略所用的「以西把尼亞」。傳教士們試圖描述整個世界，而陳倫炯卻絲毫不提「五大洲」理論，且完全不考慮西半球。142 他之所以不願倚賴耶穌會材料，也許不過就是因為他偏好直接調查勝於自書本學習，但他所遺傳的對天主教的敵意恐怕也是一個強烈原因。到了康熙朝後期，他父親就是第一批要求限制天主教傳教士的官員之一，而陳倫炯可能也帶有父親那種對西方宗教的不信任。143

陳倫炯的《海國聞見錄》是清朝第一份描述歐洲帝國主義在印度活動的記述。他把海洋世界分成

---

(9) Hindūstān，هندوستان，指印度次大陸西北方。傳統譯法有多種，本書於泛稱時概採此譯。

(10) 此非官話（普通話）音讀，乃以閩南語音譯。「西壟」或以 ꜀se-ᶜloŋ 對譯「Seylon」。「望絞喇」三字之漳州音或近似 baŋ꜄-ᶜkɑ-laʔ꜄，恰為孟加拉 বাঙ্গাল Bangal 之音譯。

(11) 「西班牙」的拉丁文形式，開頭 H 不發音。

五塊區域而以「洋」命名。印度屬於「小西洋」區域，這個區域從孟加拉延伸到東地中海而包覆著整個中亞。在〈小西洋記〉，他首先描述了他稱為「大白頭國」的波斯（包社）以及其東鄰「小白頭國」。隨後，那個被說其人貌似西域的地方，顯然是指阿富汗與北印度。這些國家的東方有著孟加拉（民呀），那裡的人身黑但穿著卻像是其鄰邦「白頭」。英國、荷蘭與法國匯聚在這裡貿易。在孟加拉旁邊，陳倫炯安置了「天竺佛國」，也許是指東印度的佛教諸聖地。[144] 半島南印度被叫做「戈什嗒」（也許來自葡萄牙語「*costa*，海岸」，指科羅曼德海岸），這裡在大約同時代的一部澳門作品中也被提及是個貿易所在。[145] 印度主要部分也列敘了：東方沿海座落著英屬孟加拉（這次寫成「網礁臘」(12)）、[146] 法屬本地治里（房低者里），以及荷屬納加帕蒂南(13)（呢顏八達）。在西海岸英國控制著蘇拉特（蘇喇）與孟買（網買）。陳倫炯對這些港口註記道：「俱係紅毛（歐洲人）置買（為貿易）所建也。」

從許多方面看來，《海國聞見錄》都可以說是一部具發展性的作品。不管陳倫炯是蒐集了全新的資訊，抑或只是寫下中國水手們早已熟悉的知識，他都引介了許多此前地理學文本中未知的術語。而且他的作品也是第一部勾勒出印度沿岸之歐洲人港口的書。就因為別具一格，讓其後的中國地理學家們認為很難拿他的書與其他作品對勘。

儘管陳倫炯對其他耶穌會術語反感，卻還是用了大小西洋這樣的稱謂，說明這些詞早已成為沿海的口語了。比起他們的宮廷同僚，沿海官員們可能對歐洲人在亞洲的活動更為熟悉，且更必須將歐洲本土與其殖民地區隔開來。但即便在沿海，「小西洋」也還是個不明確的詞，至少用在兩種不同的意義上。廣義而言，這個詞用以指稱整個印度洋—中亞區域，即依循陳倫炯的用法。但這詞還有更狹義的意涵。例如在初刷於一七五一年的《澳門記略》這本書中說：「大西洋距中國遠，三年始至。稍西曰小西洋，去中土萬里，大西洋遣酋守之。澳門頭目悉遵小西洋令。」147 這顯然是在描述聯結葡萄牙到臥亞、臥亞到澳門的統治結構。實際上，在該書的葡萄牙詞彙表〈澳譯〉中，作者即把「小西洋」的葡萄牙語註以「我呀」（粵語「Ngo-a」(14)），即臥亞（Goa）。148

根據一個人在清朝邊疆所站的位置，就決定了外在世界的表面輪廓，也決定了那些適於用來描述這些輪廓的詞彙。至少某些福建廣東沿海地區的地方官和武官知道印度的重要港口，也用了區域方言認知其稱謂。「戈什嗒」、「網買」這些詞的出現可能是受到外國用法的影響，至於像「小西洋」這類詞則可能具備他處所無的地方化意義。整群字彙是活的，一旦新詞出現且舊詞褪去便有所動搖。透過筆札與書籍，當初的地方視角有可能傳播得更廣，但這樣的資訊如何與其他材料調和，仍待探究。

(12)「礁」字於閩音於官話皆不合。疑此為陳倫炯習官話而不熟漢語聲韻體系造成之誤對應。

(13)新譯不佳，應改。印度拼音之p、t對應注音之ㄅ、ㄉ。陳倫炯閩音用字反而較佳。

(14)通觀〈澳譯〉用字，似近南方官話，未必為粵音。同時代官話多有於零聲母（古影、疑等母）開音字前添增g-或ng-音者。讀者可參看杜赫德《中華與韃靼中國誌》論漢語並其詞彙表等。

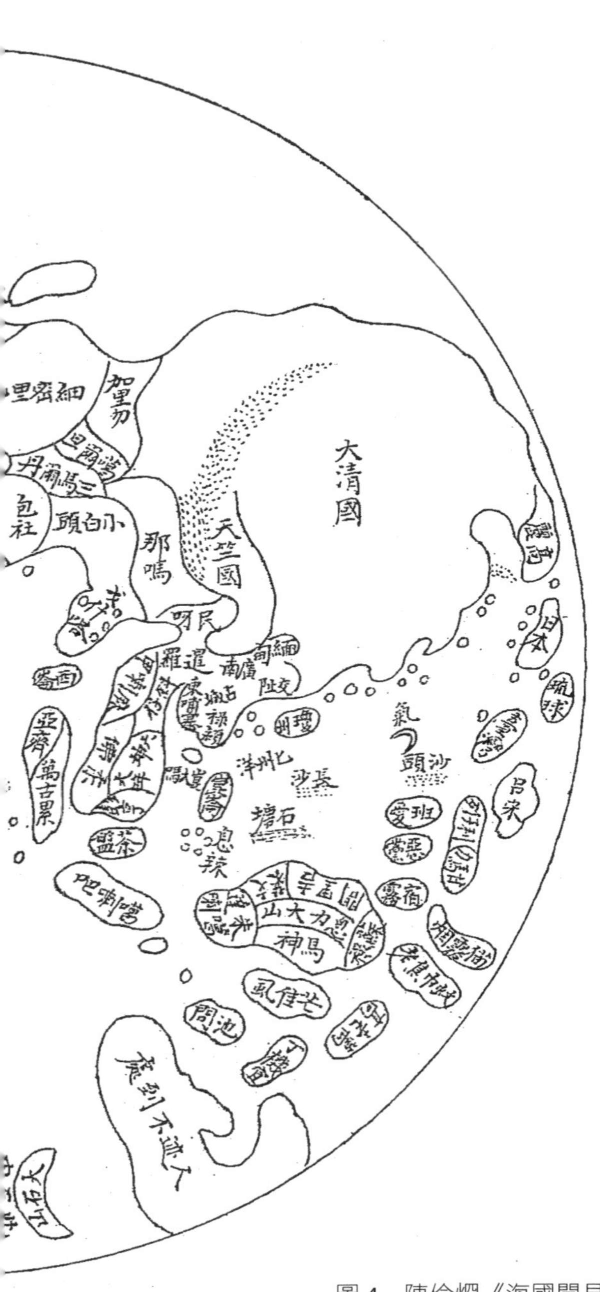

圖 4　陳倫炯《海國聞見錄・四海總圖》（四庫本）

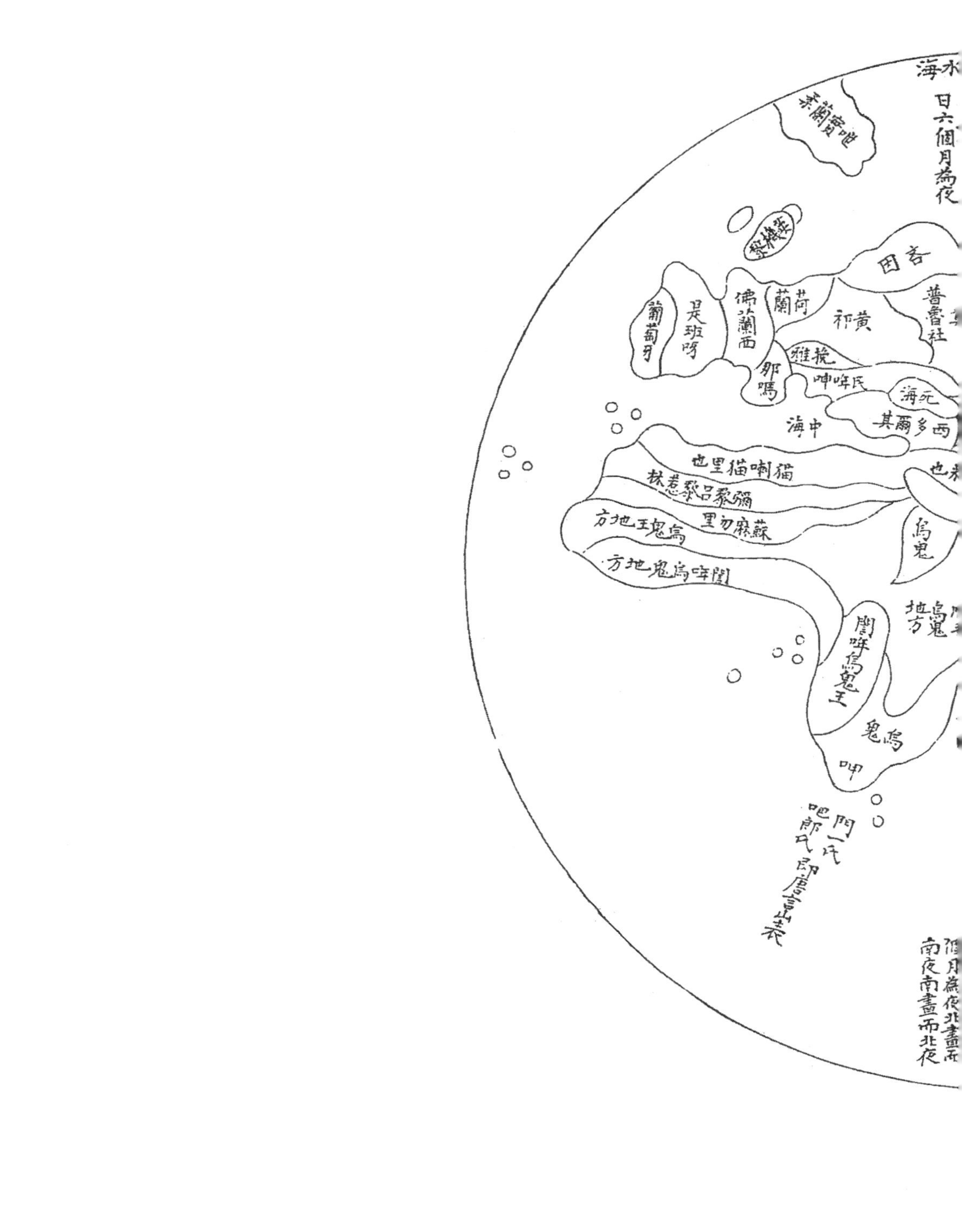

日六個月爲夜
普魯社
荷蘭
佛蘭西
是班呀
葡萄牙
中海
西多爾其
猫喇猫里也
蘇麻勿里
烏鬼王地方
閣呼烏鬼地方
烏鬼
烏鬼地方
閣呼烏鬼王
烏鬼
個月爲夜北晝而
南夜南晝而北夜

回民(15)材料

宗教、智識訓練、社群紐帶都可能像區域優勢那樣，影響對外國地理學的認知。在中國，要了解近世印度的發展，穆斯林屬民（回民）可說是處在最佳位置，因為迄至一六四四年，印度可說是部分地被容納入廣義的穆斯林世界當中。藉著接觸在中國的外國教友、閱讀波斯語或阿拉伯語讀物，或者親身參與到天方（麥加）的朝覲，清代的回民得以仍舊保持著與全伊斯蘭世界的聯繫。[149]說起來，比起中國佛教徒，之後的回民更有可能因為宗教理由而造訪印度，例如說，深具影響力的宗教導師馬來遲（一六八一—一七六六年）可能就在從天方回到中國途中穿越印度，且曾就學於印度謝赫（شيخ shaykh）之下。[150]另外一位哈只（حاجي Hajji）馬德新（一七九四—一八七四年），則在一八四一年於從雲南到天方的途中道經克來克特（加爾各答）。[151]

如同中國佛教徒或中國基督徒般，伊斯蘭學術也給了回民對外在世界一個迥異的理解。但一般而言，很少有回民會想要讓此知識流通於其本身社群之外，且他們經常離棄漢人學術圈而走入阿拉伯式及波斯式的學術傳統。[152]例如說，哈只馬德新的遊記本來僅以阿拉伯語撰成，後來才有漢語譯本。最大的例外發生在江南——中國的智識核心。在此，精英穆斯林教育網路研讀伊斯蘭讀物（且經常以波斯語或阿拉伯語寫成），卻又同時「與該時期之中國主流思想趨勢保持密切接觸」。[153]這場運動中的要角是南京當地人劉智（約一六五五—一七四五年）。劉智在其地理學評註中，透過巧妙的註釋，於漢語材料中雜併了伊斯蘭文本，從而創造出一種對印度的混合式描述。他把欣都斯坦看作一個強大的穆斯林國度，這一點導致他修正那些在其他情況下被他重度倚賴的漢文作品。

劉智對印度最廣泛的描述出現在他的《天方至聖實錄》當中。該書於一七二四年撰成，於乾隆朝出版過二刷。154 在對世界各國度之區分與命名上，劉智相當遵從非穆斯林之漢文材料，諸如清初陸次雲之《八紘譯史》以及明朝各類書物（包括耶穌會士所撰者），155 因而也提供了對「五印度」與榜葛剌（孟加拉）的描述。然而他的五印度條目下的內容卻帶有獨特的伊斯蘭印記。儘管他引用了陸次雲的敘述，卻刊落了令他的穆斯林讀者感到不快的段落。例如，陸次雲原文說明道：「元太祖滅回回，進次西印度，遇獨角大獸。」劉智仍錄有這段插曲，卻略去了「滅回回」字樣。156

劉智在書中除了迻錄主流漢文材料外，還從某個伊斯蘭地理學文本中翻譯了一段充作按語，這是一本他稱為《天方輿地》的書：

> 按《天方輿地》，東南有五欣都。蓋欣都斯塘（欣都斯坦）一區而分為五都也（英文本案語：都或指「都會」，或為「欣都」之略）。中曰欣都斯塘，與西都、北都，國王、國人皆回回人（穆斯林）。南都為佛國，又名天竺，釋氏之所從出也。東欣都又名為榜葛剌（孟加拉）。國王、國民俱回回，而有釋氏漢民及藏基人雜處也。漢明帝求佛於此。157

在這份翻譯中，以及另一作者的一份朝覲紀錄中，皆依循波斯語而稱印度為「欣都斯塘／欣都司塔」（هندوستان Hindūstān），而非佛教傳承之「印度」一名。158

描述到穆斯林在印度的統治，劉智的文本是唯一最全面的。《明史》講到了榜葛剌屬穆斯林，卻

(15) Chinese Muslim，可譯作「漢語穆斯林」，指的是那些明清以來，以漢語為母語的穆斯林，即今回族的前身，史料中多作「回民」。本書姑以「回民」譯此術語。

不及沼納樸兒（جونپور Jaunpūr）或德里（底里）。許多其他作品仍舊描繪印度——尤其是中印度——為信奉佛教之邦。耶穌會士們述及莫卧爾的統治範圍，卻隱隱失於指出其統治者為穆斯林；南懷仁提及在印度的佛教，且補充說：「今沿海諸國，率奉天主正教。」但對那裡的伊斯蘭則不置一詞。159 只有劉智釐清了除南印度以外印度他處皆在穆斯林統治之下，而或許正因此故，他把佛陀（釋氏）的出生地置於南印度，而非傳統所說的中印度。

在另一部作品《天方性理》當中，劉智為中國讀者回顧了一個常見的伊斯蘭式世界劃分法：波斯的「碁施瓦爾」（کشور kishwar(16)）體系。他圖示了地球中之半球，包含歐洲（偶日巴）、蘇丹（鎖當，即非洲）、敘利亞（細爾洋，即黎凡特）、阿拉伯（阿爾璧）、波斯（法而西）、中國（赤泥）以及欣都斯坦（欣都斯唐）。劉智查閱了諸種阿拉伯地理學文本，而這種描述法當然源自那些材料中。160 可是他卻沒有教條地斷然置此說於主流中國地理學視點之上，而他的地理學學術作品中所呈現的世界，其模式幾乎泰半與那些非穆斯林文獻毫無差異。

此處「西洋」一詞再次例示了個別作者能怎樣在某一術語的普遍用法中置入精微的差異。與劉智同時代的馬注在他的《清真指南》中解釋了穆斯林地理學的諸面向。他注意到世界上有七海，而西洋僅居其一，但他認可了中國地理學，從而解釋道，所謂四海是西洋之「發流」（源頭），應該是意圖疏通伊斯蘭與中國對世界的觀念。有關西洋的更多資料則由一位佚名中國哈只的遊記《漂洋客紀》所提供。這位哈只由福建出發，為朝覲而穿越了西洋——這個西洋包括葡屬與荷屬殖民地——而後抵達

(16) 波斯語「國家」之意。譯者自行音譯。

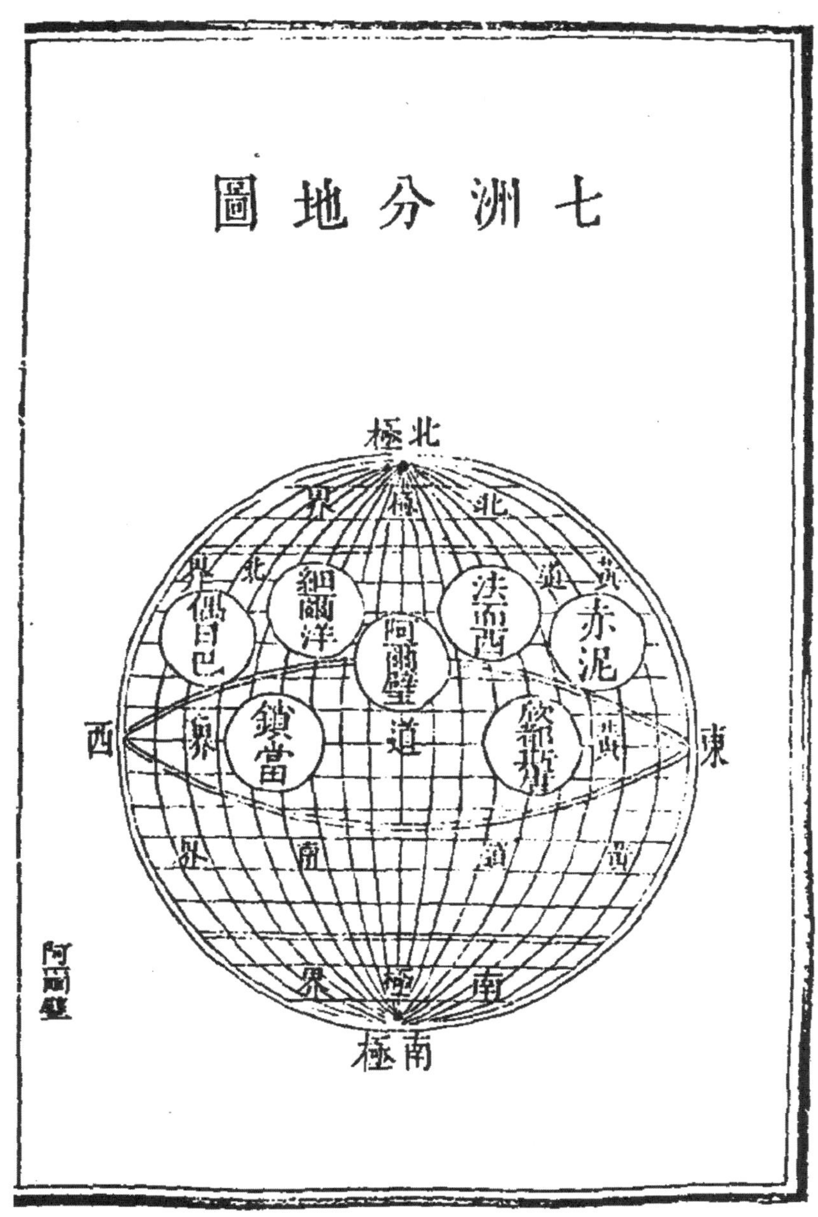

圖 5　劉智《天方性理．七洲分地圖》

大西洋。儘管這看似意指他到了歐洲，但紀錄中所呈現的西方世界卻是徹底穆斯林式的：「當我們離中國愈遙遠時，遇到的每個人都是我們〔穆斯林〕宗教的人（去國漸遠，盡吾教人）。」而在這片廣大的區域，所有帝王皆遵奉伊斯蘭教。[161] 對穆斯林而言，西洋指的是他們西方先祖的故鄉。一八一六年，一名英國阿美士德使團成員，在北京附近遇到一名穆斯林，這名穆斯林就敘說他的祖先來自「Se-yang，『西方的海洋』」。[162]

總之，通過阿拉伯與波斯材料，回民作者們獲得了一個迥異的印度觀。儘管他們的地理學世界觀之流通不及佛教式與基督教式那般廣，但在一七五五年後，征服西域很快就又讓印度以欣都斯坦這個穆斯林國土的身分在學術上大放異彩。

內亞對印度的理解

在清朝統治下的內亞各民族也有他們本身對印度的詞彙。後續章節將細述乾隆在西藏與新疆的軍事行動如何影響遍及全帝國的印度理解，本節則將聚焦在一七五五年之前來自內亞材料之資訊的影響。在最早的階段，蒙古人對印度的觀點在清帝國中相當重要。然而，到了一七五〇年，蒙古觀點獲得了一批由在西藏奉職的漢官之私家地理學著述所補充。這些著述裡觸及了藏土的那個越過喜馬拉雅山脈之南鄰。

到了清代，印度已經成了蒙古人宗教與歷史思想的中心。透過十六世紀的進展，多數說蒙語的族群都皈依佛教了，而他們後續的智識生活也強烈受到西藏學術所影響。[163] 對博學的西藏人而言，他們主要藉由輸入的佛教文本為透鏡來窺看印度。[164] 在這個影響下，即便是世俗作品也將蒙古人的源頭追溯到印度。例如可能在林丹汗統治時期（一六〇四—一六三四年）成書的編年史《黃金史綱》（*Altan tobči*）把蒙古可汗的血統經西藏回溯至「摩訶・三摩多（Maha Samadi）(17)……印度之第一位君王」。[165] 艾宏展（Johan Elverskog）已觀察到，這種聯繫到印度的譜系學之認知，在清朝時期還持續地強化，且迄至雍正朝末葉，已為漢人讀者所知。[166] 蒙古作者們也接受了佛教徒的地理學概念，諸如贍部洲等。

滿洲和藏傳佛教的相遇比起蒙古要晚得多，而且除少數個人外，多半不曾壓倒性地受到藏傳佛教之譜系學與地理學觀點的影響。然而在術語使用與史學成果上，蒙古影響則浸潤甚深。「Enetkek」（及其變體「Enethe」）這個滿洲用以稱呼印度的詞語，源自蒙古語「Enedkeg」。[167] 雖說「Enetkek」之語意範圍近於「天竺」及其他漢語中對印度的普通稱謂，但在轉入漢語時該詞卻常採音譯而非意譯。圖理琛是一七一二至一七一五年越過俄國至土爾扈特蒙古出使的使節之一，在他的地圖裡，西側的國度中包括了「厄納特赫國」。[168] 從而，這又變成另一個中國地理學家必須去消化的對印度的稱謂。

滿洲初期對印度的認識受到蒙古帝國之史籍所影響，無論是蒙文編年史抑或漢文《元史》（在攻占北京之前即已翻譯為滿文），都記錄了成吉思汗的軍隊在返旆班師前曾遠至印度。[169] 在清朝第二代統治者皇太極（一五九二—一六四三年）眼前，印度似乎已朦朧隱約地出現了：那是在已知世界的

(17) 此王之梵語名為 Mahāsaṃmata，「大平等」。

最西端，也是他政治抱負的極限。如同他向喀爾喀喇嘛使節所吹噓的：「從前，大遼、大元、大金三個國家的可汗，在征戰時，向西遠至印度……如今這些人眾、馬匹同樣（可取得）。」[170] 其實皇太極顯然把印度當成一個部落國家了。據張玉書在那本把清初各部落依編年纂成清單的《外國紀》中所註，厄內忒黑部落（即前述 Enetkek）乃「極西大西天」，「附」我朝於天聰年間（一六二六—一六三六年）。[171] 於意云何？無從知曉。

巴布爾之母出自成吉思汗之子察合台（歿於一二四二年）後裔，然而到了巴布爾抵達印度時，那些住在當初故鄉的蒙古人（稍後成為清朝屬下的佛教徒）與他們那些在遙遠西方的堂表親——已改說突厥語的穆斯林們——幾乎是毫無聯繫了。不過，在十八世紀，至少還是有些在清廷的蒙古官員隱約知曉察合台有一支後裔正在統治著印度。袞布扎布（一六九二—一七四九年在世）在一七二五年所寫的一部家譜中稱察合台的第三子「阿塔兒馬哈馬德」（Adaramamad）在印度稱汗，定都於「巴剌沙」城（Balaša）。阿塔兒馬哈馬德這號人物或許是稍後某位穆斯林統治者，史家尚未確認其對應身分。[172] 不論康熙本身是否覺察到這個把蒙古聯繫到印度的主張，他必定知道有一支蒙古人住在小西洋，而且一般來說他也明白在中亞的許多穆斯林統治者宣稱其為蒙古裔。[173] 乾隆朝時，這種內亞政治情報的影響力在宮廷中擴大，且更密集地傳達到漢文材料中。

內亞的戰事也讓漢人學者們接觸到了西藏地理學詞彙與概念。雖說清朝在西藏的軍事行動乃由滿、蒙將帥與高官所率領，但危急時漢人官吏則時不時受命至邊疆處理糧運、秘書或其他事項。儘管他們任期短暫且職等不高，卻寫下了大部分關於西藏的地理學記述，讓讀者們得以見聞帝國邊界以外的新奇資訊。

準噶爾在一七一七年入侵西藏，打響了內亞戰爭的第一槍，把關於印度的新資訊帶進了清帝國。

康熙積極還擊，且於一七二〇年將準噶爾人自拉薩驅逐，標誌著清朝對西藏事務直接監管的開始。[174] 延信是主持戰後行政的清軍將領，把印度（「額農阿克」）歸於環西藏之「部落」（ᠠᠶᠢᠮᠠᠭ *ayimagh*）之數，且將其置於接獲清軍捷報之收信者清單中。[175]

隨後數十年間，更多的官員記載了關於喜馬拉雅山脈及山脈另一邊之境土。由於西藏之南疆在對準噶爾作戰上並無戰略意義，又由於罕有漢人官員能越過拉薩，此時期對印度的描述，相較於稍後一世紀內的記載，顯得過於簡練。例如《西藏誌》一書，僅提及由布魯克巴（不丹）南行月餘，是「天竺國界」。[176] 印於一七四四年的初修本《大清一統志》也註記了西藏西部阿里之南二千餘里有「厄訥特克國」，並補充說「古天竺」境在該區西南。[177]

除了滿語「Enetkek」與漢語「天竺」外，某些藏語對印度的稱謂也已經出現在漢語作家的書寫中。雍正至乾隆初，在西藏任官的張海提到了西藏西南有一個名為「甲噶兒」之地。此乃藏語「རྒྱ་གར rGya-gar」之漢譯，意即印度，但張海未補充任何說明。他還提及西藏之甚西界鄰有「纏頭佪佪卡契八僋」。[178] 如同後面將討論到的，在十八世紀晚期，藏語「ཏི་ལིང་པ་ཙ *Ti-ling pa-ca*」（譯按：音近「低凌巴扎」）用以音譯 *Delhi Padshah*，意即德里（莫臥爾）的皇帝。從而張海的「八僋」或許也是指統治克什米爾（卡契）的莫臥爾帝國。

即便在內亞，漢人作者也提及了西洋。蕭騰麟的《西藏見聞錄》從乾隆初開始，敘及怒江西南之境鄰接布魯克巴、白布（尼泊爾）、西洋等地，補充說明了自布魯克巴南行月餘即「天竺國」。[179] 清初百科全書《古今圖書集成》置「西洋海」於雲南西南邊境也是類似的情形。[180] 從地理學上來說，這個「西洋海」指的應該就是印度洋，但是對西藏的一個當代概略描述中說明道，來自西洋的商人——異於「纏頭」、回回（穆斯林）、鄂羅厄勒素（俄羅斯？）——旅居於該處，又提到西洋藥物出現於此。[181] 此處指的或許又是天主教傳教士於十八世紀上半葉出現在拉薩的事情。後來，即使在藏文語境中，「西洋」似乎亦曾含混地用以兼指歐洲與印度，這個情況將造成後來一七九〇年代的混淆。

在一七五七年之前，東印度公司尚未將其政治權威伸入孟加拉，也尚未受到在西藏的中國地理學家所注意。也許其中一個例外是陳克繩於一七五三年所著的《西域遺聞》，書中描述在西藏外有國名「毘羅國」，地廣萬里，繞行旅遊一圈需五個月。這塊土地指的幾乎可以肯定就是孟加拉，被說是很像天竺，如同官方史書所載的「佛國」。[182] 陳克繩補充說該處可「航海至粵」，已知此時期孟加拉與中國間的海路貿易由歐洲艦船所掌控，這段也許間接說到了英國殖民地。

康熙曾派遣兩隊考察團去繪製西藏地圖，同時卻也為了西部西藏——據說是恆河的發源處——的更多資訊而參查佛經。他引用了《起世因本經》中所云，各個起自阿那婆答多(18)的河流，皆自其四方之四獸口中流出，並評論認為實際上凡此諸河俱出現於群山上，而山勢正似那些動物。他中論道：

> 馬卜家喀巴卜者（藏：རྨ་བྱ་ཁ་འབབ *rma-bya kha-'bab*），譯言孔雀口也。其水南行……會東行之水，東南流至厄納忒可克國（印度），為岡噶母倫江（藏：གང་ག *Gang-ga* +蒙：ᠮᠦᠷᠡᠨ *mören*，河），即（漢傳）佛法所謂恒河也。《佛國記》載，魏法顯順恒河入南海，（自彼處）至山東之渤海入口，應即此水矣。[183]

此處不僅展現了皇帝腹笥之廣博，也顯示了他意圖調和來自不同語言與文化的材料。

在十七與十八世紀時，印度教之行腳僧為宗教與商業目的，自西藏入漢土，其中某些人足跡遠至廣東、北京甚至蒙古。據載，這些人當中有的會說漢語，並稱其家鄉為「大西天」，和他們對話的清朝人認為這指的就是印度。縱然遇到官僚且有時候還遭到國家拘禁，但這些印度教行腳僧似乎並未形成關於當代印度事務之資訊的重大渠道（至少在西藏以外）。因此他們所感興趣的志業在本研究中將不再強調。184

在一七五〇年後，對漢人讀者而言，內亞成為接受有關印度新資訊最主要、唯一的來源。此前，在康熙、雍正兩朝，由於那些蒙古、西藏、突厥材料所提供的情報較缺乏翻譯和流通的管道，其影響力猶未勝出。儘管如此，對帝國於印度之認知，內亞已實實在在地持續提供了貢獻。有時候，諸如「甲噶兒」等新的術語首次出現在清朝材料中。其他情況下，作者們對早已熟悉的稱謂與概念賦予新的重要性，例如天竺與西洋，讀者必須把那些出現在特定作者的詞彙表中、混合著地方和通用術語的用詞加以解碼。

責怪信差：地理學複雜性之源頭與持續

在清朝統治的第一個世紀左右，地理學的觀點在學術與政治上都形成了一個可拿來衡量後續發展的基準點。藉由記錄在學術集成、官僚通訊以及私家著述中的、去中心化且多層範圍的認知，可用以

(18) 玄奘譯音，對音較精確。此前（《阿含》）及隋達摩笈多皆譯以「阿耨達」。下文康熙帝即用此傳統稱呼。

界定這個開端時期。這些關於印度的記述中，某些不可共量性之所以浮現，只不過就是緣於印度本身的多樣性。然而，一七五五年以前的漢文與滿文材料中，對於印度稱謂、政治情勢、宗教取向與地理位置的各種相互牴觸的主張，主要是清朝日益複雜的智識生活所造成的多樣性放大後的結果。關於印度的材料，在經過不同語言與智識傳統之編碼後才到達漢土，又為了相互競爭的宗教與政治忠誠心的需要而加以調整。一旦越過清朝邊疆，情報又藉由同樣層層紛歧的清朝臣民所捕獲、解碼與流通。無論一名讀者以何種態度閱讀穆斯林、天主教或佛教的材料；無論那些材料是自成體系或與其他大量的資料有所關聯；也無論這名讀者是否私下從福建或西藏得到最新的情報，依據上述種種接受訊息的方式，印度及其各區域都呈現出相當不同的樣貌。

漢語讀者在迄今為止的地理學分析之方法與假設的引領下，既料想過且又調和了這些分歧。在每個領域裡，優良學風的印記就在於廣泛且仔細的閱讀，而由於並非任何材料皆廣為人知，研究者只得勤苦蒐集。幾乎沒有作者在處理印度地理時不從多種語言、區域、宗教背景中汲取資訊的。「沿革」這套方法讓作者們料想到同一地名可以有多種稱呼，但材料艱深的程度及不可共量性阻礙了綜合觀點的浮現。沒有任何一位作者（就算是印度的作者）能夠深入闡釋甲噶兒、大西天、Enetkek、印度、天竺、欣都斯坦、小西洋等詞語間的關聯。就連印度的某單一區域，如榜葛剌、望絞喇、民呀、毘羅這些稱謂也讓人無從著手。但在一個受文本論證所宰制的研究傳統下，加上受到地理不可知論精神的灌注，這就不太會引發焦慮。而在視邊疆為片段分隔的政治傳統下，這也就不會造成什麼困擾了。一六四四年至一七五五年間，雖說想要全面整理地理學資料的理想並未消退，但是避免做出太有企圖心的論斷，這種「智慧」卻也清楚顯現出來了。

「西洋」點出了此時期清朝地理學在同一時間裡帶有相互依存性，與各作品皆具個人特色的情況。乍看之下，正統宮廷編纂員如齊召南、耶穌會士如艾儒略與南懷仁、穆斯林學者如馬注，以及福建的海洋專家陳倫炯、曾奉派至西藏的蕭騰麟等，在使用此詞的指稱上似乎有其共同點。但細究之下，西洋、大西洋、小西洋在這些作者筆下意義皆不盡同。每個作者都把他筆下的西洋套進其獨特的宇宙論框架中，且在分派該詞之區域（或數個區域）時，經常在政治或宗教意義上有其別具一格的精微意涵。話雖如此，這些對西洋的引伸及變體相互間仍有著對話。陳倫炯的用法聯繫到利瑪竇的發明，而利瑪竇用該詞則借自既有的明朝地理學，儘管如今似乎不很明顯，馬注與蕭騰麟同樣受到其他作家所影響。「西洋」一語在意義上的波動，並非源於學派宗旨之競爭，反而是來自各種混合立場間的互動。由於評註者常使用充斥歧義的描述各說各話，推理僅只能停留在不確定狀態，無法整併到一個共同且標準化的地理學視野。一個世紀過去了，關於印度與歐洲的關係、關於從陸路向西那無垠的區域與從海路向南那廣袤的世界二者彼此的關係，仍處在激烈的論辯中。

政治強化了對這種不和諧的視野之寬容。在一七五五年之前，清政府並未受什麼壓力非得要追蹤印度任一部分的發展。在西北，帝國的邊疆尚未囊括與次大陸有貿易往來的塔里木流域；在西藏，朝廷的注意力集中在藏北以防禦準噶爾入侵，而非喜馬拉雅山脈以南的發展；在沿海，歐洲人與當地的貿易商從印度而來，但這些貿易商人數不多，他們多半也不攜帶鴉片這種刺激性的商品。此時還沒有任何歐洲強權在印度握有比海港及其狹窄腹地還多的地盤；即便在東南亞，歐洲人對陸上的控制也十分有限。現下所有事件都無法提供任何動機，讓政府或私家學者調和越過多個邊區所蒐集來的情報，且建立一幅整合的圖像，以釐清印度與清帝國在世界脈絡下的關係。

當乾隆皇帝在一七五五年發兵殲滅準噶爾並吞併其土地時，這些情況變了。在乾隆帝精力充沛的統治下，走向地理學標準化的運動加速了，然而，從那些新打通的區域帶來了有待消化的新情報，這又造成了一項挑戰。秩序與不可共量性之間逐漸白熱化的鬥爭，將在下一章討論。

作者註

1. 本書所處理的主題，為清朝學者與官員們研究那些非清帝國政府直接統治之土地的方式。區分外國與本國輿地，在中國史學上早自《史記》即已相當清楚。《史記》將非本國民族寫入其〈列傳〉部分，而《史記》的後繼者《漢書》則將中國本身所管理之地理學納入其《志》中。稍後之正史與其他歷史文類大抵皆可見此一相似區分。
2. 理雅各英譯，《書經》，第一五〇頁。
3. 弗拉卡索，〈山海經導讀〉，第三五七頁。
4. 魯威儀，《古代中國的空間結構》，第二四九—二五二頁。
5. 前揭書，第二五二—二五八頁。
6. 關於地方志，見魏根深，《中國歷史手冊》，第一五二—一五八頁。
7. 朱鶴齡，《禹貢長箋》，景印文淵閣四庫全書第六七：二〇八頁（卷一二，葉二五上—下）。
8. 前揭書，第六七：二〇八頁（卷一二，葉二六上）。
9. 前揭書，第六七：二〇八—二〇九頁（卷一二，葉二六上—二七上）。
10. 胡渭，《禹貢錐指》，第六七冊，第二〇五—二〇六頁（卷一八，葉二四下—二六上）。
11. 施瓦茲伯格，《宇宙誌圖繪》，第三三五—三三六頁。
12. 定方晟，《佛教宇宙觀》，第三〇—三八頁。
13. 呂建福，《佛教世界觀對中國古代地理中心觀念的影響》，第七六—七七頁。
14. 許理和，《佛教征服中國：佛教在中國中古早期的傳播與適應》，第二六六頁。
15. 饒宗頤，《饒宗頤二十世紀學術文集》，第七冊，第二五八—二五九頁。
16. 多羅費瓦—李希特曼，〈黃河源在何方？中國古代史學史中的一個爭議性問題〉。
17. 饒宗頤，《饒宗頤二十世紀學術文集》，第七冊，第二五九—二六〇頁。
18. 室賀信夫、海野一隆，〈在日本的佛教系世界圖及其與歐洲人地圖之接觸〉，第五〇—五七頁。
19. 錢謙益，〈釋迦方志辨〉，第四二二頁（《牧齋有學集》卷四三，葉六上—七下）。
20. 福華德，《中國的「蒙古地圖」》，第三—一一頁；歐森，《蒙古統治時期歐亞大陸的文化與征服》，第一〇七—一一四頁。

21. 雷斯禮、華瑟，〈劉智所用的阿拉伯與波斯材料〉，第九二—九三頁。
22. 馬注，《清真指南》，第二卷，第二九頁。
23. 關於宋、元、明的海洋地理，參見朴賢熙，〈勾劃海岸線：自七五〇年至一五〇〇年間中國與伊斯蘭世界相互間地理學知識之成長〉。
24. 「東洋」與「西洋」二詞似乎是陳大震於一三〇四年首先使用（參見朴賢熙，〈勾劃海岸線：自七五〇年至一五〇〇年間中國與伊斯蘭世界相互間地理學知識之成長〉，第一四八頁）。
25. 宮崎市定，〈關於將南洋劃分為東西洋之根據〉。
26. 余定國，〈傳統中國地圖學及其西化的問題〉，第一七一—一七五頁。
27. 陸鴻基，〈艾儒略的《職方外紀》〉，第六一頁。
28. 祝平一，〈信賴、儀器與跨文化科學交換：一六〇〇—一八〇〇年中國對世界形狀之辯論〉，第三八七頁。關於耶穌會製圖學之新奇性，參見陳觀勝，〈利瑪竇對中國地理學之貢獻及其影響〉，第三三七—三四一頁。
29. 陳觀勝，〈利瑪竇對近中國地域之註記的一份可能材料〉；艾儒略，《職方外紀》，第三三頁；孟德衛，《奇異的國度：耶穌會適應政策及漢學的起源》，第一一九—一二一頁。
30. 德禮賢，〈關於利瑪竇神父在中國之世界地圖的最近發現與新研究〉，第八九—九二頁。
31. 陳觀勝，〈利瑪竇對中國地理學之貢獻及其影響〉，第三四七—三四九頁。
32. 許理和，〈徐光啟與佛教〉，第一六五—一六六頁。
33. 余定國，〈大地的量度：介於觀察與文字之間的中國地圖〉，第一二七頁；司馬富，〈測繪中國世界〉，第六〇頁。
34. 艾爾曼，《以他們自己的方式：科學在中國，一五五〇—一九〇〇》，第五七頁。
35. 艾爾曼，《從理學到樸學：中華帝國晚期思想與社會變化面面觀》，第四頁。
36. 亨德森，《經籍、正典與注疏》，第一一五頁。
37. 前揭書，第七七頁。
38. 華林甫，《中國地名學源流》，第二九二—二九五頁。
39. 前揭書，第二五〇頁。
40. 徐繼畬，《瀛環志略．凡例》，第八條。
41. 俞正燮，《俞正燮全集》，第二冊，第二二七頁。

42. （欽定）《大清一統志》，二修本，景印文淵閣四庫全書第四八三：七三一頁（卷四二四，葉一上）。
43. 《古代南海地名彙釋》，第九七八—九七九頁；宮崎市定，〈狼牙脩國與狼牙須國〉。
44. 尤侗，《明史外國傳》，頁一四一（卷五，頁四上）。
45. 恆慕義，《清代名人傳略》，下冊，第九三五—九三六頁。
46. 尤侗，《外國竹枝詞．序》，葉一。
47. 茅瑞徵，《皇明象胥錄》，卷五，第二九一頁；嚴從簡，《殊域周咨錄》，卷九，第三一二頁。
48. 嚴從簡對於錫蘭—狼牙須之聯繫並未提供確證。
49. 嚴從簡，《殊域周咨錄》，卷九，第三一二頁。
50. 《大明一統志》，第二冊，第一三八七頁（卷九〇，葉二一上）。
51. 《明史》，景印文淵閣四庫全書第三〇二：七四五頁（卷三二六，頁一上）。
52. 《古今圖書集成．方輿彙編》，第一五：二八六頁。
53. 艾儒略，《職方外紀》，第五八—五九頁。
54. 陸次雲，《八紘譯史》，卷二，第三一—三二頁（錫蘭），第三四頁（則意蘭）。
55. 《大明一統志》，第二冊，第一三八六頁（卷九〇，葉一九上）。
56. 嚴從簡，《殊域周咨錄》，卷一一，第三八五頁。
57. 前揭書，第二頁。
58. 羅日褧，《咸賓錄》，第一—二頁。
59. 《古今圖書集成．方輿彙編》，第一五：一三、一六〇、二九〇頁。
60. 朱思本、羅洪先，《廣輿圖》，卷二，第三八八—三八九、四〇〇—四〇一頁。
61. 司馬富，〈測繪中國世界〉，第七七—八三頁；馬俊良，《禹貢圖說》，第七二六頁。第四種地圖由胡渭複製（參考《禹貢錐指》，卷六七，第二五一頁）。
62. 司馬富，〈測繪中國世界〉，第八三頁。
63. 孔恩，《科學革命的結構》，第一三頁。
64. 前揭書，第一七頁。
65. 欽定四庫全書總目（整理本），第二：四九四頁（卷六九，葉一八上）。

66. 欽定四庫全書總目（整理本），第二：四七四頁（卷六八，葉四九上—下）。
67. 鄧津華，《臺灣的想像地理：中國殖民旅遊書寫與圖像（一六八三—一八九五）》，第二二頁。
68. 夏平，《真理的社會史：十七世紀英國的文明與科學》，第一二二—一二五頁。
69. 陸次雲，《八紘譯史．序》，第i頁。
70. 前揭書，〈例言〉，第八條。
71. 欽定四庫全書總目（整理本），第二：五三四頁（卷七一，葉一〇下）。
72. 欽定四庫全書總目（整理本），第二：五三六頁（卷七一，葉一五上—下）。
73. 欽定四庫全書總目（整理本），第二：五三四頁（卷七一，葉一一下）。
74. 欽定四庫全書總目（整理本），第二：五四二頁（卷七一，葉二七下）。
75. 欽定四庫全書總目（整理本），第二：五三一頁（卷七一，葉五下）。
76. 欽定四庫全書總目（整理本），第二：五三二頁（卷七一，葉七下）。
77. 欽定四庫全書總目（整理本），第二：五三八頁（卷七一，葉一八下），第二：五四一頁（卷七一，葉二四上）。
78. 艾爾曼，《從理學到樸學：中華帝國晚期思想與社會變化面面觀》，第一〇一頁。
79. 《古漢語常用字字典》，第一一頁。
80. 亨德森注意到了對清朝天文學家而言，「某種不確定性被編織進宇宙的結構中，對應的是人們對世界的知識裡的欠乏精密」（《中國宇宙論之興衰》，第二四六頁）。然而清朝地理學者們罕有對完美知識之理論可能性提出疑問。
81. 另一個造成這種寬容的理由，如同祝平一在關於大地之球性的論辯上注意到的，對學者們而言，地理學觀點「不過是種智識意見，是那種不至於關鍵地影響其生涯的論辯」，抑且「毋庸即刻下判斷，亦無直接利害關係」（〈信賴、儀器與跨文化科學交換：一六〇〇—一八〇〇年中國對世界形狀之辯論〉，第三九九頁）。
82. 蘭朵斯，〈世界地理學之古典模型及其在美洲發現後之變形〉。
83. 布洛克，《文藝復興之地理學，一四二〇—一六二〇》，第一八頁；蘭朵斯，〈世界地理學之古典模型及其在美洲發現後之變形〉，第三八頁。
84. 艾德生，《世界地圖：一三〇〇—一四九二》，第一一一〇頁。
85. 布洛克，《文藝復興之地理學，一四二〇—一六二〇》，第一九頁。
86. 佛麟特，《克利斯托佛．哥倫布的想像世界》，第一一六頁。

87. 帕克，《腓力二世的大戰略》，第六三—六五頁。

88. 揆恩，《麥卡托：為行星繪製地圖者》，第一一九—一二〇頁；布洛克，《文藝復興之地理學，一四二〇—一六二〇》，第五一頁。

89. 雅各，〈心靈中之地圖繪製：來自古亞歷山卓城之大地〉，第四一頁。

90. 孔恩，《科學革命的結構》，第三五頁。

91. 雅各，〈心靈中之地圖繪製：來自古亞歷山卓城之大地〉，第三五—三九頁。

92. 紀昀，《閱微草堂筆記》，第二〇卷，第一一五〇—一一五一頁。

93. 玉爾、布尼勒，《哈伯森·扎伯森：英印俗語詞典》，第四三三頁；馮承鈞，《西域地名（增訂本）》，第三五頁；師覺月，〈中文古籍中的印度古名考〉，第三七一頁。

94. 關於身毒與天竺之意義擴充（expanding significance），參看穆克紀，〈漢語觀念中關於身毒一名的地理學意涵〉。

95. 玄奘，《大唐西域記》，第六三頁。

96. 師覺月錯誤地論斷說，自從「印度」一語導入後，此語便被認為是對印度的唯一「正確」的名稱（〈中文古籍中的印度古名考〉，第三六七頁）。

97. 欲知其他稱謂，可參看《古代南海地名彙釋》，以及師覺月，〈中文古籍中的印度古名考〉。

98. 師覺月，〈中文古籍中的印度古名考〉，第三七五頁。

99. 沈丹森，《佛教、外交與貿易：六〇〇—一四〇〇中印關係的重整》，第二一四頁。

100. 對於宋元時期所使用的術語，見《古代南海地名彙釋》，第九五一—九五二頁。

101. 榎一雄，〈一三七八—一三八二年宗泐出使西域考〉。

102. 訶羅鉢羅娑陀·雷，《印中關係中之貿易與外交：十五世紀孟加拉研究》，第七八頁。

103. 譚克，〈元及明初對南印度 Kayal 地區之認識〉，第一四八頁。

104. 艾儒略，《職方外紀》，第三九頁；海野一隆，〈談湯若望及蔣友仁之世界圖〉，第一〇二—一〇四頁。

105. 佛勒茲，〈烏茲別克中亞與莫卧爾印度：十六及十七世紀之亞洲穆斯林社會〉，第二九—三一頁；玉爾、布尼勒，《哈伯森·扎伯森：英印俗語詞典》，第五七〇—五七一頁；佘克斯頓，《巴布爾紀：王子、皇帝巴布爾之回憶錄》，第 xlvi 頁。

106. 艾儒略，《職方外紀》，第四四頁。

107. 利瑪竇，《乾坤體義》，第七八七：七五七頁（卷一，葉三下）；哈里斯，〈利瑪竇的傳教〉，第九二─九九頁。

108. 利瑪竇，《坤輿萬國全圖》，圖版一五、一九。

109. 哈里斯，〈利瑪竇的傳教〉，第六五─六六、八五─九〇頁。

110. 米施，〈為中國創造西方意象：艾儒略的《西方答問》，介紹、翻譯與註釋〉。

111. 陸鴻基，〈艾儒略的《職方外紀》研究〉，第六五─六七頁。

112. 利類思，《西方要紀．序》，第一頁。

113. 祝平一，〈信賴、儀器與跨文化科學交換：一六〇〇─一八〇〇年中國對世界形狀之辯論〉，第三九六─三九八頁。

114. 引自米施，〈為中國創造西方意象：艾儒略的《西方答問》，介紹、翻譯與註釋〉，原文第五頁，翻譯第三一頁。

115. 卜正民，〈早期的耶穌會士與中國明末的疆界〉，第二八頁。

116. 利瑪竇，《坤輿萬國全圖》，圖版一九。

117. 當然元末與明朝史料中曾用過「大西洋」與「小西洋」，或許這影響了利瑪竇，但這些先前的區分與利瑪竇的用法無關。「大西洋」在前耶穌會時期之材料中乃用以指稱阿拉伯半島一帶，而那恰屬於耶穌會士所劃定的「小西洋」。（《古代南海地名彙釋》，第一四〇─一四一、一六〇─一六一頁）。

118. 《明史》，第三〇二：七四二─七四三頁（卷三二六，葉二二下─二三上）。

119. 羅明堅、利瑪竇，《葡漢字典》，葉一〇九下。

120. 《明史》，第三〇二：七四二頁（卷三二六，葉二二上）。

121. 張玉書，《外國紀》，第八七五頁。

122. 《明史》，第三〇二：七四二頁（卷三二六，葉二二下）。

123. 《大清一統志》初修本，冊一二〇。

124. 《（雍正）廣東通志》，第五六四：六五八─六五九頁（卷五八，葉一八上─二〇下）。

125. 《漢籍電子文獻資料庫》中之《清實錄》（http://hanji.sinica.edu.tw/；造訪時間：二〇〇八年二月十八日）。

126. 梅文鼎，〈論回回歷與西洋同異〉；胡明輝，〈世界主義式的儒家思想架構：中國邁向現代科學之路〉為此段做改述（第九三─九四頁）。

127. 施其樂、范岱克，〈一七〇〇─一九三〇年珠江三角洲的穆斯林〉，第七─九頁；陀娑笈多，〈十八世紀的印度與印度洋〉，第一九二頁。

128. 宋君榮，《宋君榮北京書翰集》，第七〇頁。

129. 《康熙朝漢文朱批奏摺彙編》，第七：一一四八、八：九〇五—九〇六頁。

130. 魏漢茂，〈南懷仁神父之中文世界地圖（一六七四年）〉，第三一—四七頁。

131. 《澳門歷史地圖精選》，第二六—二七、三〇—三一、三二—三三、四二—四三頁。

132. 范守義的《審鑒錄》僅討論了歐洲地理學。見方豪，《中西交通史》，第二：八五六—八六二頁，《基督教在中國：研究指南》，第一：四五〇—四五一頁。

133. 康熙朝《清實錄》，第六：五〇五頁（卷二五三，葉八上）。

134. 龍巴爾—蘇爾夢，〈一位在爪哇的中國人（一七二九—一七三六）〉。

135. 關於陳倫炯生平，參看吳振強，《廈門的興起》，第二〇五—二〇七頁。

136. 王重民，《冷廬文藪》，第二一二—二一四頁。

137. 陳昂有可能是施琅於一六八八年自廈門遣至曼德喇薩（今譯馬德拉斯）的三位中國代理人之一（見衛思韓，《一六八八年的全球史》，第二八六—二八七頁）。

138. 對於陳昂之地理學的報告，參看《皇朝文獻通考》，第六三二：七〇一頁（卷三三，葉二八上—二九上）。

139. 《福建通志》，第八：四一六六—四一六七頁（卷二二九，葉四下—五上）、陳倫炯，《海國聞見錄・序》。

140. 《國朝耆獻類徵初編》，第一六七：四九四—四九五頁（卷二八四，葉四一上—四二下）。

141. 陳倫炯的世界地圖很像一張一六九四年的世界地圖。這張一六九四年的地圖是尼古拉・德・菲爾獻給康熙且其後寫上滿漢文的。《澳門歷史地圖精選》，第二六—二七、三二—三三頁。

142. 船越昭生強調耶穌會對陳倫炯作品的影響。陳倫炯的地圖確實依循著歐洲式的概廓，但卻迴避了耶穌會的地理學傳統（〈論在華耶穌會士之地圖製作及其影響〉，第一五四頁，第一六二頁，註五七）。

143. 《基督教在中國：研究指南》，第一：五一八頁。

144. 陳倫炯，《海國聞見錄》，第二三頁。

145. 印光任、張汝霖著，趙春晨校注，《澳門記略校注》，第一四二頁「哥斯達」；該世紀稍後，一位旅居爪哇的福建人則把印度該海岸及區域稱作「高奢」（蘇爾夢，〈王大海及其對海島諸國的看法（一七九一）〉，第四一頁）。

146. 參考福建移民用在爪哇的「望絞喇」。

147. 印光任、張汝霖著，趙春晨校注，《澳門記略校注》，第一四二頁。

148. 前揭書，第一八九頁。
149. 李普曼，《熟悉的陌生人：西北中國回民史》，第四六—五七頁。
150. 傅禮初，〈西北中國的納克什班迪教團〉，第一五—一六頁。
151. 馬德新，《朝覲途記》，第二一頁。
152. 李普曼，《熟悉的陌生人：西北中國回民史》，第四九頁。
153. 柏尼特，《穆罕默德之道：帝制中國晚期之穆斯林文化史》，第六三頁。
154. 《中國伊斯蘭百科全書》，第五五六—五五七頁。
155. 同前註。
156. 陸次雲，《八紘譯史》，卷二，第一六頁；劉智，《天方至聖實錄》，卷一九，第一一六〇頁。
157. 劉智，《天方至聖實錄》，卷一九，第一一五九頁。
158. 馬注，《清真指南》，第二卷，第四四頁。
159. 南懷仁，《坤輿圖說》，第五九四：七四八頁。
160. 該地圖參見柏尼特，《穆罕默德之道：帝制中國晚期之穆斯林文化史》，圖版一，第二一〇頁；雷斯禮、華瑟，〈劉智所用的阿拉伯與波斯材料〉，第九二—九三頁。
161. 馬注，《清真指南》，第二卷，第四四頁。
162. 馬禮遜，《一八一六使團大事回憶錄》，第九二頁。
163. 海西希，《蒙古的宗教》，第二四—三五頁。
164. 赫伯，《聖地重現：朝聖和佛教印度的藏式復興》，第一一八頁。
165. 鮑登，《蒙古編年史——黃金史綱》，第一〇九頁。關於成書時間見頁一三。
166. 艾宏展，《我大清：帝制中國晚期的蒙古人、佛教與國家》，第九〇—九九頁；羅密，《蒙古博爾濟吉忒氏族譜》，第三三七頁。
167. 羅茲斯基，《滿語中的蒙古語因素》，第六九頁；羅傑瑞，《簡易滿英詞典》，第七六頁。某些蒙古材料將印度稱為「Hindkeg」。
168. 圖理琛，《校注異域錄》，第四八、五〇頁。
169. 述及成吉思汗逅逢印度之《元史．本紀》的最早滿文譯本，撰成於一六三九年（柴斯，〈清初滿語之地位〉，第九〇—

九一頁）。《元史》，卷一，第一：二三頁：「是歲，帝至東印度國，角端見，班師。」雖說在成吉思汗的生涯中，蒙古軍曾遠迫木爾坦（在今巴基斯坦），但他本人從未親身駐紮於印度。《秘史》誤敘成吉思汗進入印度且追敵「直至欣都思（印度）地方」（羅依果譯註，《秘史》，第一冊，第一九五頁、第二冊，第九六四—九六五頁）。

170. 歐立德，〈這將是誰人之天下？十七世紀初葉滿人對歷史進程的描述〉，第四六頁。

171. 張玉書，《外國紀》，第八七三頁。

172. 科瓦列夫斯基在他的《蒙俄法詞典》中把「Balaša」比於「Maghada（摩揭陀）」（第二冊，第一〇七五頁）（譯按：此處《蒙俄法詞典》原書拼字有誤，應為 Magadha）。「Adaramamad」則可能是指海答兒．馬黑麻（Haydar Muhammad，約一五〇〇—一五五一年），克什米爾之察合台裔統治者。

173. 《康熙幾暇格物編譯注》，第九五頁。

174. 伯戴克，《十八世紀早期的中國和西藏》，第六六—九〇頁。

175. 《撫遠大將軍允禵奏稿》，第二五〇頁。

176. 焦應旂，《西藏誌》，第一四八—一四九頁。

177. 《大清一統志》，初修本（第一三一頁，〈西藏〉條葉七下）。

178. 張海，《西藏紀述》，第六五頁。

179. 蕭騰麟，《西藏見聞錄》，第七八四—七八五頁。

180. 《古今圖書集成》，第二二：一九三頁。

181. 《西寧府新志》，卷二一，第五四八—五四九頁。

182. 陳克繩，《西域遺聞》，第九五：一三〇頁（葉三一下）。

183. 康熙朝《清實錄》，第六：八二〇—八二一頁（卷二九〇，葉四下—五上）。蒙卓鴻澤博士賜告相關藏文。另參《康熙幾暇格物編譯注》，第一一一—一一二頁，有相似段落。

184. 馬世嘉，〈清代中國對印度之認知，一七五〇—一八四七〉，第五〇五—五二〇頁。

第二部分

鍛造一個多民族帝國：邊疆政策的頂點

第二章

征服新疆與「欣都斯坦」的出現，一七五六—一七九〇

一六四四至一七五五年間，對印度的異質觀點在帝國內流通，壓倒了意欲疏通這些資訊的努力。當乾隆帝登基並把清朝中央政府的能力帶向最高峰時，也正是有理由考慮重新校準平衡點的時候了。首都的官僚部門一向是帝國各角落情報的交流中心。在一七五五年後的數十年間，藉著帝國軍隊開進此前幾近未知的區域，朝廷對周邊世界的了解也有所深化。盛產新鮮情報的礦脈，對行政與學術機構而言垂手可及，而這些部署則在人力與專業上都勝過此前中國之任何團隊。軍機處這個由政治家與有才幹的辦事員所構成的精英內閣，正處於其效率的最頂端。精緻講究的學術計畫愈來愈多，也因為這些計畫而聘雇了許多帝國內的學圈祭酒。為闡明政治與學術意義上的要點，朝廷可以招徠來自蒙古、西藏、回部背景的飽學精英，當中也包括歐洲傳教士，還可以命令地方官諮詢商人與外國人。

乾隆在對知識的校正與標準化上投入了龐大的資源。由於很清楚地理學之混亂根源在於語言學問題，乾隆確認了他聘雇的多語言專家們確實絞盡腦汁來處理這個問題。對新征服領地的密集研究、小心地對舊學術成果進行再編輯，二者有一共同主要目的，那就是藉由給每個地方指定一個標準化稱謂及歷史溯源，來達成消除稱謂上的歧義、釐清地理紀錄。這些最終的判斷許多是出自帝國首腦——皇

帝本身。乾隆對他自己的學術意見評價很高，其中一項特別的理由在於他掌握了帝國中好幾種主要語言。一如其他主題，在印度問題上乾隆也相信他的發現勝過那些既存的觀點，他毫不猶豫地在宮廷那些多產的文獻作品中詳述且宣傳他的信念。在乾隆治下，人們可以預期那對印度認知的萬花筒，將在嘔心瀝血的努力下重整為一幅融貫的景象。

這確實是嘔心瀝血的努力，可是這樣努力到了乾隆末葉，清朝對印度的認知恐怕只變得比當初還更複雜、更零碎。之所以如此，將在本章及後續兩章加以探索。就在清朝兵力向外攻城掠地時，他們遇到了不熟悉的地理學術語。為了戰鬥需求，朝廷接受了地方本身的用語，此時並不覺得有必要端詳這些地方報導人所用的字詞到底與其他曾經用過的地理學詞彙有何干係。可是，當這些情報在戰後落入學術審視之中，分析就受限於乾隆的個人興趣：熱切地篩選與內亞相關聯的術語與材料，卻忽略了引領向其他區域或智識傳統的潛在研究渠道。結果只是個片面而不完整的整合：縱然在朝廷的命令之下努力對整合認知造成一股向心力，新術語和情報湧入所造成的離心力還是太過強大。

京師在帝國智識生活的位置也磨鈍了乾隆計畫的影響力。所獲取的政治情報保存在軍機處大內中，而最後的學術發現則時常記錄在手稿上，又只對一小群精英官僚開放。儘管皇帝殫精絕慮地確保宮廷學術之正確，卻不太在乎讓較大的學術社群得知研究的進程。從而，乾隆與他的團隊的觀點，與其說是宰制和領導帝國之地理學，不如說就只是在學術意見大合唱之中加入的另一個人聲而已。

本章集中在「欣都斯坦（Hindūstān）」此一個案上，來考證乾隆中葉對印度之理解的演化。在一七五八年至一七六〇年代初平定天山南麓之時，地方及外國報導人讓朝廷注意到了：就在新攻占的葉爾羌之外，座落著「欣都斯坦」這麼一塊廣大卻不熟悉的地區。他們孜孜不懈地蒐集情報為北印度揭露出一幅詳圖，也勾劃出莫臥爾王朝末期政治混亂的景況。對乾隆而言，漢傳、藏傳佛教中乃至正史中的印度他早已深悉。至於把這塊土地整合進他對當代及歷史地理學的概念中，則提供了引他注目又深富挑戰性的好題目。表面上看起來，乾隆現在不過是在跟些歷史語言學上的問題奮鬥，但他這些關於印度地理學的理論，從他有意與此前漢人及蒙古帝王在事功上一較高下來看，其背後則顯然有著重大意義。他的發現——即多語言推理與考究的文本探索之結果，恰如其分地吸收到多種朝廷學術成果的作品中。然而卻因為忽略了多種不同層次的材料，尤其是那些關注在海上世界的材料，欣都斯坦的真身及其與印度的關係仍然是個謎，留待其後數十年間重新探訪。

乾隆宮廷學術成果的元素

乾隆本人積極策劃、指導並訂正其廷臣所執行的學術計畫，而他本身同時也是位多產作家，作品從學術論述到抒情詩文都有。這樣一位皇帝對他那時代的智識生活所造成的影響，比起其他清朝君主都還要強大。[1] 此前，他的皇考與皇祖除了君臨天下外，也已經把他們自己定位為智識與道德之裁決者。而密切地對官方編纂品進行監督，也就意味著清朝統治者成為「歷史討論的最高權威標準」，壟斷合法發聲的權利。[2] 乾隆則在相信他無誤判且對異見無耐心的情況下，更進一步地擴張帝國學術的特權，且任意地把自己的觀點強加在官方作品中。[3]

乾隆對官方學術方向唯一的最大影響，在於他對翻譯、轉寫、多語言研究上的熱情。翻譯一直都是清政府的重要活動。初期滿洲君主甚至早在一六四四年攻占北京之前，就已經系統性地從事翻譯了。後來的康熙與雍正更聘雇滿、漢、蒙、藏之臣工，倡辦多語字典之纂修，以及對諸多儒家作品與藏傳佛教經籍的宏偉翻譯。[4] 乾隆把這些計畫的規模加以擴充，由於他對字源學和域外字音的正確音譯方式表現出前所未有的關注，使他更顯特出。這項興趣將會深刻影響到他在印度議題上的學術成果，而究其根源，則有以下幾種來由。他本身的多語教育——自幼成長於滿漢雙語環境，即位時精通蒙語，再加上他提及自己學了藏語與察合台突厥語（回語）——無疑讓他對各語言語音上之精微深有感觸。[5] 更特別的源頭則在於他對佛教陀羅尼（dhāraṇī）的興趣。所謂陀羅尼，據信若唱誦如儀，誦音確切合乎原梵音，能有不可思議的效果。此前漢僧雖偶或有以一種印度字體來讀誦陀羅尼，但更常見的卻是犧牲其準確性以遷就漢譯之便。[6] 乾隆的佛教上師章嘉呼圖克圖若必多吉(1)，就因此覺得漢僧誤讀了陀羅尼。[7]

對於把域外語句音譯入漢語的問題，解決之道在乾隆所信任的拼音文字滿文。把滿文特別用於聲韻學這個想法，似乎可以回溯到《音韻闡微》之編纂。《音韻闡微》這本宮廷贊助的研究，始於康熙晚期而成書於雍正朝，視滿洲字母（國書）為重建漢語聲韻學之模範。[8] 乾隆也在他自己的各多語言計畫中拿滿文作語音準確性的基準。在他統治的早期，委辦了後來所有官方標準多語音譯系統的基礎——《同文韻統》。這本書藉由表格與註釋，系統性地把藏文和梵文（天竺字母，以西藏常見的蘭札體書寫）中的各種字母以對音漢字組合出來。[9] 由於漢字乃單音節，無法準確地表達出藏、梵語中的複輔音叢，該書之編輯群遂創制了一套系統，把三個漢字合併到一個混合「字」裡，如此一來，若依據特定規則將之作單音節讀出，理論上便可模仿其他語言的複輔音音節。為追求發音之準確而意圖把漢語硬塞進一個拼音文字模子，卻不曾注意到這樣的發明根本不是面向大眾，只有訓練有素的精英才懂，這正是乾隆堅決追求完美而不顧通俗化的特徵。這種追求不只在漢語方面：乾隆在滿文上也創造了新字母有效地表達出梵音，可以在滿文佛典中直接音譯梵語。[10] 所有這些努力似乎都是受到梵語研究在西藏學者間復興的影響。[11]

這些以漢、滿文解決音譯梵、藏文的努力象徵著一件事實：乾隆對印度的第一印象是該地為佛教的發源地。往後他對印度的認知之有別於伊斯蘭中亞的觀點，正是受到這項見解所影響。在巧合之下，早先用以音譯梵、藏語的聲韻學技巧，後來則影響了對穆斯林所統治之欣都斯坦的分析。這是由於乾隆很快便領會到，本來為了聲韻學及宗教目的而發展出的正確音譯手法，在政治控制與歷史探索上也很有用。當一七五五至一七五九年間的各戰役忽而為乾隆治下帶來廣大的領地時，避免混亂、確保每個人名或地名在帝國內各主要語言中皆有其唯一標準表達法，即為必要之事。這樣的新名稱必須是「正確」的——即其在原生語言中的表達形式首先得獲確認，而後以此為基礎而音譯之。結果，字源學在帝國的贊助下興盛起來了。這是中國史上第一次意圖系統地解釋一大批非漢語地名的精確意義（對某些區域來說，此種做法甚至相當徹底）。在沿革理論的邏輯下，尤其在同一地點的各式名稱彼此之關係上，期望能利用對當代稱謂的研究來讓歷史地理學產生嶄新且有價值的洞見並不令人意外。「欣都斯坦」不久就在朝廷的精密分析下首當其衝。

(1) 三世章嘉呼圖克圖རོལ་པའི་རྡོ་རྗེ（Rol-pa'i-rdo-rje），「若必多吉」乃後人所譯，不合音譯規範（混淆尖團等），乾隆帝若見此譯恐未必首肯。作「羅勒白多爾濟」應較佳。

「欣都斯坦」及其戰略重要性，一七五八—一七六四

政治與商業背景

一七五五至一七五七年間，清政府征服了準噶爾並宣示對其領土的權利。這包括了天山南麓的各城市，當中最值得注意的是葉爾羌。這些城市是聯繫著跨越葱嶺、喀喇崑崙山脈，直到印度、阿富汗以及中亞的貿易中心。透過這些新占領地，清帝國與印度間有了緻密的連接路徑。[12] 最直接、政治上最穩定的路線起自葉爾羌東南，進入崑崙山脈南方，經一系列險峻徑道跨越喀喇崑崙山脈，到達拉達克首府列城（ལེ Leh）。自列城起，一條較平緩的徑路連向克什米爾谷地並通往旁遮普。還可以從清帝國領土正西邊跨越葱嶺，穿過阿富汗，由西側進入旁遮普與信德區域。[13] 在這兩條主要路線間，穿過葱嶺與喀喇崑崙山脈的諸山谷間一些較小的國家，則有著商業上可通但較不常用的商隊路線。

包括克什米爾與中亞本地人在內的不同貿易社群時時走過這些路線，印度商人同樣經常到達新疆，當中有數百人在十八至十九世紀間更是定居在那裡。[14] 他們是散居印度商人當中活躍於中亞貿易的群體，而這貿易則聯繫著俄羅斯、波斯、阿富汗（愛烏罕）、布哈爾、西藏、新疆。個別貿易商每每歸屬於合作商館以便與其他商人保持接觸，他們對北印度一切重大政治或商業事件幾乎無所不知。取得這片領土，對清帝國而言不啻是一個政治情報的寶庫。

座落於葉爾羌西方及南方險峻的群山，是政治權威的斷層線。在清朝征服之前的一個世紀裡，該

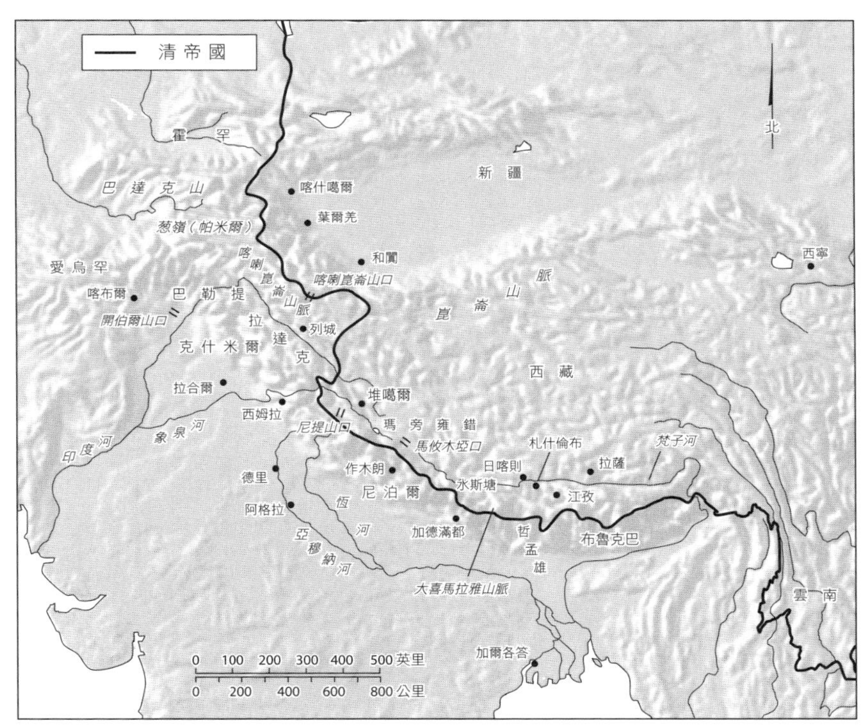
清帝國
北
霍 罕
巴 達 克 山
新 疆
喀什噶爾
葉爾羌
蔥嶺（帕米爾）
和闐
西寧
愛烏罕
喀喇崑崙山脈
喀喇崑崙山口
喀布爾
巴 勒 提
開伯爾山口
崑 崙 山 脈
拉 達 克
列城
克什米爾
西 藏
拉合爾
堆噶爾
西姆拉
瑪 旁 雍 錯
尼提山口
馬攸木埡口
印 度 河
象 泉 河
札什倫布
梵子河
拉薩
德里
作木朗
日喀則
尼 泊 爾
氷斯塘
江孜
阿格拉
恆 河
加德滿都
哲 孟 雄
布魯克巴
亞 穆 納 河
大喜馬拉雅山脈
雲 南
加爾各答
0 100 200 300 400 500 英里
0 200 400 600 800 公里

圖6　清帝國之西南疆

區域周邊各強權——東北方的準噶爾、西北方的烏茲別克、西方的愛烏罕、南方與西南方的莫臥爾——俱曾對各小谷地國家宣示宗主權，然而道路之艱難，也意味著征服無法產生有效而穩定的控制。這當中，莫臥爾最盛世時的皇帝們都宣示了他們對此山區及周圍的多數小國具主權，自西北方巴達克山至西南方拉達克皆在其中，但這些皇帝所宣示的主權往往脆弱且短命。[15] 稍後，在十八世紀前半葉，準噶爾在此區塊活躍起來，遣使至拉達克並越過巴達克山與齊特拉爾(2)中之葱嶺，發起軍事行動。[16] 輪到清朝接觸這個區域的各君長時，他們的行事作風則有如只是在此相爭的諸帝國之一而已。

十八世紀清朝之西向擴張巧合地遇上莫臥爾之分裂與衰頹，一般認為起於一七〇七年最後一位有力皇帝奧朗則布（Awrangzib）之崩逝。縱使德里的莫臥爾君主之主權仍持續獲得名分上之認可，實際上帝國已遭地方強權所瓦解。來自西北方的侵略，自波斯君主納迪爾沙（Nadir Shah）於一七三九年對德里之洗劫始，更加摧毀了莫臥爾中央政府的資源。一七四七年納迪爾遭戕時，他的屬下之一愛哈默特．沙．杜蘭尼（Aḥmad Shāh Durrānī），開始在阿富汗構築自己的帝國。愛哈默特沙不僅在一七四八至一七六一年間五度侵略並控制了北印度，還將其主權擴張至阿富汗東方與東北方之山間區域。約自一七五〇年始，愛哈默特沙用兵於巴達克山，並隨即宣稱擁有該領土。[17] 他的部隊也從莫臥爾手中取下了克什米爾。[18] 儘管愛哈默特沙對這些領土的控制備受挑戰且時而不甚牢靠，但直到清朝征服天山南麓為止，愛哈默特沙乃當地最富實力者，其活動遂受到北京方面的嚴密監視。

在一七五九年征服喀什噶爾與葉爾羌之前，清政府與該二都市後方之山間區域僅有有限的接觸，但一個主要的例外是拉達克。拉達克是在西藏與克什米爾間，位居西喜馬拉雅山上的一個小國。一七二〇年，就在清軍從準噶爾手中取回西藏不久後，拉達克已遣使至北京。由於拉達克剛好處在準噶爾所據有的葉爾羌之南下貿易線與清領西藏之交會處，其「安保監聽哨」的價值亦為人所知。[19] 一七五八年之前，清方不太有必要探詢克什米爾與印度的消息。[20] 然一旦清朝決定取下塔里木盆地，情況即刻轉變。當初征服塔里木盆地的準噶爾人，本來是透過納克什班迪蘇非（以阿帕克諸和卓聞名）的管道來統治這塊地區，但在和卓叛變後，他們被留在準噶爾的首都伊里（伊犁）作人質。一七五五年，在清方第一階段的軍事行動中，該世系中之兩兄弟：布拉呢敦（Burhān al-Dīn，或譯作波羅泥都等）與霍集占（Khwāja-i Jahān），在乾隆支持下被遣回其先人故地，蓋乾隆欲以彼等為中介以統治回部六城（喀什噶爾、南疆）。然而他們未幾即反對乾隆而意圖獨立掌政。在乾隆征服他們的軍事行動中，清朝官員首次碰上了欣都斯坦。

和卓潰逃及其與巴達克山之關係

當清軍開始迫近布拉呢敦與霍集占時，乾隆帝意圖確保他們無法逃亡出境並在清朝邊疆外煽動作亂。在一七五八年十月的一份諭旨中，乾隆帝提醒將軍兆惠：一旦取得葉爾羌，霍集占有可能「（遠竄）投入布嚕特（布魯特，即今吉爾吉斯或柯爾克孜）及痕都斯坦（本書譯作欣都斯坦）等部落」。[21] 目前還不清楚是誰把乾隆的注意力轉移到欣都斯坦，把這塊地方當作他那仇敵可能的逃亡處，但這確

(2) چترال Chitrāl，俗譯或作奇特拉爾，混淆尖圍，不佳。茲據《實錄》用字。

實是個合理的擔憂：因為任何人若能設法穿越拉達克逃往克什米爾，就能有效地遠離清方國力之所及。

一七五八年底，當兆惠迫近葉爾羌時，他奏稟皇帝：「計賊若逃走，惟向南路之痕都斯坦、巴達克山、喀喇土伯特（拉達克）等處。」[22] 稍後他又上奏道：「派兵於痕都斯坦、巴達克山、土默特等處，徼賊去路。」[23] 觀兆惠之進展，他撤退後又於翌年展開第二波攻勢，欣都斯坦仍被看作是大小和卓最可能的逃亡目的地。負責對葉爾羌最南方從事鉗形攻勢的將軍富德，遂接獲乾隆之命令先往援和闐，以期堵截任何意圖南向越過崑崙山脈逃往拉達克與印度之路。[24]

在對葉爾羌與喀什噶爾的最後一波攻勢中，兆惠上摺稱他自歸順回人處聽聞到，叛亂者曾分頭向霍罕與巴達克山的統治者通使。[25] 一個與大小和卓有關的穆斯林約莫在此時被捕獲，供稱他們已經商議過且判斷出往拉達克之路如今已遭清軍截斷。由於他們未獲允逃往霍罕，便「欲從拔（巴）達克山路往痕都斯坦去」。[26] 縱然據報還有其他逃亡路線，乾隆仍總結道：「看來從巴達克山往痕都斯坦，較為確實。」[27] 為求萬全，他令正出使西藏的章嘉呼圖克圖曉諭西藏西部拉達克與阿里（阿哩）等處，如果和卓兄弟南向逃往彼處，即可縛獻。[28]

在清軍截斷東路的情況下，布拉呢敦與霍集占往西南向越過葱嶺，逃往巴達克山，而該處統治者素勒坦沙（Sulṭān Shāh）(3) 則把他們殺害。素勒坦沙下手的動機不明，但依照某些記述，是因為有的相鄰部落已經企圖奪劫和卓兄弟。[29] 根據最直接的官方報告，意圖搶奪和卓兄弟的兩國恐怕是琿都斯與塔爾巴斯（達爾瓦斯），然而其他史料卻把這個陰謀歸在欣都斯坦名下。撰自官方檔案的《皇朝文獻通考》記載，巴達克山在喀喇崑崙山脈東南方有一處叫做博羅爾的領土，在博羅爾之南，「有小部落曰温都斯坦（欣都斯坦）……霍集占走巴達克山時，温都斯坦方以兵相攻，謀刼霍集占，不果。」

後其部為愛烏罕（阿富汗）所并」。[30]《清史稿》複述此事時還提及富德命令巴達克山獻出俘虜，溫都斯坦正率兵謀救霍集占兄弟。[31] 其後一位清朝史家則敘述道：在巴達克山之統治者殺了霍集占後，巴達克山曾被愛烏罕及溫都斯坦聯軍所困，一直到愛烏罕被說服改加入巴達克山的一方以拒斥溫都斯坦的攻勢為止。[32] 看起來，在某個短暫的時期中，「痕都斯坦／溫都斯坦 Hindūstān」似乎是布拉呢敦與霍集占的保護者或復仇者，儘管確切來說，這個術語到底指哪個政權仍不清楚。[33]

即便這個「痕都斯坦／溫都斯坦」並非謠言捏造，清軍也並未與這個「痕都斯坦／溫都斯坦」的部隊開戰，不過乾隆卻注意到欣都斯坦（痕都斯坦／溫都斯坦）是個大國。巴達克山曾遣貢使至清廷，當一七六〇年三月（乾隆二十五年正月）巴達克山的使節們正要踏上歸途時，乾隆諭令派一些官員護送，至於那些護送霍罕使節的官員則另外奉命再攜敕書與賜物前往欣都斯坦。[34] 一份官修史料記載了痕都斯坦「舊于回部葉爾羌地方貿易。乾隆二十五年（一七六〇）西域底平，頒敕書、賜物。今通市如故」。[35] 在商貿以外，皇帝或許也曾打算建立外交關係。當巴達克山向清方交出霍集占的屍體時，其君長素勒坦沙聲明他這項行動受到地方宗教領袖與其他穆斯林君長的強烈反對，並請求援兵以阻止報復。早在一七六〇年，他就要求清方在葉爾羌的參贊大臣阿里袞率兩萬兵往攻鄂蘓伯克（烏茲別克），而他在北京的使臣也要求大兵相助。乾隆雖懷疑素勒坦沙的動機而婉拒，但很有可能「痕都斯坦」這名字被當作是個潛在的威脅，從而清朝君主便希望與之接觸。[36]

就在清朝掌控了新疆並盤算著對欣都斯坦採取行動時，印度的處境正迅速跌入渾沌混亂中。早在

(3) Sulṭān 此詞，舊譯有多種，今俗偏好用「蘇丹」。唯「蘇丹」一稱，易與地名 Sūdān 相混。清代較規範之譯法多作「素勒坦」（即如此處人名），本書遇此詞亦皆作此譯。

一七五七年，愛哈默特沙已攻陷並洗劫了德里。由於他並不想做莫臥爾之主，便班師回愛烏罕。為了制衡愛烏罕的影響力，莫臥爾皇帝阿拉姆吉爾二世（‘Ālamgir II，譯按：《平準方略》作「阿里雅木吉爾」）之權相伊瑪德・穆勒克（‘Imād al-Mulk），定策與馬喇他（Marāṭhā）這個建都於距孟買不遠之浦那（Puṇe，音譯作布涅較佳）的印度教邦聯組聯盟。馬喇他北向麾師，取回德里並將愛哈默特沙之子特穆爾（Tīmūr）自其在拉合爾（Lahore，譯按：《平準方略》作「拉固爾」）之旁遮普基地驅逐。愛哈默特沙為恢復其影響力，遂於一七五九年再次進入印度。此時，權相伊瑪德・穆勒克謀害了阿拉姆吉爾二世，另立了一個傀儡皇帝。阿拉姆吉爾之子，即出奔中的阿里・高哈爾（‘Ali Gauhar，譯按：《平準方略》作「阿里雅科瓦爾」）自踐帝位，號沙・阿拉姆二世（Shāh ‘Ālam II）。一七六〇年，馬喇他發動大軍北上，迫使愛哈默特沙與之爆發決定性衝突。[37]

克什米爾的情況一樣複雜。已從莫臥爾手中攫得旁遮普的愛哈默特沙，在一七五三年同樣被誘導去侵攻克什米爾。他置於後方的留後未幾即遭他自己的主要軍師蘇赫・志宛（譯按：《平準方略》作「塞克專」）所殺，蘇赫・志宛遂於一七五四年宣稱自己是克什米爾的統治者。儘管蘇赫・志宛一開始或許是愛哈默特沙的副手，但他漸漸將其名義上的效忠對象轉移到莫臥爾去。整個一七五〇年代，蘇赫・志宛都保持這個立場，但克什米爾卻經歷了相當程度的騷動，而且很清楚的是：假如愛哈默特沙否去泰來，他會再次意圖奪下這個谷地。[38]

清朝官員們甚至在乾隆下令遣使至痕都斯坦前就已經察覺到這個騷動，因為早在一七五九年拉達克就向他們報知印度的局勢了。[39] 至一七六〇年春，清政府曾諮詢關於一些事件的結果，可以認為這些事件就是「欣都斯坦」（莫臥爾帝國）與愛烏罕間的戰爭。[40] 克什米爾人到達清朝領土內也可以提供關於印度事務扼要的（即使是被曲解的）記述。某位「和濟亞・阿薩木（Hojiya Asam）」解釋道：一七五六年愛哈默特沙奪占拉固爾（拉合爾）且進往沙扎納巴特城（Shāhjahānābād，即德里），與「溫都斯坦諾顏」（滿：*Undustan-i noyan*）相衝突，並回至其領地。翌年，「溫都斯坦轄下，德干〔地區〕之阿奇木(4)納咱木魯克」（滿：*Undustan-i harangga Dakiyan i akim Nadzamuluk*）(5)之子嘎立布・章（Ghalib Jang）與「溫都斯坦諾顏阿里雅木吉爾」商議並趕走了剩餘的愛烏罕人。[41] 這份報告繼續說道：由於誤解，愛烏罕所指派的克什米爾統治者塞克專（滿：**Sekjiguwan**，即蘇赫・志宛）舉兵包圍德里，此時正好阿拉姆吉爾逝世。宰相嘎茲丁（滿：**Wedzer Gadzatan**，應即 Ghaz ud-Dīn，即伊瑪德・穆勒克）擄阿拉姆吉爾之子逃往德干，如今由嘎立布・章所率的一支大軍正再次來往北方。[42]

清朝在葉爾羌的官員們評論這份報告，指出了痕都斯坦之主已逝，其子顯然不久將與愛烏罕發生衝突。再者，專使原本將穿過受戰火所撕裂的克什米爾與拉合爾，而今獲允暫停任務以待來自拉達克的進一步消息。[43] 後來使臣改往巴達克山，於一七六〇年十月到達素勒坦沙處，且向他呈遞乾隆之諭旨。在隨後的對話中，素勒坦沙表示他正受到痕都斯坦的威脅，並再次請求清方相助。特使明仁認為巴達克山之真正目標不過是在局部瑣碎的搶掠紛爭中獲得保護，並非為對付大敵。他告知素勒坦沙：作為清朝的屬國，痕都斯坦及其他國家不敢對他動兵。[44] 離開巴達克山後，清方使節於回程時東南向至雅爾琿（یارخن Yārkhun）山谷，到達今天巴基斯坦西北方之博洛爾處。[45] 其既然在十二月一日見了博洛爾統治者沙・瑚沙默特（شاه خشمت Shah Khoshomat），至十二月二十六日返還葉爾羌，則

(4) Hakīm 在中亞指法官、統治者、都市首長，在清代回疆指伯克品秩最高者。

(5) 納咱木魯克（Nadzamuluk）即尼咱姆・穆勒克 Nizām al-Mulk。

不可能另有一個未規劃的痕都斯坦行程，也不可能在最終報告中提及此旅程。[46] 十五年後，一七五五年，班禪喇嘛告知至藏之英使喬治．波格爾：「多年以前，他（指乾隆）曾想要友善地遣使至痕都斯坦，但他的臣民勸他放棄。」[47] 然而在地理學上，乾隆卻一直相信從他的領土到欣都斯坦（溫都斯坦）的主要路線，就是當初使臣計劃行經巴達克山與克什米爾的旅程之所由。[48]

清廷期望痕都斯坦的統治者本身也意欲遣使北京。一七六〇年，葉爾羌的官員們詢問拉達克是否真有此事，並下令若有此等任務皆須察知並立即報告至新疆，該年內稍後又複述此點。[49] 痕都斯坦之遣使似乎從未實現，但奇怪的是：在一七九〇年乾隆八十歲壽辰後所撰之《八旬萬壽盛典》中，明確地記錄了痕都斯坦曾遣使獻貢，其中一處載有痕都斯坦「願作臣僕」，另一處則稱其「入貢」。在乾隆帝後來所作的一首詩註中，把痕都斯坦列入「遣使齊表入貢」之一國。[50] 清方作此宣稱時，其心中這一幕究竟是什麼情景，並不清楚。

清—愛烏罕外交脈絡中的痕都斯坦

到了一七六一年，乾隆已經對「痕都斯坦」這個重要的區域強權相當熟悉，該國或許帶有敵意，並且其政局已確定陷入混亂。翌年，當一位來自愛烏罕的使節到達清廷時，對痕都斯坦的關注則到了最高峰。在論證這個插曲以及清政府基於情報蒐集而對其做出的解釋之前，先快速地談談此時西北印度的政治與軍事情況，會對之後的討論有所助益。

馬喇他雖然派出大軍對抗愛烏罕，他的部隊卻在某段時間裡停留在堡寨當中，那裡是他們首次被困守的地點，而後又於一七六一年一月十四日在德里附近之帕尼帕特（پانی پت Pānīpat）的戰鬥中潰散。愛哈默特沙在摧毀他的敵人後，承認了沙·阿拉姆二世莫臥爾皇帝的地位，於該年三月班師回坎大哈。結果他在印度的軍事行動之功效只不過局限在遏止了於旁遮普的錫克勢力之崛起而已。51 然而，緊接著在一七六二年之後的幾年，對在新疆的觀察家們而言，痕都斯坦如今卻歸屬在愛烏罕之下了。

既然愛哈默特沙主張其擁有巴達克山的主權，又覬覦阿富汗之北的中亞領土，清朝征服了天山南麓，也就吸引了他的注意。愛哈默特沙除了被清廷視為軍事對手，他還有理由怨恨清廷：一個非穆斯林強權征服了穆斯林臣民（雖說應該注意到，清朝只不過是取代了另一個非穆斯林強權——準噶爾這個支配了葉爾羌與喀什噶爾卻未引發報復性聖戰的政權）。在一七六一年春，愛哈默特沙自印度班師之後，這位愛烏罕的統治者可以心無旁騖地回應清朝的擴張了。此時他的意圖仍不清楚。非漢文史料表示，他曾在一七六二年送了封信給清廷，要求清方自穆斯林領土撤出，而當這封最後通牒被拒絕時，他開始聚集一支龐大的侵攻武力。實際上，愛哈默特沙並未發動任何攻勢，而且看來他雖然試圖建立一個抗清聯合陣線，終究還是失敗了。52

一七六二年四月三十日，清廷從某個曾造訪過拉達克的葉爾羌貿易商摩羅薩比爾（Molosabir）那裡獲致一份情報。這位貿易商說，愛哈默特沙殺害了「痕都斯坦汗阿里雅木吉爾」（莫臥爾君主阿拉姆吉爾），其子阿里雅科瓦爾（阿里·高哈爾）逃逸至榜葛剌（孟加拉）。愛哈默特沙立阿里雅木吉爾之孫為君，自己則回到他的遊牧領地。根據最後一份報告，正當愛哈默特沙回返至古查拉特（Gujrāt），試著勸誘克什米爾人投降時，阿里·高哈爾則在孟加拉聚集了一支軍隊。53 這似乎是對一七五九至一七六〇年間各事件的一份扭曲且過時的記述。一七六二年九月，拉達克統治者派遣了一個名叫策旺（Tsewang）的信使，報告說，愛烏罕已取下克什米爾以及「整個溫都斯坦」（滿：*Undustan-i gubci nukte*）。一件附信解釋道，縱使塞克專（蘇赫．志宛）倔強頑抗，愛哈默特沙仍派烏爾丁汗（滿：*Urding han*，應即 Nūr-ud-dīn Khan）率軍於圖西默爾（滿：Tusimer，或為圖薩邁丹 Tosamaidan 山口？）擊敗之，取下克什米爾。該信之語調立場極為偏向愛哈默特沙，推測是拉達克統治者用以取悅那強有力的克什米爾新宗主之手段。[54]

此後不久，乾隆收到一項提議，要他藉由樹立自己在克什米爾的統治，以跨越喀喇崑崙山脈並介入處於混亂中的莫臥爾政局。十一月三十日，某位呢雅斯伯克（نیاز بیگ Niyaz Bek）的手下到達葉爾羌。他解釋道：自己的主子是克什米爾人，曾駐防於扎納巴特城（德里），後來該城陷於混亂才棄城撤退回鄉。在那裡，他發現有上百戶人家當初乃逃亡自塔里木盆地各城市，而今聽聞乾隆之仁政，各願遷回。呢雅斯伯克提議率領這些人進入新疆。在他到達後，「已遣彼家口於葉爾羌，若我予之以些許師旅，彼將與拉達克（Tubet）汗並克什米爾人眾相議，取克什米爾並獻與皇上」。呢雅斯伯克自己的信函詳述於這份企畫中，解釋了在他自德里回歸至克什米爾後曾在蘇赫．志宛底下任官，直到蘇赫．志宛遭愛烏罕擊垮為止。據呢雅斯伯克所述，儘管克什米爾為愛哈默特沙所取，痕都斯坦本身則並無統治者。在現今這個不穩的局勢下，呢雅斯伯克建議：只要借來少數軍隊，他就能奪下克什米爾並將此地區獻與清朝皇帝。[55]

到了這時候，乾隆和他的官員們都很清楚克什米爾在愛哈默特沙手中。負責葉爾羌的新柱與額敏和卓，向北京解釋了最好忽略這份「獻禮」的原因。首先，據報可知，愛哈默特沙已向清廷遣使歸順（在他們的看法下），故而「其土即吾土，痕都斯坦與克什米爾皆為我有」。第二，由於愛哈默特沙的表現得體自制，且謝絕直接奪取痕都斯坦，反而透過其原有君長以復原之，其行為無釁可尋，而清方則無口實可侵攻克什米爾。更現實的一點，他們指出了克什米爾與德里離北京太遙遠，難於管理。最後，他們觀察到一個很明顯的危機：呢雅斯伯克有可能秘密謀劃利用清軍以他的名義取下克什米爾，而後驅走清軍並自己統治該處。新柱與額敏和卓主張這整份企畫毫無可取，在乾隆同意之下，此議遂寢。56

此時，可以注意到新柱已經知曉愛哈默特沙向北京遣使。57 至於曾在清—巴達克山關係中扮演重要角色，還造訪過痕都斯坦的素勒坦和卓，則受命去接待使節。58 大約一個月後，他又受命前往愛烏罕「辦事」，然具體目的不明。59 在漢文史料中，乾隆認為或是選擇宣稱愛哈默特沙之使節乃奉命前來進貢。他引用了愛烏罕統治者的表文，大意為：為乾隆擊敗準噶爾並建立直接的清—愛烏罕接觸表示欣慰。在清朝官方觀點，愛哈默特沙遣使乃因「遠在外藩，向慕仁化」之故。但在這些說詞底下，很顯然愛哈默特沙致書之用意乃在炫示吹噓其軍威，而乾隆對這點也很清楚。在帕尼帕特之戰後不過兩年，愛哈默特沙即遣使歷敘其勝利。這封愛烏罕國書中述及馬喇他汗（瑪爾塔汗）納巴拉池（也許是馬喇他宰相〔peshwa〕巴拉志巴志勞〔Bālājī Bājīrao〕）在聽說愛哈默特沙要攻奪德里後，鳩其鄰部，合馬步各數十萬眾來爭。但他們一聽說愛哈默特沙進軍，就躲進帕尼帕特城去了。經過六個月的圍攻，愛哈默特沙擊敗了他們，殺了十萬餘人。這段話隱隱有著威脅清方的弦外之音，乾隆的回信中則把愛哈默特沙的勝利予以輕描淡寫道：「納巴拉池既能鳩合黨眾如許，乃未經接戰，即入堅城，坐待誅戮。其事殊不可解！」回答中，乾隆也詳述了本身最近的勝利，對其征服新疆賦予正當理由，說明對抗自己的那些人的下場。他述說道，伊犁與葉爾羌如今皆入清朝版圖，霍罕與布魯特則盡為藩屬國。60 這或許可以解讀為清朝對待其在中亞之勢力範圍的官方外交立場，或者，如同一位學者所推估的，清官方「對中亞新秩序的期望」。61

在一七五八到一七六〇年代初，一連串事件迅速更迭與交替後，清朝版圖與印度間的山地區域回復到相對平靜的狀態。愛哈默特沙逝於一七七三年，其子及後繼者則很欠缺侵略性。印度最接近新疆的旁遮普漸漸落入錫克人的掌控中，而這些錫克人迄今未曾積極向拉達克或向北往喀喇崑崙山脈擴張其勢力。至於英國人，儘管他們早在一七六〇年代就開始對喜馬拉雅山之東部區域感興趣，但距離探索其西部地帶猶需數十年。在這些條件下，清朝地方官對痕都斯坦的政治興趣便大幅縮減了。

貿易背景下關於痕都斯坦的資訊

一七六〇年代初期之後，清政府無論在政略或戰略上，對痕都斯坦都已不太感興趣。但許多印度貿易商仍持續來到喀什噶爾與葉爾羌，駐留該地的清朝官員們也仍然對痕都斯坦的規模與經濟重要性有所了解。早期這些官員中的一位（也許是一七六一至一七六二年間任職喀什噶爾的永貴）對印度的描述中，敘及了從巴達克山到離喀什噶爾最近的痕都斯坦城市拉合爾的路線。而後繼續描述該地「回部」的極南方。作者解釋稱，該片土地的大小難以判定，這是因為即便久諳該處之商人亦罕有嘗完全周遊其境者。該處有三「省」，而其「首省都城」為佳漢阿巴特（Jahānābād，扎納巴特、德里）城。此區域之西北、東北與東南三面環繞山崗，有河二十餘道西南向流入海。這段話顯示其可能是在描述旁遮普。62

在一七七〇年代，至少兩名以上的清朝官員對痕都斯坦做了個人調查。在喀什噶爾任職的五誠格，任用了一位譯員以與穆斯林巨賈們談論其旅程並記錄之。他把溫都斯坦定位於喀什噶爾正南三個月多的旅程上，在克什米爾東南方約二十日。五誠格的這份記述似乎在相當程度上倚賴永貴的手稿，從他在許多點上與之相同可以看出來：首都是扎納巴特城，地方遼闊且人民眾多，即便長居彼處之商人亦不能遍歷其境，其水皆西南流而歸入西海等。[63]

然而，到此時為止，對此區域的描述最具影響力的，乃是另一位滿洲官員七十一關於新疆的記述。他對溫都斯坦（譯按：即痕都斯坦）的多數資訊來自其於一七七五年與一位該地之「海蘭達爾」（*qalandar*，蘇菲派托缽僧）的訪談。[64] 七十一置溫都斯坦於自克什米爾往西南馬行四十餘日處。他對印度的人民與風俗作了詳細的描述，並強調印度的大小（有三百七十餘城從屬於其都城）、財富與獨特的語言。印度貨物廣泛販售到西域各國，甚至印度人所看重的中國瓷器也有人攜至其地，而當地人則爭以白玉盤易之。[65]

七十一某些版本的作品中也提及了一個叫「音底」的國度，說它在葉爾羌西南馬行六十餘日之處。該處之商人攜金珠寶石、玻璃器玉器等貴重品來葉爾羌貿易，攜回瓷器、茶、大黃。他們的語言與穆斯林（回子）不同，需有口譯者（通事）替他們溝通交流。該條之主體則著重在描寫「音底」的人們如何崇敬牛、叩禱祈牛默佑，痛罵殺害牛的西域穆斯林（回子）。七十一承認他無法理解這項風俗。[66] 看來這個「音底」很可能不是指什麼別的國家，而正是來自各處至葉爾羌貿易的印度教商人，那些被波斯人稱為 *Hindi* 者。由於七十一把溫都斯坦視作伊斯蘭國度，他很有可能無法理解非穆斯林印度人的存在，從而把他們塞給另一個獨立且特別的故鄉。

七十一記載所及之西北印度，就是印度次大陸中最後一塊被正式併入英國的部分，他的書中也就毫無直接提及歐洲人之處。不過，他注意到了溫都斯坦與中國間的海上貿易。如同他所提及的：「時有閩廣海航到彼停泊，歲與克食（什）米爾回子來往交易，克食（什）米爾回子亦載其地之貨產四出運販，多有以大黃漁利者。兩廣福建之物往往有之，或重販至葉爾羌，轉入中國矣。」關於閩廣之物轉販的證據，他註記道：「喀什噶爾回子買得漳絨一端，上有漢字天順字號，固閩貨也。」看似七十一所描述的產品正是英國船自廣州藉由「印度貿易」（country trade[6]，見第五章）進口而來。然而七十一與他那位「海蘭達爾」報導人的對話可能有隱隱涉及歐洲人的地方。這位穆斯林聖者告訴七十一，離他自己國家很遙遠的西南方，有些國度住有「白者如雪」與「黑者如漆」的人們。想必這指的就是歐洲與非洲。七十一還補充說：「這不就是廣東人所說的黑鬼和白鬼嗎（得毋粵東之所謂黑鬼、白鬼者歟）？」[67]

新疆邊疆政策之出臺

如吾人所知，對天山南麓的征服讓朝廷陷入與諸多中亞國家間剪不斷理還亂的外交關係中。遲至一七六三年，清朝中央政府都持續接收到關於痕都斯坦情況的詳細報告。但在接下來的數十年裡，官方監視的範圍縮小了，而帝國也逐漸把自己從葱嶺與喀喇崑崙山脈另一側的混亂政局中抽身而出。這並非本能性的孤立主義，反而是為守住帝國之強盛與安穩的審慎政策。縱然官方文檔中有舞文弄墨的慣習，卻還是很清楚地顯示了乾隆與他的大臣們認識到這些鄰邦把外交視為一種對價關係（quid pro quo），意圖哄騙清政府助其達成自己的野心。避免這類介入乃清朝對外關係的關鍵原則。

在許多個案中，外交興趣並不在貿易，而在於征服。準噶爾人在潰敗之前是中亞的重要強權，其影響力散發之遠，遙在後來成為清朝版圖的邊界之外。擊滅準噶爾人的過程中，清朝向那些雄心勃勃的地方強權領導者（尤其那些想扳倒愛哈默特沙者）展現了誘人的資源。某些後續的軍事冒險提議——像呢雅斯伯克所述的那些構想——可以輕易忽略掉，然而一旦清朝對求援者負有義務時，事情就變得複雜得多了。巴達克山就是這個案例：在殺掉大小和卓後，不斷地煩擾朝廷求取援助。儘管在措辭上表現得像是巴達克山因效忠北京而遭強鄰所怨，從而求朝廷保護，但清廷很快就了解到素勒坦沙有他自己的野心。在一七四〇年代，該國前一位君長曾定策與準噶爾領袖噶爾丹策零締結協定，以聯軍對抗鄂蘊伯克（烏茲別克），如今看來素勒坦沙也想與清朝重新建立一個類似的互利協定。[68]

沒多久，乾隆就對這些提議失去耐心。一七六四年，由於素勒坦沙建議清朝在他與另一朝貢國博羅爾（Bolor）之爭執中偏袒他，又請求允許軍援他對付愛烏罕，而受到嚴厲訓斥。皇帝在答覆中表明，他對巴達克山之所以立功獻出霍集占首級的現實動機毫無半點綺想，知道其不過是畏懼清朝大兵且貪圖叛徒之所有物而已。至於任何與鄰邦的糾紛也都是素勒坦沙自己生釁，別指望清朝偏袒他。[69]當巴達克山居間促成布哈爾之歸附時，葉爾羌辦事副都統額爾景額也做了同樣現實的評估。額爾景額主張，素勒坦沙之所以強作居間人，恐怕是想邀功得賞，甚至可能是意圖假藉其與清朝的親密代理及合夥關係來威懾布哈爾。至於布哈爾本身，也許是聽聞清朝柔遠之仁，或可能只是盤算著利用清朝的聲威來防止外圍部族的侵擾罷了。[70]

在乾隆的看法裡，捲入中亞那不穩又盤根錯節的政治中，並無半點好處。他的官員們奉諭把注意力集中在清朝邊疆自身的安全，不要去追蹤那些境外捕風捉影的傳聞。當喀什噶爾的官員轉來一份情

---

(6) 此處 country 專指與歐洲人本身相異的印度相關事務，常帶貶義。參見哈伯森．扎伯森之【country】條。此處把「country trade」譯作「印度貿易」。細節詳本書第五章。

報，暗示著愛哈默特沙意欲聯結霍罕入侵時，皇帝拒絕批准去調查：「果有結連愛烏罕，窺伺〔清帝國之〕回部情形，必難掩覆，原可直截辦理。此時豫為意料，於事無益。」[71] 若邊防本身已穩固，官員們大可放心忽視邊外如迷宮般的陰謀。一旦兩個屬國起爭執，乾隆起初表現得像是個不情願的仲裁者，強迫巴達克山中止其對齊特拉爾與霍罕的侵略以放棄在布魯特的領土。[72] 然而很快地他就轉為建議而不強求和平。就連不久後素勒坦沙遭愛烏罕所擊垮的事件，也不足以激使乾隆採取行動。一七六九年時，據報得知，愛哈默特沙與布拉呢敦之子組成反清聯軍，而素勒坦沙這位巴達克山君主已為此求助。儘管如此，乾隆卻只監視著巴達克山的情況，而不曾插手從愛烏罕手中救出素勒坦沙。[73] 關於哈薩克的情況，小沼孝博也指出，在一七七〇年代，清朝的政策有著顯著的變化。在這十年的過程中，面對早在一七六七年即開始且日漸增劇的強求軍援，乾隆定下了絕不干預哈薩克事務的政策。這個政策一直堅持到下個世紀，從而清廷對於俄羅斯蠶食哈薩克草原一無反應。[74]

如同吳勞麗（Laura Newby）所評述的，征服天山南麓之後，「在回部的清朝當局迅速地把來自中亞各部族與政體之敵意定調為區域性的……他們毅然迴避軍事介入且漸漸不理會那些經常性的爭執……朝廷只關心應維持現狀而已」。[75] 這種態勢反映了成本利益分析的結果。乾隆帝很清楚利用巴達克山等國家來防禦在理論上所具有的利益，但他也很清楚這些外國統治者可能會操弄、假借清朝的聲威與財富以達到其本身的目的。與其加入一個複雜的聯盟體系而必須把鄰國定義出敵我關係，還必須付出財務耗費、臨淵履冰的外交、常態軍事動員等代價，乾隆寧願採取一種被動的姿態，在情況相對明晰且清朝的利益較有把握的情況下，於邊疆防禦他的帝國。只要域外強權知道尊重他的邊界，他也就沒興趣去監督他們彼此間之關係或其內部之治理。這種政策方向，如我們將看到的，在每個清朝邊疆上都居於主導地位。

乾隆朝對綜合印度知識之企圖

乾隆個人對痕都斯坦的理解

為指導其軍事作戰與外交，清廷在情報蒐集之指揮上充滿活力。尤其在征服新疆隨後那些年裡，在周圍環境相當陌生的情況下，清朝研究的觸角延伸進印度與中亞，然而這些探索的成果卻背負著區域性的印記。關於痕都斯坦，呈向北京的報告倚賴於任公職的穆斯林之記述、商人或者印度教或蘇非托缽僧之證詞，以及外國統治者之通訊。清朝官員們非義務的地理學探索也同樣依靠外國商人與旅人之報告，而這些人多半是穆斯林。無論哪種情形，這些材料中用以描述印度地理以及政治人物的術語，在帝國其他地方實際上是無人知曉的。

在「操作型地理學」的背景下，研究有意用於主導地方舞臺上的政策，可以接受帶有區域風格的報告反映當地本身的風格，而不必附帶後續分析。但是從學術地理學的立場來看，這些關於「痕都斯坦」之新穎的記述就造成了一些問題：該怎麼把它整合到已建立的架構內？在朝廷裡，這條探索路線是另一項更大的計畫中的一條分支。早在用兵準噶爾的最初階段，乾隆帝在對他那些新領土的歷史地理之分析上就已表現得如飢似渴，亟於判定當代地點之古名，從而（正向地）把他自己的征服事業與那些中國帝王前輩一較高下。為了這麼做，他針對沿革——把給定地名以歷史序列建構起來的方法——這種中國歷史地理分析之標準模式，採取了一種多語言版本。亦即，他設法把作戰文檔中所勾勒出的地方用詞翻譯作地理學語言，以求與其他學術流派——無論是漢文正史、佛經抑或其他知名遊記——有所共鳴。利用這個分析架構，「痕都斯坦」及其所誘發的與「印度」之聯繫，構成了一個數十年來吸引著帝國興趣的謎。

「欣都斯坦」這個源自波斯地理學的名稱，在十八世紀有兩種廣泛的意涵：既可指涉全印度，又更常被用來指印度德干高原以北而不包括孟加拉的部分。從政治上來講，它則是莫臥爾帝國的另一個名字。[76] 清帝國內，在一七五八年之前，這個稱呼相當罕見，只出現在某些漢文伊斯蘭書寫或耶穌會書寫中。從現狀來看，我們可以把新疆的清代文檔中提及的「痕都斯坦（欣都斯坦）」，定義為當時或最近曾被德里的莫臥爾皇帝統治的北印度領土，其中尤以旁遮普最為突出。但這個解釋恐怕不會被乾隆帝所理解：對他來說，「莫臥爾帝國」和其他這些稱呼都很陌生。「欣都斯坦」的意義可以指涉到他所掌握的三種不同知識領域。首先，他很清楚朝廷裡所求取的佛教學術中的印度。乾隆用以指稱佛教印度的稱呼，如同在一份一七五八年寫給一本修訂版梵咒的四體序言中可見到的，分別是：滿「ᡝᠨᡝᡨᡴᡝᡴ Enetkek」、蒙「ᠡᠨᠡᠳᠬᠡᠭ Enedkeg」、藏「རྒྱ་གར Rgya-gar」、漢「印度／乾竺」。[77] 其次，乾隆知道漢、蒙歷史地理學中所勾勒出的印度，那是個在宮廷學術中用來分析他新征服之領地的重要地域。最後，從新近的軍事情報中，他碰到了大量關於在他的帝國西方那片土地的材料。

乾隆似乎尚未充分覺察到，要調和這三種認識印度的地理學之取徑的主要難點，在於把穆斯林的痕都斯坦與佛教的天竺聯繫起來。撇開流通有限的穆斯林作者所著之漢文地理學不說，沒有其他任何漢文材料曾指出中印度——佛陀傳法處與印度佛教之最高聖地——早已落入穆斯林統治之下。乾隆很清楚佛法在印度早已不復興旺，但顯然他不知道穆斯林統治者支配了當初那塊地方。因此他的地理學書寫便塗上了一層預設的色彩，認定穆斯林領地與先前佛教徒之領域是不同的。這不只是個學術問題，同時也帶有政治意涵：許多先前的朝代都曾經報告說有印度使節來到宮廷中，而且包括蒙古與明朝都曾遣送其軍事力量到印度本土。對於想要與前此朝代一較高下的統治者乾隆而言，編撰他自己與印度的接觸（或反之付諸闕如），將與能否使他的統治增輝息息相關。

一七六八年，乾隆寫下〈天竺五印度考訛〉一文，闡明他對歷史上的與當代的印度地理之觀點，這兩個議題在他心目中是頭等重要的。[78] 定題曰「考」，可見得本篇文字在乾隆眼中乃一嚴肅的論據學術作品，憑藉其對資訊之多語言學習以訂正史書所載。該文提供了一份清楚的解釋，顯示這位皇帝在他的前期統治中如何綜合與調和關於印度的學術及戰略情報。

乾隆從佛教宇宙觀破題，指出了「〔據〕佛經，此欲界內以須彌山為中；須彌山四面有四大部洲，居南面者為閻浮提」。在他的觀點中，閻浮提可分為三「大國」，環崑崙山而列：中國、印度（天竺）與奧斯曼帝國（洪豁爾）。[79] 印度又可分為五個區域，即所謂「五印度」。且印度亦稱「厄訥特珂克」，乾隆相信這個詞來自西藏，然而如本書先前已提過的，此詞實際上來自蒙古語。[80] 而後乾隆在本文中又提出（錯誤的）假設，認為該詞源自「訥蒽囊」，一名宋朝朝聖者曾造訪過的小國之名。

乾隆相信所謂厄訥特珂克或印度位於痕都斯坦之南，因此他的地理學理論便架構在印度與痕都斯坦乃二相異實體此一概念之上。這位皇帝承認道，印度早已並非重要的佛國。他在文章中指出「東印度既近西藏故，天竺之事，西藏時聞之。據西藏僧謂：『天竺雖佛現身說法之地，然今天竺實不興佛法而興異教』」。縱然他並未把佛教在印度衰頹的本質明確說出，但很清楚地，在這位皇帝的心目中，印度這個地理實體仍持續一致地存在著，雖不興佛教，但也肯定不是穆斯林痕都斯坦。乾隆願意接受他所設想的痕都斯坦與北印度的邊界是個不固定的文化邊疆。他提到：「温都斯坦雖回地也，而回人相傳彼地有佛遺蹟。益知即北印度交界，或者昔為天竺屬而後為回部屬，皆不可知。」可是乾隆並未把論點跳躍到論定痕都斯坦即使如今在穆斯林統治之下，卻包括了一度是佛教核心地區的土地。

從歷史語言學的觀點來看，乾隆承認「痕都斯坦」與「印度」這兩個名字有著語音上的聯繫，卻仍認為這是兩個不同的地方。如同他所評述的：「溫都斯坦，今唐古忒（藏語）及回語（察合台突厥語）皆稱為痕都斯坦，蓋亦譯者訛痕為溫。而二語皆與印度音聲相近。所謂天竺北印度近回部，此亦一驗也。」他補充說，去爭執痕、溫、印、身的準確性沒什麼意思，蓋「皆非天竺本語」也。

如果痕都斯坦不是印度，那麼乾隆便將面對一項政治挑戰。他承認了這件尷尬的事實：「自古中華聲教所訖，莫過本朝。而本朝百餘年中，從未有天竺遣使進貢之事。」雖說「烏特噶里畢拉奇碩拉汗」（Utg'ali Bargišuwara Khan，也許是奧里薩邦（Orissa）庫爾達（Khurda）的統治者）曾遣使進貢，但乾隆不認為這就代表著印度，而只是「其東印度近我西藏之一小國耳，非中天竺也」。[81] 在《大清一統志》裡提到了元太祖（成吉思汗）曾到達東印度，明永樂皇帝也曾收到其貢賦。[82] 乾隆僅把他那來自東印度的使者視為次要，卻也藉此隱隱貶抑了他那些先輩們的成就——他們也不曾與中印度的核心有所接觸。乾隆更進一步質疑先輩們的成就。他宣稱唐宋史書中所載的印度朝貢事蹟多半不實，然而他懷疑的主要目標則在於人們所說的成吉思汗之征印度。乾隆坦率地評述說：「《元史》稱元太祖見角端（傳說中之瑞獸）於印度，疑亦即今痕都斯坦之北印度與回部交界者耳，非中印度也。」他第二次的評述則引用了《蒙古源流》（蒙文編年史書 *Erdeni-yin tobči*）所記載的「元太祖進兵至厄訥特珂克，遇一角獸狀若跪叩者三。元太祖曰：『是殆上天示予：自此往斡齊爾圖瑣林（蒙：*očirtu sayurin*），道遠難極。』遂振旅」。他註記道：「斡齊爾圖瑣林者，蒙古語謂金剛牀（Vajrāsana，在菩提伽耶）也。即佛現身說法之中印度。」乾隆據此認為這更加證明了成吉思汗根本不曾到達那個區域。只不過他單單就漏掉了永樂遣使印度之事，即便《明史》把鄭和所至之沼納樸兒就視為是中印度（古佛國）。

乾隆同等謹慎地為自己缺乏與印度的接觸一事辯護。他毫不謙虛地評述道：「夫以今中國之力，若唐宋之假道葱嶺、克什米爾，以達天竺中印度，亦何難？但既非德致，更以計求，雖徠遠域，何關實政？故不為也。」亦即，直接與中亞接觸，表面上很光彩，但對他的統治沒什麼實質貢獻。至於愛烏罕軍隊出現在痕都斯坦則略過不提了。

乾隆在他的學術作品中廣博地運用證據，引用了佛教文獻、漢文正史與朝聖者遊記、蒙古編年史、西藏僧侶的新聞報告，以及來自方才征服之新疆的熱騰騰的情報。多語言材料搭配上他本身的癖好，讓他得以深入探索字源學、譯音與譯義。然而那些被他略去的材料與論證卻也同樣有力。鄭和的旅程、耶穌會書寫中所含的資訊，以及地圖諸如《坤輿全圖》，還有陳倫炯所勾勒出的沿海景觀，都被徹底忽視了。乾隆似乎不曾了解到，作為政體的痕都斯坦，已經以「莫卧爾」之名出現在他所持有的歐洲人繪製的地圖上了。總地來說，乾隆的學術成果顯示了他在材料上太重視西域與蒙古、西藏、穆斯林材料，代價卻是失之於其他素材。耶穌會與海事材料都收錄在《四庫全書》手抄本而好好地保存在圖書館，但是引領乾隆學術視界的卻是內亞導向此一方針。

在研究論文之外，乾隆對「痕都斯坦玉」的喜好也讓他寫出大量詩作，詩中則展現了他漸漸發展出的地理學觀點。「痕都斯坦玉」由崑崙山脈南向輸出到印度，製成莫卧爾風格的物品，再反向經新疆出口回中國。[83] 乾隆對這種玉器的產地與加工進口模式相當清楚，在他一條詩註中提及：「痕都斯坦更在拔達克山西南，自己卯（一七五九年）平定回部後，彼處商人時持玉器來回疆售賣，始間有購得呈進者；蓋四十年前所無之物也。」他尤其酷愛那繁複的雕工與其細緻：「痕都斯坦玉工用水磨治玉，工省而製作精巧，迥非姑蘓玉匠所及。」[84] 他總共寫了七十四首詩來描述其美。對於並非專業鑑定家的史學者而言，幸運的是，乾隆的詩常常提及他的地理與歷史理論，且包括用以解明他意思的本人詩註。利用這些材料，就有可能追溯其意見之發展。

乾隆第一次提及「痕都斯坦玉」是在一七六八年的詩中，也就在該年，他關於印度的考證論文與頌詩都顯示出他對這個名稱演變的觀點。他在寫作中所玩弄的構思加劇了與原初論文的矛盾。如我們已看到的，他很清楚地把「痕都斯坦」與「印度」區別開來。同時他又主張「Hindūstān」一語開頭的發音最好用漢字「痕」來表達，而後才又個別用了「溫」、「印」、「身」這些字來表達。換言之，乾隆相信「痕都」只不過是「印度」的另一種更正確的說法。這一點之所以重要，在於乾隆仍然保留了那滯重的全名「痕都斯坦」為詩題，而在詩中卻總為了韻律的理由而將之簡稱為「痕都」。他在詩中使用「痕都」一語藉以闡述他的聲韻理論。一首一七七八年的詩中有這麼一句「方言『印度』音各殊」，附上這樣的註：「『痕都』即『印度』之轉音。」在稍後的另一首詩之詩註中他又以更強的形式表達出這個看法，認為「印度」是由「痕都」變來的：「華言『印度』，即譯『痕都』二字；成文蓋已久矣。」[85] 由於他覺得「痕都斯坦」其實是個梵文詞，這個想法很可能也就是這麼推論而來。他如何有這種認識已不得而知，不過有可能來自某位西藏報導人，因為一七五二年某位到印度的西藏旅人用了「Hen du」來指涉那些他相信該是佛教徒的非穆斯林印度人。[86] 乾隆的評註似乎隱隱地較諸另一位傑出的梵漢學僧玄奘之同類主張更上層樓：玄奘曾主張「印度」（而非「痕都」或「賢豆」）才是該梵語詞之唐言「正音」。

乾隆在聲韻學之涉獵有著重要的地理學意涵。如果「痕都斯坦」可以縮寫為「痕都」，而「痕都」又是「印度」的一種變體，那有沒有可能「痕都斯坦」實際上就是印度本身？乾隆的詩中有某些地方暗示著他傾向這個觀點，因為他至少兩次在詩賦之題作「痕都斯坦玉」的情況下在內文用了

「印度」字樣。在其中一句中他寫道「璞韞崑山，鏤傳印度（未加工的玉孕育在崑崙山，為雕鏤而送往印度）」，第二次他則寫著「印度良工夥」。由於舞弄詩作上的不拘，乾隆已經把他在早年論文中清楚勾勒出的痕都斯坦與印度之界線模糊到幾乎泯滅了。如同我們將看到的，在接近他統治晚期時到來的新情報，將讓他扭轉自己的意見，開始視痕都斯坦與印度為完全同一之處所。87

乾隆對宮廷學術內容之影響

雖說乾隆對世界的觀點在帝國中有著獨一無二的優勢，但他畢竟不能代表整個帝國。我們得把目光漸漸從皇帝個人向外環視，考證其他地方提供的印度觀。在此就從乾隆贊助但他本人非作者的學術企畫開始。

一七七二年，乾隆啟動了對《四庫全書》的編纂，意圖以一套手抄本集成囊括中國圖書分類上的四種重要文類（經、史、子、集）中之所有重要作品，這當中也包含新的宮廷贊助成果。理所當然，乾隆在這項企畫上發揮了巨大的影響力。所有參與該工程的人員都得小心翼翼地仰體上意，而且乾隆會審核並訂正他手下這些編輯群的作品。然而，蒐集並評論千年以來汗牛充棟的著作，便不可能讓單一觀點宰制叢書而徹底排除其他觀點。如同蓋博堅（R. Kent Guy）所評述的，《四庫全書》之編輯在宮廷與學術社群間：「畢竟其運作有賴於合作與妥協。」88 此處我們將考證三個與欣都斯坦有關的個案，以判定乾隆個人之學術判斷在《四庫全書》各作品上的影響力及其限制。

乾隆在《四庫全書》上的影響力，最明顯也最成功的證明，就在地名的標準化上。89 地名標準化本來有意延拓到一切歷史紀錄上，而由宮廷多語言歷史語言學所產生的「訂正過」的名稱則回溯到遼、金、元、明之正史與其他許多項目上。乾隆決定採「痕都斯坦」而非「溫都斯坦」作為地名之恰當譯寫形式，亦屬此項標準化工程之部分內容。在二修本《大清一統志》條下敘云：「向稱溫都斯坦。今考梵文，改正痕都斯坦。」[90] 另一件乾隆宮廷作品則更明確，可以注意到它恰當地以漢字寫作「痕都斯坦」，小字「斯」用以表明其為不帶元音之純輔音。乾隆特地打造的三漢字組音節（三合切音）則另寫於一旁。[91] 亙整套《四庫全書》，「痕都斯坦」之使用相當一致。例如《元史》中所有舊譯「欣都思」、「遜都思」(7)、「忻/欣都」等都被取代了。[92]

除了機械式地把一組名字換成另一個以外，內含一連串的推理則更複雜，而透過這些證據來過濾出乾隆的想法則更為曖昧不明。歷史地理學之重構與環環相扣的模式箝在一起，使得憑某一點所作出的判斷將可衍生出許多其他分支。一旦新的元素被引入，則很難去調整所有既存的材料以配合之，即便是在像《四庫全書》這般集中化的企畫案中亦然。要看出這點，我們可從考證一位中階編輯方煒怎樣試圖應用乾隆的想法來著手。方煒奉命參與考證《明史》中那兩位著名的太監司令官鄭和與侯顯的傳記。他以這樣的評述起頭：「臣方煒按：五印度之名，明以前所記之書，傳聞異辭，未能詳考。」然後說他怎麼讀了乾隆關於五印度的論文，把皇帝的理論總結為印度（厄納特珂克）自陸路過帕米爾（葱嶺）與欣都斯坦（溫都斯坦）可至。他又謙謹地繼續說，「〔皇上之〕指示分明，足破千古傳疑之誤。此傳稱：『〔永樂〕帝欲通榜葛剌諸國，復命侯顯帥舟師以行，其國（榜葛剌）即東印度。』又云：『榜葛剌之西，有國曰沼納樸兒，地居五印度中，古佛國也。』」，方煒隨即加入他自己的批判評述：「顯既率舟師，即不能至五印度之地。下文又稱遍歷烏斯藏諸國而還，與前所載又相矛盾。」[93] 方煒顯然因為相信印度乃經陸路自新疆到達，故而認為明朝官員不可能由海路前往。

可以設想方煒有意逢迎乾隆，從而高估乾隆之修正主義識見，以之凌駕於明朝歷史紀錄權威之上，並且對明朝使節之能到達中印度一事（已遭皇帝有意忽略）拋出質疑。不過還是沒辦法知道乾隆是否審核過且批准方煒的判斷，或者是否這段敘述根本就不曾被注意到而被跳過了。然而即便乾隆批准過這段按語，這則主張看起來似乎也只反映了方煒個人的判定而非強化乾隆對《明史》的結論之全面性的行動。在另一卷裡，對沼納樸兒本傳當中的地理學記述，就不曾帶有任何類似的按語否決其在中印度，也沒有任何由方煒的同事所作的考證審核。稱沼納樸兒位於中印度的論述在《四庫全書》的其他作品中也看得到。例如《大清一統志》中，也同樣放掉這個說法而不曾有所爭辯。法顯那段著名的自印度由海路歸國之描述並未引發《四庫全書總目》編輯群的懷疑，儘管他們對該書其他有毛病的論點相當敏感（見第一章）。

痕都斯坦的歷史身分是另一個問題。如果它不是印度，那麼它該是歷史上的哪個國家？這個難題由《皇輿西域圖志》來接手。這是一部有意把當代西域之地理學與中國歷史紀錄搭配起來的方志，用了「沿革」之法以建立歷朝歷代的名號序列，書末另附有年表。據此書，痕都斯坦在西漢與唐代並非印度，乃是罽賓。[94] 這項識別的基本原理，來自乾隆判定痕都斯坦並非印度，乃其鄰邦：「《唐書》稱罽賓居葱嶺南，與天竺接。導引唐使者至天竺，其國在印度交界可知。」該條作者隨後又引述乾隆關於痕都斯坦鄰接印度之主張以證成其結論。[95] 相似的推理也出現在其他文本中。《大清一統志》甚至更強調其聯結：「《唐書》又稱罽賓居葱嶺南，與天竺接。今痕都斯坦與印度隣，印度即天竺也。是罽賓即痕都斯坦無疑。」[96] 在本例中，乾隆的結論未受質疑而直接為那些撰作工具書的臣

---

(7) 遜都思乃蒙古部氏名。四庫館臣以之當 Hindūstān 蓋出自以官話俗音考據之誤判。

工們所接受，並被安插入《四庫全書》計畫當中，而皇帝的觀點則直接衝擊了歷史地理學。

然而，視痕都斯坦為罽賓，仍非普遍觀點。方煒所徵引的乾隆本身之論文未曾言及罽賓之所在，認為罽賓即痕都斯坦之構想乃編纂《西域圖志》等作品的學者們推演而得。因此，當方煒為《明史》「賽瑪爾堪」（撒馬兒罕）條撰考證時，他就允許傳中稱賽瑪爾堪（撒馬兒罕）即漢唐之罽賓而跳過未予評註，即便在他處又把罽賓識別為痕都斯坦。97 總體看來，要充分地監督龐雜的《四庫全書》企畫內所有的推理並保證每個細節間都有完整的一致性，畢竟是不可能的。

簡言之，學者們在撰作或審核那些收錄於《四庫全書》的作品時所作的評註，受到來自乾隆個人學術作品的觀點所影響。在這個意義下，這項卷帙浩繁的編纂計畫只不過是個複製或放大皇帝個人意見的工具。可是乾隆作品中的意涵在不同的編纂者身上卻有著不同的解釋，導致在這同一份手抄本集成本身內部甚至就有著相互牴觸的判斷。乾隆本來是為了要消除不一致並整合相異材料，卻在無意間又帶來了新的謎團與差異。說起來，在一個著迷於標準化的皇帝之嚴密監督下，由一個集中的學術機器所緊密控制的官僚群來編纂的作品，會對整個帝國內之地理學與地緣政治議題之均質化中所產生的難題下達指示，這也是事實。

乾隆學術理論對宮廷之外的影響

乾隆的多語言學術新風格、他對歷史語言學之正確性的關心，以及他自己的那些特殊判斷，究竟在多大程度上影響了清朝臣民的地理學認知？令人驚訝的是，不管是在乾隆整個生涯當中，或在他過世之後的數十年內，他那整合式地理學世界觀的影響力居然相當有限。縱然有著那值得紀念的計畫，他的意見在帝國的學者間卻並未發展成共識。有兩大原因造成這項結果，且都與通路有關。其一是與宮廷學術間的通路。宮廷中的編纂人員在整個帝國學者圈裡只是一個人數極少的精英特例，儘管他們善體上意，但其所生產的作品並沒有廣泛地流通出去。當中某些印刷出來了，但主要卻只在省衙門或某些長袖善舞的藏書家之間流通。至於在那些未印刷的書當中，手抄本《四庫全書》是唯一可讓人讀到的來源，在中國之內要想看到《四庫全書》，卻只能到北京、盛京、熱河，以及長江三角洲內的三個城市揚州、杭州與鎮江去。而長江區域的副本甚至一直到了乾隆朝晚期的一七九〇年都還不全。[98]

第二個理由則包括了技術上的流通程度與理解程度的問題，以及賦予乾隆學術作品以生命的那些理念。尤其是在歷史地理學與聲韻學這兩塊領域上，乾隆極為倚賴他本身在多種語言上的學問，且表現出對「正確性」的堅定關懷，高過其他一切考量。宮廷作品對使用者並不友善。如果有誰不懂得滿語——還別說是藏語或蒙語——他就無法掌握這位皇帝的那些聲韻學論證，更不用提那滯重複雜用以表達非漢語音節的三合切音系統。若說這種學問在宮廷外的環境下很難以捉摸，那它就不可能再被複製。只有在宮廷中才有辦法匯集西藏、蒙古、歐洲、滿洲與漢人學者於一堂，共同工作。就連帝國其他中心裡富裕且學而有成的學者們，都無望再現類似條件。就像只能生長在人造生態溫室中的花朵般，囊括五種語言、六種文字的歷史地理學研究也只能在北京存活，而就算在北京也得要有精力充沛的皇帝來贊助。

一個恰好處在乾隆宮廷學術之反面的好例子是七十一所撰的《異域瑣談》（通常稱為《西域聞見錄》）。從皇家的標準來看，這本書根本是部浮薄之作，實際上沒能提供什麼有價值的歷史語言學或歷史地理學評註，且又主要倚賴傳聞而罕及圖籍考證之工夫。最明顯處即在其命名習慣，總使用「溫都斯坦」而非「痕都斯坦」，就連該書的方法與精神都未受政府的學術目標所影響。然而這本書卻以手抄本及印刷本的形式大量流通，甚至在乾隆宮廷的精英編輯群中都可以找到讀者。直到十九世紀，該書流通之勢未嘗少衰，而在一部現代工具書中就給該書全書或摘抄列了十七種相異書名，甚至還附帶更大量的不同版本。[99] 如同我們將看到的，稱呼欣都斯坦，「溫都斯坦」這個名稱遠較乾隆所選的「痕都斯坦」要流行且具影響力，就算後者受到帝國政府的一切資源來推廣也一樣。雖然在當代及其後一世紀，乾隆的個人著作以及他贊助的成品仍是常見且有影響力的地理學著作，但它們終究仍不過是帝國地理學論辯中的一支分流罷了。

小結

從地理學知識的立足點來看，乾隆皇帝的兩項偉業在交錯的諸目標上起了作用：他的軍隊陣營聚積了大量而嶄新的地理學與地緣政治資料，他的學術陣營則試圖加以挖掘且綜合。這不是一場公平競賽，而且相較於乾隆在一七三五年即位之初，乾隆朝末期的帝國對印度之政治與地理學已經容納了更多相牴觸的觀念。縱然這一部分反映了宮廷贊助下之研究的不均一與個人風格，但主要緣故還是在於帝國處理外部事務與外國情報之手段的結構問題。

乾隆朝軍事行動的結果之一，在於必須迅速掌控那些此前未知之區域的地理與政治。每場戰役都要求能立即闡明關於帝國邊疆相關部分的情況。在此清政府幾乎完全倚賴地方報導人，本土精英獲得新地位並受甄選以任公職，知識淵博的臣民、商人或其他來自外域之人都有可能被軍官諮詢。在探索外邊的世界上，這些回答依據區域情況來構成，不只是反映了地方語言，還有文化及宗教，但貿易路線與政治接觸則已超越帝國封疆之外。

由於種種緣故，從欣都斯坦這個例子看來，這樣的資訊實在難以和其他地理學知識調和。在軍事與外交上，欣都斯坦與南疆最為相關，與西藏就不那麼緊密，更別說是其他遙遠的區域。在清朝官僚體制裡，也只有聯繫著北京軍機處和葉爾羌及喀什噶爾之軸線與之有干係。欠缺跨邊疆間之協調（multi-frontier coordination）的現象，整個被混合到清朝戰略思想中基本原則與邊疆危機序列裡。由於皇帝不願意去考慮長距離聯盟或兵力調遣，因而幾乎不曾使人們迫切地感到需要對欣都斯坦的情況有更完整的知識：那裡發生的事看似都不太會影響清朝的安全。當邊疆浮現新問題——首先在緬甸，而後是其他地方——朝廷卻變得更傾向於維持現狀，而將其情報與軍事資源，乃至那有限的帝國注意力轉移到危險較高的地點。

這並不是說清朝的地理學家們滿足於如此裂解的觀點。相反地，他們察覺到：儘管像「痕都斯坦」這一類在新疆使用的術語在形式上很陌生，他們仍然將其聯結到（就算未必視同於）佛教文獻或史料中那些較老的詞彙。雖說這只是學術而非戰略問題，卻做得有聲有色。相較於之前那些歷史學與地理學產品，例如百科全書式的《古今圖書集成》，乾隆宮廷的成果有著遠高的綜合性。這是第一次在官方地理學集成中大量利用了其他非漢語的語言，而皇帝對他本身的意見充滿自信，也減少了見於早期官方工具書中的那些謹慎與迴避的曖昧。乾隆相信他在這種新情報中解決了多數謎題，而他的理論也及時納入那些宮廷作品中。

然而，即便在宮廷學術裡，綜合最多也僅屬一隅之地。某些語言與文化抓住了皇帝的目光，其他則否。俄語與朝鮮語很少受到關注，歐洲和東南亞語言則根本不曾被留意。這是缺乏興趣，而非缺少專家：早在乾隆初年，就有人呈上了一套手抄本名曰《華夷譯語》(8)，裡面把英語、法語、德語、拉丁語、葡萄牙語、意大利語、緬甸語、梵語（西天）等等諸種語言的詞彙分類翻譯到漢語中。[100] 皇帝完全不缺乏向他引介這些語言的潛在資源與人力，可是他對其所感到的興趣就是遠不如對內亞的在乎。即使是印度，他也忽視了耶穌會書寫中那些中肯的資訊、陳倫炯乃至《明史》——而他必定知道這些材料的存在。不只是乾隆本身那綜合的目標只產生了部分的結果，就連謹慎組織的《四庫全書》計畫想拿來強化皇帝判斷的，都造成了新的矛盾。更重要的是，皇帝並沒有去壟斷對欣都斯坦的描述。就連宮廷碩儒在內的許多學者，都很可能對七十一的記述更熟悉些，反而對乾隆的作品未必那麼明瞭。因為這種種理由，對於帝國對印度的資料，乾隆朝學術的總成效毋寧是增加了而非簡化了紛歧與複雜性，散布出新的資訊，卻不曾決定性地解決掉舊的謎團。

簡言之，縱使乾隆朝具備有技巧的情報蒐集手法以及了不起的學術成就，在帝國對印度的看法上卻未曾掀起革命性的突破。源出不同地域與智識環境的不可共量的諸觀點，仍宰制著地理學研究。乾隆朝的地理學研究仍然不可曰充足，只能說是按照清朝策士與地理學家們的標準與願望而為罷了。從這個角度來看，關鍵的議題在於：他們在多大程度上會面對那些在探索方法論上不易解決的問題。這種棘手問題的出現，反過來則關係到跨越多重邊疆的外在事件的整合程度，而且僅能以一個更整合且具全景視野的世界觀來處理。這畢竟還是得等到英國征服印度（始於一七五七年）才建立了這些條件。到了乾隆朝晚期，如我們將看到的，對於那片環繞帝國的土地採取一種更加整合的理解，已經開始顯得有其必要性了。

(8) 此指福華德所謂丁種本《華夷譯語》，烏雲高娃稱作清寫本《華夷譯語》。

作者註

本章部分內容此前已見於〈清朝材料中作為地理學與政治概念的 Hindustan，一七〇〇—一八〇〇年〉（Hindustan as a Geographic and Political Concept in Qing Sources, 1700–1800），《中國報導》（*China Report*）（二〇一一年十一月號）。

1. 蓋博堅，《四庫全書：乾隆晚期的學者與國家》；榎一雄，〈乾隆朝之西域調查及其成果——尤以《西域同文志》為中心〉。
2. 牟潤孫，〈論清代史學衰落的原因〉，第七一—七六頁；參考黃進興，《擁有聖君的代價：康熙皇帝統治下政治機構對道統的同化》，第八—一九頁。
3. 何冠彪，〈清代前期君主對官私史學的影響〉，第一七一頁；司徒琳，《明清之爭（一六一九—一六八三）：文獻指南》，第六〇頁。
4. 柴斯，〈清初滿語之地位〉。
5. 《御製滿珠蒙古漢字三合切音清文鑑》，第二三四：六—七頁（序，葉八下—一〇上）。
6. 高羅佩，《悉曇：中國和日本梵文研究的歷史》，第五二—五三頁。
7. 王湘雲，〈清朝宮廷的藏傳佛教：章嘉三世的生平與事業（一七一七—一七八六）〉，第一五〇—一五一頁。
8. 《御定音韻闡微》，第二四〇：九頁（凡例，葉一下）。
9. 《欽定同文韻統》。
10. 斯達理，〈滿文書寫史外一章：天竺字〉；莊吉發，〈大藏經滿文譯本研究〉，第四七—五四頁。
11. 赫伯，《聖地重現：朝聖和佛教印度的藏式復興》，第一七四頁。
12. 里茲維，〈十九、二十世紀之跨喀喇崑崙貿易〉，第二七頁。
13. 李維，《中亞的印度離散人群及其貿易，一五五〇—一九〇〇》，第三七頁。
14. 前揭書，第一七七頁。
15. 阿塔爾．阿里，《莫臥爾印度：政治、思想、社會與文化之研究》，第三二七—三三三頁；瑪格莉特．費舍爾等，《喜馬拉雅戰場：中印在拉達克的爭奪》，第三四—四一頁。
16. 乾隆朝《清實錄》，第一四：二八九頁（卷四〇二，葉一二上）；霍爾茨瓦爾斯，〈前殖民時期的改變：喀喇崑崙與東與都庫什區域史料之評估（一五〇〇年到一八〇〇年）〉，第三一五—三一六頁。

17. 格雷夫邁爾，《支配、掠奪與相互性：巴達克山政治史，一五〇〇—一八八三》，第六四—六五頁。

18. 梵在，《克什米爾文化政治史》，卷二，第四二八頁。

19. 伯戴克，〈拉達克史劄記〉，第二二二—二二四頁。

20. 清朝在西藏西部之活動及其與拉達克之接觸，見《中國第一歷史檔案館所存西藏和藏事檔案目錄》，第三二—三七頁。關於拉達克在清朝征服前對新疆之監控，見伯戴克，〈拉達克史劄記〉，第二二二—二二七頁。

21. 乾隆朝《清實錄》，第一六：二四四—二四五頁（卷五七一，葉七下—八上）。

22. 乾隆朝《清實錄》，第一六：二九七頁（卷五七四，葉一一上）。

23. 乾隆朝《清實錄》，第一六：三一四頁（卷五七五，葉一一上）。

24. 乾隆朝《清實錄》，第一六：四四九頁（卷五八二，葉三七下）。

25. 佐口透，《十八—十九世紀新疆社會史研究》，第六九頁。

26. 《平定準噶爾方略．正編》，景印文淵閣四庫全書第三五九：三四八頁（卷七五，葉一四上）。

27. 乾隆朝《清實錄》，第一六：五八一頁（卷五九二，葉二下）。

28. 佐口透，《十八—十九世紀新疆社會史研究》，第七〇頁。

29. 前揭書，第七二頁。

30. 《皇朝文獻通考》，景印文淵閣四庫全書第六三八：七三四頁（卷二九九，葉二〇下）。

31. 《清史稿》，第四八：一四七二二頁（卷五二九）。當代史家莊吉發記載此事亦稱當霍集占受困於巴達克山時，痕都斯部（欣都斯坦）曾「遣人索取」（《清高宗十全武功研究》，第九七頁）。

32. 魏源，《聖武記》，續修四庫全書第四〇二：二二四頁（卷四，葉二六下）。

33. 由於已衰頹的莫卧爾帝國不可能援助和卓們，因此這些資料所述若不是沒根據的謠傳（或許是把「欣都斯坦 Hindustan」與「琿都斯 Qunduz」弄混了），就是其所指乃另一個強權。若為後者，愛哈默特沙是最有可能的候選者。已知此時期他經常在印度，且清方史料似乎直至一七六〇年方始出現「愛烏罕」與「愛哈默特沙」，看來早期報告中那充滿積極性的「痕都斯坦／溫都斯坦」實際上指的或許就是愛哈默特沙。若如同某種官方史料所述，和卓們最後正逃向愛烏罕，卻希望見到在印度的愛哈摩（默）特沙，就有可能讓清朝註記者混淆（《皇朝通典》，景印文淵閣四庫全書第六四三：九四六頁（卷九九，葉一二上））。

34. 乾隆朝《清實錄》，第一六：七九二頁（卷六〇五，葉六上）。

35. （欽定）《大清一統志》，二修本，景印文淵閣四庫全書第四八三：六六六頁（卷四二〇，葉一上）。

36. 《平定準噶爾方略．正編》，景印文淵閣四庫全書第三五九：四八九頁（卷八五，葉一下—二上），《續編》，景印文淵閣四庫全書第三五九：五二六頁（卷二，葉一二上—一二下）。

37. 薩揭，《十八世紀印度研究》，卷一，第一〇〇—一〇五、一二七—一四一頁。

38. 梵在，《克什米爾文化政治史》，卷二，第四二七—四三九頁。

39. 第一歷史檔案館（北京），軍機處滿文錄副奏摺，五四—〇〇八二（乾隆二十四年閏六月二十二日）。

40. 第一歷史檔案館（北京），軍機處滿文錄副奏摺，五九—一三六八（乾隆二十五年二月收）。

41. 這似乎是指伊瑪德．穆勒克（尼咱姆．穆勒克之孫）於一七五七年決定由愛烏罕轉向尋求馬喇他之支援（薩揭，《莫卧爾帝國之衰亡》，第一〇一頁）。這位報導者似乎把馬喇他軍與尼咱姆之後裔混作一談了。

42. 第一歷史檔案館（北京），軍機處滿文錄副奏摺，五七—一九六一（乾隆二十五年七月二十七日）。

43. 第一歷史檔案館（北京），軍機處滿文錄副奏摺，五七—一九六一（乾隆二十五年七月二十七日）。

44. 《平定準噶爾方略．續編》，卷八，乾隆二十五年十二月丁酉（葉二五下—二七上）。

45. 斯坦因把博洛爾（Bolor、勃律）比對為環馬斯圖濟（Mastuj）之地帶（在上雅爾璮山谷中），以及亞辛谷地（Yasin Valley）（《西域：中亞與中國西陲探險報告》，第三三頁）。

46. 《平定準噶爾方略．續編》，景印文淵閣四庫全書第三五九：六一八—六一九頁（卷八，葉二五下—二七下）。

47. 波格爾，《不丹與西藏：喬治．波格爾與亞歷山大．漢密爾頓遊記，一七七四—一七七七年》，第二四七頁。一七六二年，乾隆在揀選人員以護送愛烏罕愛哈默特沙所遣使節歸去時，他擇定了曾與明仁同行、在清廷任職的安集延人素勒坦和卓。這是因為素勒坦和卓「從前曾至痕都斯坦等處」（《平定準噶爾方略．續編》，景印文淵閣四庫全書第三五九：七五八頁（卷一八，葉三〇上））。此處所指或係素勒坦和卓在其生涯早期曾經造訪過痕都斯坦。

48. 《御製文集》，景印文淵閣四庫全書第一三〇一：四一一頁（卷二一，葉三下）。

49. 第一歷史檔案館（北京），軍機處滿文錄副奏摺，五九—一三六八（乾隆二十五年二月）；五七—一九六一（乾隆二十五年七月二十七日）。

50. 《八旬萬壽盛典》，景印文淵閣四庫全書第六六一：四五九頁（卷九四，葉二八下）、第五一三頁（卷九八，葉八下）；《御製詩集》，景印文淵閣四庫全書第一三一一：二七四—二七五頁（第五集，卷八五，葉一九下—二〇上）。

51. 戴維斯，〈愛哈默特．沙．杜蘭尼〉。

52. 傅禮初，〈中國與中亞〉，第二二〇頁。古恆也表示在一七六四年有一個阿富汗（愛烏罕）邦聯，與哈薩克聯盟抗清，可能最晚持續到一七六八年（《十七與十八世紀的中亞：卡爾梅克帝國還是滿洲帝國？》，第一二八頁）。金浩東注意到這樣一個聯盟的證據，但他推測或許愛哈默特沙只是利用這聯盟來攻擊布哈爾（《聖戰在中國：回變與中國所屬中亞的政府》，第二〇—二一頁）；另參看尤里．布列格勒的評述，見穆尼斯著，尤里．布列格勒譯，《花剌子模史》，第五九一—五九三頁，註四〇六。

53. 第一歷史檔案館（北京），軍機處滿文錄副奏摺，六二—一八六六（乾隆二十七年三月初六）；《平定準噶爾方略．續編》，景印文淵閣四庫全書第三五九：七二三頁（卷一八，葉一六下—一七上）。事實上，阿拉姆吉爾二世是在一七五九年被他的宰相伊瑪德．穆勒克所謀害。而伊瑪德．穆勒克所立的也不是阿拉姆吉爾之孫，而是莫卧爾最後一位英主奧朗則布（Awrangzib）之子坎．巴赫什（Kām Bakhsh）之孫。

54. 第一歷史檔案館（北京），軍機處滿文錄副奏摺，六四—一三五三（乾隆二十七年八月十日）；《平定準噶爾方略．續編》，景印文淵閣四庫全書第三五九：七五三頁（卷一八，葉二一上—二一下）。

55. 第一歷史檔案館（北京），軍機處滿文錄副奏摺，六五—一七五九（乾隆二十七年十一月初六）；六五—一一二六（乾隆二十七年十一月）。

56. 乾隆朝《清實錄》，第一七：五六一頁（卷六七六，葉一三上—一三下）。

57. 乾隆朝《清實錄》，第一七：五一六頁（卷六七二，葉二〇上—二〇下）。

58. 第一歷史檔案館（北京），軍機處滿文錄副奏摺，六六—〇二四七（乾隆二十七年十一月十五日）。

59. 乾隆朝《清實錄》，第一七：五六三頁（卷六七六，葉一八上—一八下）。

60. 乾隆朝《清實錄》，第一七：五八八—五八九頁（卷六七八，葉一五上—一七上）。

61. 吳勞麗，《帝國與汗國：清與浩罕關係政治史》，第三六頁。

62. 《西域地理圖說注》，第一三五頁、第一六〇—一六一頁。

63. 永貴、蘇爾德，《新疆回部志》，第八一二頁。

64. 關於 *qaladar*，參看王建平，《中國伊斯蘭教詞彙表》，第四一頁。

65. 七十一，《西域總志》，第二三五—二四一頁（卷四，葉一三上—一六上）。（譯按：據本書作者馬世嘉見告，此處版本稍異，非《瑣談》類本，應擇《聞見錄》類本。作者已另有專文說明之。）

66. 前揭書，第二四一—二四三頁（卷四，葉一六上—一七上）。

67. 前揭書，第二四〇頁（卷四，葉一五下）。

68. 佐口透，《十八—十九世紀新疆社會史研究》，第七五—七七頁。

69. 乾隆朝《清實錄》，第一七：九五五—九五六頁（卷七一三，葉七上—九下）。

70. 乾隆朝《清實錄》，第一七：九五七頁（卷七一三，葉一〇上—一〇下）。

71. 乾隆朝《清實錄》，第一七：六五八頁（卷六八四，葉一五上—一五下）。

72. 吳勞麗，《帝國與汗國：清與浩罕關係政治史》，第三〇—三四頁。

73. 乾隆朝《清實錄》，第一九：一四七—一四八頁（卷八三五，葉一〇上—一一下）；佐口透，《十八—十九世紀新疆社會史研究》，第八〇頁。

74. 小沼孝博，〈一七七〇年代之清—哈薩克關係——漸趨封閉的清朝西北邊疆〉，第一九頁。

75. 吳勞麗，《帝國與汗國：清與浩罕關係政治史》，第四三頁。

76. 玉爾、布尼勒，《哈伯森．扎伯森：英印俗語詞典》，第四一六頁；穆克紀，《印度次大陸的外國稱呼》，第一二〇—一四〇頁。

77. 盧計施．旃達羅，《來自紫禁城中的滿、漢、蒙、藏文之梵語文本》，第一冊，第四—八頁。

78. 〈天竺五印度考訛〉，《御製文集》二集，景印文淵閣四庫全書第一三〇一：四一一—四一二頁（卷二一，葉二下—五上）。

79. 洪豁爾乃漢語對蒙古語 *küngyar/qungyar* 之音譯，用以指稱奧斯曼君長（馬世嘉，〈帝國及邊疆情報之流通：清朝對奧斯曼的概念〉）。

80. 把「Enetkek」當作是藏語這種論點，似乎在乾隆時代之前就已經在帝國中盛行了。在唐維爾（Jean-Baptiste d'Anville）一七三三年之西藏地圖上就已經寫著「Anonkek 或 Anongen」是藏語對「莫卧爾或印度素勒坦之國度（*l'Etat du Mogol ou du Sultan des Indes*）」的稱呼。見唐維爾〈西藏全圖〉（Carte Generale du Tibet），收錄於杜赫德，《中華與韃靼中國誌》，第四冊。

81. 這位君主的滿文名字見乾隆所撰之文章（故宮博物院，《軍機處檔》，文獻編號四一八〇〇〇七八）。

82. （欽定）《大清一統志》，二修本，景印文淵閣四庫全書第四八三：七二六頁（卷四二四，葉四下—五下）。

83. 《故宮所藏痕都斯坦玉器特展圖錄》，第一二—一三頁。

84. 前揭書，第四七頁（詩六六）。

85. 前揭書，第四三—四四頁（詩四七、五四）。

86. 赫伯，《聖地重現：朝聖和佛教印度的藏式復興》，第一六四頁。

87. 《故宮所藏痕都斯坦玉器特展圖錄》，第三八、四四頁（詩二七、五四）。

88. 蓋博堅，《四庫全書：乾隆晚期的學者與國家》，第六七頁。

89. 前揭書，第一六四頁；司徒琳，《明清之爭（一六一九—一六八三）：文獻指南》，第六二頁。

90. （欽定）《大清一統志》，二修本，景印文淵閣四庫全書第四八三：六六六頁（卷四二〇，葉一上—一下）。

91. 《欽定遼金元三史國語解．元史語解》，景印文淵閣四庫全書第二九六：二八一頁（卷三，葉二三上）。

92. 《元史（附考證）》，景印文淵閣四庫全書第二九二：三四頁（卷三，葉五上）。

93. 《明史（附考證）》，景印文淵閣四庫全書第三〇二：二七七—二七八頁（卷三〇四，葉二上—二下）。

94. 罽賓在不同時代裡分別指涉克什米爾（迦濕彌羅）、健馱邏以及迦畢試（沈丹森，《佛教、外交與貿易：六〇〇—一四〇〇中印關係的重整》，第二四六頁，註六）。

95. 《欽定皇輿西域圖志》，景印文淵閣四庫全書第五〇〇：一九七頁（卷五，葉三八上）、第五〇〇：八八二頁（卷四六，葉二九上）。

96. （欽定）《大清一統志》，二修本，景印文淵閣四庫全書第四八三：六六六頁（卷四二〇，葉一下）。

97. 《明史》，景印文淵閣四庫全書第三〇二：八四二頁（卷三三二，葉二上）。

98. 黃愛平，《四庫全書纂修研究》，第一六二頁。

99. 《中國地方志總目提要》，下冊，第二九—六～二九—七頁。

100. 《兩朝御覽圖書》，第一四九頁。

第三章

圖繪印度

製圖學脈絡下的地理不可知論

操作型文件與文本型學術並非清廷所分析的唯一格式，經組織後的情報也在征服新疆的時候蒐集了起來。在首都以外的其他各處，大批人員紛紛在皇帝的命令下各自上工，以求能擴展一幅巨大的地圖。這份工作在先前康熙、雍正朝已開始，所欲圖繪之處亦非僅清朝新征服的版圖，更要涵蓋阿拉伯、波斯與印度。檔案與書籍提供清廷關於印度的大量紛歧的記述，這幅地圖則呈現了一個單一且詳盡的圖像。甚者，其經緯網線亦可與當時進口或由該地方的耶穌會士所備製的歐洲風格地圖相比況。這份巨大的地圖有著皇帝御製序為之背書，且由宮廷印製流傳。我們如何理解其備製與接受的情況，便影響著我們對全清朝地理學研究的解釋。在印度地理學上，這份地圖是否也就不過仍然是諸多相競爭的版本之一？或者它擁有形塑乾隆及其臣民世界觀的唯一權威性？帝國裡原先那割裂的地理學理解，是否至少在宮廷精英中曾經被協調到一個卓越的綜合中？

製圖學已經宰制了西方對於清代地理學學術之研究，而這些宮廷地圖背後的測繪工作，則宰制了對清代製圖學之研究。探研宮廷贊助之地圖構繪則集中在兩項史學史的爭辯上：一是在於「科學的」與「傳統的」製圖學間之關係，另一則在於地圖構繪與帝國構建。本章不打算重啟這些老問題，寧願迂迴處理另兩個被忽略的問題。第一，這些宮廷地圖是如何、為何要把印度囊括進來？乾隆下令清朝技術員與宮廷耶穌會士圖繪他新征服的新疆版圖之舉相當著名，但是地圖裡加入了大片位於清朝邊疆外的土地，超出其測繪隊之所及。本章將重構那些得以表現北印度的資訊材料與製圖學方法。

第二個問題則聚焦在皇帝本身、高階大臣、一般官員以及沒有通路接觸此地圖的臣民對於這張地圖的接受度。在該地圖完成前與完成後，中國流傳著許多其他對世界的製圖學概念。這反映了中國學者的地理不可知論：這些學者們不相信有哪種主張具備著不可撼動的權威，得以捕捉到世界的實像。這份官方測繪地圖是否宣告了地理不可知論的終結？果其然，這個判斷是否能被帝國裡的學界祭酒所接受？

雖說現下的歷史紀錄猶未允許對此獲得清楚明白的解答，本章則主張地理不可知論影響了這份宮廷地圖的創造與接受。如第一章所論，清朝在內陸與邊區上有著一種知識論上的斷裂。前者可以直接求證於可信的報導人，後者則否。這個區別同樣也在宮廷製圖學上起了作用。對那些清帝國所統治的土地而言，各種皇家測繪地圖廣獲認可為地理學準確性之里程碑。然而對邊外之境，地圖則必須搭配上來自諸種元素的拼盤，尤其是地方報導人之報告與歐洲人之地圖。如同我們將看到的，歐洲人的發現在權威性上被歸入到最低一階，在聊勝於無的情況下用於那些他處未曾描述過的土地。進一步來說，就算乾隆強力認可為那測繪他自己的版圖之結果，並試著讓舊的宮廷地圖依循這些結果，他還是容忍著對外在世界那紛歧的製圖學呈現。在乾隆底下，關於印度與其他非清朝輿地，這份宮廷測繪地圖仍然不過就是諸多相競爭的權威中之一種。

為免歧義，後文中將把那些在皇帝命令下於宮廷管轄中製造且繪有經緯線的各版本地圖稱為「宮廷測繪地圖」（court survey maps），雖說其實我們將會看到這些地圖的內容有很多乃由非測繪之材料所畫。在挑戰研究清朝製圖學上，還有些話必須講。現在的學者們可以查詢許多（儘管非全部）已完成的宮廷測繪地圖，但說到今存的那些地圖所依據的材料——實地製作的測繪草稿、由清朝將領們所草繪的特製軍事地圖、宮廷所持有的歐洲世界地圖——通路則受到限制。在前述這個難處下，那些製圖機構以及因技術能力而受雇的個別學者們，相較於在清朝地理學其他領域工作的機構與學者們，留下的文檔遺產更加稀少。很多問題有待解決，而在此所呈現的這些發現也很可能在新證據到來時便必須加以調整，但筆者相信大多數證據將會支持下文所勾勒的結論。

康雍時期之宮廷測繪

在乾隆宮廷測繪地圖描繪印度之前，其父祖康熙與雍正已經監製了數種早期宮廷測繪地圖，只是並沒有印度。這些早期地圖與我們並不直接相關，但為解釋清朝官方製圖學，簡短回顧其起源、方法與人事組成仍必不可缺。尤其有必要釐清由康熙地圖到雍正地圖的轉變，前者幾未含括未實際測繪之境域，後者之描繪則大量充斥著超出直接觀察尺度之外的土地。這項改變有助於解釋來自歐洲世界地圖的諸元素如何走入宮廷測繪的使用裡。

在康熙朝後半葉，皇帝贊助了一項對其領土的測繪，該測繪使用了在清朝任職之耶穌會士所引介的數學與天文原理。這件測繪決策反映了管理上的需求以及康熙帝對歐洲製圖學充滿信心。[1] 到了一六九二年，康熙已經從法國耶穌會士那兒接受了嚴格的數學與天文學課程，並且開始相信這些領域的進步，將讓前所未有的精確地圖得以現世。[2] 然而，耶穌會技術專家們仍小心地處在皇帝之仔細監管下。這位皇帝是把他所有第一手知識與有限的訊問結果相比較後，才對他整個領土發起一場測繪。即便是這樣，測繪結果所製之地圖也僅限於清朝官員們可以親自驗證其準確性的那些區域。3

康熙還訓練清朝臣民合作參與測繪工作、建立不倚賴耶穌會教師的宮廷訓練班，甚至親自指導某些有出息的年輕學者如何國宗（歿於一七六六年）與明安圖，藉此高度控制這項計畫。4 這些測量如同詹嘉玲（Catherine Jami）所注意到的，是設計來把清朝的學子們與不屬帝國監督的耶穌會士隔絕開來，以免其彼此間有直接的思想交流。5 在某些地方，例如西藏，來自這些機構的工作團隊獨立於耶穌會士以指揮測繪。在隨後的十年內，地圖繪製仍然是宮廷數學天文專家們的責任，他們同時還負責曆法制定與撰寫自然科學簡誌。

因而，對康熙及其官員們來說，宮廷測繪地圖和耶穌會士所呈貢的歐洲世界地圖之間，即便二者的形態在技術上可互容，也還是截然有別的。與這個觀點對比，法國耶穌會士在康熙的測繪上卻扮演著吃重的角色。對他們而言，繪製清朝領土只是另一項更大企畫的一部分，該項企畫奉巴黎之命要創造一份嶄新且更準確的世界地圖。6 康熙很清楚他所背書的製圖原理為耶穌會士，用以製作唯一全面且精密的歐洲世界地圖。這些地圖的樣品進呈到他手裡，有南懷仁在他即位初年備製的樣品，隨後又有在巴黎印刷的樣本。漢文註記貼在法文原本上，某些則有漢文及滿文之重繪本。7 陳倫烱述稱，當討論到世界事務時，康熙查閱了歐洲風格的地圖（見第一章）。儘管如此，這位皇帝卻把官方測繪地圖的內容局限在他自己的領地內，沒半點延伸到未經驗證的歐洲人地圖上。康熙隱隱地不信任耶穌會士，並把他們那些無可驗證的世界觀與他自己親身經歷檢測過的測繪區隔開來，只有後者可以合法地受到皇帝背書。就算這樣，首批康熙地圖也並不完全倚賴測繪。在中國境內，耶穌會士與他們的清朝夥伴轉向地方報導人以獲取重要的資訊。8 值得注意的是，像西藏之部分地方、朝鮮以及準噶爾蒙古的領土，在那些北京難以絕對控制之處，少部分測繪讀物是與報導人及舊地圖之資料相結合的。[9] 實際經由測繪所確定的六四一個點構成了另一個更大數據體之空間骨架，這個數據體則來自於既存紀錄與其他已成形的地理學資料。[10]

在從實地送來的草稿圖之基礎下，全帝國的地圖於北京製成。一個木刻本地圖冊（共由二十八件地圖所組成）製於一七一七年，且在一七一八年以《皇輿全覽圖》之名呈與皇帝。馬國賢神父（Matteo Ripa）也在一七一七年製作了一個早期銅版試圖，以水平線切割之（排圖）。一七一九年完成了一個新的手繪版（三十二幅），由馬國賢神父以《大清一統全圖》之名用銅版（四十七塊）印刷之。一七二一年，一個「定版」木刻本由三十二塊製成，是一七一九年版的校正版。[11]

與康熙朝測繪地圖之廣獲青睞相較，雍正朝測繪地圖則備受冷落。然而就本章之所欲論者而言，第二代宮廷測繪地圖則更加重要，蓋此類地圖方始將其內容延伸至清帝國本身之外。到了一七二〇年代，為戰略計畫之故，獲得準噶爾本土及其鄰邦之清楚圖像已是當務之急。由於北京方面不可能派遣測繪員至該等處所，遂另闢蹊徑。首件一七一七年版康熙測繪已包含一幅題為〈雜妄阿爾布灘圖〉（雜妄阿爾布灘即策妄阿喇布坦）的圖，而一七一九年排圖則到達了喀什噶爾外的安集延。[12] 此時期並無證據顯示其曾經實際測繪過哈密以外之地。至於一七一二年至一七一五年間前往伏爾加土爾扈特的那隊著名的使團，亦無證據顯示他們沿途所經、繪於地圖上之輿地曾被實際測繪過。[13] 那麼也就可以設想，既然那些康熙測繪地圖曾從蒙古報導人或滿洲官員那兒汲取情報——這個來源同樣適用在其後之地圖上。[14]

國際政局把清朝的興趣西向引往準噶爾之外。在康熙於一七二二年崩逝之前，他曾命令耶穌會士們備製一份地圖，以關於他自己的領土和裏海間之土地的報告為基。在雍正朝廷的命令下，雷孝思神父（Jean Baptiste Régis，一六六三—一七三八年）與費隱神父（Xavier Fridelli，一六七三—一七四三年）於一七二五年備製了一份新的地圖，內容延伸至裏海，且基於任職清朝的土爾扈特人之資訊。[15] 意即，耶穌會士們繼續扮演以地圖形態呈現新鮮的地理資料之角色，只是這次沒有直接測繪之助罷了。一七二七年一月，於俄羅斯使臣薩瓦·弗拉濟斯拉維齊（Sava Vladislavich）造訪中國期間，雍正之弟怡親王胤祥（一六八六—一七三〇年）向耶穌會士探問關於多個亞洲王國之事，並閱覽一本歐洲人之地圖冊以及亞、歐、非、美四洲諸地圖。而後他亦讓宋君榮等人閱覽一份兩年前由雷孝思與一位日耳曼人所製、俄羅斯人進呈的地圖冊，並委託他們進一步辦製一份關於黑龍江與「北」及「東」海間區域的地圖。未幾，雍正即把此企畫擴大至涵蓋整個俄羅斯直至聖彼得堡，不到一個月已完成成品並隨後印製。[16] 這批俄羅斯與中亞地圖乃是獨立製品，為增加其實用性，遂決定將之併入康熙時所備製之宮廷測繪地圖中。當中部分成果是在清朝監管下基於實際測繪而製成，也有些部分基於報導人的證言，還有一部分則是依據西方地圖及地圖冊。於福順及其他中國學者的研究證明了：在一七二七年秋或其後，已製成一份該地圖之十排木刻本。[17] 可以設想，在一七二七年二月耶穌會士們完成了他們關於俄羅斯與中亞的獨立成品地圖後，就開始這份地圖的工作。[18] 在雍正七年農曆七月（一七二九年七月二十六日到八月二十三日間）的某一天，更新版的官方測繪地圖製成了。首先是一份彩色手繪版，用在對抗準噶爾的軍事計畫上；而後則有一個統一木刻本。[19] 一七二七年本在今天已有再發行的摹本，然而一七二九年修正版則無高解析版可得。[20]

從裏海出現在地圖上來看，可知該地圖乃基於歐洲最新資料。在彼得大帝於一七一五年委派對裏海的測繪之前，歐洲、俄羅斯、清朝都未曾弄清裏海的真實形狀。這些俄羅斯的發現於一七二〇年出版，一七二一年已有一份副本送至巴黎。[21] 這些資料可能是因為薩瓦·弗拉濟斯拉維齊把日耳曼地圖繪製家約翰．霍曼（Johann Homann）的地圖冊進呈給雍正而到了北京的。[22]還有一個可能是，對裏海的最新描繪出現在彼得大帝於一七二一年給予清廷的一張地圖上。[23]但看起來更可能的情況則是，耶穌會士們用了一份在巴黎由他們的同胞兼合作者紀堯穆．德．李勒（Guillaume de l'Isle 或 Guillaume Delisle，一六七五—一七二六年）所製作的「新」裏海地圖，這張地圖在一七二五年十一月到了北京。[24]然而，不論這些耶穌會士用哪份歐洲人地圖作為他們勾勒歐亞大陸的概略，遇上得為內亞及中亞各地點命名與標繪的情況時，對報導人的倚賴仍然很吃重。

儘管擴大版的雍正宮廷測繪地圖，囊括了中亞以及整個俄羅斯迄至芬蘭灣與黑海，卻未收入帕米爾（蔥嶺）、阿富汗（愛烏罕）、波斯以及印度。[25]到了雍正朝末葉，已有跡象顯示出，這種尺度不再能滿足帝國的戰略需求了。胤祥諮訪了北京的穆斯林，而後詢問了宋君榮，言及關於連接西藏與莫臥爾帝國的路線。[26]由於這份測繪地圖上不曾標記任何印度領土，故而必須參考歐洲人的成果。據宋君榮所說，胤祥還關注到雲南與莫臥爾邊疆密邇相鄰，而希望能有該區域較好的地圖。[27]然而胤祥在一七三〇年溘然早逝，暫時推遲了那擴充耶穌會—清朝地圖繪製努力所帶來的衝擊。縱然朝廷對地理學的興趣正向著莫臥爾印度匍匐前進，這現象還是得到了乾隆征服塔里木盆地後才趨於明顯。

乾隆朝宮廷測繪地圖之創生

在乾隆時代，雍正朝的宮廷地圖被擴充到涵蓋了印度、阿富汗、波斯以及阿拉伯。[28]某方面來說，這個新版地圖之起，蓋緣於皇帝在戰勝準噶爾及大小和卓後，於一七五五與一七五九年間下達的那次著名之測繪命令。然而從其最終形式來看，該地圖仍然用了歐洲人世界地圖與新疆報導人的材料。本節將著重在一個被忽視的問題：這些元素如何被縫製進一個單一製圖學的織錦中？

早在一七五五年春，甚至在乾隆打贏準噶爾統治者達瓦齊之前，他就準備好要測繪他的新版圖，到了七月，他則已經下令要把宮廷測繪地圖更新一番。[29] 一個由何國宗監督的小組於一七五六年三月自北京出發，成員包含明安圖與富德（歿於一七七六年）、「兩名精通數學的喇嘛」以及葡萄牙籍耶穌會士傅作霖（Felix da Rocha，一七一三—一七八一年）與高慎思（Joseph d'Espinha，一七二二—一七八八年），[30] 於該年十一月或十二月即呈交成果。當烽煙再起，致使進克遐方，包括了明安圖、兩名耶穌會士以及德保（一七一九—一七八九年）的第二波測繪組員則於一七五九年五、六月間（乾隆二十四年五月）離開北京，返京時帶來了對南疆以及某些該處以外之輿地的測繪成果。[31]

朝廷並非僅只使用測繪地圖。在戰鬥時已備有特製軍事地圖，其內容很大程度上是據地方報導人而得。一七五八年四月四日，乾隆講到了他的將軍阿里袞所奏呈的一份地圖，該地圖基於與清朝聯手的額敏和卓之證詞並交由一位曾走訪回部的報導人訂正。[32] 約一年後，當乾隆作出如下評述時，幾乎可以肯定其心中有這份地圖：「朕因披覽地圖，見和闐去葉爾羌頗近。」同條中他又說明道：「再觀地圖所列，喀什噶爾西北一帶，皆布嚕特、哈薩克等游牧。」[33] 一七五九年六、七月間（乾隆二十四年六月），乾隆兩度提及了一份富德所奏呈的地圖，而後布營列陣，並命其將領們「繪圖具奏」。

整場戰役中，地方報導人們一直提供著許多地圖。一七五九年降清的和闐人霍什克伯克（Khosh Kopek Beg，即和什克，滿：Hošik）為將軍兆惠繪圖，告之以霍集占之可能逃亡路線。[34] 該年內霍集斯（Khwaja Sir Beg）則奏呈一份勾勒出戰略路線的地圖。[35] 另有一名前厄魯特官員基於某張地圖，而提供了關於從清朝領土到巴達克山與霍罕之路線的證詞。[36] 顯然這些略圖彼此間都交叉核查過，且與其他報導人之口述證詞比對過。[37] 如同一七六一年《御覽圖目》之跋語對新定邊疆所說明的：「當時詢之俘囚、訪諸戍卒，以知其險易近遠、以資籌策。」[38]

現在無法判定第二次測繪於一七五九年底開工以前，有多少土地被涵蓋在特製戰爭地圖當中。但設想其中某些樣本延伸至欣都斯坦也是合理的。在一七五九年五、六月間（乾隆二十四年五月），正當明安圖的組員從北京出發時，乾隆已經有辦法提出這樣的論點：「再披閱地圖，痕都斯坦一路似與克勒底雅（Keriya）相通。」[39] 如同上文注意到的，皇帝對這條路線感興趣乃源自他焦心於霍集占與布拉呢敦或許會逃往印度。大約同一時間，關於西域的情報與西部西藏的情況隨時可得自於乾隆那位高僧密友章嘉呼圖克圖，儘管並不清楚他是否討論過從葉爾羌到欣都斯坦的路線一事。[40]

這些特製軍事地圖被吸收到民用測繪當中。《清實錄》乾隆二十四年閏六月己卯條（一七五九年七月二十四日）記載了一道乾隆的諭令，命令把兆惠與富德已呈覽的葉爾羌、喀什噶爾等處地圖交發給到達回部時的明安圖和德保。這個測繪小組接下來將以天文學及其他觀測法訂正這些地圖。[41] 乾隆本身的評註證實了特製軍事地圖確實被吸收到測繪中，因為完整的測繪地圖顯示出一條連接克里雅（克勒底雅）與痕都斯坦的路線（通過葉爾羌與愛烏罕），而這正是乾隆已經在特製地圖上注意到的特色。簡言之，耶穌會士們與乾隆的測繪員們所負責的是：藉由判定特定地點的經緯度及在投影上標定這些地點，使地圖成形；地方報導人則負責泰半實際內容，尤其在那些測繪員所無法到達的區域。

一七五五年發起一場新的測繪時，歐洲人的地圖已被期待能在其完成品中占一席之地。初次測繪組奉命隨身攜帶《坤輿全圖》，這是對歐洲人世界地圖的一種泛稱。[42] 該稱謂下最出名者即南懷仁一六七四年的成果，某些學者便假定該圖即此次測繪組所參考者。[43] 但是同一題名卻也冠在法國耶穌會士們在約十七、十八世紀之交進呈給朝廷的亞洲與世界諸地圖上。[44] 較諸宮廷中其他可見之地圖，可知南懷仁的地圖較舊且不那麼詳盡，如此看來，這次測繪所帶的《坤輿全圖》似乎不太可能是南懷仁那份。

在完整版的乾隆宮廷本地圖之非清朝版圖上，比起報導人、特製軍事地圖及耶穌會世界地圖來說，實際測繪資料則可說是幾無分量。某個後來的耶穌會士記述中出版了諸如塔什干、瑪爾噶朗(1)、安集延等處的座標，將其歸於一七五九至一七六〇年之測繪，這件事被拿來當作第二次測繪任務曾遠屆中亞的證據。[45] 事實上，測繪組員似乎不曾跨離清朝版圖。其從一七五九年六月（乾隆二十四年五月）出發，如同滿文檔案如今已釐清的，僅只測繪了新疆南部。該年十二月六日到達葉爾羌後，他們看了富德的地圖，並「詢於知曉道里遠近之人而籌算之，將博洛爾、巴達克山、瓦罕、色勒庫爾等處俱皆繪入（原文滿文）」。[46] 此處關鍵字在 *bodombi* 一詞：滿語之「籌算」，表示了這個小組把他們報導人的口頭報告轉換為標繪在地圖上的地點。另一份紀錄則顯示這個方法同樣用在安集延與霍罕。[47] 該小組於十二月十四日離開葉爾羌前往和闐，至一七六〇年一月四日帶著已完成的地圖回到阿克蘇，故而他們不可能跨出清朝版圖之外。換言之，所謂這個研究小組「測繪」了中亞地區，只不過意味著他們依據報導人的證詞把這些地點標繪在地圖上而已。就連這種不精確的方法，也沒證據顯示他們曾用來刺探欣都斯坦的地理；其實我們並不知道，印度到底有沒有被囊括在新疆備製的測繪稿圖中而進呈御覽。

當測繪隊帶著南疆及其外之土地的稿圖回來時，他們得將其發現混入其他材料中，並把所有內容整合到一份雍正朝最後一次的修改版測繪地圖內。要重構這個程序，首先得考慮的是負責此事的政府機構。由於實地測繪是一種應用數學與天文學的形式，很大的程度上是由欽天監來處理的，第二次測繪隊的領導人明安圖當時即為欽天監監正。而親王允祿（一六九五—一七六七年）乃乾隆朝地圖繪製負責人中最屬宗室近派者，雖然形式上與欽天監無關，但他曾任《律歷淵源》企畫最終版的領銜編纂者，該企畫為一套內含天文、數學、樂理的集成巨著，何國宗、明安圖皆曾與其事。[48] 簡言之，宮廷製圖學這門學科是個專業領域，其從事者為康熙晚期受訓之專業官員，在雍正朝與乾隆朝合力工作。

耶穌會士們靠著負責觀察並藉數學投影在稿圖上標示地點，而在官方製圖工作中擔起技術中核的任務。在康熙朝，傳教士們主持製圖，可以設想是由他們在工作進程中訓練那些清朝官僚工作夥伴。在一七五五年時，這些受過訓練的專家泰半仍然活躍，但他們那些耶穌會士老師則多已離世：杜德美逝於一七二〇年、雷孝思於一七三八年、巴多明於一七四一年、費隱於一七四三年、馮秉正於一七四八年。宋君榮歿於一七五九年，此時乾隆地圖尚未完成，而且宋君榮也並未參與其事。在乾隆底下，需要製圖學幫助的清朝官員們諮詢了他們在欽天監的那些耶穌會同事——乾隆初年是戴進賢神父（Ignatius Kögler，一六八〇—一七四六年）與徐懋德神父（André Pereira，一六八九—一七四三年），此後則是他們的後繼者。一七四九年，有司調派劉松齡（Augustin Ferdinand Hallerstein）和傅作霖去為乾隆的木蘭圍場製作地圖，這份經驗或許就決定了傅作霖在兩年後得以參與新疆測繪。[49] 當乾隆在一七五五年希望能有進一步的測繪時，他自然會尋求底下最資深而有恰當經驗的官員，即何國宗與明安圖。此二人奉命帶著兩名耶穌會士，於是他們從欽天監裡招來了傅作霖和高慎思。

(1) 今名馬爾吉蘭。

耶穌會士們對乾隆測繪地圖的完成型有多少影響力？傳教士們持續地提供帝國裡其他人所辦不到的技術手段——而這正是乾隆聘雇他們的唯一理由，如同其所說的：「測量之法，西洋人較內地人員尤為精熟。」[50]話雖如此，最近則有學者主張：「乾隆年間以中國人為主，外國傳教士僅為助手。」並把這個情況歸因於非歐洲人團隊的技術力量有所增強。[51]依據可見的文檔紀錄所示，耶穌會士擔任顧問工作，對個別艱鉅的任務提供技術意見。如同在一份草擬該企畫之要素的紀錄中所提出的：「其有應行會同西洋人之處，并即傳詢會辦。」[52]耶穌會士們在每日原稿圖製作中所扮演的角色仍不清楚：清朝文檔有可能會貶抑歐洲人團隊的重要性，耶穌會士的記述則當然反其道而行。不過，如同我們將看到的，一旦以完成地圖來考證，宮廷耶穌會士對其最終成品無疑缺乏執行上的完整控制。

欽天監以外，其他宮中及主要有司們也參與了該項企畫。此事有著檔案上的意義，因為從康熙到雍正朝的那些較早的宮廷測繪地圖樣本必須充作新稿圖的基礎。某些版本展示在不同的宮殿中，但收藏地圖及其印版的主要地點是輿圖房，其屬內務府造辦處管理，是個用以收藏、整理朝廷那大量輿圖並圖示的單位。[53]

一七五六年五月二十一日，為製作新版宮廷測繪地圖開始了具體的第一步，而此時測繪組員都還在實地調查。輿圖房奉旨開出清單來找出較早的版本。他們翻出一組四十七塊銅版（馬國賢一七一九年版）、一組歸於蔣廷錫的三十二塊木刻版（推想是一七一八或一七二一年版）、一種木刻版本一〇五塊。[54]儘管這時候官員們相信所有這些地圖都是康熙朝造的，但實際上一〇五幅的地圖是雍正朝之物。[55]這個分三十二部分的地圖是一本地圖冊，當中各省及區有其自己一塊（分圖），另外兩幅是切成水平條狀的整合地圖（排圖）。由於分圖格式在康熙朝之後已遭淘汰，故只剩另外兩幅地圖拿來作新版的模型。在這兩幅中，雍正地圖繪有經緯線方格，而一七一九年銅版地圖則用斜格投影來表現經線。至於新的乾隆版則有兩種投影。

一七五七年九月，新測繪地圖之編輯開始動工。這次編輯稱為「增改」，表示有兩項任務：改——改善既存地圖，包括對早期中亞描繪的重大變革；以及增——繪入全新輿地。這次改版的一個主要材料當然是對新征服領地的初次測繪。當乾隆在一七五七年一月十二日評述稱：「今大段形勢皆已圖畫，其餘處所可以從容再往。」[56] 顯示這些測繪資料已是朝廷可見之物了。在更新上，這些地圖還得能反映中國最新的地名與行政疆界的變化，由於需要用到國家檔案，為此還臨時從軍機處、內閣、內務府調派工作團隊到緊鄰軍機處的方略館來共同工作，並負責纂修準噶爾戰爭史。[57]

當二次測繪組在一七六〇年四月中到六月中的某日間回到北京時（雖說測繪結果早已在二月底更快地驛送到達），新本宮廷測繪的工作進度加速了。[58] 六月底時，負責該企畫的兩名職階最高的主持者親王允祿與傅恆，敘稱內庭尚有銅版、木板地圖，其間或有闕略。他們提議率領一個團隊，帶著何國宗、明安圖，以及四名耶穌會士——劉松齡、鮑友管（Anton Gogeisl）、傅作霖、高慎思——細心查視這些地圖；若有必要，再向曾任職新疆的官員徵詢有疑問之處。[59] 其後某日，方略館委派傅作霖等人查辦改添內廷所藏的一個二寸五分銅版斜格圖與一個二寸木版方格圖。想來這兩份地圖也源自之前提過的木刻版及銅版版本。

九月六日，方略館奏稱首先需俟「新圖」完成，而後以之與前述傅作霖所審視的二圖相校對。一七六一年一月二十九日，親王允祿與傅恆奏稱，這份一寸八分木刻版斜格「新圖」已完成。較之「方略館所繪二圖」，式樣均屬相符。一旦這些地圖上某些哈薩克所屬地方的特徵經校正後，二寸五分銅版本將由內務府造辦處鐫刻，另兩個木刻版本則交由武英殿刊刻。[60] 一七六一年七月十九日，軍機大臣劉統勳、何國宗奉旨將《西域圖志》交給方略館。雖然《西域圖志》這樣的書名其實應指方志而非僅地圖，但秦國經與劉若芳仍主張這個日期標誌出對西域之新測繪地圖的最終完成。[61]

在這張圖的後續歷史上疑雲密布。蔣友仁神父（Michel Benoit）似乎在約一七六九至一七七〇年間完成了一七六一年版乾隆測繪地圖的銅版刊印。[62] 此後測繪仍然繼續著：當土爾扈特返居新疆時，乾隆遣傅作霖等到邊疆以取得新測繪，並傳旨修飾重印既有銅版與木刻版諸地圖。[63] 在一七七四年第二次金川戰役期間，他還命令耶穌會士們製作測繪讀物，又於一七七六年八月命令他們協助繪出盛京等處之稿圖。[64] 一般認定今天重印的乾隆地圖之版本，乃蔣友仁在一七六九至一七七〇年間的成品。但該圖上所呈現的印度是否為一七六一年以後才更新的不得而知。當然，一七七〇年代後期，朝廷對製圖學的興致已冷去。汪前進發現到，測繪地圖不曾更變，不足以反映修改版的一七八二年《西域圖志》上較新、較準確的座標。[65] 可以確證其在一七八〇年被忽略之可能性在於出版的地圖上用了「舊」的術語（例如「溫都斯坦」而非「痕都斯坦」），而這術語是乾隆在《四庫全書》中費心去消除掉的。還可以注意到，在一七六〇年代晚期，縱然只要憑著同一夥報導人以及用於印度與中亞的歐洲人地圖即可輕易繪入，但乾隆另一次戰役的所在處——緬甸卻從未加到測繪地圖上。

這個時限相當特別，因為至少到一七八〇年代中期，乾隆朝官方學術成品與出版物對其他領域都一直保持活力。在此可以提出幾個假設解釋朝廷對地圖繪製結果何以失去興致。測繪與製圖總需要精通技術的官員來監督他們的耶穌會士夥伴，而那些活躍於一七五〇年代之測繪的專業官員（都是康熙時期的學生），此時都垂垂老矣：何國宗歿於一七六六年、親王允祿薨於一七六七年，明安圖則在一七六三年到一七六九年之間過世。[66] 簡言之，到了約一七七〇年時，那些曾經監督過乾隆朝新測繪的關鍵技術顧問皆已物故，而他們也沒有明顯的後繼者。至於該企畫中的耶穌會士們，蔣友仁與劉松齡俱亡於一七七四年。傅作霖（歿於一七八一年）和高慎思（歿於一七八八年）稍長壽些，但整體來說，合作製圖所需的專家已不再可得。這一點能解釋即便朝廷同時期對其他計畫仍慷慨贊助，卻在一七七〇年代前半期於製圖上陡然衰退。也可能是因為此時在宣傳上或戰略上對新版地圖的需求已經不再那麼緊迫。對乾隆而言，在準噶爾戰役後，拓展他的地圖是個展現其征服武功的好辦法，可是之後的戰爭都不再能帶來明顯的版圖擴張。為了軍事目的，乾隆一直倚賴軍前將帥所備製的特製地圖，而非測繪地圖。除非發現新的證據，否則看來到了一七七〇年代中期，乾隆已經放棄了為平時製圖而持續更新宮廷測繪地圖這件事。

宮廷測繪地圖上印度之複合圖像

我們現在把目光轉到完成版宮廷測繪地圖如何呈現印度這件事上。清朝繪圖資料有著測繪、地方記述、西洋人地圖，但在編輯上讓這些資料整合起來的原則、論辯乃至妥協，不管中國或西方材料，皆未對之作出解釋。從對地圖形式與內容的研究可看出，一方面歐洲人的地圖肯定曾被參考甚至被套用了其中一部分，但同時這些地圖在證據上的權威性還是低於早期測繪與地方報導人。更有甚者，在完成版的地圖裡，耶穌會製圖學那獨有的性格已被系統性地消除掉了。當不同的資訊流一起被織進一個印度的地圖圖像時，西方式的世界概念影響極為有限。

只需要稍稍窺探一下完成的乾隆宮廷測繪地圖，就能知道它其實有部分是基於歐洲人世界地圖之上。那些主要地理特徵最清楚的輪廓——印度的德干與加替阿竕（Kāthiāwār）半島、波斯灣和阿拉伯——唯有取自當代西方地圖的圖像，否則清帝國中別無其他資源可得。如同雍正地圖在表現裏海與黑海上吃重地倚賴歐洲資料般，乾隆宮廷測繪在這一點也依循著這項前例。

儘管個別看來，宮廷測繪地圖與同時代歐洲人所製地圖在地理特徵的形狀上都很像，但地點的配置與相對位置則偏差甚夥。要證明這點，筆者比較了乾隆測繪地圖和唐維爾的一份一七五一年亞洲地圖，這張地圖也許是當時北京耶穌會士所能得到的新近歐洲人地圖[67]，觀察好幾個地點彼此間的距離。以下列出一份乾隆地圖與當時最新歐洲人地圖上數個主要地點的歧異之清單。二者間之差距，於方括號中以近似經度表示：（一）乾隆地圖上的波斯灣座落在東黑海與高加索山之下〔相差九度〕；（二）今巴基斯坦之木爾坦，在裏海之南〔相差十八．五度〕；（三）波斯灣口與加替阿跋半島西緣間的印度洋，在乾隆地圖上僅跨五個經度〔相差九度〕；（四）今孟加拉之達卡，直接在西部西藏的瑪旁雍錯湖下方〔相差八．五度〕。[68]

這些距差幅度不能歸諸疏忽或不細心。要說這些獲允放手呈現亞洲的耶穌會地圖製作者們會繳上和同時代歐洲人知識偏差那麼大的地圖，也令人難以想像。還有其他因素限制著他們在測繪地圖上複製新近歐洲人世界地圖的能力。即宮廷測繪地圖包含著最新歐洲人資料所必須屈服的元素——這些元素中的一項是西藏。康熙朝曾經倉卒測繪過西藏，但這個描繪完整地照搬到雍正版地圖上，到了乾隆朝，其皇家背書的形狀就成了經典。當康熙版與雍正版被用作乾隆改版的基礎時，西藏的形狀也被保留下來。歐洲人地圖繪製者們在描繪西藏時同樣也吃重地倚賴康熙測繪，但卻配合印度各地的已知座標而調整之，從而明顯地修改了原本的乾隆測繪資料。相對地，乾隆之前的各版本清朝測繪地圖之備製都不曾指涉過印度。因此，一旦得在宮廷測繪地圖上畫上印度時，一個知識論上的問題就產生了：由可信的清朝測繪人員們所製的，且由皇帝認可過的西藏圖像，是否得遷就於最近的歐洲人資料？

答案是無此必要。

製圖者為了讓最新歐洲人的印度地圖得以配合清朝的西藏地圖，必須扭曲事實，恆河的位置就是一個具體事例。康熙測繪地圖把恆河源定在西部西藏的瑪旁雍錯湖，乾隆地圖則顯示這條河就從此湖順勢走入印度，而後幾乎是正南向流入其三角洲。為了湊和這點，孟加拉的達卡只好被放到西喜馬拉雅山的下方。一旦恆河三角洲被描繪在西部西藏的下方，就不可能把德里和阿格拉（Āgrā）放在喜馬拉雅山之南。讓這問題更加嚴重化的是：原版康熙測繪地圖上所顯示的喜馬拉雅山走向近乎是東西向，而後卻在拉達克下面陡然北彎九十度，而歐洲人地圖卻把其修改為漸進斜向東北。為使歐洲人的資料符合清官方的西藏描繪，德里和阿格拉便不得不置於喜馬拉雅之西而非其南。由於這些城市位於亞穆納（Yamunā）河畔，而亞穆納河實際上又是恆河的一個支流，乾隆宮廷測繪地圖的製作者只得把亞穆納河從恆河切割出來，另外在喜馬拉雅山脈以西賦予其一個三角洲。這樣做的結果是，阿格拉就被放在拉達克的南方一度、西方兩度之處，而唐維爾圖上的阿格拉卻在拉達克的南方六度、東方兩度之處。簡言之，為了保存較早的測繪地圖上留下的內容，這些製圖者有意地違背了歐洲人對印度地理的最新概念。無疑地，對乾隆宮廷提供意見的耶穌會士們並無便宜行事之權，以在地圖上呈現他們本身覺得更準確的版本。69

關於耶穌會士們與歐洲人的世界地圖在最終測繪地圖上影響有限一事，地圖的邊界提供了更多的證據。在乾隆朝時，地圖上加入了阿拉伯半島、波斯、阿富汗、北印度，但卻排除了泰半的南印度、半島東南亞，以及大部分的歐洲。這點可以用美學的理由來解釋：雍正版的地圖，南向延伸至瓊州（今海南）、西至聖彼得堡，在其西南四分之一塊上留有一片顯著的空白，而乾隆的擴張正好填補了這個區域。70 此外還可以進一步做政治上的解釋：在一七五九年到一七六二年間清廷對回部特別感

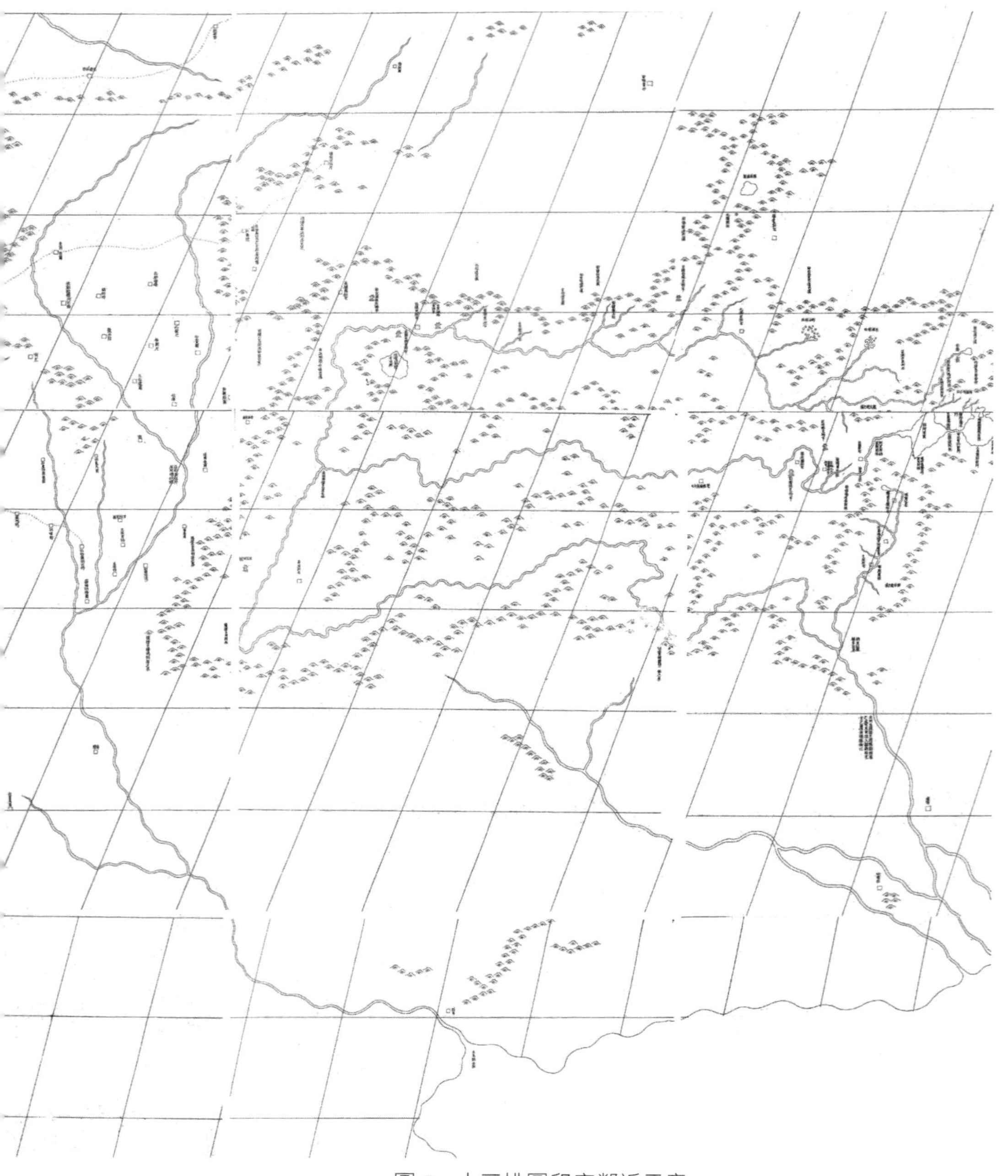

圖 7　十三排圖印度鄰近示意

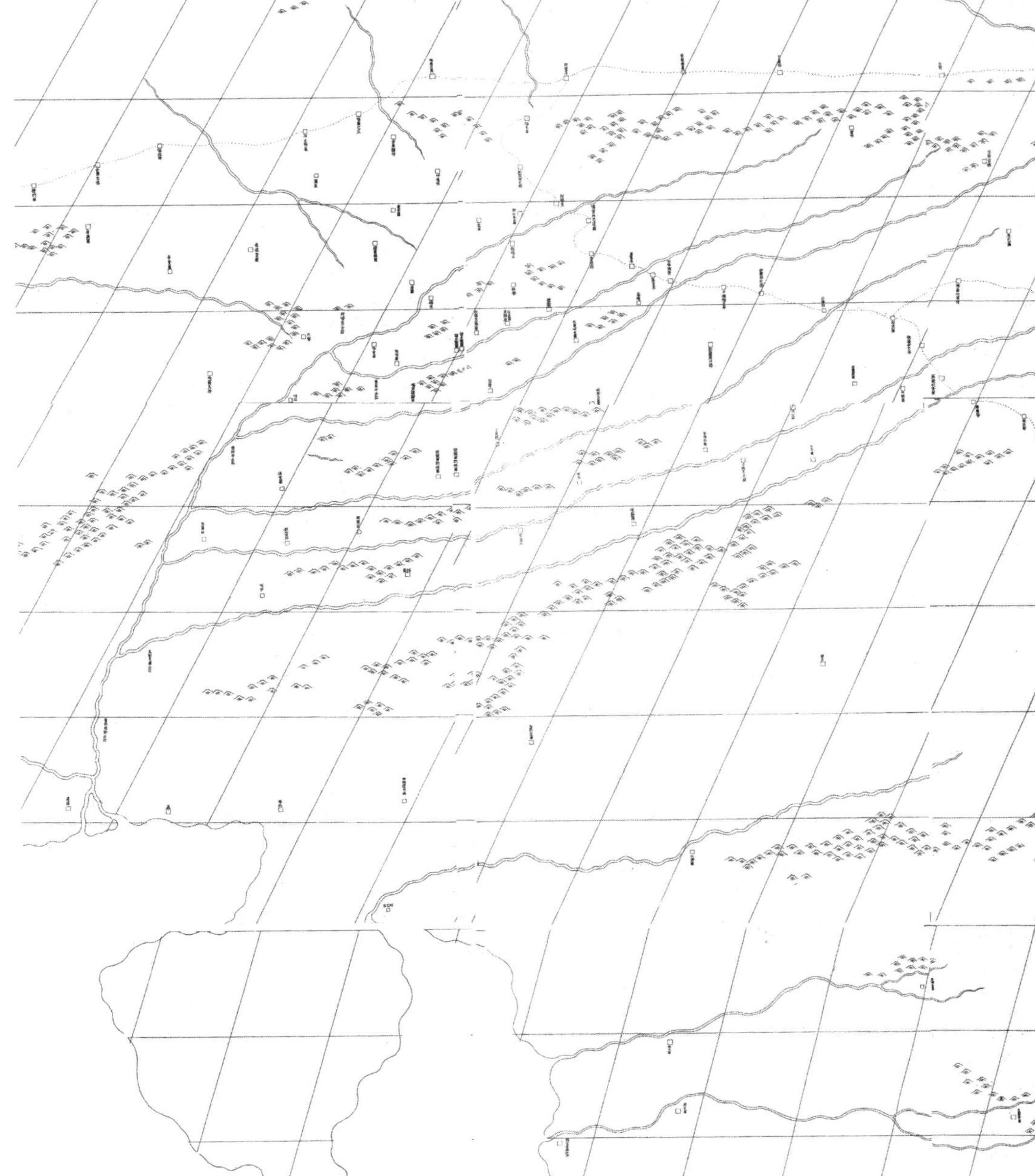

興趣，乾隆尤其提及了印度（天竺）與奧斯曼帝國（洪豁爾）這兩個「大國」。既然顯示了此二國，或許可以主張測繪地圖滿足了自一七六〇年後朝廷的操作性需求。然而美學、政治解釋以外，該地圖的極限還帶來了更進一步的兩點分析。第一，耶穌會士們似乎不太可能選擇替穆斯林亞洲賦予一個全面的圖像，卻忽略他們的歐洲故鄉，這一點更加證成了耶穌會士在草擬地圖上所扮演的角色有限。第二，如上文所見，在測繪地圖備製時的官方編纂集成書裡，耶穌會士的地球有五大洲之主張在乾隆朝仍有爭議。把世界當作為諸水所包圍的人居大陸這樣的概念——無論是中國傳統所謂「四海」內的土地，或是佛教所謂的贍部洲——仍持續保有影響力。設若宮廷測繪地圖把西方地圖上看到的這些相異各半島加進去，則「朝廷接受了耶穌會士對世界的描繪」這件事將成為衝擊性的視覺證據。反之，展示出一大塊方形土地，由水或陸所包圍而影跡漸薄以至於空白，其所蘊含的宇宙觀並非特屬西方式的，而清朝所倡導的那些對立的世界觀，則不會在這地圖中發現些什麼和其他理論裡的世界形狀顯然相矛盾之處。實際上，該地圖上沒有任何一處會否定乾隆在一七六八年所聲稱的，世界乃諸水所圍之贍部洲一事。該地圖在宇宙論上是中立的，並無替耶穌會理論辯護之處。

地理學上的命名法，也表示當宮廷測繪地圖即將含括到清朝版圖以外之處時，耶穌會士在地名使用上沒有多少影響力。在他們自己的地圖上，從利瑪竇、艾儒略以來就自有一套一貫使用的標準稱謂，但宮廷測繪地圖上所顯示的卻完全是另一組語彙。就以我們的印度為例，看不到任何標準耶穌會術語的痕跡諸如「莫卧爾」、「印第亞」、「德里」、「小西洋」等，也不曾提及更高層次的概念如「亞細亞」。地圖上的所有海洋一般都標上了滿文 *mederi* 或漢字**海**，避開了相競爭的大洋命名系統問題。反之，乾隆宮廷地圖製作者偏愛用地方報導人的語彙。這點早在雍正版已經很明顯了，該圖對裏海的空間構繪來自俄羅斯或歐洲人的地圖，卻把這個內陸海稱作騰吉斯鄂謨（Tenggis Omo）——

一個滿蒙混合式的稱呼。這其實是住在裏海沿岸的土爾扈特蒙古之報導人所用的名稱，而為圖理琛所吸收。[71] 類似的偏愛地方報導人的情況也能在乾隆測繪地圖上看到。例如說，在該圖中的印度河之支流，與同時代之歐洲人地圖上的表述有所不同。Sutlej 河（象泉河）就被稱作魯底雅那必拉（Ludhiana，滿：Ludi yana bira），印度河上游為阿塔克必拉（Attock，滿：Atak bira），第三條印度河支流為昆都瓦爾必拉（Kundu wal bira），凡此稱謂皆非用於同時代之歐洲人材料者。在好幾個情況下，如同德里被稱為扎哈爾喇巴特（即前文提及之扎納巴特，滿：Jahal rabat），或者莫卧爾帝國被稱為痕都斯坦，地圖上的術語都是依照當時喀什噶爾及葉爾羌的稱呼。[72]

最後，印度地名的密度也透露出了朝廷的需求，並可能顯示出一旦有了地方報導人，則歐洲人地圖將依照其說法而修訂與改變。在宮廷測繪地圖上，人口繁庶的孟加拉只被畫了三座城市，在孟加拉與蘇拉特之間反而出現了近乎九個。該圖上的其他地區，例如波斯，顯得同樣疏落。相反地，西北印度則被描繪得相當詳盡：印度河各支流包覆著超過五十個聚落。對此區域特別留心無疑反映了在一七五八年後朝廷對痕都斯坦這個敵人的潛在避難所之興趣，很可能也反映了葉爾羌與喀什噶爾報導人對西北印度的熟悉。換言之，清廷創造了一份以新疆為中心的印度地圖。

在耶穌會士團隊與歐洲人世界地圖的輔助下，便可以把勾勒出的印度（一如波斯與阿拉伯）放在宮廷測繪地圖上，該地圖已經帶著囊括俄羅斯、中亞與清帝國本身的經緯度框架。然而，他們的貢獻只不過是整體中的一個元素，其他元素還有地方報導人以及較舊的測繪地圖。雖說令人挫折的是，這個整體背後的規則與方法仍然不透明，但證據表示新近歐洲人製圖學遷就於其他材料。就其本身來說，乾隆宮廷地圖繪製者們修改或忽視歐洲人地圖，毋庸意味著他們質疑這些地圖的真實性。對中亞及內亞這些實際測繪過或調查過的部分來說，清廷所持有的資訊很明顯地超過了任何歐洲人地圖繪製者。如同榎一雄（Enoki Kazuo）所指出的，直到十九世紀，歐洲人地圖繪製者都還推崇乾隆測繪地圖是針對這些地區能取得的最佳材料。73但是這對於歐洲製世界地圖中的證據所加諸的限制也更深。為了能嵌入先前那些皇家所背書的對清朝版圖的描繪，他們對世界的描繪必須重構，先前版本的權威性是無從妥協的。即便耶穌會世界地圖中那些不曾與先前測繪地圖相矛盾的特點，只要帶上有爭議性的歐洲人宇宙觀的成分——地名特徵、大陸名以及突出的半島——也將被盡可能地在完整版地圖上削除掉。簡言之，測繪地圖所描繪的印度是個唯一且獨特的資訊混雜體，這個混雜體不會有任何歐洲人能為之背書。宮廷測繪地圖的製作者與使用者會怎麼看待這個與新近歐洲人世界地圖間的鴻溝呢？

宮廷測繪與耶穌會士地圖之證據地位

不管宮廷測繪地圖是怎樣創造出來的，一旦完成後，對於呈現給乾隆皇帝及其大臣們的印度與其他境域，該圖的描述是否成為對外在世界最具權威性的空間描繪？該圖是否能成為檢測其他表述的判準？如果這個答案為「是」，那麼一七六〇年不但標誌著地理不可知論的終結（至少關於印度是如此），同時也標誌著地方化的世界觀之影響力與特定邊疆密不可分。為探討此議題，本節將考證一七六〇年耶穌會士蔣友仁獻給皇帝的世界地圖之接受情況，當時測繪地圖正在備製中。乾隆能夠容忍兩種關於印度地理學的相異表述，正表現出他不太在乎宮廷測繪地圖上那些非清朝土地是否正確。

首先，我們必須釐清蔣友仁與宮廷測繪計畫的關係。在此，耶穌會內部政治與清朝制度結構交會了。在康熙朝，法國耶穌會士獲得授命引領官方地圖繪製，但到了乾隆初政時，這群人多已相繼逝世。至一七五五年，如前文已說明的，宮廷地圖繪製有著附屬於欽天監的傳教士來輔助，當中主要是由葡萄牙贊助下的葡萄牙和日耳曼耶穌會士。法國耶穌會士則打從他們在十七世紀晚期到達中國的那一刻開始起，就已經是葡萄牙資助布道之國家上與科學上的對手，與之在不同的教階上運作，並住在不同的處所。[74] 所有在一七五五年至一七六二年間出現在官方文檔上與官方測繪或地圖製作相關的人——傅作霖（Felix da Rocha）、高慎思（Joseph d'Espinha）、劉松齡（Augustin F. Hallerstein）、鮑友管（Anton Gogeisl）——都與葡萄牙布道團有關。筆者在清朝文檔上不曾發現過蔣友仁（Michel Benoit）與測繪地圖的工作有任何干係，而在一七五〇年代晚期，法國耶穌會士宋君榮（Antoine Gaubil）甚至無法從他的葡萄牙同事那兒取得一份乾隆朝測繪地圖。[75] 蔣友仁在制度上也和這個計畫分開來了。他並不在欽天監任職，而是自一七四四年到達中國以後，就參與北京外的圓明園之建築與工程計畫。

話雖如此，蔣友仁還是經常被當作最直接與宮廷測繪地圖之備製有關的人物。這是根據他在信中的這樣一番話：「很久以前，陛下就下令繪製其帝國及鄰國的各種尺寸的新地圖……我受託領導了這項工作。」[76] (2) 蔣友仁在何時以怎樣的資格開始執行這項任務並不清楚。確定由蔣友仁指導的地圖之銅版刊印，在一七六九年左右開始，遠在一七五五年至一七六一年間測繪地圖起草之後。而筆者所發現唯一提及蔣友仁與測繪有關的漢語參考資料，日期署在一七七四年，當時舒赫德奉諭決定耶穌會

(2) 以下相關譯文主要採自鄭德弟等譯，《耶穌會士中國書簡集》，鄭州：大象出版社，二〇〇五。

士蔣友仁、傅作霖二人何者測量技巧最精（即便此處，該任務看來也更偏軍事而非製圖）。[77] 在確知蔣友仁先前不曾被提及與宮廷地圖的創造有關的情況下，地圖銅版之鐫刻只是他所確認的一項特殊任務，而從下述其他旁證看來，似乎蔣友仁只不過涉入了一七六〇年代晚期的地圖備製之刊印而已，而不是在一七六一年之前實際草成其內容。[78]

無論蔣友仁在測繪計畫中扮演什麼角色，他確曾試圖做出地圖並與乾隆討論過地理學。在傳教士所記錄的一七六六年的一封信中，他曾為皇帝製作過「地球儀」。[79] 到了一七六〇年，蔣友仁開始著手製作一幅新的歐洲式世界地圖以進獻給乾隆。根據一份蔣友仁死後的記述，這是因為乾隆皇帝經常向他詢問關於中國地理的問題才使他打算做這件事。他的一位中國朋友提醒他說，這樣一幅地圖剛好適合當做即將到來的皇帝五十壽辰上的禮物，蔣友仁便相應地決定為兩半球製作一幅巨大的世界地圖，每半球直徑皆長五呎。[80]

蔣友仁的地圖題名為《坤輿全圖》（與南懷仁及獻給康熙的漢譯版法國世界地圖同名），是唯一已知獻給乾隆的漢語西式地圖，而直到鴉片戰爭前，這幅地圖仍然是清廷所持有的該類地圖中最新穎的。[81] 清朝對這件禮物的紀錄相對完整。在一七六〇年九月十日，乾隆對於該地圖及其隨附書籍有旨。根據一份耶穌會材料顯示，乾隆龍心大悅，不僅推崇這件工作，並把一份該圖送入他的私人居處。然而初版仍然是不完整的。蔣友仁把那些清朝新征服的區域留白，之後才補上，還請求乾隆校對他在書寫文法上的錯誤。[82]

從而，蔣友仁在官方測繪稿圖完成前就向皇帝獻上了他的世界地圖。在這當中，他更進一步強調該圖呈現了最新、最先進的歐洲地理學知識（他自一七五〇年代初起參考唐維爾圖）——在他的指南手冊《地球圖說》裡同樣明顯地這麼宣稱。[83] 蔣友仁的宣稱肯定吸引了皇帝的目光，可是他的內容被接受的情況在清朝史料和耶穌會士史料的記載上有所歧異。一七七五年所寫的蔣友仁的訃告中，作者稱他奉命向「地圖局」（bureau des cartes）（蔣友仁本身稱之為「內廷 tribunal intérieur」，有可能是方略館）報告，並為他的創新作品辯護，而辯護中他經常獲得乾隆的皇叔允祿之支持。[84] 在蔣友仁自己的書信中，以肯定口吻表明允祿向皇帝上奏支持他，使得乾隆要求複製第二份地圖，且提供助手以潤色他所寫的內容，並下令在宮中那些不同的地球儀上「加入我在新地圖中繪製的新發現」。[85] 他的訃告作者則稱「〔皇帝〕請他檢證並審查人們即將繪製的達百幅之多的帝國全圖」。[86] 換言之，在耶穌會的立場，蔣友仁說服了皇帝及其大臣重視他的地圖。那麼，關於印度，為什麼宮廷測繪地圖和蔣友仁的世界地圖會差異如此之巨？

清朝文檔顯示了一幅相似卻又更微妙的圖像。乾隆認識到蔣友仁地圖背離了舊圖對世界的描繪，也確實下旨要親王允祿與何國宗在測繪地圖上同步工作，以檢查該作品「不對之處」。允祿、何國宗於一七六一年一月覆奏。為了檢查，他們首先比對了蔣友仁地圖與同款式的舊樣本，包括內廷所藏的一個地球儀，及北京天主教堂中南懷仁《坤輿全圖》的一個副本。他們覺得三份地圖的形勢「大格局上相同（大概相同）」，但較諸舊圖，蔣友仁地圖上俄羅斯往東多展開四十餘度，北美則往西多展開五十餘度。蔣友仁為此辯護的理由是，在一七四一年，「西人李勒」等測繪了這些地方，故有必要基於他的新貢獻而改變南懷仁舊圖，這項解釋獲得劉松齡等人認可。[87] 在蔣友仁準備他的任務前，已經在傑出的法國天文學家約瑟夫—尼可拉・德・李勒（Joseph-Nicolas de l'Isle）(3) 的指導下做過一陣

(3) 前文「紀堯穆・德・李勒」之異母弟。

子研究。[88] 德・李勒駐留過俄羅斯，當時他曾經在一段時間裡指導過一個俄羅斯帝國全國繪製地圖的計畫。[89] 儘管我們不知道蔣友仁和德・李勒是否一直保持聯繫，但兩人在一七五〇年代都與在北京的宋君榮有所接觸。[90] 因此蔣友仁提及的「李勒」就是德・李勒，而一七四一年應該指的就是白令（Vitus Bering）對該區域的第二次探險，而德・李勒曾取得其成果。[91] 允祿與何國宗則補充道，除了文義未順得修飾外，蔣友仁的世界地圖必須修改處僅有其對內亞的某部分描繪：其按「伊犁舊圖」繪畫而非依照「明安圖、傅作霖等所畫新圖」。此處之所指，或許是蔣友仁依照何國宗初次對準噶爾測繪的結果，但卻把明安圖帶領下新近測繪之處留下空白，也可能「舊圖」指的是更早期的成品。應改正處已貼簽到該圖上，當乾隆批准後，將奉旨出一新版。

總結來說，清朝史料肯定了蔣友仁和其他耶穌會士在驗證新的地理描繪上有其必要，而他們也相當令允祿及其同僚滿意。然而，很明顯的事實是，蔣友仁的世界地圖與宮廷測繪稿圖間的邂逅，恰與耶穌會信件中所說的相反：乾隆希望蔣友仁的世界地圖完全符合他自己的測繪對新疆的描繪，而不是用世界地圖來修正奉他命令出去測繪的結果之短處。這是宮廷中標準化進行的一部分。親王允祿和傅恆在一七六〇年六月末奏稱，允祿曾經為康熙監製過地球儀，而今征服了準噶爾，地球儀顯得過時了，他們兩人提議「添畫新闢土宇」好讓地球儀能反映帝國的新成就。他們希望讓這個改版行為也延拓到其他宮廷地圖，為皇家檢查呈現他們的新結果。[92] 乾隆一本正經地對待那些歐洲風格的地圖，使其持續更新——用他自己新的測繪來更新，而不是根據最新的世界地圖。

相反地，蔣友仁依據唐維爾最新地圖做出的印度描繪，即便與宮廷測繪地圖所表述者判然有別，卻似乎不曾引起注意。雖說筆者所能獲取的唯一一份蔣友仁世界地圖複製品解析度太低而不能做出細部分析，但該圖與測繪地圖的分歧差不多與上述唐維爾圖所勾勒的情況相彷彿。尤其關係到印度，對印度河與恆河—亞穆納河水系以及對喜馬拉雅山脈的描繪顯示出衝擊性的差異。例如說，蔣友仁讓亞穆納河匯入恆河，並讓整個水系流自明顯斜向西北的喜馬拉雅山脈之南，而非其西。這樣的差異不太可能會被放過未見，因為乾隆本身、好幾名宮廷耶穌會士，以及最資深的清朝天文學兼製圖學專家允祿和何國宗，似乎都曾經很仔細地檢視過兩種地圖。就算蔣友仁的世界地圖進呈給皇帝的時間是在確定的「新」測繪地圖完成之數個月前（新測繪地圖完成於一七六一年一月），而且是在該測繪地圖之最終刊刻（在一七七〇年或稍後）的數年前，也不見任何對這些非清領亞洲之表述作出標準化的企圖。

看得出來，皇帝和他的大臣們並不關心宮廷測繪地圖是否符合耶穌會士們心目中最好且最新的地理學資料。乾隆很清楚地甘願讓宮廷測繪地圖與蔣友仁的世界地圖在有關印度地理的關鍵地點上互相矛盾。從而，皇帝對地圖繪製上有所背離的態度，顯然與那塊土地到底是否在他的統治下有關。對清帝國本身，只能有唯一一個有效的圖像，至少對那些以經緯格線畫出的地圖是如此要求的。不只是舊的地球儀，就連蔣友仁的最新地圖都得和官方測繪相符。然而，對於外在世界，官方測繪似乎就不具備同樣確定的權威性了。蔣友仁未曾奉旨改動他對印度河或恆河（或甚至喜馬拉雅山脈的南坡）的繪圖以配合測繪地圖，測繪地圖同樣毋庸改動來配合蔣友仁。在多種對外在世界的概念裡，乾隆不曾下達判斷。

要了解他的態度，有必要回到測繪計畫之發端。康熙只納入那些清朝官員監督驗證下的發現，某種程度上倚賴著地方報導人，但卻徹底排除未曾驗證過的歐洲人製圖學材料。當清帝國的戰略水平線西向延伸時，雍正和乾隆則感到有必要持有俄羅斯、中亞、印度與其他地方的地圖。話雖如此，儘管在測繪地圖本身看不出來，但朝廷所驗證過的結果，和那些源自不太可信的歐洲人製圖學的資料似乎仍然壁壘分明；地圖的權威性之別，端視其為清朝版圖或外國輿地而定。清朝君主對耶穌會士的資料並不敵視，卻也不把他們的地圖當作可得的最佳世界圖像。在地理不可知論這個背景下，耶穌會地圖被保留下來，甚至還獲得推崇與展示，但仍只不過就是諸多相競爭的理論中之一罷了。

乾隆皇帝對歐洲地理學的曖昧態度還可以用其他證據來加強證明。他的詩文著作中用過佛教「贍部洲」的概念，但至少在筆者所確認過的範圍內，從未用過「亞細亞／亞西亞」這樣的字眼。在一七六〇年之後，他寫到印度時，很明白地引用了來自蒙古、伊斯蘭、西藏材料的資訊，但卻從未用過蔣友仁地圖及其術語諸如「印的亞（印第亞）」、「莫窩爾（莫卧爾）」。[93] 事實上，筆者並未發現乾隆寫過任何一段地理學或歷史語言學的註解或論文曾用到耶穌會特有的術語，或引用過任何一本歐洲人的書或地圖來支持他的論證。康熙的地理學評註偶爾會提到經度和緯度，而且有證據證明康熙在討論世界事務時曾參考過世界地圖，但在乾隆身上看來完全沒這種證據。

如同第一章所討論過關於《四庫全書總目提要》編輯群的部分，用太絕對的字眼來描述乾隆與歐洲製圖學證據或方法的邂逅，不管是正面的或負面的，都有誤導的嫌疑。皇帝本身既非支持者亦非反對者，他只不過希望更了解那些流通在他的帝國內的、關於外在世界的諸多理論而已。蔣友仁神父的信件中顯示了他經常長時間與乾隆討論地理學和天文學。到了一七六六年，他已能在信札中告訴一位朋友說：「有五到六次，除了我所督製的地球儀與我所勾劃的世界地圖以外，皇帝還問了我好多不同國家的事情，問到俄羅斯尤其詳盡。」[94] 在其他地方他描述了一次他與皇帝的長談，當時皇帝提出了大量不同主題的問題：歐洲人在俄羅斯、緬甸、爪哇所扮演的角色；歐洲殖民政府的統治方式；西方繪製地圖技術以及繪製遙遠乃至無人居處之地的問題；及其他諸般問題。[95] 或許這段談話中最令人動容的一刻就在乾隆問到：「在你們的世界地圖上畫出了世上所有國家；你們並未到過所有這些國家，怎能畫出它的地圖呢？」以及「人們往往說天下萬國，即國家數量無數。有些地方本身是無法進入的，且無人居住，所以你們不可能去……你們至少會缺乏這些國家的地圖吧？」[96] 最後這兩段評註中的隱含意義很重要，因為它暗示皇帝相信耶穌會士們誇大地宣稱自己確實繪製了全世界的地圖。難道耶穌會士們理當該像清朝的學者般抱持著最謙虛的不可知論？歐洲人世界地圖的內容以及製作測繪地圖背後用到的科學原理是清廷已經熟悉了的，但這些並無法在對外國地理的研讀上獲得排他性或甚至主導性的地位。如同我們於第二章的討論裡，在乾隆的著作中所能看到的，儘管他對從帝國內各語言與各文化中汲取出的諸多地理學概念有著深度的關注，但他在其文本論證上倚賴的還是書寫材料與口頭報導人，而非地圖證據。

自大約一八〇〇年起，私家精英漢人地理學者們傾注精力在研究歷史地理學以及回部，他們開始在自己的研究中大量使用宮廷測繪地圖。如同清朝皇帝及其宮中團隊般，這些學者們推崇宮廷測繪地圖的精密，並且在研究國內地理時謹慎地加以參考。雖說某些學者已經獲得了囊括幾乎全亞洲的乾隆版地圖，但在外國地理的地點上卻罕見引及。關於印度，宮廷測繪地圖幾乎可說根本不曾對學者們造成衝擊。結果也就和宮廷中一樣，這些私家學者把那些地圖當作是對國內版圖的最佳陳述，在描繪外國輿地時卻認為其價值有限。[97]

小結

在前兩章已經論證過，清代地理學材料無法孤立於其脈絡外來作解釋。那個時代研究地理學的學者們廣泛地從相牴觸的材料中汲取結論，小心翼翼且暫時地綜合這些看起來不可共量的各種元素。沒有任何材料能傀然獨立於乃至凌駕乎這個證據母體之上，這一點耶穌會世界地圖也一樣。世界地圖的作者們希望他們的作品能被當作一個完整且具權威性的系統，淘汰掉此前那些世界觀，可是對清朝的讀者們而言，這些世界地圖只不過是眾多材料中的一種罷了。

宮廷測繪地圖本身也一樣嗎？這是個耗資巨萬，在皇帝及其最高官員緊密監督下，由龐大的技術團隊經年累月地勞動才完成的作品。而且說起來，只要這些地圖是由清朝有司保證實際測繪的產品——意即，司事者在皇家的直接控制內為本國領地繪圖這情況之下——那麼這些地圖便能宣稱為帝國版圖提供前所未有的清晰圖像，壓倒前此諸般材料，在朝廷以及在精英私家學者間看來都能普遍獲得認可。這情況在清領內亞尤其正確，因為此前中國對那裡的了解相當貧乏。在官員們以及與朝廷聯繫良好的私家學者們之間，這些測繪地圖總算開始贏過文本材料，成為權威性證據的來源庫，引領著對清朝版圖之歷史地理學與當代地理學的鑽研。

對於外國地理學，可就不是那麼回事了。皇帝以及他的部院大臣們看來對那些在清朝控制外的輿地之地圖證據並不太放在心上，十九世紀早期的漢人文士們也不曾重視之。這是因為對於非帝國之輿地，地圖陷進此前章節所描述過的確證母體之內，這樣的確證母體之構繪由多股材料（包括普遍被視為可疑的歐洲人地圖）共同織成，卻沒有清朝精英中可信的觀察者之第一手證據。可以肯定的是，該證據母體之組成意味著，比起為《四庫全書》提評的文本編輯群對艾儒略及南懷仁那語帶懷疑的評價，他們對歐洲人製圖學的信任是高得多的。想必何國宗、明安圖、親王允祿這些人在與耶穌會士們及其著作結識已久的情況下，其信賴歐洲人世界地圖應該比清政府中任何人都多些。就算這樣，在組成程序內，從西方進口的那些最新地圖的權威性還是得讓位給其他證據。

這個測繪地圖在關於外國輿地的效用上，也受限於其在單個邊疆的區域性來源。該圖在乾隆朝的校訂突顯了新近的「回疆」，而在如此遼闊的區域中，那些最接近新疆的輿地被描繪得最詳盡。在選擇地理學稱謂上，該圖作者們明顯展現出使用內亞或中亞地方報導人詞彙的傾向。宮廷測繪地圖完全不是拿來超越地方報導人那有限視野的普世地理學指南。操作上來說，與印度接壤的其他邊疆沿線在軍事與外交上是無用的，例如東喜馬拉雅山脈；孟加拉則幾乎整個留白，其水系則大抵被扭曲以求能適應調和對西部西藏的康熙測繪以及歐洲人地圖；加爾各答則和其他歐洲人在印度與中國有商貿往來的主要港口一樣被排除掉。希望掌握印度地理（從拉薩或廣州等有利地點所取得，並由皇帝與軍機處監製）的官員們從測繪地圖中無法獲得幫助。從而，在後來的軍事行動或外交危機上，測繪地圖似乎不曾被參考過，這一點也並不令人意外。在學術上，這份地圖的用處同樣有限。在如何調和流通乾隆宮廷內的其他世界觀上，測繪地圖並未給予使用者太大的幫助。不論是耶穌會的亞細亞、佛教的贍部洲，還是〈禹貢〉所描述的那四海所圍的中央陸塊，地圖呈現給觀看者的只不過是一組地名（譯自法國或亞洲材料），而這些地名甚至無法和耶穌會的漢語世界地圖調和起來，更不用說陳倫烱或廣州及西藏所用的地理詞彙。例如說，該圖把孟加拉稱作「班噶拉」，看來在一七六〇年後從未被清朝地理學者們取用過（甚至是注意過）。簡言之，當學者們在文本材料上面臨棘手難題時，測繪地圖不能提供他們多少幫助，因而其罕用作外國地理之徵引材料亦不令人意外。這份地圖還遠遠不夠格稱作研究上用的普遍標準，其地位仍然只是描述外在世界的一個版本，且影響力有限。

作者註

1. 最近關於清朝測繪地圖的新研究，參看濮德培，〈邊界、地圖和運動：近代早期歐亞地區的中國、俄國和蒙古帝國〉以及《中國西進：大清征服中亞》，第四四七—四五七頁；歐立德，〈韃靼的限界：皇帝與民族地理學下之滿洲〉；艾爾曼，《以他們自己的方式：科學在中國，一五五〇—一九〇〇》，第一四四—一四八頁；余定國，〈傳統中國地圖學及其西化的問題〉；何羅娜，《清朝的殖民事業：近代中國早期的民族誌與製圖學》，第五一—八〇頁。經典研究則有裴化行，〈中國及其鄰近國家科學地圖繪製工作之諸發展〉；福華德，〈清代的製圖學資料〉；以及福斯，〈西方解釋中國：耶穌會士製圖法〉。

2. 詹嘉玲，〈帝國控制與西學：康熙帝的功績〉，第三一—三三頁；《東華錄》，轉引自李兆洛，《（光緒版）養一齋文集》，第七六頁（卷五，葉六上—六下）。

3. 福斯，〈西方解釋中國：耶穌會士製圖法〉，第二二五—二二六頁。

4. 詹嘉玲，〈帝國控制與西學：康熙帝的功績〉，第三八—三九頁；《清史稿》，第七：一六八八頁（卷四五）；艾爾曼，《以他們自己的方式：科學在中國，一五五〇—一九〇〇》，第一七八—一七九頁。

5. 詹嘉玲，《三角速算法和精確的圓周率（一七七四年），數學方面的中國傳統和西方的貢獻》，第三八頁。

6. 福斯，〈西方解釋中國：耶穌會士製圖法〉，第二一九—二二〇頁。

7. 《澳門歷史地圖精選》，第二六—二七、三〇—三一、三二—三三、四二—四三頁。

8. 引述杜赫德，轉引自福斯，〈西方解釋中國：耶穌會士製圖法〉，第二三〇頁。

9. 福斯，〈西方解釋中國：耶穌會士製圖法〉，第二二四、二二六、二三三—二三五頁；伯戴克，《十八世紀早期的中國和西藏》，第一九、二五頁；余定國，〈傳統中國地圖學及其西化的問題〉，第一八一頁；雷狄亞德，〈韓國地圖學〉，第二九八—三〇五頁。船越昭生在對福華德的回覆中認為策妄阿喇布坦的領土之地圖乃是由費隱神父製於一七一六年，但是看起來費隱神父不可能測繪整個該區域（《來到鎖國日本之〈康熙圖〉地理學史上的研究》，第二七頁）。

10. 巴德利，《俄國、蒙古、中國》，第一：clxxxvii 頁；福斯，〈西方解釋中國：耶穌會士製圖法〉，第二二八—二三〇頁。

11. 福斯，〈西方解釋中國：耶穌會士製圖法〉，第二二四、二二六、二三三—二三五頁。船越昭生在對福華德的回覆中給了下述總結：

編號	圖幅數	年次	印刷	形式	地名文字	備考
一	二十八	一七一七	木刻版	分圖	漢文	
一上	?	一七一七	銅版	排圖	漢文及滿文	馬國賢試圖
二	三十二	一七一八後半	稿圖	分圖	漢文	附增補地名
二上	四十一	一七一八後半	銅版	排圖	漢文及滿文	附增補地名
三	三十二	一七二一	木刻版	分圖	漢文	附增補地名
四		一七二六	木刻版	分圖	漢文	《古今圖書集成》預圖

（《來到鎖國日本之〈康熙圖〉地理學史上的研究》，第二十二頁）。

12. 福華德，《康熙時代耶穌會教士地圖集》，地圖一一，〈準噶爾—天山—喀什噶爾〉。

13. 使團中之一員圖理琛，在其遊記（一七二三年出版）中收錄了一幅中亞地圖，但此圖很可能乃基於俄國地圖所繪製（里奧·巴格羅，〈俄羅斯之首批西伯利亞地圖及其在西歐對東北亞製圖學之影響〉，第九一頁）大約到了一六九〇年左右，宮廷中已經持有一份受俄羅斯影響的西伯利亞與東北亞地圖（歐立德，〈韃靼的限界：皇帝與民族地理學下之滿洲〉，第六一九頁）。

14. 一位官員富寧安以滿文撰作了一份涵蓋伊犁與回部的地圖。這張地圖也許就是他於一七一七年至一七二六年間在邊疆任職時所製作的（《清內務府造辦處輿圖房圖目初編》，第二四頁）。若此時間估算無誤，則此圖可能就是一七一八年出版之康熙測繪地圖中所見的〈準噶爾—天山—喀什噶爾〉一圖之原稿。鮑培評述稱，一七三四年前之某時，雷納特（Johan Gustav Renat）居於準噶爾台吉噶爾丹策零之境土內時，曾獲贈兩張中亞地圖，二圖皆稱源於漢文地圖（〈雷納特卡爾穆克地圖〉，第一五七頁。）。據巴德利（《俄國、蒙古、中國》，第一：clxxxviii 頁）引述宋君榮所云，一七一八年時，清朝已持有多種關於往伊里（伊犁）之路的書面遊記。

15. 裴化行，〈中國及其鄰近國家科學地圖繪製工作之諸發展〉，第四六六頁。

16. 宋君榮，《宋君榮北京書翰集》，第一七一—一七五頁。

17. 於福順，〈清雍正十排《皇輿圖》的初步研究〉；秦國經、劉若芳（〈清朝輿圖的繪製與管理〉，第七二—七三頁）判定之製成時點較早，在雍正四年（一七二六）；汪前進（〈康熙、雍正、乾隆三朝全國總圖的繪製〉，第四頁）則定之於雍正五年（一七二七）秋。

18. 宋君榮，《宋君榮北京書翰集》，第一七一—一七五頁。

19. 伯戴克，〈拉達克史箚記〉，第二二二—二二四頁。

20. 清朝在西部西藏的活動及其與拉達克的接觸，可參考《中國第一歷史檔案館所存西藏和藏事檔案目錄》，第三二—三七頁。關於清朝征服前新疆之拉達克監控，見伯戴克，〈拉達克史箚記〉，第二二二—二二七頁。

21. 波斯特尼哥夫，〈十八世紀圖表繪製者之俄國海軍〉，第八一頁。

22. 裴化行，〈中國及其鄰近國家科學地圖繪製工作之諸發展〉，第四六六頁。如果這是霍曼在一七二五年的最新版成果（弗拉濟斯拉維齊在聖彼得堡待至一七二五年末），那麼這份圖就有可能納入裏海測繪的資料（波斯特尼哥夫，〈十八世紀圖表繪製者之俄國海軍〉，第八一頁）。

23. 福華德，〈清朝地圖繪製的資料〉，第四一三頁。

24. 宋君榮，《宋君榮北京書翰集》，第一一七頁。

25. 《大清一統輿圖》的一份序言中提到雍正時期的地圖包括了「南亞」。但我所得見之二份應該是呈現雍正版的圖像，看來並未描繪任何南亞部分。何況看過兩份地圖原本的於福順也說，到了乾隆朝的測繪地圖才開始添增了印度（於福順，〈清雍正十排《皇輿圖》的初步研究〉，第七五頁）。

26. 關於胤祥的興趣，參看馬世嘉，〈帝國及邊疆情報之流通：清朝對奧斯曼的概念〉，第一六一—一六五頁。

27. 宋君榮，《宋君榮北京書翰集》，第二三七頁。

28. 這個地圖通常最可見的形式名為《乾隆十三排圖》，分為十三個水平片段並以銅版印行，很可能是一七六九年至一七七〇年間的。同治二年（一八六三）胡林翼將之增幅重印，名之以「皇朝中外一統輿圖」，而後一九三一年北京故宮博物院又以「乾隆十三排銅版地圖」之名重印。最近則是臺灣（一九六六年）以「清代一統地圖」之名、中國大陸（二〇〇三年）以「大清一統輿圖」之名以及納入《清廷三大實測全圖集》（二〇〇七年）之部分而重印。大英圖書館持有該份地圖之第二種版本，通常稱之為「大清一統輿圖」（India Office Maps X/3265）。該份地圖之投影有異，十排而尺寸較小，在直省郡縣以外的地名以滿文標示。

29. 汪前進，〈康熙、雍正、乾隆三朝全國總圖的繪製〉，第六頁。

30. 榎一雄，〈乾隆朝之西域調查及其成果——尤以《西域同文志》為中心〉，第四四八頁。

31. 前揭文，第四四七—四四八頁。

32. 乾隆朝《清實錄》，第一六：五八—五九頁（卷五五七，葉二五下—二六上）。

33. 乾隆朝《清實錄》，第一六：四一七—四一八頁（卷五八一，葉一三下—一四下）。

34. 《欽定外藩蒙古回部王公表傳》（滿文本）中，和什克之傳記，由陸西華在《滿文：文檔讀本》中重製，見該書第五〇—五九頁，譯文見第三二二—三二四頁。

35. 乾隆朝《清實錄》，第一六：五三〇頁（卷五八八，葉五上）。關於和什克與霍集斯之身分判定，在此謹向小沼孝博博士致上謝忱。某些地圖還保留在北京第一歷史檔案館，然而現下學者們無法見到（見米華健，〈「入版圖」：西域地理學與中華帝國統一新疆過程中輿圖繪製的命名學〉，第六六頁，註一〇）。

36. 第一歷史檔案館（北京），軍機處滿文錄副奏摺，卷號〇五四—三一二（乾隆二十四年七月抄）。

37. 例如，某份兆惠先前奏呈的地圖就曾交予衛拉特報導人伯列克（ᠪᡝᠯᡝᡴ Belek）由之評註（第一歷史檔案館（北京），軍機處滿文錄副奏摺，〇四九—三二六二）。

38. 《蘿圖薈萃》之跋語，轉引自秦國經、劉若芳，〈清朝輿圖的繪製與管理〉，第七六頁。

39. 乾隆朝《清實錄》，第一六：五一七頁（卷五八七，葉一三下）。

40. 第一歷史檔案館（北京），軍機處滿文錄副奏摺，卷號〇五二—二三九六（乾隆二十四年四月初一，乾隆二十四年四月二十三日抄）。

41. 乾隆朝《清實錄》，第一六：五五五頁（卷五九〇，葉二上—二下）。

42. 乾隆朝《清實錄》，第一五：七九頁（卷四八五，葉二三上）。

43. 李孝聰，《歐洲收藏部分中文古地圖敘錄》，第一七五頁。

44. 例如，一七六一年的圖書目錄《蘿圖薈萃》就列有定在一六九四年的《坤輿全圖》，這是來自法國、由法國耶穌會士獻上的（秦國經、劉若芳，〈清朝輿圖的繪製與管理〉，第七五頁）。

45. 榎一雄，〈乾隆朝之西域調查及其成果——尤以《西域同文志》為中心〉，第四四八頁。

46. 第一歷史檔案館（北京），軍機處滿文錄副奏摺，卷號〇五五—一〇一二。德保之書面通信（乾隆二十四年十月二十五日）。此處滿文之轉寫為：「ba na i hanci goro be sara niyalma de fonjime bodome bolor badakšan wahan serekul jergi bade gemu dosimbume nirufi.」

47. 第一歷史檔案館（北京），軍機處滿文錄副奏摺，卷號〇五五—二三四八（乾隆二十四年十二月九日，乾隆二十五年正月初四抄）。

48. 恆慕義，《清代名人傳略》，上冊，第二八五—二八六頁、第二卷，第九二五—九二六頁。
49. 費賴之，《在華耶穌會士列傳及書目》，第七五六頁。
50. 乾隆朝《清實錄》，第二〇：一〇四七頁（卷九六二，葉一六上）。
51. 汪前進，〈康熙、雍正、乾隆三朝全國總圖的繪製〉，第六頁。
52. 《清中前期西洋天主教在華活動檔案史料》，第四冊，第二四九頁。
53. 秦國經、劉若芳，〈清朝輿圖的繪製與管理〉，第七四頁。
54. 《清宮內務府造辦處檔案總匯》，第二一冊，第六五〇頁。
55. 康熙朝的版本沒這麼多板。而一七二七年的雍正初版地圖若是完整重印便已有九十八板，則其第二版由於加入了第一版所無之裏海南岸，可想而知會更多板。然而這有可能是雍正版作為乾隆增幅版的基礎（汪前進，〈康熙、雍正、乾隆三朝全國總圖的繪製〉，第五頁）。
56. 乾隆朝《清實錄》，第一五：六三八頁（卷五二七，葉一四下）。
57. 《清中前期西洋天主教在華活動檔案史料》，第四冊，第二四八—二四九頁。
58. 第一歷史檔案館（北京），軍機處滿文錄副奏摺，〇五五—二三四八。汪前進給出了這個時間，見〈乾隆十三排圖定量分析〉，第一一三頁。榎一雄在〈乾隆朝之西域調查及其成果——尤以《西域同文志》為中心〉（第四四八頁）中徵引徐松所云，也有類似主張，認為他們在乾隆二十五年四月（一七六〇年五月十五日—六月十五日）回來。
59. 秦國經、劉若芳，〈清朝輿圖的繪製與管理〉，第七三頁。
60. 《清中前期西洋天主教在華活動檔案史料》，第一冊，第二四九—二五〇頁。
61. 秦國經、劉若芳，〈清朝輿圖的繪製與管理〉，第七三頁；《欽定皇輿西域圖志》，景印文淵閣四庫全書第五〇〇：三頁（諭旨，葉二下）。
62. 學者們在十三排銅版圖之初印時間問題上言人人殊。這裡我依據費賴之（《在華耶穌會士列傳及書目》，第八二〇—八二一頁）與榎一雄（〈乾隆朝之西域調查及其成果——尤以《西域同文志》為中心，第四四九頁）的看法；然而下述看法也應該重視：余定國（〈傳統中國地圖學及其西化的問題〉，第一八六頁）、福華德（〈清朝地圖繪製的資料〉，第二三六頁）、西門華德、納爾遜（《倫敦滿文圖書總目：聯合目錄》，第九八頁）傾向認為是一七七五年。
63. 《清宮內務府造辦處檔案總匯》，第三四冊，第六一一頁；榎一雄，〈乾隆朝之西域調查及其成果——尤以《西域同文志》為中心，第四五二頁。

64. 乾隆朝《清實錄》，第二一：五七〇—五七一頁（卷一〇一一，葉二下—四下）。

65. 汪前進，〈乾隆十三排圖定量分析〉，第一一三—一一九頁。

66. 見詹嘉玲，《三角速算法和精確的圓周率（一七七四年），數學方面的中國傳統和西方的貢獻》，第三六頁。

67. 迄一七五五年，宋君榮已經收到了某些唐維爾的最新亞洲地圖，並且還希望明年能再寄來些（《宋君榮北京書翰集》，第八二六頁）。

68. 所測量之經度取自十三排銅版《清代一統地圖》本，以及《亞洲地圖第一部分》（Première partie de la carte d'Asie...），唐維爾（J, -B. Bourguignon d'Anville），一七五一（數位版，David Rumsey Map Collection）。測量取其近似值並捨位至最近之半度。大英圖書館所藏之十排圖在這些地點之經緯度上有些許差異，惟比例則大致相同。㈠波斯灣：測量其自巴斯拉至克里米亞半島東緣之距離。與乾隆圖相距：一度；唐維爾圖：一〇度。㈡木爾坦：測量木爾坦與裏海南岸中心之距離。與乾隆圖相距：〇度；唐維爾圖：一八．五度。㈢印度洋：測量波斯灣口最窄點至加替阿跋半島西緣。與乾隆圖相距：四度；唐維爾圖：十三度。㈣達卡：測量自達卡至瑪旁雍錯湖心之距離。與乾隆圖相距：一度；唐維爾圖：九．五度。達卡的位置在《亞洲地圖第一部分》上並未顯示，乃取自另一份唐維爾地圖：一七五二年的《印度地圖》（Carte de l'Inde）。

69. 如果地圖由葡萄牙人而非法國耶穌會士所草成，其作者可能無法獲取唐維爾的最新地圖，他們有可能還在用德菲爾（Nicolas de Fer）的一六九六年亞洲地圖。該地圖在喜馬拉雅山脈及中亞上較弱，其故在於該圖較康熙與彼得大帝之測繪為早，卻長期成為內府收藏品且寫有大量漢文註解。也有可能該圖之相應世界地圖（《坤輿全圖》）獲採於測繪之行。如果所用的是德菲爾的地圖，完成版測繪地圖較諸其來源之歐洲人地圖偏差將較小，因為德菲爾相信瑪旁雍錯湖在恆河三角洲之北。縱然如此，德菲爾地圖與完整版乾隆測繪地圖間仍有相當大的差距（德菲爾的恆河並非源自瑪旁雍錯湖，他的亞穆納河是恆河的支流等），而我們仍會達致同一基礎結論：來自較早的測繪地圖的材料是不可違背的，歐洲人的世界地圖僅僅用作補充材料，如欲將之置入測繪地圖，必要時可扭曲其形狀（N. de Fer, *l'Asie*, 1696, http://gallica.bnf.fr/ark:/12148/btv1b59001460）。

70. 《澳門歷史地圖精選》，第四六頁。

71. 騰吉斯（Tenggis）為蒙古語「大湖」之意（此處則作專有名詞），鄂謨（omo）則為滿語之「湖」（圖理琛，《校注異域錄》，第四八頁）。

72. 在遠離清朝版圖的區域上，宮廷測繪地圖的製作者似乎機械地把歐洲人地圖的稱謂翻譯成漢文及滿文。舉西印度靠近加替阿跋半島處為例，多處似皆僅為單純把法文地圖上對應的稱謂音譯過來而已，阿斯墨爾（滿：As mer，法：Azmer）、達達（滿：Dada，法：Tatta）、剛巴亞（滿：G'angbaya，法：Cambaye）皆屬此例。而其他情況下，測繪地圖上的名稱明顯與唐維爾圖或其他法國地圖有所不同，比如森（滿：Sen，法：Sindi）、拜達里蘇拉特（滿：Baidari Surat，法：Surate）。但是，在印度河一帶，清朝測繪地圖上只有少數幾個名稱與同時代的歐洲人地圖有明顯對應。這意味著，當地報導人在他們能夠提供第一手證詞後，歐洲人地圖上的地名就被替換掉了。這一點還需要日後再研究。

73. 榎一雄，〈乾隆朝之西域調查及其成果——尤以《西域同文志》為中心〉，第四五〇頁。

74. 《基督教在中國：研究指南》，第一：三一四—三一五頁；席文，〈哥白尼在中國〉，第九四—九五頁。

75. 巴德利，《俄國、蒙古、中國》，第一：cxci頁。

76. 《耶穌會士書簡集：關於亞、非、美洲》，第四冊，第二二一—二二二頁。

77. 乾隆朝《清實錄》，第二〇：一〇四七頁（卷九六二，葉一六上—一六下）。

78. 高第，〈十八世紀國務卿貝爾坦的通信〉，第三三八頁。

79. 前揭文，第三一四頁。

80. 《耶穌會士書簡集：關於亞、非、美洲》，第四冊，第二三一—二三二頁。

81. 馬戛爾尼曾獻給乾隆一個地球儀（地球全圖），但並無證據顯示該地球儀上有任何漢文或滿文註記，或者曾被清廷參考過（《英使馬戛爾尼訪華檔案史料彙編》，第一二二頁）。

82. 《耶穌會士書簡集：關於亞、非、美洲》，第四冊，第二三二、一一二頁。

83. 蔣友仁，《地球圖說》，續修四庫全書第一〇三五：四頁（卷一，葉三下—四上）；《耶穌會士書簡集：關於亞、非、美洲》，第四冊，第一二一—一二二頁；鞠德源，《蔣友仁繪坤輿全圖》。

84. 《耶穌會士書簡集：關於亞、非、美洲》，第四冊，第二三二頁。

85. 前揭書，第四冊，一二二頁。

86. 前揭書，第四冊，二三二頁。

87. 《清中前期西洋天主教在華活動檔案史料》，第一冊，第二五一頁。

88. 費賴之，《在華耶穌會士列傳及書目》，第八一四頁。

89. 伊納德，〈約瑟夫—尼可拉·德·李勒：個人傳記與國立圖書館所藏其地理地圖〉，第八一四頁。

90. 宋君榮，《宋君榮北京書翰集》，多處。

91. 蔣友仁向乾隆解釋稱他在他的一七六〇年地圖上對於俄羅斯地理用到了德．李勒的資料（《耶穌會士書簡集：關於亞、非、美洲》，第四冊，第二一一—二一二頁）。關於德．李勒與白令，參看伊納德，〈約瑟夫—尼可拉．德．李勒：個人傳記與國立圖書館所藏其地理地圖〉，第四六—五二頁。

92. 秦國經、劉若芳，〈清朝輿圖的繪製與管理〉，第七三頁。

93. 蔣友仁，《地球圖說》，續修四庫全書第一〇三五：五頁（卷一，葉五下）。

94. 高第，〈十八世紀國務卿貝爾坦的通信〉，第三一四頁。

95. 《耶穌會士書簡集：關於亞、非、美洲》，第四冊，第二一〇—二一三頁。

96. 前揭書，第四冊，第二一三頁。

97. 馬世嘉，〈清代中國對印度之認知，一七五〇—一八四七〉，第一八〇—一八九頁。

第四章

發現「披楞」

從西藏看英屬印度，一七九〇—一八〇〇

正當清朝官員與地理學者們思忖著痕都斯坦，以及愛哈默特沙自西北方對清朝入侵之事時，在印度次大陸的其他地方，另一個強權雖不那麼戲劇性卻更加持久地鞏固起自己的勢力了。一七五七年東印度公司在普拉西（Plassey）擊敗了年輕的孟加拉的納瓦卜，且以英國本身的人選替換他。不久後又於一七六四年在布克薩爾（Buxar）擊敗了另一名納瓦卜及其聯軍。翌年該公司獲得莫臥爾皇帝的投資，取得底萬（diwani）(1)身分，有權徵集並管理來自孟加拉、比哈爾（Bihar）、烏里舍（Orissa，譯按：今譯奧里薩）三邦的收益。儘管名義上還不算，但實質上孟加拉已經牢牢地在英國的掌握之中。大英帝國在印度雖說還不到唯我獨尊，但已經是個舉足輕重的一方之霸了。然而英國在印度之崛起似乎不曾在旁遮普與克什米爾引起多大的注意。在旁遮普與克什米爾，比起愛哈默特沙的活躍，遠方的英國不免相形失色，從而在十八世紀裡，事情也就沒有報告到葉爾羌那裡。

(1) 底萬：原意為一種高級行政機關，在莫臥爾則轉指其國家或州邦之財政大臣。

可是葉爾羌並不是清朝版圖中離英屬印度最近者。孟加拉與衛藏地區間商旅往來並不比遙遠的西方要艱鉅，西藏的印度商人和一些佛教修行者也知曉孟加拉的事物。監管這兩個群體的是清朝在拉薩的駐藏大臣們（ambasa），他們構成中央政府與中國學者學習印度事務的另一個管道。如果用貿易量來衡量，孟加拉與清朝領地間還有一個更重要的渠道，就是廣州海路。在靠近廣州的外國商館裡以及在澳門，僑居的歐洲人及印度人對印度發生的事瞭若指掌，他們也充當了另一個潛在的調查途徑。

戰爭與政治形塑了關於印度事務的情報流通。在一七八八年，擴張中的廓爾喀國決心以武力平息他們和西藏當局的爭議。面對一七九一年的第二次入侵，對帝國尊嚴充滿自信的乾隆決心還擊，深入至喜馬拉雅山脈裡。此前清朝軍隊對於這些群山的東半部從不曾感興趣，而今密集偵查與外交已是勢在必行。結果，戰爭危機終究讓清朝的將軍們得和英國加爾各答總督有所接觸。就在雙方接觸後不久，喬治三世的特使馬戛爾尼（一七三七—一八〇六年）也抵達中國了。馬戛爾尼已經設想到東印度公司在印度的擴張會讓清朝政府頭大，他還發現支持他這個假設的證據。到了一七九四年，清廷已經新發現了東印度公司在孟加拉的活動，並將此活動與在廣州的貿易聯繫起來。

在清朝的情報蒐集與地理學研究的背景之下，英國所設想的一次直接了當的接觸是完全不可能的。滿洲將軍們受地方報導人所引領，而這些報導人對皇帝所提供的描述印度的報告又是透過西藏這個視鏡。他們用來述說尼泊爾及其鄰邦之地緣政治的稱謂，和在其他地方所聽到的沒半點相像。這些術語好幾次和那些出現在廣東用來描述英屬印度那同樣獨特的術語相牴觸。乾隆時期的清朝政府因此不得不和三組新的術語群——分別來自葉爾羌、拉薩、廣州——相搏鬥，此外還有耶穌會和滿語術語以及大量舊的漢語稱謂。一七八〇與一七九〇年代在西藏的事件，顯示了最早的一次清朝對跨邊疆情報蒐集之協調的企圖，而後還是無法投合帝國官僚結構、戰略假設以及地理學研究成果的氣味。

一七九〇年之前清朝對喜馬拉雅山以外區域的認識

在一七五七年之前，清朝官員們察覺到會對西藏造成威脅的，只有在北方的準噶爾；對北京來說，西藏鄰接印度的那安全的南部與西部邊疆，在戰略上是無足輕重的。西藏領導人在調控他們個人與喜馬拉雅山邊外各族群的關係上，不太受到中央控管，除非有特別的騷動才會引發清朝官員介入外喜馬拉雅之外交。在一七三〇年，西藏的俗世統治者頗羅鼐（一六八九—一七四七年）在沒有清朝支援的情況下發動了一場戰爭，以圖強加西藏對不丹的宗主地位，雍正則授予一些不丹領導人以儀式性稱號。[1] 在一七三四年，尼泊爾的三位「汗」（漢譯：巴勒布；藏：བལ་པོ *Bal-po*）開啟了與雍正的聯繫。[2]

在清朝消滅準噶爾之後，看起來最後一個對其統治的重大威脅，在戰略上以及政治上染指西藏的對手已經不復存在。在這段良性忽略的期間，廓爾喀君主鉢哩體微・那羅延・沙訶（Pṛthvī Nārāyaṇ Shāh，一七二三—一七七五年）於一七六九年占領了加德滿都谷地。即便他所消滅的國家名義上是清朝的藩屬，這個事件卻竟然不見於清朝官方史料。由此可推論出，來自喜馬拉雅山脈的消息相對較少傳達至朝廷，更不用說這個時期那遙遠的孟加拉了。

相反地，到了一七六〇年代，在加爾各答的英國當局開始把喜馬拉雅山脈視為與中國貿易的一條潛在路線。當廓爾喀人從英國的尼瓦爾諸君長手中占奪了那穿越加德滿都谷地最方便的道路時，英國試圖擊退他們。印度教托鉢僧貿易商，即所謂的哥薩因修士（*gosain*），因而與英國人都在尼泊爾領土遭禁，至於以巴特那（Patna）和瓦拉那西（Vārāṇasī）為基地的克什米爾穆斯林商人之入境則受到限制。不丹提供了另一條進入西藏的路徑。一七七二年，不丹為了喜馬拉雅山腳的一個小公國果濟比哈爾（Kuch Bihar）的控制權，而與東印度公司發生衝突。當班禪喇嘛在一七七四年為了不丹而致函英方時，總督沃倫・黑斯廷斯（Warren Hastings，一七三二—一八一八年）遂有了探尋英藏直接外交關係的藉口。[3]

三世班禪喇嘛（一七三八—一七八〇年）(2)是唯一一位上場調解外喜馬拉雅外交的。在達賴喇嘛未成年之一七五八至一七七六年間，三世班禪喇嘛在藏傳佛教界中有著無與倫比的影響力。他同時也「在政治與外交上極富學識」且孜孜從事多種國際聯繫事項，加之沒有清朝官員被指派到他在札什倫布的法座下對他掣肘。[4] 班禪喇嘛是振興西藏在印度之宗教興趣的主要支持者之一，一七七一年他對菩提伽耶的朝聖之旅首度啟行，爾後更有多次朝聖。[5] 據載，班禪喇嘛曾跟他母親學過欣都斯坦語(3)，並藉此與他所施捨的一百五十名印度教哥薩因修士以及三十名穆斯林法基爾修士（fakir）(4)隨從交談。班禪喇嘛追蹤印度事務，並有意願差遣代表到印度次大陸。[7]

到了黑斯廷斯的使節喬治・波格爾（George Bogle，一七四六—一七八一年）於一七七四年到達札什倫布的時候，班禪喇嘛有了與英國人交好的理由了。根據波格爾所述，班禪喇嘛對於推動與印度之貿易感興趣，而他與廓爾喀人之間關係冷淡，也可能使他有意與英國人建立一種模糊的「聯繫」以控制他們。[8] 然而總地來說，他還是希望東印度公司支持在孟加拉有一個常駐的藏傳佛教勢力。[9] 因此班禪喇嘛願意接受波格爾，但卻希望別讓清廷發現這件事。不丹君主與班禪喇嘛本人都告訴波格爾說，清朝當局不會贊同他踏入西藏，使得他試圖迴避北京的注意。[10] 沖齡達賴在拉薩的攝政曾勸班禪喇嘛勿接見波格爾，但之後看來似乎他也串謀好守住這個秘密了：波格爾吩咐一名在拉薩謁見駐藏大臣的尼泊爾人說，如果問到他，「給他們一個曖昧的回答，別讓他們知道我是個弗凌機

（Fringy，指歐洲人）」。結果在謁見中並沒有問到他。[11] 設若駐藏大臣們知道了波格爾的到來，看似他們也只會把他當成一介普通的朝聖者。此時期駐藏大臣對西藏各種活動的監管，如同李若虹所注意到的，相當寬鬆。[12] 在一份關於西藏戰後善後的奏疏中，軍機大臣們評述說：「向來外番人等，或來藏布施，或講論事務，達賴喇嘛發給書信，原無禁例。但相沿日久，〔於此等互動〕毫無稽查，甚至衛藏地方緊要事務，亦並不關白駐藏大臣。」[13] 儘管此處所指主要為在廓爾喀一七八八年入侵前的西藏—廓爾喀外交，但波格爾的造訪同樣也處於駐藏大臣的監管之外。

對英方而言，班禪喇嘛的主要價值在於他與乾隆的親密關係。他們希望在互惠交流下，乾隆會願意代表東印度公司出面調停。班禪喇嘛顯然同意去引起皇帝注意英屬印度，其告訴波格爾說他將會開始催促「Changay 喇嘛」（乾隆皇帝的親密宗教顧問章嘉呼圖克圖）送他自己的代理人到孟加拉去。班禪喇嘛也曾經一度證實了黑斯廷斯那親切的包容力，信心滿滿地認為他在北京的夥伴也同樣對開通各佛教聖地有著熱忱。他甚至表示自己也許可以獲允讓波格爾訪問北京。但仍要求波格爾守住班禪喇嘛與章嘉呼圖克圖間那計劃好的協議之秘密。[14] 一七八〇年班禪喇嘛為慶祝乾隆皇帝七十歲聖壽而造訪熱河與北京，是一個提起這件事的恰當時機。

---

(2) 班禪喇嘛世系算法有兩種。一種為以受固始汗始封為第一世，則此處之班丹益西（དཔལ་ལྡན་ཡེ་ཤེས Dpal-ldan Ye-shes）即為第三世，此為部分學界所採用。另一種則為追尊至宗喀巴之弟子為第一世，則此處之班禪即為第六世，此為多數華人學界所採用。此處尊重原作者用法，以三世記。

(3) 欣都斯坦語（Hindūstānī）：包含今印地、烏爾都等語的北印度通行語之泛稱。

(4) 法基爾：蘇菲派守貧修士。

即便在這趟旅程中，情況仍然很晦澀。在旅程初期，西藏與英屬印度間的接觸倚賴於主要仲介人布剌孥耆梨（Purangir，歿於一七九五年）(5)，其乃一位同時受到札什倫布方面與加爾各答方面信任的哥薩因修士。[15] 到了班禪喇嘛自北京啟程的時候，黑斯廷斯於一七七六年在加爾各答附近為班禪喇嘛所建的佛寺，其住持與共同擁有者已經是布剌孥耆梨了。[16] 在一七八〇年代早期，布剌孥耆梨告知英國當局，他已經在最近駐留於清宮時輔助班禪喇嘛之所願，建立起東印度公司與乾隆皇帝的關係了。根據布剌孥耆梨所表述的，班禪喇嘛在一次宴席上曾提及，透過章嘉呼圖克圖為中間人，「在座落於我國邊界處的欣度斯坦國（Hindostan），住著一位偉大的王公君長，我與之有堅若磐石的友誼」。布剌孥耆梨受乾隆之召前往答覆關於此境土的問題，並對其廣狹與強弱給了個委婉但卻正面的評價。乾隆同意致書其君長，並決定該函將交由啟程返藏之班禪喇嘛轉交布剌孥耆梨，以送達黑斯廷斯手中。[17] 但未幾班禪喇嘛即示寂於北京。

不幸的是，布剌孥耆梨表述的內容已無從證實。一七七五年時波格爾相信班禪喇嘛會透過章嘉呼圖克圖把黑斯廷斯引薦給乾隆。好幾年後班禪喇嘛捎給波格爾一個訊息，承諾在他自己近期往訪北京時會試著替波格爾取得覲京准許。[18] 一七八三年奉命與新任班禪喇嘛建立關係的撒繆爾．特納（Samuel Turner，一七五九—一八〇二年）得到沖齡班禪之攝政的保證，說前世班禪「甚至已經開始在這件事情（黑斯廷斯所最關心的事）上敞開心胸對中國皇帝談了，對其裁處有信心，且對此聯繫感到受鼓舞」。[19] 可是遑論漢文、滿文，即便藏文史料中都對此事不著一語。[20] 對這場會見，漢文紀錄極端吝於著墨，就連皇帝與班禪喇嘛的每場面談都不願載齊，更不用說談論的細節了。[21] 而藏文紀錄中最關心的還是教法事務，也可能會忽略掉布剌孥耆梨所描述的小規模的政治談話，而且這場談話只不過是在筵宴上、甚至是在「新鮮果品」面前那放鬆的一刻。[22]

布剌孥耆梨所載之真實性引起爭議，這一點可以理解。那些否定他的說法，認為布剌孥耆梨的編年記載與漢文紀錄不合，而且對班禪喇嘛來說，意圖用這種方法來與英國人交好，既有風險又不得體，乾隆也決不會真的同意回覆區區一間貿易公司，何況後來英清雙方在西藏相會時根本不曾提起這段插曲。[23] 編年記載的錯誤本身倒還不能否決掉布剌孥耆梨的記述——尤其如果他僅是依據回憶來陳述的話。[24] 既然班禪喇嘛的首要興趣在於安排前往印度朝聖之旅，向乾隆提起這個議題也未必不得體。至於乾隆是否答應回覆，以及這段插曲與後來的喜馬拉雅危機看來是否有所關聯，很大的程度上與皇帝的想法怎樣對他表述有關。布剌孥耆梨對英方的報告固定地稱他把黑斯廷斯描述成「欣度斯坦」的君長。如果布剌孥耆梨真的是指欣都斯坦，乾隆將會把它理解成一個北印度的穆斯林國度，與歐洲人沒半點關係。班禪喇嘛可能也用了大量印度術語來描述英國人，從他一七七五年對英國征服印度的描述可證(6)：

> 彼時……瑪度沙（Maduśa，未詳）猶存，而瞻部洲之邊域，畢哩孕遇洲（Priyangudvipa）(7)，阿利耶地方（Aryadeśa）之眾主中，有恩勒額齊（Enlēchi），亦名佩楞機（Pherengi）……恩

---

(5) 布剌孥耆梨：此人藏文寫作 [illegible]，前半 [illegible] 意為「滿」，即梵語 pūrṇa。後半為瑜伽師位號。可參看陳慶英、王曉晶二先生〈瑜伽師浦南吉爾考〉一文。唯梵藏音寫之 p 皆不送氣，茲不作「浦南」，舊譯作「富樓那」，玄奘作「布剌孥」，茲依玄奘。如欲新譯，「布（爾）納吉爾」或亦稍佳。

(6) 以下引文音譯規則較亂，不全依《同文韻統》體系，請讀者諒解。

(7) 畢哩孕遇洲：畢哩孕遇 priyamgū，譯曰「粟」；dvīpa，譯曰「洲」。

格來齊（Engeraichi）、荷蘭代塞（Holandhaisai）、巴爾西西（Parsisi）、毗干陀（Bikanda）、呼爾木珠（Hurmuju）、悉古檀那（Sirkodhana）、彔摩（Rukma）、布拉摩（Purabma）等，皆屬其土。此諸國及烏魯素國（Urusu，俄羅斯？）之中，最卓著者恩格來齊人到來。因彼等乃巨賈故，需索土地故，瑪度沙乃予之以商賈屋舍於東孟加拉加爾各答之地。彼等因如願得商貿利潤，方且和平無事，當是時，蔑戾車人（Mlecchas，此指莫臥爾帝國）因內紛而崩毀。此故，欲圖藉奉德里（Delhi）命令之將軍（納瓦卜）以衛孟加拉而護「公司屋舍」（藏：*ka sam li khang*），已不克施行。緣其最為卓著，若無保護，彼等將曝於「兇刃」威脅之下，上述諸商賈遂於其〔本〕國購募軍士。自瓦連德拉（Varendra，北孟加拉）及孟加拉，彼等收降一切，至於瓦拉那西，俱納歸其保護之下。今日彼等猶為聖金剛寶座（Śrī vajrāsana，菩提伽耶）之君長。其世襲國王居於海中一島上，血脈承襲自般度一族（印度大史詩《摩訶婆羅多》之主角群），故而其本身亦屬阿利耶地方之人。此等人顯然既反對正教，亦反對異教教師（*tirthikas*）。無論眾人屬何宗教，縱其為蔑戾車人，彼等亦將待之以純粹世俗性質之政體。25

如果這些就是班禪喇嘛對乾隆用的術語，乾隆不太可能清楚地意識到班禪喇嘛就是在描述已知在廣州的英國人。實際上，乾隆很可能相信這說的是某位印度君主，這個君主看起來不太像和十年後廓爾喀戰爭的那些事件有關。

不管真相是什麼，黑斯廷斯沒從皇帝那兒獲取任何書信。相信布剌努耆梨所述為真的鈴木中正（Suzuki Chūsei）認為，乾隆在班禪喇嘛亡故後就不再談這件事了。26 肯定的是，他們對印度的看法彼此相左。班禪喇嘛希望帶給西藏朝聖者往印度佛教聖地的朝聖通路。[27]然而，同時期的印度看起來對清帝國並沒有宗教上的重要性（即便如此，據班禪喇嘛所述，乾隆前世還是住在印度而身為波斯匿王，是釋迦牟尼佛的貴族施主）。[28]對乾隆而言，這時候西藏才是佛陀的真正故鄉。如他在一七九二年為禁止西藏朝聖者前往尼泊爾與印度所辯護的一份上諭中所評的：

> 朕閱釋典內所指釋迦牟尼佛涅槃之處，距藏地甚遠，在厄訥特部落地方。且聞該處番眾現俱不信釋教。因思大招（Jo-khang，在拉薩）所供，即係釋迦牟尼佛像。該喇嘛及唐古忒人等如果真心敬奉，即可朝夕頂禮佛之垂教……何必遠赴外番，至釋迦牟尼佛涅盤之處，方為崇信耶？[29]

簡言之，班禪喇嘛所熱心推動的到印度朝聖的作法，正是乾隆所宣布的非法行為。

除非出示更多證據，否則已不可能論斷班禪喇嘛到底實際上是否曾經向乾隆帝引薦過黑斯廷斯，說他是位開明君長。就算班禪喇嘛這麼做了，皇帝對此感受如何，又對之有何行動，也不得而知。較保險的論斷是，即便曾經聊到這個主題，其討論方式似乎也和帝國其他部分以及後來喜馬拉雅山的那些事件不具關聯。更不用說與十年後加爾各答與北京那場直接且毫不曖昧的接觸有何干係了。

早期英藏外交一個更明確的遺產乃是其對藏語中關於英屬印度之術語的影響力，後來被翻譯入漢語及滿語中。此時期西藏與孟加拉間的書寫交流媒介是波斯語，輔之以班禪喇嘛及波格爾之間用欣都斯坦語的討論，偶或有來自不丹或在印度之西藏人以藏語撰成送往拉薩的報告。在這樣的語言脈絡下，在印英國人在西藏被以下述術語來描述：

法朗機（*Farangi*）：波斯術語，源自阿拉伯人對法蘭克人的稱呼，廣泛用於印度以指稱歐洲人，微帶貶抑。[30] 在波格爾到來之前，來自尼泊爾與不丹的那些對英國帶敵意的記述中，似乎用法朗機一語專門指稱英國人。波格爾也發現這詞普遍用在西藏，[31] 其有個藏語化的形式佩朗（*Phe-rang*）。伯戴克觀察到「法朗機」一詞早在十八世紀就藉由哥薩因修士帶入西藏了，且在一份一七四一年提到在拉薩的聖方濟會托缽僧傳教士的記載中，找到第一次使用該詞的確證，其中佩朗一詞與意大利語 *Europei*（歐洲人）等價。之後也出現了各種變體諸如佩楞（*Phe-reng*），最終該詞似乎與藏語固有語 ཕྱི་གླིང *phyi-gling*（意為外國）混合。[32] 在班禪喇嘛本身的藏文地理學作品中，他用了佩楞（*Phe-reng*）與佩楞機（*Phe-reng-gi*）來描述英屬印度。[33]

印度人（*Indians*）：對班禪喇嘛而言，東印度公司之所以重要只在於其統治了孟加拉，而藏語文獻中遂將英國人描述為印度君長。沃倫．黑斯廷斯在班禪喇嘛的自傳中被說成是「班噶拉（Bhan-gha-la，孟加拉）之主」。他的自傳在提及波格爾與黑斯廷斯時幾乎無例外地把他們視同為印度人。波格爾是「阿雜拉波格爾（Ācārya Bho-gol）(8)」，而阿雜拉一語「通常用於稱來自印度、秀逸特出之人」，且同樣用在哥薩因修士布剌拏耆梨身上。波格爾也被稱作「印度班噶拉地方之波格爾薩希卜（Bho-gol Sa-heb）(9)」且被註記為說著摩揭陀（Magadha, *yul-dbus*）語與那伽羅（Nagara）語，二者皆指欣都斯坦語。[34] 在其他地方，波格爾記錄了班禪喇嘛指稱「（東印度）公司就是欣都斯坦之王」。經波格爾告知英國人獲得莫臥爾皇帝敕許統治孟加拉，班禪喇嘛相信「欣都斯坦帝國已走向毀滅，且據我所知，如今的德里國王不過是弗凌機人（Fringies）所策立與支持的而已」。[35]

英吉利人（*English*）本身：波格爾告訴班禪喇嘛英國的歷史與身分。他許多被翻譯為藏文的關於歐洲的筆劄，都專指英國。[36] 波格爾也解釋了英國不得不征服孟加拉的理由，想必就是上文所引班禪喇嘛那段政治史的來源。在某次對話中，「（班禪喇嘛）讓我重複說了 England 兩三次」。[37] 在班禪喇嘛的著作裡提到了恩勒額齊（En-lē-chi）是佩楞（*Pherengi*）的別名，[38]他也知道這些「恩勒額齊人」在廣州從事貿易，但並不知道在漢土用什麼稱謂來稱呼他們。[39]

西藏學者濟美凌巴（འཇིགས་མེད་གླིང་པ Jigs-med-gling-pa）在一七八九年的《談印度》當中進一步解釋了當代對英屬印度的觀點。該書主要基於一位不丹的僧侶外交家的記述，這位僧侶外交家在印度待了三年，主要在加爾各答，很可能始自一七七五年。[40]在這部著作中，英國人通常被稱作「佩楞巴（Phe-reng-pa）」，並提及港城迦梨迦多（Ka-li-ka-ta，譯按：即加爾各答）乃專作英國長官與其會議成員之居所。濟美凌巴的用語中不曾把英國人與印度人弄混，或許是因為他對印度事務較熟。反之，英國人被認為來自外地，並征服了孟加拉諸城。他們向德里的巴底沙（Delhi Padshah，即莫臥爾皇帝，藏：*Ti-ling pa-ca*）納貢，卻也向其攫取土地。他還記載英國人的「真實家鄉」乃一稱為「Blighty」（*Bhi-la-ti*）的海島，又註記了該地與中國間有海上貿易。[41]

總之，在征服孟加拉後，英國人開始為西藏所知，但卻是透過一個多種身分重疊後的混合體。他們身為孟加拉（甚至是整個欣都斯坦）君長，乃是政治與軍事上的強權，有時候並因此贏得那些通常用在印度人身上的稱號；他們同時又是在加爾各答建立基地的海島民族，與馬喇他人及莫臥爾宮廷間有著複雜的關係，由「總督薩希卜（Governor Sahib）」所統治且與漢地有貿易。在西藏，一如在印度般，英國人最常被叫做法朗機。這個對於英屬印度的西藏式觀點在廓爾喀戰爭期間強烈地影響了官方清朝的術語。

(8) 阿雜拉／阿咱拉：即佛教語之阿闍黎，意為軌範師。此採清朝依藏音之新譯。

(9) 薩希卜：源自阿拉伯語 صاحب sāhib，原意為「主人」，在印度次大陸亦轉作尊稱「先生」。

英清接觸的第一步：廓爾喀戰爭

清—廓爾喀衝突的緣由以及廓爾喀首度入侵西藏

英屬印度與清廷的初次直接接觸發生於一七九三年，是清朝決定派遣遠征軍從西藏驅走廓爾喀人所致。這場戰爭本身在其他專書或文章中已有相當精良的編年記敘了，故此處僅述其大要。[42] 本節將集中在清朝對印度之發展與情況的知識，以及剖析這種知識後，所帶領我們進入的情報蒐集與地理學成果的世界。

在廓爾喀首度入侵前，清朝在拉薩的情報蒐集機制不曾傳來什麼流布在西藏的關於印度的地理學知識。在一七六〇年到一七九〇年之間，接連數任駐藏大臣似乎全然不重視喜馬拉雅外交那複雜的動態，也不在乎班禪喇嘛那寬泛的外交接觸。西藏與北京間那阻滯般的知識上之差距，在某種程度上如同波格爾清楚地描述的，是來自西藏修行者有意識的努力，以圖避免清廷的監控。駐藏大臣們也毋庸有能力蒐集並解釋在尼泊爾、不丹、印度所發生的事件之消息。當廓爾喀人在一七八八年跨入清方領土時，他們的興兵、行動以及戰略情況，拉薩方面還算了解，且早在一七六〇年代起就一直與之交流，但此時北京方面甚至連廓爾喀這個名字都不知道，還以為巴勒布仍統治著加德滿都谷地。

廓爾喀何以在一七八八年夏入侵西藏，至今仍在論辯中。現代學者強調造幣與商務上的爭執，清朝官方則極力指責西藏僧人沙瑪爾巴惡意出現在加德滿都，煽起衝突。[43] 無論直接原因為何，廓爾喀武力之進入致使駐藏大臣求援，朝廷則遣成都將軍鄂輝、四川提督成德驅走入侵者。當一支廓爾喀兵力迫近班禪喇嘛在札什倫布之法座，情況益顯危急時，乾隆更遣通曉藏語、熟悉藏情之官員巴忠赴藏。然而廓爾喀方於十月初首度和談後便開始撤退，清軍未能一顯身手。

面對廓爾喀的入侵，四世班禪喇嘛向英方乞援。在一封一七八八年十月三十一日的信函中，班禪喇嘛祈請英方為他攻擊尼泊爾，或至少拒絕任何廓爾喀方面的求助，同時要求別告知乾隆這項協議，「因為這將使我墮入萬劫不復的境地」。[44] 北京方面比拉薩的立場還堅決。雖說駐藏大臣與西藏當局在十月十九日遣使至廓爾喀人處尋求休戰，乾隆卻只希望能在贏得軍事勝利後再言和局。因此，當成德於十月二十日自四川到達拉薩時，他向駐藏大臣與達賴喇嘛傳達乾隆之諭旨，並批評彼等開啟談判之決議。[45] 在這個脈絡下，班禪喇嘛致英屬印度總督康沃利斯（Cornwallis）的信函，就在成德遭訓斥後未幾送出，其意圖當為搶在清朝大軍到達前確保和平。如同他所承認的，「天知道當（清朝）師旅到來後，那些農民將受何劫難」，並隨後解釋稱他希望保密，「因為我方將上表與中國皇帝，稱與廓爾喀間和局已媾，而他將停止遣軍」。[46]

此信乃班禪喇嘛與英屬印度間最後一次未與北京或拉薩協調之外交行動。在覆信中，英方圓滑地婉拒攻擊尼泊爾。康沃利斯知道東印度公司當然會獲勝，卻將所費不貲，何況廓爾喀方也不曾直接煽起報復。在東印度公司與清朝領地間有龐大的海上貿易的情況下，康沃利斯論述道：「對我而言，干涉一件皇帝所不曾要求過的事情，造成他的任何不快，是極不恰當的。」他還繼續補充，隱隱指著札什倫布的失敗將確保乾隆對英屬印度的好感，稱皇帝「很可能不曾被告知本公司主權在欣都斯坦的擴展以及在世界上該地區的實力」。康沃利斯分析稱，乾隆發現西藏與孟加拉有親密關係當會欣喜，且將打開印度跨喜馬拉雅山脈之直接接觸。[47]

到了一七八九年四月，乾隆被告知：廓爾喀已因懼怕清朝軍隊而後悔，而今巴忠聽聞彼等之委屈，彼等已答應和解，且同意遣貢使至北京。但事實上，廓爾喀人贏得了有利條件與每年從西藏政府獲取大筆賠款的承諾。在西藏的清朝官員們不曾參與這些協商，還小心地忽視他們報告中的賠款。48首度入侵的快速結束使得康沃利斯致達班禪喇嘛的信函不再具有意義。其實，若不是第二波更大規模的入侵發生，也就沒有理由認為這個時期在北京的清政府會獲得半點有關英國人出現在孟加拉的知識。

第二次廓爾喀戰爭的衝擊

只有在第二次廓爾喀戰爭中，清廷才獲得了前所未有的關於西藏以南各種情況的知識，理由將闡明如後。清廷在一七九一年至一七九三年間之探索，對於清朝在英屬印度之展望的發展結果上，有著非比尋常的重要性。因為自此之後清朝才首度碰上英國人出現在孟加拉這件事。透過其發現的過程，我們可以追蹤在清帝國的官員與學者圈間資訊的蒐集、解釋與擴散，以及情報影響和不影響清政府策略的方式。

第二次對抗廓爾喀的戰役比起第一次費勁得多。此戰役由福康安（歿於一七九六年）所指揮。他是傑出的政治家傅恆（歿於一七七〇年）之子，軍機大臣福長安（歿於一八一七年）之兄，屬於滿洲精英中最華貴的成員之一。他近期才壓制了臺灣與甘肅的叛亂，贏得帝國中最重要的指揮官之美譽。其團隊中有和琳（歿於一七九六年），乃深具影響力的軍機大臣和珅（歿於一七九九年）之弟，以及孫士毅（一七二〇—一七九六年），為在前此數場戰役中極富經驗之漢官。這樣的團隊，加上乾隆的注意，確保了北京可以仔細觀察到前線的情況。為了深入駐紮於清軍前此從未進入的喜馬拉雅山脈，也為了對抗一個幾乎是未知的政權，情報就變得特別關鍵了。清政府及其遠征武力竭盡心力盡可能地查出廓爾喀勢力之崛起與尼泊爾及其鄰邦之地理。情報可由查探現下在西藏而為中央政府所未知的知識來取得，還可以從訪尋那些具有尼泊爾經驗的清朝臣民以及其他人中到手。

在第二次戰役之始，事實上沒有任何一個清朝大官曾經造訪過尼泊爾的首都加德滿都。少數有此經驗的是都司嚴廷良，一位在第一次廓爾喀戰爭中曾奉命自四川入藏的綠營兵。嚴廷良顯然是巴忠的密友，於一七八九年夏走訪加德滿都以準備戰後朝貢任務，隨後便護送貢使往返北京，於一七九〇年末回去。[49] 一七九一年底，初次戰爭以慘烈的結果達到了和平，但在孫士毅針對此事的審問之下，嚴廷良提到了從洋布（加德滿都）往南走約五、六日，就是紅毛國，以外就是西洋。儘管此處的西洋在地理意義上很曖昧，有可能是指印度洋、歐洲或二者皆是，但「紅毛」通常僅指歐洲人。這份報告傳達到北京時，清廷轉而請耶穌會士賀清泰（Louis de Poirot）釐清。在不清楚詢問賀清泰的確切問題以及所得資訊的情況下，難以解釋他的證詞。他告訴清廷其故鄉（在漢文文檔中視同為意大利（伊達里亞））在紅毛國之西北，彼此不相統屬，並補充說：「紅毛國與內地貿易，係自紅毛由海道直達廣東，有四個月路程。」[50] 我們並不清楚他的證詞到底在描述歐洲在印度的殖民地還是歐洲本土，也無法判定清朝當局是否認為加德滿都（洋布、陽布）靠近「那個」（*the*）紅毛國（即歐洲），還是「某個」（*a*）紅毛國（指殖民地），他們是否連這個區別都不知道也不得而知。

歐洲人緊鄰尼泊爾並未引起特別的注意。乾隆僅有的評語是：「紅毛國雖距廓爾喀甚近，但與中國素通貿易，諒亦未必幫助廓爾喀，與之通同聯絡。」寫下這段評論的背景在於，清朝企圖預測並操縱其敵人之鄰邦的反應。嚴廷良已經觀察到了廓爾喀周圍有著二十多個小國。乾隆假設這些小國多半對掠奪者廓爾喀懷有敵意，並下令要福康安試著把這些小國拉到附和清朝攻勢的一方，分析稱他們因過去欺虐之仇，又可得到帝國的獎賞，應該會站在清朝這邊，或至少保持中立。[51]

在求取尼泊爾鄰邦援助的政策下，福康安終於和在加爾各答的英國總督有了直接接觸。福康安於一七九二年二月十六日到達拉薩，兩天後在一份奏摺中就總結了他的外交計畫。他評述說，作木朗（Jumla）、布魯克巴（不丹）以及披楞這三個部落，都曾在宗教上布施給達賴與班禪兩位喇嘛。如今他檄諭彼等，要求發兵協同攻剿廓爾喀，附以班禪與達賴二喇嘛之藏文寄字。[52] 這是漢文中首度出現**披楞**一名，衍自波斯語 *Farangi* 的藏語形式。[53] 在西藏也只有班禪喇嘛及其隨從先前曾經與英國人聯絡過，可能就是他們鼓勵福康安把披楞納入他致檄的對象中。在這點上，如同該奏摺所顯露出的，福康安把披楞當成一個像布魯克巴那樣認同達賴與班禪二喇嘛之宗教權威的佛教部落。如果他知道先前波格爾與特納的任務，很可能會把這些人想成宗教朝聖者。沒有任何資料表明福康安清楚波格爾所遭遇到的反歐洲人情緒，他同樣也不太能把此處的披楞與在廣州的歐洲人聯繫起來。再說，他也沒有斷定這個披楞部落（假定是個佛教國）與嚴廷良提過的紅毛國有什麼關係。實際上，這份報告裡的披楞與其他區域部落及潛在聯盟根本毫無區別。

披楞的回信花了幾乎一年才送到，而在此期間清朝官員們對孟加拉又有了進一步的了解。在一份一七九二年早春的奏摺中，就在福康安剛到拉薩才約半個多月，他觀察到在尼泊爾的南方座落著「南方的印度（南甲噶爾）」，而披楞與其他部落則住在那兒。[54] 不久後又有著對一批報導人更密集的訪查：來自尼泊爾（巴勒布）、西里納噶（Srīnagar？）、布魯克巴的商人們，以及哥薩因修士（阿雜爾喇嘛）。他們的證詞經由多名廓爾喀戰俘交叉比對過。藉此手段才知道尼泊爾之南有著「印度的瓦拉那西」，而「在扎噶納塔寺（Jaganath）之後可到海岸」。福康安及其聯名上奏者評稱「據聞此等處俱由披楞控制。彼在大西洋離紅毛國極遠處」。[55]福康安理解嚴廷良口中的紅毛指的是歐洲，而在駁斥此斷言的當下，他並未想過披楞與歐洲人之間的關聯。

令人好奇的是，在戰鬥期間，廓爾喀政府提出了本身對印度情況的看法。在進軍尼泊爾時，福康安上奏稱他收到敵方一份通信，聲稱西藏即將遭到來自「南方印度的巴底沙」這個部落（南甲噶爾之第里巴察部落）的威脅。根據廓爾喀人所云，迄今為止只有他們本身努力在防範這個危機，但如果清朝不給予他們幫助，他們將不再能阻止。福康安認為這份聲明是個狡猾的誤導，扭曲了之前德里的巴底沙在與廓爾喀人作戰中為作木朗所做的努力。福康安的這份材料很可能是獲自印度人報導人，內容所指為一七九一年末的一場戰鬥，該戰鬥中阿瓦德（Awadh）地區的君長（名義上是莫臥爾皇帝的宰相）與廓爾喀人戰於姑瑪烏（Kumāuṃ）的西喜馬拉雅區域、阿爾莫拉（Almora）以及斯里那加（Srīnagar）。[56]清朝將軍回覆這位敵人道：「第里巴察去西藏懸遠。彼等非徒未嘗與西藏相爭，即連交通往來亦不曾有，如何企望侵占西藏土地？」[57]

好不容易從披楞那兒獲得了答覆，而這項答覆必須從英國與尼泊爾間的關係來闡釋。自一七八〇年代起，在孟加拉的英國當局已經徒勞地試圖安撫廓爾喀，並重新取得那條自從一七六〇年代就對英國封閉的通往加德滿都向西藏之路。然而，在一七九一年，廓爾喀人向英國在瓦拉那西的常駐公使卓納森．丹肯（Jonathan Duncan，約一七五六—一八一一年）暗示說，他們願意允許這條道路連通。這項政策逆轉的終極目標在於確保在其西藏戰爭中來自英國的軍事或物資援助。然而，當這兩個強權於一七九二年三月一日簽訂條約時，在加爾各答的英國當局並不完全知曉清軍正迫近侵入尼泊爾，儘管丹肯也許懂得廓爾喀人是在釣取英方實質的幫助。[58]當英國當局於一七九二年八月三日收到達賴喇嘛的第一封致披楞之來函時，遂陷入一個尷尬的局面。波斯文翻譯並附原文，告知英國人清軍即將占領尼泊爾，但是無論尼泊爾方面立下多麼「巧妙」的宣稱以確求英方援助，收信者都毋庸擔心。該函要求若有任何廓爾喀人逃入披楞領土，當即交送清朝或者囚繫之。達賴喇嘛講明了，在西藏的清朝將軍們不介意他與披楞通訊，而皇上將樂見他與披楞合作。[59] 兩星期後，尼泊爾王為了擊退清方進軍而向英方要求十挺槍與歐洲人槍手，使英方更左右為難，不知如何回覆。九月五日，尼泊爾王又寫信要求租借兩營（battalion）的部隊，一營歐洲人、一營印度人，備有武裝及補給；在一封給丹肯的信中他論述稱，希望他的要求能獲允，因為「您與一般英國人致力於使方才與你們訂約的對象能成功」。很清楚地，廓爾喀人相信他們的商業條約意味著英國人將會願意借兵相助。一份來自東印度公司人員九月四日的報告顯示，清軍欲取尼泊爾已是成功在望，而尼泊爾王已經從加德滿都逃走了。[60]

東印度公司受到自己的外交成功所牽制。該公司已迫切要求過連續兩世的班禪喇嘛向北京好好報告自己，而今達賴喇嘛承諾對合作有獎賞，外加來自清方將軍向乾隆上奏帶正面評價的報告。然而跨越喜馬拉雅山的對西藏——或許還有對中國——的大規模貿易，需要使用較佳的加德滿都路線，歷經數十年的敵對，廓爾喀人終於同意此事。這些機會個別看起來沒什麼用處，但是只要揀取任何一方就意味著陷另一方於危地。是故不意外地，英國方提出斡旋和談。康沃利斯覺得如此可以取悅雙方：受盡折磨的廓爾喀人將會歡迎英方介入，至於已成強弩之末的清軍也很可能正在為了和平做打算。[61] 但該策略在這次事件裡失敗了。因為協商拖延了，就在英國當局送出他們的回覆時，和平條件已經在尼泊爾談完了，仲介任務尚未啟程就已成多餘。康沃利斯於九月二十五日用波斯文寫信給達賴喇嘛的時候尚不曾預知這些情況，他在信中還敘稱自己已經拒絕了一項廓爾喀求援要求，因為英國僅把兵力用於自衛。論述稱英國人「多年以來一直實行著對皇上的臣民在商貿上的關心，並且實際上在其領地內建立了一個商館」，康沃利斯還補充說他派了一位「先生（Gentleman）」帶著一小群隨侍，將致力於恢復西藏與尼泊爾間的和平。62

到了福康安知道這封信的時候，他已經明白披楞與尼泊爾間有所接觸。早在一七九二年，一個英方人員阿布杜勒．喀迪爾．汗（Abdul al-Qadir Khan）就曾為了協商商業條約而到加德滿都。雖說這與軍事援助無關，但在已知廓爾喀必然希望英國幫忙的情況下，丹肯或喀迪爾汗或許曾利用這個可能性作談判槓桿。63 西藏官員丹津班珠爾（བསྟན་འཛིན་དཔལ་འབྱོར Bstan-'dzin-dpal-'byor）於這段協商期間在加德滿都為俘虜，據他所說，他曾被問到廓爾喀人與披楞是否有接觸。他回覆稱，有一大批人到了那座城市，而沙瑪爾巴這個清方相信是挑起戰爭的西藏僧侶，向他指認出當中有一名披楞使臣，來自廣大且遙遠的部落，獻禮給廓爾喀人。丹津班珠爾把這個意指廓爾喀與披楞間關係親密的說法視為威嚇西藏人的策略，但他不曾判定其事之真偽。64 他的報告並沒有在福康安對披楞的看法上造成很大的影響。在一七九二年九月五日的一份奏摺中，這位清朝將軍向北京報告說，由於披楞部落離尼泊爾南境太遠，超過半年前送去的諭令猶未回答。他提到一個未證實的報告說，披楞派了人員到廓爾喀去責問侵犯西藏之事，顯示他並不認為披楞與廓爾喀間有著軍事聯盟一事。65

幾乎到清朝與廓爾喀間的和平敲板定案的半年後，在一七九三年二月二十三日，康沃利斯侯爵的信終於到了拉薩且送達福康安之手。這份回信的送信者達質耆梨（Daljit Gir，歿於一八三六年）報告說，布刺拏耆梨（伴他而中道物故）總算經過不丹到達披楞了。66 由於布刺拏耆梨病況太重，不克攜帶覆信，任務就委交到他這個布刺拏耆梨之「姪」（實際上是他的 *chela*，弟子）身上。67 他宣稱哥薩因修士們（阿雜拉喇嘛 "Acharya lamas"）每天在「官寨」（加爾各答的威廉堡）奉職，並宣稱他所講述的事乃來自一件關於披楞與尼泊爾外交的親身記述。如同人們可以從布刺拏耆梨的這位弟子身上推想到的那樣，這個敘述是非常偏向英國方的。

達質耆梨的報告對關於印度之地理學知識有所貢獻，並勾勒出英國對清廓戰爭之政策的解釋。他把披楞部落視同於加爾各答（噶哩噶達），前一稱謂乃其他部落所用，至於後者則係其成員之自稱。其「部長」稱為「果爾那爾（governer，總督）」，受第哩巴察（德里之巴底沙）所委派（因為英國總督在法律上如此），本身既非穆斯林，亦非佛教徒。加爾各答與廣東之間互通貿易，這件事讓福康安感到迷惑，因為他和孫士毅近期都曾擔任過兩廣總督，卻從未聽過什麼披楞。他懷疑這該歸咎於兩地用語的某種歧異。先前，福康安曾經否決過嚴廷良的報告且主張大西洋距尼泊爾南境極遠。但既然披楞與廣州通貿易，他不得不承認「想來即係西洋相近地方」。然而，如同我們已經看到的，「西洋」一詞在地理學上有著歧義，福康安究竟是否如同嚴廷良般認為孟加拉離歐洲很近，並不清楚。

總結而言，根據達質耆梨的報告及此前的資訊，福康安如今了解到尼泊爾以南的輿地通稱叫做甲噶爾（印度），該區域與廓爾喀帝國接壤的最大國乃第哩巴察，統有噶哩噶達（又名披楞）且以此與廣州貿易。由於其參與廣州貿易，遂在某種程度上與西洋有瓜葛，但其真實關係則無法確認。

由達質耆梨所帶來的康沃利斯的回覆，解釋了英國拒絕廓爾喀人的援助要求，卻仍與之維持友誼關係；英國也經常與中國有貿易往來且在清朝領土有商館；從而他們希望表現得像是「朋友與中間人」，且透過派遣代表到尼泊爾的「和善介入」來恢復該區域之和平。[68] 簡言之，康沃利斯的語調雖友善卻中立。然而，在滿漢譯文中，他變成了清朝的忠僕。此變化在翻譯中或為理所當然，很可能達質耆梨也參與其事。在滿語版本中，廓爾喀人的要求讓康沃利斯回想起「我等部落中人，恆常與大清的一屬地貿易。大皇帝施恩於我等多年，我等皆甚喜，深知國家強盛」。[69] 在這個譯文版中，英國總督被稱之為 *Dili fatša harangga G'arig'ada aiman-i da*（第哩巴察屬下噶里噶達部落頭人）譴責了廓爾喀人，且敦促他們趁毀滅臨頭前盡快投降，代替廓爾喀人獻上此書向福康安求情。康沃利斯還進一步有意派代表敦促西藏與尼泊爾間的和平，並隨而向福康安請安。[70]

達齊格哩（達質者梨）的供詞在福康安的奏摺中占了很大的分量，他可能親自詢問過達質者梨，提到這封信只不過是用作證詞。由於達質者梨聲稱他在福康安的信到達前約莫一個月，看到英國總督申斥了一名廓爾喀使節，指責他們不應滋擾清朝保護的西藏且拒絕一切援助，這證明了披楞自發地對清朝忠誠。達質者梨還聲稱，披楞部長收到福康安的信，深感欣喜。他先前已承諾為尼泊爾說情，如今終於有此機會。從而，在福康安奏摺中所描述的披楞是「十分恭順」，至於披楞為報帝國在廣州之恩而勸誡廓爾喀人息兵則「甚屬有理」。[71]

康沃利斯的仲裁提案是潛在的不協調因子。假如這件要求的意義真的被徹底理解的話，勢必會衝擊到福康安與他的皇帝，認為這是侮慢之舉。然而，這位清朝將軍採取了一個寬縱的看法，把這解釋成不過是「番夷（藏人）講和故習」。由於已經認定披楞知道清廷恩威且戒飭廓爾喀，他們提出調解的本質就有點可疑。福康安分析稱這是因為道路迢遠，披楞還不曾聽聞清朝在尼泊爾的勝利。[72]他送回一份關於他勝利的記述並補充道：「毋庸爾部落遣人前來，徒勞跋涉。」福康安又總結稱，披楞的嘉行將稟報皇上，日後若有需要，應送至在拉薩之新任駐藏大臣和琳處。[73]不久福康安即離藏。

從事件的結果看來，應注意的是，並無證據顯示福康安在西藏時對披楞部落抱有敵意。儘管他們未曾給予福康安具體的幫助，但反正其他部落也未必提供過幫助。福康安在戰後向皇帝提出的報告稱，布魯克巴最初曾迫切地明言欲相助，而今卻只是拖延，最終竟沒有其他君長派兵。[74]後來，他註記稱布魯克巴、哲孟雄（錫金）、宗木全都以天氣炎熱及兵力單弱為由婉拒派兵。但福康安還是達成了他阻止其他國家幫助廓爾喀人的目標。康沃利斯沒做出什麼會讓他單獨遭受非難之事。福康安似乎也並不怎麼相信披楞站在廓爾喀人那邊的謠言，事實上報告還稱披楞曾訓斥了廓爾喀人。約莫在英廓商貿條約的時候，他知悉廓爾喀君長正為一未明指之任務差遣一可信之代理人至印度（甲噶爾）。[75]由於廓爾喀人本身曾向清朝官員聲討德里之巴底沙為其敵，福康安應該不太會把巴底沙的屬下披楞頭人當成尼泊爾的可能盟友。[76]結果福康安畢竟還是聲稱他對來自加爾各答的信函相當滿意。

正當福康安在拉薩處理康沃利斯的信函時，廓爾喀的戰後貢使也到了北京。他們向清廷畫出了一幅很不一樣的外喜馬拉雅事務圖像。如同利奧・羅斯所指出的，廓爾喀人正企圖「以中國人抗衡英國」。[77]實際上，這意味著說服清朝與之聯盟以對抗其他強權，尤其是英屬印度。如同他們向英方求援以圖抗衡清方入侵般。很難判定這項戰略何時開始。在一七九〇年初，廓爾喀初次貢使到清廷的時候，其大使告知乾隆稱，「甲噶爾、普拉（身分不明）各處部落」曾發兵前往廓爾喀，但都被「截堵回去」，措辭上似乎蘊含著這些部落意圖攻擊西藏。[78]約莫同時，廓爾喀人已經漸漸相信他們身為受封號之朝貢國，應可自清廷獲得「食俸或賞給領地」，且平白為此向在拉薩的駐藏大臣提出要求。[79]他們意欲這些賞賜有何用途並不清楚，但之後亙半個世紀裡，他們頻頻向清朝尋求金援以對抗英屬印度。到了一七九二年四月時，他們開始公開表現得像是西藏對抗德里之巴底沙的緩衝者。

如今，在一七九三年，廓爾喀貢使藉由身在北京之便，向清廷告知他們與痕都斯坦、西洋以及巴爾機（Borgi）打仗，並希望若受他國攻擊時能獲援。[80]清廷的答覆則很坦率：清政府絕不發兵越過西藏。如果他們這個新的朝貢國不得不打仗而獲勝，朝廷必將嘉悅，但若是廓爾喀政府受迫到了難以立國的地步，其所能冀望的最大幫助也就只是允許廓爾喀王室逃入西藏。[81]簡言之，在警告乾隆西藏被印度入侵的可能性一事上，廓爾喀失敗了。

乾隆知道尼泊爾與痕都斯坦相近，但未曾解釋他怎麼了解到此二者間的地理關係。如同第二章討論過的，乾隆之前已經相信痕都斯坦是印度的鄰國，另一方面，他也知道喜馬拉雅山脈以南是印度的一部分。[82]在尼泊爾首度貢使到達後沒多久，乾隆寫了一首詩，詩中寫廓爾喀為「痕都別部」，並自註補充稱廓爾喀乃「厄訥特可克痕都斯坦之別部」。[83]在第二次廓爾喀戰爭後，乾隆在一篇題為「喇嘛說」的論文中論點更明顯，寫道：「佛法始自天竺（即厄納特珂克部，其地曰痕都斯坦）。」[84]儘管作此聯結，乾隆卻似乎從未系統地重新考慮過廓爾喀戰爭中所提及的尼泊爾以南之地，與此前準噶爾戰役中曾考證過的那些地點。[85]

廓爾喀使節向北京求援時，喜瑪拉雅邊疆仍持續著外交活動。康沃利斯的仲介人威廉・克爾克派特里上校（Captain William Kirkpatrick，一七五四—一八一二年）於一七九三年二月進入尼泊爾，並於三月成為第一個到達加德滿都的英國人。在為公司確保後續具體利益上他雖然失敗了，但英廓雙方都公開表明對近期彼此關係改善感到滿意。[86]廓爾喀人立即向清朝報告了「第哩巴察屬下，噶哩噶達頭人所遣，幾哩巴底（克爾克派特里）」的任務，一起到加德滿都的還有另一名來自阿瓦德的納瓦卜之首都拉卡納窩（Lucknow）的人。在這份報告中，廓爾喀君主證實了英國版的英尼關係。這份報告細述道，他的國家其實曾經要求披楞的軍事援助，卻反而收到了提議和平的勸告。幾哩巴底的任務表達了噶哩噶達對於紛爭的終結感到欣慰，且敦促廓爾喀順從清朝的權威。福康安離去後，負責拉薩事務的和琳於五月二十一日遞出這份通訊，對披楞的行為或意圖絲毫不表懷疑。五月二日時，廓爾喀方已經向他們在中國的使節們送出一封信。在清方翻譯的該信中，在英尼關係上描繪出了一幅劍拔弩張的景象，敘稱幾哩巴底勉強且在遵奉清朝命令下才接受與其鄰邦和平相處。[87]

克爾克派特里似乎曾向尼泊爾政府提及英國正準備自行派遣使團到中國，而此事也及時報告到拉薩。和琳獲知披楞使節曾說「我等已遣拉達（Lord，爵士，此指馬戛爾尼勳爵）自璧拉伊經海路向大皇帝獻上貢品」。璧拉伊指的恐怕是英國，即濟美凌巴一七八九年的地理學作品中所謂的「*Bhi-la-*

ti」（當代英語作 Blighty）。88 五月二日送往廓爾喀使節的信也提及關於披楞使團的新聞，並問及他們在北京是否曾聽聞到任何相關消息。和琳所奏於一七九三年七月三日送達軍機處，這可能是軍機處所收到的在馬戛爾尼獲接見前最後一封提到披楞的奏摺。89

廓爾喀戰爭對馬戛爾尼使團的影響

雖說馬戛爾尼勳爵使團於一七九三至一七九四年間到中國一事，可列於英清關係中最常被研究的插曲之一，但車載斗量的學術作品中卻鮮有探索印度事務在此事上所扮演的重要角色者。對馬戛爾尼及其隨員而言，清廓戰爭及中國與英屬印度的接觸，應是扮演著決定其使團結局的關鍵角色。馬戛爾尼相信清朝的政治家們對他的要求印象不佳，就是因為他們不公正地把英國人視為在印度的一個貪婪且擴張的強權。此時期的清廷滿洲王公們的討論仍是一個未解的黑盒子，也不可能確切判斷福康安與其他達官顯貴是否從事破壞馬戛爾尼使團的行為。然而，比起此事牽連到的宮廷政治而言，更重要的還在於清帝國與不列顛帝國在這次相遇中所顯現出的分歧結構。在獲自海路與陸路關於兩帝國接觸之簡報的情況下，馬戛爾尼理所當然地認為清廷同樣擁有一個整合的觀點。事實上，清政府的運作並不是設計來協調各邊疆的，且僅在最大的努力下，它才不過能夠開始調和內亞及海上情報。這種把各邊疆個別處理的傾向，在首度踏入與英國間的重大外交邂逅時，對各種發現倒還能夠輕鬆適應。

種種線索都可能讓清廷把馬戛爾尼的海上使團與發生在藏南邊疆的事件聯想起來。對清朝的觀察家而言，他是「暎咭唎」所派出的人，而暎咭唎是個在廣州商貿中所占比例穩定成長的海上民族。就歐洲人而言，他們和荷蘭人都被分類為紅毛類，也在某些語境下歸入（大）西洋項下。舉例來說，那個時代的文檔註記中有稱嘆咭唎「即係紅毛國」者。[90] 故而，嚴廷良所謂在西藏南境與西洋接壤的「紅毛國」，福康安所述與廣州作買賣的一個西洋國，都很合乎英國的情況。

當然，也有反面證據抵銷了把英國與披楞劃上等號的力道。最明顯的是，他們的名字不同：英國從未有過任何稱謂聽起來像披楞或是噶哩噶達，而披楞聽來也不會讓人想到嘆咭唎。再說，馬戛爾尼的使團最開始被宣稱是來到清朝的廣州為皇帝的八十壽辰作遲來的慶賀，從未提過什麼在西藏的事件，可是披楞的使臣是該提這些事的。理由很簡單：在馬戛爾尼抵達中國之前，無論是他還是在廣州的東印度公司貨頭委員會（East India Company Select Committe），都不曾了解到在孟加拉的英國當局於清廓戰爭中所扮演的角色。

因此，在馬戛爾尼到達北京的時候，嘆咭唎—披楞關係仍然是個謎：沒有決定性的證據可將二者聯繫起來，但要說將二者相連的可能性卻又是清楚的。就算這個聯結獲得了證明，也沒道理去期待什麼戲劇性的結果。嚴廷良此前已稟告過紅毛與西藏接壤，但皇帝並不關心。事實上，皇帝認定紅毛既然在廣州貿易，就不會與廓爾喀為鄰。福康安則發現這是這麼回事：披楞曾經記錄了他們感激清廷在廣州貿易之恩而拒絕援助清朝的敵人。西藏的報告也不曾視披楞為惡。基於清朝的史料，沒有理由認為若是把嘆咭唎與披楞聯繫起來，馬戛爾尼勳爵的使團會受到傷害。對英國方面本身而言，情況甚至更為清楚明瞭：在近期戰爭中他們的舉動已是模範，對馬戛爾尼使團會有正向幫助。東印度公司在孟加拉的總督所表現的正是這個態度。在一七九三年七月二十六日，克爾克派特里回到加爾各答後，總督曾遣人至馬戛爾尼處把近期事件聯繫起來，包括與福康安及達賴喇嘛通信的副本，並附上一段話：「那段期間我們知道有義務婉拒介入支援（尼泊爾的）大王。」[91] 在廣州的貨頭委員會於九月十一日透過私信接收到喜馬拉雅事件的消息，就在馬戛爾尼步入北京近郊後的一個月，他們認為這件事情「或許對於在北京辦交涉的大使是個可有效利用的題材」，並一度打算把消息轉給大使，雖說因難以傳達而作罷。92

然而，馬戛爾尼勳爵在北京卻開始懷疑起喜馬拉雅事件在背後造成負面影響，讓他覺得高層政府圈在和他的使節作對。當他離開倫敦時，無論是他還是他倫敦的首長們都不曾意識到福康安與康沃利斯之間的聯繫。然而，針對他處理印度問題的指示卻較為概括性。如今不列顛在那兒有著廣袤的領土，適合去建立些「成功的手段以展現並辦理商務」，對象則是「主要的鄰邦」如清朝。在這種互動下，有必要「避免任何可能因吾人在印度之支配現狀糾紛所造成之偏見」，方法則是把英國之擴張解釋為自衛。最後一點有其必要，蓋因「由其他歐洲國家所引發之……觀感，使中國皇帝及閣老們認為支持鼓勵大不列顛之臣民乃危險之舉，彷彿我國之意圖即在吞併中國每一寸土地般，此事乃最重大之議題」。93 簡言之，馬戛爾尼是受了指導而預設清朝已知在印度的發展情勢，且有可能因此動搖。

馬戛爾尼於一七九三年八月五日上岸，由天津道臺王文雄與通州協副將喬人傑接待。94 在八月十六日之前，通往北京的路上，馬戛爾尼在通州報告稱這些人「把話題轉到我們在孟加拉的統治上，並堅信出自那裡的某些英國軍隊最近曾經協助過在西藏的亂賊」。由於對近期在孟加拉的事件並不清楚，馬戛爾尼「馬上告訴他們這是不可能的，我可以負責用最明確的方式證明這事是假的」。王文雄與喬人傑斷言道清朝軍隊曾意想不到地「受了些挫折」，這情況只能解釋為歐洲人幫助了他們的敵人，並聲稱在敵人當中看到了「好些人頭戴帽子(10)」。馬戛爾尼認為這些斷言「不過是種詭言或話術，用以刺探我或者試著挖掘我國在其邊疆之兵力或毗鄰情況」。一兩天後，這兩個人問了英國在孟加拉是否會協助清朝皇帝「對抗那些部分的叛軍」，馬戛爾尼懷疑這是個花招，想讓他說出與先前自己的斷言自我矛盾的話。他再度保證英國領地離清朝版圖太遠，無法來協助。[95] 這似乎是整個出使任務中，唯一一次清方提及廓爾喀戰爭事件的情形。然而，當馬戛爾尼於九月十五日與福康安初會的時候，他發現福康安「官腔且冷淡」，對英國人帶有「惡感」。另一位高官後來向馬戛爾尼確認了福康安對英國人特別帶「偏見」。馬戛爾尼最初假設這源自於福康安曾任職於管理廣州的兩廣總督，但沒多久他就把這歸咎於另一個原因了。[96]

十一月九日，在杭州，馬戛爾尼於歸途路上寫了一份報告給監管他出使任務的大臣亨利．丹達斯（Henry Dundas，一七四二—一八一一年）。他的快信值得大段錄下。根據馬戛爾尼的理解，在西藏的清軍：

> 面對如此敵手，遭受了意料之外的極大損失……某些中國軍官逕直臆想認為他們與歐洲人部隊接戰了……而這歐洲人部隊，就被歸結為只能是英國人。本報告則向這群人提出，實情恰與之相反，吾人曾予以協助。儘管我視此為當然，其事子虛烏有，然而此等人之遊說已足以離間我等與中國當政者……閣老諸公信從此說而待我等以預見之敵意，而吾人在印度側之實力，則充作懷疑潛藏於我等獻禮與示好下之不良意圖。[97]

換言之，馬戛爾尼相信清朝對其使團之反應，受制於朝廷對英國在孟加拉之力量的認識。這個感受並

(10) 當時印度區域普遍認為印度人頭纏頭巾（turban），而帽子則是歐洲人戴的。

非全然出於意外：

在這些指示中……您完美地覺知到偏見……至於因吾人獲得孟加拉而視〔我國〕為野心勃勃，以及為緩和任何因主權而起的疑慮，由您所指出而為我所依循的明智方法，是如此偶然且非所企求，但卻不可能事先預見或準備對抗干擾中國軍隊的責難這等子虛烏有的說法。[98]

為消弭這些反英觀感，馬戛爾尼決定發揮外交手腕。他從他覺得友善的王文雄與喬人傑那兒「秘密蒐集且遙遙暗示」了在孟加拉各事件的資訊。然而，只有他們的上司——帶敵意的官員徵瑞（一七六二—一八一四年在世）才有權直接稟告朝廷。因此這位英國特使：

藉機〔向徵瑞〕傳達資訊，告知吾人在印度之主要殖民地距西藏極遠，且吾人與該國幾無聯繫；吾人所有在欣度斯坦之部隊迄近日猶在南部對抗蒂卜(11)，抑且吾人在孟加拉之總督恆常奉命敬重其鄰邦，尤以在中華帝國保護下或與之友善接境者——[99]

在熱河的一次私人會見中，馬戛爾尼直接向當時最有影響力的大臣和珅講到關於英國在印度的情況：

在該次談話中，我趁機提到了這些資訊……關於莫臥爾帝國因糾紛的結果而崩解，某些海上強權主張受我方力量之保護，受我方允許且不曾剝奪其從屬各君長，彼等此時仍保有其尊嚴，且其安全已受吾人確保，此手法之有效主要在於吾人不贊同與鄰邦間因競爭而開戰。和珅避免給我機會把話題帶到更明確在拒絕援助西藏人一事上，且我發現有必要以極為柔軟的身段，用許多修飾過的表達，來傳達此一概念：大不列顛與該國建立關係將對後者具重要性。100

直到馬戛爾尼到達廣州且閱讀來自英屬印度的報告（包括福康安與康沃利斯的通訊）前，他對這些事件的觀點都還不曾固定下來。清朝並不是與西藏叛軍作戰，其對手是尼泊爾君長。東印度公司那些無可咎責的行動，因為某些理由被誤呈到清朝皇上那兒。馬戛爾尼相信著，或許福康安是為了掩飾軍事上的挫折，而主張英國站在尼泊爾那邊抗衡清朝。101

馬戛爾尼對事件的解釋是否可由清方紀錄驗證？有兩件事可供我們洞察清廷對馬戛爾尼使團與印度事件之關聯的看法。首先純粹從地理學上看，傳教士們對喬治三世致乾隆之國書內容的翻譯。原文敘稱英國已「藉聯合我國在欣度斯坦之盟邦，制止一野心勃勃之鄰國因攻擊所帶起之敵意」而為印度帶來和平。這翻譯成漢文變成「小西洋鄰國的人，他沒有理，同本國打仗，也都平復了」。此內容所指乃與蒂卜素勒坦開戰之第三次邁索爾戰爭，但顯然這些傳教士譯者對近期的事件不熟，將其所指設想為某個在印度的歐洲對手。而說到馬戛爾尼的資格，喬治三世說他的特使「獲賜為孟加拉總督」，這個位子是過去馬戛爾尼曾獲任但辭退了的。在譯文中則是「到過小西洋本噶拉等處屬國地方料理過事情」。最後，該信描述了喬治・倫納德・斯當東男爵（Sir George Leonard Staunton，一七三七—一八〇一年）「為人幹練，嘗於公使任上，成功與欣度斯坦聲威最顯之君王蒂卜素勒坦議和」。用漢文

(11) 蒂卜素勒坦（Tipu Sulṭān，一七五三—一七九九年在世）：南印度邁索爾土邦之雄主，曾領導南印度之反英戰爭，有邁索爾之虎之稱。〈嘆咭唎國表文〉作「第博蘇渥爾噹王」。

表述則變成「又到小西洋痕都斯坦國與那第博蘇渥爾噹王講和過事」。[102]

這份翻譯充斥著含糊曖昧。耶穌會士譯者們把大西洋與小西洋區別開來，而乾隆及其部院大臣們對使節提及歐洲只用了西洋一語。儘管「小西洋」會提醒清朝的讀者們此處提及的是個較小且較近的歐洲人政體，「紅毛鄰國」卻有著相反的意涵。國書中提到一個印度國家，但約莫在同時，耶穌會士卻把英國描述為是「那個（*the*）」或「某個（*a*）」紅毛國，座落在「西洋之北，在天朝之西北」。[103]「痕都斯坦」釐清了英國在政治上活躍於尼泊爾近鄰處，因為乾隆如今認識到了廓爾喀乃「痕都斯坦之別部」。另一方面，提及「小西洋本噶拉（孟加拉）」卻沒賦予什麼明顯與西藏對該處之等價稱謂的聯繫，例如披楞、噶哩噶達、阿雜拉。簡言之，這封信或許已向清朝顯示了英國力量迫近尼泊爾與西藏，但此外也就沒什麼別的了。

到了使團離去後，清廷才確定英國與披楞間的直接關聯。他們的材料乃是曾在王家宮殿任職過的廓爾喀報導人噶勒塔則西。他於一七九一年九月第二次戰爭開端時為藏兵所俘，在清朝指揮官間發展出信譽，被認為是可靠的報導人，揭發了廓爾喀間諜，提供了往尼泊爾的路線，並辨認出多名生囚與死首的身分。戰後他害怕遭到報復，清政府就同意他留在中國，安插於駐紮在北京外西山之健銳營。[104]在馬戛爾尼已經離開北京後的一七九三年十月十八日，一名清朝官員奉命問他一系列的問題：嘆咭唎是否即披楞？該處風俗若何？地方廣狹若何？距廓爾喀道路遠近若干？中間是否隔有別國？該處至廣東澳門道里若干？[105]

噶勒塔則西對這些問題的回答很明晰。首先，他斷言尼泊爾鄰接噶哩噶達。至於披楞，嚴格說來並非地理名詞，而是個蔑稱：噶哩噶達地方之人因最為強橫暴虐，人皆怨恨，稱他們「披楞」是「猶言惡人」。該部長居住之地（意即：孟加拉與比哈爾）西北界與廓爾喀相接，其交界地方距陽布

（加德滿都）約三十餘日路程。南界哲布薩（Chaibasa）北界布魯克巴，俱約行二十餘日；東界小部落數處，西界第哩巴察（莫卧爾帝國，即阿瓦德），也有一個多月路程。他證實了，儘管廓爾喀常向噶哩噶達饋送物件，但彼此其實不相服屬。由於他不曾到過噶哩噶達，不能知道該處距廣東澳門遠近若干。可是他看過造訪廓爾喀的噶哩噶達人，而馬戛爾尼的狀貌服飾與噶哩噶達人相仿。這位尼泊爾報導人是否看過馬戛爾尼本人，或僅只看過他的畫像，並不清楚。但他基於他們的外觀相似性而判斷出「大約噶哩噶達即係暎咭唎」。這裡仍然有曖昧不明處：英國與加爾各答是等同呢？還是僅是同一政治結構的個別部分？他的措辭支持前一項解釋，雖說尼泊爾人應該知道英國人並非加爾各答當地人。

從而，清廷到頭來總算弄懂了馬戛爾尼使團所代表的是個在西藏附近活躍的國度。馬戛爾尼宣稱此事件如何影響他被接受的狀況，可是這份清朝文獻紀錄既不能證明也不能否定他的說詞。既沒有證據證明王文雄與喬人傑是奉朝命來「刺探」馬戛爾尼關於孟加拉與西藏的毗鄰情況，也沒有證據表示福康安像馬戛爾尼所說的那樣把披楞在廓爾喀戰爭中的角色誤奏上去。相反地，他所記錄下那對待披楞的態度已是讚許的，而他對北京的報告則反映了孟加拉那封信的實際內容，僅只多出貢禮而已。但馬戛爾尼的記述仍不能就此擱置。他當然不會杜撰出王文雄與喬人傑所提及的英屬印度或福康安的敵意。進一步來說，馬戛爾尼既向徵瑞也向和珅帶出了英屬印度這話題，即便這是在他「許多修飾過的表達」下，人們可以設想在那議題上有許多誤會與誤解。如今已不清楚何以王文雄與喬人傑問及英國在西藏活躍一事，也不知道他們本來用的是那些地理名詞。他們是否真的提過「孟加拉」？一個一七九二年的清朝指揮官真的會判定歐洲人的力量那麼優越？或者這只反映了馬戛爾尼自己的設想？

這些問題沒有確切答案。如果我們接受馬戛爾尼的視點，認為福康安對他特別敵視，而這敵意源自清廓戰爭時的事件，那麼清方文檔表示了，這不是在西藏發生的，而是在馬戛爾尼到來之後。福康安曾認真看待披楞。在聽聞一位「披楞使節」正在路途中時，福康安請求先留在西藏並與達賚喇嘛會面。[106] 他獲悉披楞欲派遣一中間人，敘稱無此必要，且其後不久便離藏。當他返回北京時知道嘆咭唎特使正在來途之中，並很可能從和琳的報告裡得知披楞的使團也正沿海路來到中國。可以猜想，福康安似乎會直覺將馬戛爾尼聯想到披楞，而這有可能與他有干係。因為他曾命令康沃利斯日後透過西藏來通訊，如今披楞怎麼可以直接派使團到北京，繞過實地官員？這或許表示了披楞—嘆咭唎試圖利用他們在戰爭中的角色來索求特殊的商業考量，而假如馬戛爾尼收到了當時在印度的報告，那正是他會做的事。乾隆已經因為福康安過度倚賴其他部落的協剿而申斥過他，假如披楞—嘆咭唎如今來請賞，有可能會造成福康安的問題。這個解讀雖說純屬猜想，卻足以說明何以福康安在西藏對披楞沒半點厭惡，在北京卻向馬戛爾尼擺臉色。或許當馬戛爾尼到來時，王文雄與喬人傑的提問是出自福康安及其同黨的私人企圖，為的是挖掘馬戛爾尼與披楞間的確切聯繫。

馬戛爾尼使團的餘波

馬戛爾尼離華，相信福康安那不實的稟奏蒙蔽了北京對英屬印度的觀感。但他仍樂觀地預測，認為更準確地描繪不列顛的善意以及近期的斡旋，將可說服乾隆放下他對不列顛在孟加拉掌權的「嫉妒」，甚至可能准許不列顛擴展貿易權。[107] 為了緩和關係，並修正那表面上是由福康安所散布出去的錯誤，一七九五年六月送出了一封由英王喬治三世署名的回覆乾隆諭示的國書。英國君主試著對其總督在戰爭中之所為辯誣，而這不是馬戛爾尼私人所能為者：

> 寡人業經降下特旨，命我在印度之大總督聽命：凡有陛下之大軍、臣民等行近我鄰境，務盡其友善、敬謹以待。既有此旨，前此貴國一將軍在藏，寡人之總督亦權居中介，略效微勞。寡人之特使在陛前時，實未嘗駐留彼處，亦未與吾國在欣度斯坦之領土通訊往來。是以不知此事，致彼處情由，未能上達陛下。區區誠悃，伏望朗鑒。108

清帝國的首輔們又有可能因此必須再度把英國視為是英屬印度了。

英文所表達的關於地緣政治上的評註，在譯為漢文時會有很多種可能歧路，而在廣州所收到的喬治三世之國書顯示了另外一種。英文原信遞出時已附上漢文翻譯，出自馬戛爾尼首要秘書喬治·倫納德·斯當東之子喬治·湯瑪士·斯當東（George Thomas Staunton，一七八一－一八五九年）的手筆。小斯當東在出使任務中學會了漢語，且可能是當時唯一能書寫漢文的英國人。他在翻譯此段時用了極為含混的方式，或許是由於他對漢語地理學詞彙所知相當有限之故：「印度（India）」與「欣度斯坦（Hindostan）」都被翻譯成「小西洋」，而「貴國一將軍在藏」則被翻譯成「一個皇上的將軍那時不遠小西洋」(12)。當這封信在廣州被細讀時，遭評為「文理舛錯，難以句讀」，署兩廣總督朱珪用了個當地通事校對英文原文與斯當東的副表，另行譯成通順的漢語。

(12) 原文語法如此，微不通。意即「那時一個皇上的將軍離小西洋不遠」。

結果顯示了廣東地方地理學用語與北京相去何其之遠。譯者把「在印度之大總督」表述成「港腳等處地方官員」。109 英文的「Thibet（西藏）」被表述成「啲嘧」（有可能在譯者的方言裡讀成 Ti-bi(13)），「欣度斯坦」則被譯成「咽嘟吐呥」。110 為解開「啲嘧」之謎（此詞當然與漢語「西藏」或「衛藏」聽來不相干），朱珪詢問了暎咭唎洋行大班，得到的描述是「在中華西北地方，與本國海道毗連」。這當中一定有些誤解，因為居內陸的西藏幾乎不會被如此描述。朱珪註記稱啲嘧「似即係廓爾喀」，所以若不論細節，他很清楚地抓住了該信的要旨。

英國政府採取了極細膩的措辭：「寡人之總督亦權居中介，略效微勞。」（our Governor interposed in such a manner as to be of material service）此處指涉的是康沃利斯之善意中立與提出仲裁的部分，難以被詮釋與翻譯。小斯當東將此表述得非常口語化，作「他做了好事與中國軍陣」。朱珪的譯者採取更直率的用詞「相助」。朱珪假設這是指協剿，還上奏稱暎咭唎人主張曾經「發兵相助」。111 乾隆覆給喬治三世，附上一份福康安勝利的記述，補充說清朝「並未煩爾國兵力」。他還在這封覆信裡註記稱「爾國王遣使前赴衛藏」，顯示他知道來自披楞的達齊格哩（達質耆梨）與來自暎咭唎的馬戛爾尼侍奉的是同一位君主。112 或許乾隆把暎咭唎國王與「果爾那爾」或者第哩巴察的霸主當成同一個人了。這可由崗噶勒塔則西的證詞「大約噶哩噶達即係暎咭唎」合理推論而得。關於在廣州的暎咭唎和披楞間的確切關係，無論清廷的概念如何，很清楚的事情是：到了一七九六年二者已被視為相同。這種知識，以及其他戰時所獲得的關於印度地理學的各面向，在清廷的最高回聲之下能流傳在外多遠呢？

戰略、地理學與資訊流傳

乾隆與廓爾喀的戰爭是他「十全武功」的最後一項。到他的軍隊奏凱班師時，他統治時期的大部頭學術計畫已泰半完成，而他也沒心情再發起更多計畫了。雖說由準噶爾戰役帶回的情報都送歸縝密的歷史語言學和歷史學的考證，但在喜馬拉雅山脈所發現的那同樣獨特的地方地理學詞彙則沒受到什麼分析。戰爭期間，情報分析有兩個層級：由藏人給的基於區域知識的地方化解釋，以及在宮廷中利用大批各式報導人後所做出的更密集的考證。這些地方藏人諮詢在戰後廣泛地流通著，但披楞與英國有關的事實卻似乎不曾踏出軍機處，走向寬廣的學術世界，沒多久這件事就連在宮廷中也變得不清楚了。

發現到披楞就是噗咭唎有好幾個步驟，卻多半只出現在密奏頁面上以及包含諭旨在內的那些宮廷書信中，這些材料則只對實地指揮官、軍機大臣與軍機章京以及皇帝本身開放。乾隆的統治經常被視為有清立國以來的巔峰，且影響到了西藏政治。然而十八世紀的最後那十年，對那些參與廓爾喀戰役、積累了地理學與戰略教訓的人而言，卻是流年不利。福康安、孫士毅、和琳，這三位督導過廓爾喀戰爭的最高實地官員，都在一七九六年平定苗變時逝世。乾隆與和珅皆逝於一七九九年，那位有影響力的軍機大臣阿桂則已先一步離世，而一七九九年以前未參與行政管理的乾隆之子嘉慶即位以後，福長安又被永遠貶離宮廷。[113] 其餘還有一些與該場戰爭及馬戛爾尼使團關係較淡的官員仍在世，但

(13) 或為客語 tit–met 或某種四邑方言 tik–mbet？與今廣府粵語似相去較遠。

一七九九年之後，披楞與嘆咭唎的關聯主要被深鎖在檔案房裡，而非在職大臣的記憶中。關於這次陡然間的專家損失所造成的衝擊，將在下一章討論。

一七九〇到一八〇〇年間，七部關於西藏的新作品漸漸在學者間流通。其中一部《西藏志》，只不過是大約一七四一年撰成的老作品，如今初次刊刻，當然對近期的發展無可論述。[114] 另一部書由兩名漢人官員合撰，附有具註之地圖、民族學構描及簡論，題為《衛藏圖志》。刊印本序於乾隆五十七年四月（一七九二年四月二十一日—五月二十日），就在福康安到達拉薩後不久，故而該書中不見披楞、噶哩噶達或其他在第二次戰役中出現的地理學概念，也不足為怪。[115]

另外五部由官員們所撰的作品，則提及了戰時事件。其中《衛藏通志》（通說以和琳為作者）一書，內容多由戰時奏疏與其他文檔所組成。該書迄一八九五年猶以抄本形態流通。此作品為「第哩巴察」闢有專條，當中和琳將之定義為「西南一大部落，噶哩噶達、披楞、阿雜拉皆其所屬」。本條不過是抄自福康安據達齊格哩（達質耆梨）所言而上奏的內容，並無其餘註文或解釋。[116] 在馬戛爾尼離去後曾任駐藏大臣的松筠（一七五二—一八三五年），後來寫了本《西招圖說》，內含一系列關於西藏政務的論文並附地圖。這些地圖上描繪著「噶哩噶達，西洋部落」，就在「東甲噶尔，即阿咱拉」之旁。[117] 但無論書或地圖都不曾描述過披楞與嘆咭唎間有什麼關係。另一位駐藏大臣和寧（一七四〇—一八二一年）撰作了一篇與西藏有關的韻文《西藏賦》並加註，出版於一七九七年。這篇賦所提及的披楞與噶哩噶達一如福康安之所奏。而官方戰史《廓爾喀紀略》刊印於一七九五年，卻只說了福康安在西藏知道披楞。一個新版的《四川通志》（一八一六年刊印）中也有「披楞」與「第哩巴察」這兩個外國部落條目，但這仍不過是抄福康安原奏中對達齊格哩的訪談，並無另外解釋。[118]

還有一部更龐雜的著作《竺國紀遊》，作者周藹聯於一七九一年至一七九三年間任孫士毅之幕僚，在川藏任職負責戰役後勤。一七九八年他撰成該書的手稿本描述他的經驗，在清代並未出版。手稿本中，他註記了廓爾喀毗鄰紅毛，紅毛又毗鄰西洋。上述這些內容，要從孫士毅的戰時總部之通信中找到並不難。然而，周靄聯還有機會訪談克什米爾商人，這名商人基於其個人經驗，向周靄聯講了關於印度（甲噶爾）的事：

> 甲噶爾極富……其國王亦卡契（ཁ་ཆེ Kha-che，穆斯林），今但擁虛位。其總理二人，官職甚大。為西洋天主教，錢糧一切皆歸掌握。惟用本國王子、國號，鎮服諸部落。119 亦有一二廣東人，在彼作通事。兩廣綢緞磁器，亦有自洋船載至甲噶爾，又輾轉賣至西藏者……予是以知天主教之陰謀侵入地土，由漸而來，非虛語也。120

然而即便是周靄聯，似乎也未認出這些基督徒不是別人，正是嘆咭唎人，更不用說發現到嘆咭唎人與在孟加拉的披楞部落彼此有關了。

小結：乾隆朝的結尾到底是成功還是失敗？

愈多的地理學資訊，不但沒造成對世界更清楚的認識，反而諷刺地，如前文所述，造成更大的曖昧與不確定性。在乾隆統治下，清政府那細緻又龐大的情報蒐集，把諸多不可調和的複雜報告帶進情報網中。迄一七九〇年時已呈現的關於印度之資訊且擱置不論，參與廓爾喀戰役的清朝觀察家們撞上了新穎且成謎的術語湍流。某些術語，諸如 Farangi（法朗機）、Delhi Padshah（第哩巴察）、Calcutta（噶哩噶達）、Acharya（阿雜拉）、Borgi（巴爾機）等，先進入印度而後以藏語化的方式呈現。其他術語，特別是甲噶爾（རྒྱ་གར），則是西藏土產。福康安向京都報告時用漢語譯音複製了這個西藏式視角。地理學家濟美凌巴於一七八九年為印度而用的關鍵詞已為清朝所熟悉：*Rgya-gar* 變甲噶爾、*Phe-reng(-ba)* 變披楞、*Ti-ling pa-ca* 變第哩巴察、*Ka-li-ka-ta* 則變成噶哩噶達。[121]

這樣一個地方地理學用語的微系統（micro-system）音譯到漢文與滿文中時，對在北京的官員們而言，這些用語並沒有本身固有的意義。欲將其解碼，唯有與其他地理學詞彙繫聯在一起方可。馬戛爾尼到來時，這項任務又有了政治上的緊急性：披楞和暎咭唎或港腳之間到底有何干係？這些問題僅在一小群高官的密奏上可得而見，其他人之能知道披楞，也唯有來自純藏語優勢區才有可能。在極頂之上，一隊精英用了極其巧緻的情報操作以獲取不同股的資訊流，得自於漢人、耶穌會士、印度人、廓爾喀大使及俘囚以及英國人，部分解開了這個謎。線索顯示，葉爾羌的痕都斯坦、西藏的甲噶爾、廣州的港腳，以及歐洲人的小西洋全都與滿語 Enetkek 及漢語印度相重疊。然而很多細節仍有待整理：第哩巴察（別稱痕都斯坦汗、卡契王、莫卧爾）是怎麼和披楞果爾那爾、「港腳官員」，或是暎咭唎國王扯上關係的？暎咭唎本身與西洋以及西藏南境的紅毛國又如何連起來？朝廷在此方面的進展，展現了它與宇宙論不可知論、語言學多樣性、英國帝國主義的行政複雜性，以及所有證詞中政治與宗教的內在偏頗等問題奮鬥的技巧。

然而期待這個契機成為一個大發現時刻，使清朝世界觀產生根本變革，就誤解了清朝政府與學術圈。以政府而言，邊疆政策並不怎麼倚賴地理學上對正名的堅持。至於學術圈，即便是在地理學上，清朝的觀察家們對於在印度發現了西洋人也不特別感到意外。披楞—暎咭唎關聯未能獲取更多注意的原因，有更深的根源。戰略上而言，該繫連之細節仍為迷霧，而朝廷並不情願在充滿假設性證據的基礎上做下重大決定。反正乾隆知道這些暎咭唎人總在廣州恭順地做買賣。至於那披楞肯定住在遙遠的喜馬拉雅山脈之外，且看似除非廓爾喀戰爭這種反常狀況，否則不會進入清朝的眼裡。如今，西藏已有望回歸安寧的原狀了。除非把披楞—暎咭唎聯結英國大肆擴張的軌線進程來分析，彷彿準噶爾威脅時所採的規模般，否則清朝沒有明顯的理由非得改變其戰略思考且協調政策以跨越多重邊疆不可。

戰略思考的連續性有清政府結構來支持。披楞—暎咭唎之驗明正身無法由任何單一邊疆做出來，必須靠著中央對情報的調節方可。一七九三年，因為廓爾喀戰爭與馬戛爾尼使團的巧合，這情況發生了，二者皆須仔細審視。通常來說，軍機處並不積極去解釋邊疆所上呈的第一手情報。實際上，因為在北京，這樣的解釋一般而言只產出假說，倚賴地方情報還可靠些。為規劃軍事行動，清政府於是有了倚賴區域報導人的好理由，接受他們本身的術語，並以此相對穩固的根基來推理。一七九三年後，在西藏或在海岸的事件仍繼續以這種地方化的分析而相會——只有那極重大的事物方能引來夠力道的高度意圖好讓軍機處去協調情報。在這種模式下，地理學的、戰略的以及官僚式的方法與假設彼此互相膠固，而清政府則平安航過一七九〇年代的洶波而毋庸對其地緣戰略之世界觀做出根本改變。

作者註

1. 伯戴克，《十八世紀早期的中國和西藏》，第一六一—一六四頁。
2. 巴勒布，源自藏語 བལ་པོ *Bal-po*，用以總稱加德滿都谷地各種尼瓦爾（Newar）王國；見喇嘛贊普，《一本藏語記述的尼泊爾宗教地理》，第一三頁，註九。
3. 關於此外交之敘事，見藍姆，《英屬印度與西藏，一七六六—一九一〇》，第三—七頁；羅斯，《尼泊爾：生存戰略》，第二三—三五頁；以及坎曼，《越過喜馬拉雅的貿易：英國人早期為打開西藏市場的努力》，多處。
4. 伯戴克，〈藏文獻中記載的波格爾和特納的出使〉，第三三二頁。
5. 關於此時期西藏對印度的觀點，包括班禪喇嘛的活動，見赫伯，《聖地重現：朝聖和佛教印度的藏式復興》，第一六六—二三一頁。
6. 波格爾，《不丹與西藏：喬治．波格爾與亞歷山大．漢密爾頓遊記，一七七四—一七七七》，第一五三頁；伯戴克，〈藏文獻中記載的波格爾和特納的出使〉，第三三四頁。
7. 伯戴克，〈藏文獻中記載的波格爾和特納的出使〉，第三三五—三三八頁；赫伯，《聖地重現：朝聖和佛教印度的藏式復興》，第一九七—二〇一頁。
8. 波格爾，《不丹與西藏：喬治．波格爾與亞歷山大．漢密爾頓遊記，一七七四—一七七七》，第二一九—二二〇、二三三—二三四頁。
9. 赫伯，《聖地重現：朝聖和佛教印度的藏式復興》，第二一五—二二二頁。
10. 波格爾，《不丹與西藏：喬治．波格爾與亞歷山大．漢密爾頓遊記，一七七四—一七七七》，第八〇—八三頁。
11. 前揭書，第二七五頁。
12. 李若虹，〈十八世紀西藏的一個貴族世家〉，第一七六頁。
13. 《廓爾喀檔》，第四冊，第二一七七—二一七八頁。
14. 波格爾，《不丹與西藏：喬治．波格爾與亞歷山大．漢密爾頓遊記，一七七四—一七七七》，第二三〇、二三三、二六二—二六三頁。
15. 關於布剌拏耆梨，見百薩克，〈佛寺勃白岸（Bhoṭ Bágán）記〉。
16. 赫伯，《聖地重現：朝聖和佛教印度的藏式復興》，第二二〇—二二二頁。

17. 特納，《覲見大昭寺喇嘛紀實》，第四六四、四六八—四六九頁。

18. 波格爾，《不丹與西藏：喬治．波格爾與亞歷山大．漢密爾頓遊記，一七七四—一七七七》，第四三九頁。

19. 特納，《覲見大昭寺喇嘛紀實》，第二三九頁。

20. 對於一七八〇年在北京的會見，王湘雲，〈清朝宮廷的藏傳佛教：章嘉三世的生平與事業（一七一七—一七八六）〉，以及石濱裕美子，〈一七八〇年班禪喇嘛——乾隆帝會見之本質性意義〉，在提到欣都斯坦或西藏記述中的英屬印度方面都不曾表示些什麼。

21. 石濱裕美子，〈一七八〇年班禪喇嘛——乾隆帝會見之本質性意義〉，第三二一—三六一頁。

22. 特納，《覲見大昭寺喇嘛紀實》，第四六八頁。

23. 坎曼，〈一七八〇年之班禪喇嘛造訪中國：英藏關係中的一段插曲〉，第一二一—一四頁。

24. 關於日程對比，參看石濱裕美子，〈一七八〇年班禪喇嘛——乾隆帝會見之本質性意義〉，第三二八—三三二頁；特納，《覲見大昭寺喇嘛紀實》，第四五七—四五八頁。

25. 班丹益西，《香巴拉之路》，第四四—四五頁。參照波格爾對班禪喇嘛的解釋：波格爾，《不丹與西藏：喬治．波格爾與亞歷山大．漢密爾頓遊記，一七七四—一七七七》，第二一二—二一三頁。

26. 鈴木中正，《圍繞西藏的中印關係史：約十八世紀中至十九世紀中》，第八八頁、九八—九九頁，註四〇。

27. 赫伯，《聖地重現：朝聖和佛教印度的藏式復興》，第二一七—二一八頁。

28. 烏斯班斯基，〈乾隆的前世〉，第二一九頁。

29. 《廓爾喀檔》，第四冊，第二一七四—二一七五頁。

30. 玉爾、布尼勒，《哈伯森．扎伯森：英印俗語詞典》，第三五二—三五四頁。

31. 波格爾，《不丹與西藏：喬治．波格爾與亞歷山大．漢密爾頓遊記，一七七四—一七七七》，第二一二頁。

32. 伯戴克，〈藏文獻中記載的波格爾和特納的出使〉，第三三四—三三五頁，註五。數種藏語詞典支持此解讀：耶什克（Jaeschke），《藏英詞典》（第三四四頁），將 *phe-rang* 或 *pha-rang* 定義為「菲凌機（Feringhi），歐洲人」，又陀娑，《藏英詞典》，定義 *phe-rang* 及 *pha-rang* 為「源自菲凌機，歐洲種人」（第八一七頁）。阿里斯，在他對《談印度》（見本章下文）的翻譯中，同樣將 *Phe-reng-ba* 等同於法朗機（Farangi）。阿里斯論稱，該文本之作者在他處用了該詞之變體 *Phi-ling* 以指稱同一語意，他主張後一形式與 *Phyi-gling-pa* 有關，意為歐洲人或「來自外島的人」（第六八頁，註三二）。耶什克也主張 *rgya-phi-ling* 此種十八世紀用以指稱英屬印度之術語，有可能來自菲凌機，或可能是用以指稱

「外國、遠方異國」之甚老詞語 *phyi-gling* 之通俗化表現（第一〇六頁）。貝爾托勒德．勞費爾（Berthold Laufer）對此看法並不贊同。他註記了該詞變體 *Phe-rang*、*Pha-rang*、*Phi-ling*（或 *rgya phi-ling*）以及 *Pho-rang*，並主張凡此俱衍自波斯語，論稱「那種把『*p'i-lin*』（*phi-ling*）當成只是藏語固有語中用來稱外國尤其是歐洲之『*p'yi-glin*』（*phyi-gling*）的更通俗的發音的意見，是不可靠的」（勞費爾，《藏語中的借詞》，第五六二—五六三頁）。

33. 班丹益西，《香巴拉之路》，第一二、四四頁。
34. 伯戴克，〈藏文獻中記載的波格爾和特納的出使〉，第三四〇—三四三頁。
35. 波格爾，《不丹與西藏：喬治．波格爾與亞歷山大．漢密爾頓遊記，一七七四—一七七七》，第二二二、二一三、二二一頁。
36. 前揭書，第一九三—二〇二頁。
37. 前揭書，第二一一頁。
38. 班丹益西，《香巴拉之路》，第四四頁。
39. 波格爾，《不丹與西藏：喬治．波格爾與亞歷山大．漢密爾頓遊記，一七七四—一七七七》，第二二三頁。
40. 阿里斯，《談印度》，第五—九頁。
41. 前揭書，尤其是第二三—三九、三四—四七、五四—六九頁。
42. 關於基於清朝官方記載的整場戰爭的敘事，見莊吉發，《清高宗十全武功研究》，第四一七—四九二頁；以及佐藤長，《中世西藏史研究》，第五二一—七四〇頁。關於尼泊爾方，見迭麗．R．歷彌，《現代尼泊爾》，以及羅斯，《尼泊爾：生存戰略》。關於西藏史料，見沙甲巴，《西藏政治史》，以及李若虹，〈十八世紀西藏的一個貴族世家〉。關於英方觀點，見藍姆，《英屬印度與西藏，一七六六—一九一〇》。
43. 沙瑪爾巴為一七八〇年歿於北京的三世班禪喇嘛之異母兄，見李若虹，〈十八世紀西藏的一個貴族世家〉，第一四二—一四三頁。
44. 提娑揭錫，〈西藏—尼泊爾戰爭，一七八八—一七九三年〉，第三六八頁。
45. 關於西藏—廓爾喀談判，見佐藤長，《中世西藏史研究》，第五六四—五六五頁。
46. 提娑揭錫，〈西藏—尼泊爾戰爭，一七八八—一七九三年〉，第三六七—三六九頁。
47. 前揭書，第三七一—三七四頁。
48. 佐藤長，《中世西藏史研究》，第五七六—五八八頁；李若虹，〈十八世紀西藏的一個貴族世家〉，第一四四—一五〇頁。

49. 佐藤長，《中世西藏史研究》，第六〇一—六〇二頁。

50. 《廓爾喀檔》，第二冊，第五九一—五九五頁。

51. 前揭書，第二冊，第五九二—五九三頁，又第二冊第七三四—七三五頁亦有乾隆對此主題之討論。

52. 第一歷史檔案館（北京），軍機處錄副奏摺，卷號五七二：一九六〇（奏摺，福康安，乾隆五十七年一月二十六日，二月二十七日抄）。

53. 饒宗頤誤將披楞當作檳城（**Penang**，庇能，時或作庇呤）（《饒宗頤二十世紀學術文集》，卷七（第一〇冊），第三八四頁）。

54. 第一歷史檔案館（北京），軍機處錄副奏摺，卷號五七二：一九〇五（奏摺，福康安，乾隆五十七年二月十三日，三月十五日抄）。**南甲噶爾**是ལྷོ་ཕྱོགས་རྒྱ་གར *Lho-phyogs Rgya-gar* 的翻譯，阿里斯將之註作「印度」或「在〔西藏〕南方的印度」，並非南印度（《談印度》，第一四—一五頁）。

55. 第一歷史檔案館（北京），軍機處錄副奏摺，卷號五七三：一〇九三（奏摺，福康安與惠齡，乾隆五十七年二月二十二日，三月二十三日抄）。

56. 提婆揭鍋，〈西藏—尼泊爾戰爭，一七八八—一七九三年〉，第三六二—三六三頁，註五；摩醯施・旃達羅・歷彌，《廓爾喀帝國列王及其政治領導人，一七六八—一八一四年》，第七頁。

57. 第一歷史檔案館（北京），軍機處錄副奏摺，卷號五七二：二〇〇一—二〇一二（奏摺及附片，福康安等，乾隆五十七年五月四日抄）。

58. 關於廓爾喀對這次協商的企望，見迭麗・R・歷彌，《現代尼泊爾》，第四〇九—四一七頁。

59. 提婆揭鍋，〈西藏—尼泊爾戰爭，一七八八—一七九三年〉，第三七五—三七六頁。

60. 前揭書，第三七七—三八三頁。

61. 前揭書，第三八九—三九一頁。

62. 前揭書，第三八七—三八九頁。

63. 藍姆，《英屬印度與西藏，一七六六—一九一〇》，第二〇頁；羅斯，《尼泊爾：生存戰略》，第六七頁，註五三。

64. 第一歷史檔案館（北京），軍機處錄副奏摺，卷號五七三：四九三（供詞含於奏摺內，乾隆五十七年八月二十一日抄，乾隆五十七年七月發）。

65. 第一歷史檔案館（北京），軍機處錄副奏摺，卷號五七二：二〇四二（奏摺，福康安等，乾隆五十七年七月十九日，九月三日抄）。

66. 坎曼（引述伯戴克）把此處所提及之「阿雜拉喇嘛（Acharya blama）蘇納格哩」比定為Sūryagiri，布剌拏耆梨之別名。他又把「達齊格哩」比定為達質耆梨（Daljit Gir）（《越過喜馬拉雅的貿易：英國人早期為打開西藏市場的努力》，第一四〇頁，註七二）。

67. 百薩克，〈佛寺勃白岸（Bhoṭ Bágán）記〉，第九一頁。

68. 提娑揭鍋，〈西藏—尼泊爾戰爭，一七八八—一七九三年〉，第三八七—三八九頁。

69. 第一歷史檔案館（北京），軍機處滿文錄副奏摺，卷號一五五：三〇四八—三〇五一。

70. 第一歷史檔案館（北京），軍機處滿文錄副奏摺，卷號一五五：三〇四八—三〇五一。

71. 《欽定廓爾喀紀略》，第七六二—七六三頁（卷五一，葉三上—九下）。

72. 前揭書，第七六二—七六三頁（卷五一，葉三上—九下）。

73. 第一歷史檔案館（北京），軍機處錄副奏摺，卷號五七二：二五四九（封面無日期）。

74. 第一歷史檔案館（北京），軍機處錄副奏摺，卷號五七二：二〇四二（奏摺，福康安等，乾隆五十七年七月十九日，九月十三日抄）。

75. 這指的是喇納巴都爾薩野之異母弟舍爾巴都爾（Sher Bahadur Shāh）奉命至巴特那一事。第一歷史檔案館（北京），軍機處錄副奏摺，卷號五七三：一〇九三（奏摺，福康安等，乾隆五十七年二月二十二日，三月二十三日抄）。

76. 鈴木中正主張福康安自抵藏後即對披楞懷有惡意，但他的證據欠缺說服力。關於他的立場之大略及筆者的解釋，見馬世嘉，〈清代中國對印度之認知，一七五〇—一八四七〉，第二二五頁，註七六。

77. 羅斯，《尼泊爾：生存戰略》，第七四頁。

78. 《八旬萬壽盛典》，景印文淵閣四庫全書第六六〇：二五一頁（卷二一，葉二一下）。

79. 佐藤長相信沙瑪爾巴在此要求背後有唆使動作（《中世西藏史研究》，第六一一—六一二頁）。

80. 痕都斯坦此處或指德里之巴底沙；西洋當指歐洲人；巴爾機指瑪拉塔攻入孟加拉之部隊（阿里斯，《談印度》，第七四頁，註九九）。如同第二章所提到的，在清朝前此用語中，痕都斯坦指的是莫卧爾帝國；廓爾喀近期曾經警告過清朝的「第哩巴察」同樣指的是莫卧爾皇帝。這表示如今清廷已能將福康安所認為在甲噶爾之大邦第哩巴察與葉爾羌西南那廣袤之國痕都斯坦聯繫起來。

81. 莊吉發，《清高宗十全武功研究》，第四七二頁。

82. 例如說，在《皇清職貢圖》之布嚕克巴（不丹）項下敘稱其「本西梵國所屬」，景印文淵閣四庫全書第五九四：四四六頁（卷二，葉七上）。

83. 《御製詩五集》，景印文淵閣四庫全書第一三一〇：四四〇頁（卷五一，葉八上）。

84. 《御製文集三集》，景印文淵閣四庫全書第一三〇一：五九五頁（卷四，葉八下）。

85. 認識到痕都斯坦與印度之等價，可見於一件一八〇八年之銘文上。該銘文中將藏語「Rgya-gar（甲噶爾）或 Hen-du-si-than」對譯為漢語「額納特珂克，即印度」。見理查遜，《在拉薩的清代碑銘》，第七二頁；黃沛翹，《西藏圖考》，第四四頁。一八二六年，魏源把痕都斯坦定義為「中印度」：《清（皇朝）經世文編》，第三冊，第一九六二頁（卷八〇，葉二上）。

86. 克爾克派特里，《尼泊爾王國記》，第三五五—三七〇頁。

87. 第一歷史檔案館（北京），軍機處錄副奏摺，卷號五七二：一〇一六—一〇三〇（奏摺，和琳等，並附片，乾隆五十八年四月十二日，五月二十六日抄）。

88. 阿拉伯語 ولاية *wilāyat*，原意指一行省或王國，在印度漸而轉指外國，尤其是歐洲；「Blighty」乃此詞之英印口語形式 *Bilayut* 或 *Biliyaït* 衍生而來，遂為不列顛之一名（玉爾、布尼勒，《哈伯森．扎伯森：英印俗語詞典》，第九三—九四頁；阿里斯，《談印度》，第五五頁）。

89. 第一歷史檔案館（北京），軍機處錄副奏摺，卷號五七二：一〇一六—一〇三〇（奏摺，和琳等，並附片，乾隆五十八年四月十二日，五月二十六日抄）。

90. 《英使馬戛爾尼訪華檔案史料彙編》，第九一頁。

91. 《印度威廉堡通信》，第一七卷，第二九三頁。

92. 大英圖書館，亞洲、太平洋與非洲類館藏，IOR/G/12（廣東貨頭委員會日記），一七九三年九月十一日。

93. 馬士，《東印度公司對華貿易編年史：一六三五—一八三四》，第二卷，第二三二—二三三頁、第二三七—二三八頁。

94. 馬戛爾尼，《馬戛爾尼使中國記》，第三二五—三三一頁。

95. 前揭書，第八六—八七頁。

96. 前揭書，第一二七—一二八頁、一八一頁。

97. 大英圖書館，亞洲、太平洋與非洲類館藏，IOR/G/12/92：馬戛爾尼致丹達斯，一七九三年十一月九日。

98. 大英圖書館，亞洲、太平洋與非洲類館藏，IOR/G/12/92：馬戛爾尼致丹達斯，一七九三年十一月九日。
99. 大英圖書館，亞洲、太平洋與非洲類館藏，IOR/G/12/92：馬戛爾尼致丹達斯，一七九三年十一月九日。
100. 大英圖書館，亞洲、太平洋與非洲類館藏，IOR/G/12/92：馬戛爾尼致丹達斯，一七九三年十一月九日。
101. 大英圖書館，亞洲、太平洋與非洲類館藏，IOR/G/12/20：馬戛爾尼致丹達斯，一七九三年十二月二十三日。
102. 馬士，《東印度公司對華貿易編年史：一六三五—一八三四》，第二卷，第二四四—二四七頁；《英使馬戛爾尼訪華檔案史料彙編》，第一六二—一六四頁。
103. 《英使馬戛爾尼訪華檔案史料彙編》，第九一頁。
104. 第一歷史檔案館（北京），軍機處錄副奏摺，卷號五七二：二五八九（奏摺，福康安等，乾隆五十七年十一月二十一日，十二月十七日抄）。
105. 《英使馬戛爾尼訪華檔案史料彙編》，第一八五頁。
106. 《廓爾喀檔》，第四冊，第二二九九—二三〇〇頁。
107. 普利查編，〈東印度公司對馬戛爾尼勳爵使華之指示〉，第四九九頁：馬戛爾尼致修爾（Shore），一七九四年二月三日。
108. 大英圖書館，亞洲、太平洋與非洲類館藏，IOR/G/12/93：喬治三世致中國皇帝，一七九五年六月二十日。
109. 關於「港腳」，詳第六章。
110. 《英使馬戛爾尼訪華檔案史料彙編》，第二三〇—二三五頁、四九三頁。
111. 前揭書，第二三一、二三三、四九三頁。
112. 《文獻叢編》，第一冊，第一五八—一五九頁。
113. 恆慕義，《清代名人傳略》，上冊，第二五五頁、第二卷，第六八一頁、第一卷，第二八六頁、第一卷，第二四九頁。
114. 欲通覽這些方志之介紹，見《中國地方志總目提要》，下冊，第二四，八—一二頁。
115. 馬揭、盛繩祖，《衛藏圖志》。
116. 和琳，《衛藏通志》，第二五九—二六〇頁（卷一五，葉一四上—一六下）。
117. 松筠，《西招圖略》，第一六八—一六九頁（《圖說》一八上）。
118. 《四川通志》，第五六一三頁（卷九四，葉三五上—三五下）。
119. 此指東印度公司以底萬掌控者身分事實上握有主權，名義上則在莫卧爾皇帝統治之下。

120. 周藹聯，《西藏紀遊》，第四〇—四一頁。

121. 阿里斯，《談印度》，第二三、三五頁。福康安可能沒碰過濟美凌巴的文章，倒毋寧說，似乎兩人用的都是已流通的證詞。

第三部分

轉變的時期，一八〇〇—一八三八

第五章

十九世紀初英屬印度與清朝的戰略思想

當馬戛爾尼離開中國時，英國在亞洲的力量業已強大，二十年後即勢不可擋。在局部與全面之動機的促動下，英國從其在印度之中心向外全方位推進。一七九三年法國革命，戰爭隨之爆發，此時東印度公司所直接控制的印度領土之主要部分僅有孟加拉與比哈爾。一七九八至一八〇五年間，在總督理查·衛斯理（Richard Wellesley，一七六〇—一八四二年）治下，藉由擊敗其頭號對手馬喇他，東印度公司之兵力遂在次大陸上稱霸。戰爭期間，德里遭取下，而莫臥爾皇帝沙·阿拉姆二世（一七二八—一八〇六年）則被英國監禁。儘管地方上還是有著難纏的勁敵，但此後再也沒有任何印度的強權樂於覬覦東印度公司的勢力範圍與資源了。[1]

英國勢力在強化後益發迫近清朝邊疆。在東方，一七九五年從荷蘭手中奪下麻六甲，一八一一年暫時獲得爪哇，一八〇八年英軍短期占領澳門，一八一九年則建立了新嘉坡（今新加坡）。就在拿破崙遭擊敗之前，英國在印度洋與中國海上已是唯我獨尊了。在西方，東印度公司的領地擴張到象泉河，正對著旁遮普。一八一四年與尼泊爾間爆發戰爭，使該公司得以奪占喜馬拉雅山脈區之帶狀區而與西藏接壤。到了一八二〇年，某個英國人在拉達克要求穿越喀喇崑崙往訪葉爾羌。沿著清帝國的南緣，東印度公司的人員與屬民已無所不在。英帝國及與之爭衡的俄羅斯帝國，已從與法、荷、西、葡諸國之競爭中異軍突起，成為與清朝相匹敵而能宰制亞洲的強權。

東印度公司那逐漸增長的強盛警醒了許多亞歐強權，其中多有向北京呈報關於此一饕餮悍鄰之危險性者。好幾次的邊疆事件讓清朝官員們自行著手調查東印度公司的活動。到了一八三〇年代晚期，軍機處將諸多奏章與證詞歸檔，這些奏章與證詞來自多處，描述相關戰爭與入侵、訪談與稟求。凡此皆顯示了清廷仍持續採行邊疆政策。雖勤於蒐集情報，卻不作綜合。偶或發現到不同邊疆間的聯結，卻不曾系統地追求各個邊疆間情報之相互關係。在戰略分析上每個邊疆仍然是個單一領域，未曾考慮帝國的全局戰略位置。這個區域化的畸零世界觀，造成清帝國的戰略視野和其鄰邦之分歧加劇。就在印度與歐洲諸邦肆其合縱連橫彼此相抗時，清帝國卻故意避開國際間之交盟，而僅作好若有萬一，則自其邊疆本身防禦其領土的準備。欲了解此一政策，有必要重構在此一狂潮時局下清政府之視點。此重構則分別自沿海、西藏與新疆來看。

從中國沿海看英屬印度

在廣州的印度貿易與印度商人

當東印度公司取下孟加拉的行政與防禦權時，該公司試圖藉由加強農產品以增進稅租收入。培育作物以出口至中國尤其得其青睞，蓋此舉既可增加其國內收入，又可在廣州變現以籌資購買茶葉。[2]

印度與中國的海上貿易構成了印中英三角交流的一邊，對東印度公司的財務至為關鍵。[3] 早在一七八七年，該公司所謂的「印度貿易」（country trade）就提供了超過半數用於購買茶葉的資金。[4] 起初鴉片在這項貿易中所占的分量成長緩慢：一八二〇年中國進口了四一八六箱，比起一八〇一年的四五七〇箱還少。然而到了一八三〇年，進口數量卻幾乎到了四倍：一萬六二五七箱，至一八三八年鴉片戰爭前夕時，又翻倍到三萬四三七三箱。這使得中國對印度有著每年總值高達數百萬銀元的貿易逆差，造成銅銀平準之紊亂，對中國的雙金屬本位貨幣體系影響甚巨。中國經濟的不穩定讓官員與學者們開始有所留意。[5]

海上貿易造就了一批長久居留在廣州的印度僑民。[6] 一七五六年，第一位巴斯（Parsi）(1) 商人訪華，而後印度人群體之攀升則與英國私家貿易商之規模擴展同步並進。[7] 亨特（W. C. Hunter）於一八二五年至一八四四年間待在廣州，他回憶稱他看見了「巴斯人、麼盧人(2)，以及其他印度當地人」。[8] 另一名商人則宣稱一八二五年在廣州，相較於四十名「純英國人（born Englishmen）」而言，另有兩百名巴斯人居民，而在一八三九年遭林則徐扣留的鴉片商人中，巴斯人占了四分之一。[9] 郭德焱說明道，對這些印度僑民並沒有標準的稱呼。在各種對 Parsi 的音譯之外，還包括像「白頭番夷」這個陳倫炯已在一世紀前用來指稱印度與中亞人的詞。[10]

在廣州的印度商人並未讓官方對那在印度成長中的英國強權有較多的了解。無論是詞源上還是其

(1) Parsi 指在印度之祆教徒。俗或譯作帕西，發音不合印度語音。讀者可參考本書所引郭德焱，《清代廣州的巴斯商人》，第三章。

(2) 麼盧：摩爾人，此指印度穆斯林。見郭德焱，《清代廣州的巴斯商人》，第三章。

他方面，都不能讓人看出在廣州用來稱呼印度與印度人的名稱與在其他邊疆的那些有何干係。傳統通稱諸如天竺與印度都沒用在這個社群上。巴斯人這個在廣州最大的印度族群，早已長期並根本地和不列顛政府及商人有著共生關係，且絲毫不會引起清朝對印度的不列顛帝國的警覺。[11]

話雖如此，愈多不列顛印度臣民的出現，確實也向清朝證明了「暎咭唎」成分並非單一。對這個事實的鑑別，則染上一層地方地理學詞彙的色彩。在廣州，英屬印度的港口（以及引申為印度本身）被叫做「港腳」，一個來源不明且用法不固定的詞。今天，中國最重要的字典將此詞定義為「鴉片戰爭前英國所屬的印度各商埠碼頭」，同時也指「當時不屬於英國東印度公司的在廣州從事貿易的英國和印度商人」。[12] 英語中與之意涵等價的詞是「Country」，這詞在英印語彙中「在口語上，以及在貿易上，用作形容詞以特指印度貨以區別於……那些來自進口的，尤其是歐洲進口貨。實際上，Europe（歐洲）則用作相反的形容詞……『*country* ships』為印度港口所擁有的船隻……」[13] 學界公認港腳乃英語詞「**country**」之音譯(3)，雖說當中非屬規範之處仍待解釋。[14]

寬泛地說，一八三〇年代以前的清朝官員們覺得港腳是個特別的地方，和暎咭唎間有著某種難以理清的關係。一八一六年，兩廣總督蔣攸銛在一份奏摺中提到了「該國（暎咭唎）國王之祖家（公司）船二十餘隻，及國人之港腳（Country）船」的到來。[15] 蔣攸銛於他處闡釋了二者的區別：「祖家船係載運國王貿易之貨，港腳船係載運國人貿易之貨」。[16] 此處「港腳」用以指私家「印度（Country）」貿易以有別於王家規劃下的公司貿易，但此處也不是完全沒有地理學上的意蘊在：**祖家**字面上看來就是「祖先的家」，指大英帝國首都。私家地理學者王大海報導稱，荷蘭人於噶喇吧（爪哇）遭英國人逐出，「逃回祖家」。[17] 故而，**祖家**—港腳也蘊含著故鄉—殖民地之區別這層意思。其他案例裡，其人種學或地理學上的弦外之音則更濃烈。如同第四章已經見到的，喬治三世一七九五年致乾隆之國書中，廣東人譯者選用「港腳」來表達英語「India」一詞。廣東巡撫李湖（一七八一年歿）在一七八〇年的一份奏摺中提及一艘船來自「暎咭唎國土，名『哎吖喇吵』（馬德拉斯Madras）」帶來「港腳鬼子」的「番稟」一封，這裡「港腳鬼子」想必就是指印度人。[18] 阮元則把新近到來的阿拉伯商人描述為「小西洋白帽回夷」，且註記稱其「船身式樣及夷人面貌語音與港腳夷商相似」，想來所指即為巴斯人或其他印度人。[19] 一八三〇年時，兩廣總督李鴻賓（一七六七—一八四五年）把某個巴斯商人描述為「暎咭唎港腳白頭夷」。[20] 在這最後三個案例中，港腳用來把人種上的印度商人與歐洲人區別開來；「白頭／白帽」類似於「纏頭」，是個常用以指稱遠行穆斯林貿易商的詞。

儘管港腳常被說是英國的臣民，卻還是被視為一個獨特的政治體。李鴻賓對皇帝稟奏時註稱：「該夷人等，言語不通，氣習各異；如米利堅、港腳、呂宋、荷蘭等國，雖非馴服，尚少刁頑；惟暎咭唎國夷商最為桀驁。」[21] 這意味著，暎咭唎與港腳並未被視為等同，或許是因為在一八三〇年代早期之前，此二者間的聯繫幾乎一直沒怎麼被了解。

在廣州，雖說在貿易與走私問題上，英屬印度至關重要，面臨這些問題的地方官員們卻缺乏動機去調查英屬印度。受限於工作壓力與明哲保身的直覺，他們只聚焦在管轄範圍內的問題，不太對國際政治下評註，除非他們所釐清的地方事件牽涉到外國人。對各國間的恩怨只要粗知一二，要拿來解釋在廣東之渡海商人的行為已是綽綽有餘。其他情況下，官方通訊一般也避開了對邊疆外之動向、風習

(3) 此說稍可疑，亦參本書作者註。譯者疑「港腳」一語與閩潮方言有關，未必是音譯詞。

的地緣政治評註。關於鴉片貿易，嘉慶與道光兩位皇帝通常批准一種「外禁」政策，以圖將其流向固定在沿海。[22] 這項禁策限定在沿海水域，並不把鴉片追溯至其來源地。如同李鴻賓與盧坤（一七七二—一八三五年）於一八三〇年所評述的，「（鴉片之）來路則出自外夷，相隔大海至數萬里之遙，無從阻其不至。非如越南、暹羅等國，如有違法，尚可嚴切照會該國王，飭令禁止」。[23] 對李鴻賓與盧坤而言，鴉片之來源地已超出清朝政治影響力之所及，以之為靶標難以施行，從而也就沒有迫切需求非得將其所在精準定位不可。[24] 鴉片進口的警訊最初並未導致清廷對印度的興趣，甚至不曾認識到鴉片幾乎全都是印度產品。

英國在沿海的軍事行動

英屬印度在珠江三角洲的影響力不僅限於經濟方面。當拿破崙戰爭期間，因為擔憂法國控制了葡萄牙將會終結英國與澳門間的通路（基本上是為貿易），而從印度派出了兩次流產的行動，以圖占領該城市。第一次行動，王家與東印度公司的武力於一八〇二年三月到達珠江三角洲。由於不曾受到臥亞的指示，葡萄亞總督拒絕承認這支表面上是派來支援他的駐軍的部隊。英軍指望在澳門上岸，讓東印度公司在華利益的常駐代表——貨頭委員會警覺起來，他們想起馬戛爾尼所報導的清方的疑慮，並補充說最近對邁索爾的征服「或多或少會在華人心中造成對英國的恐懼，並給華人造成一種印象，覺得他們意圖徹底征服東方」。[25] 憂於貿易遭禁，貨頭委員會反對這支部隊在未經清朝允許下登陸。四月底，英法雙方締結亞眠和約的消息傳到澳門，這支武力也就在七月初回到印度。[26]

如同一位研究鴉片走私的學者所觀察到的，「在廣東的官僚為了迴避責任而在上奏中歪曲事實，結果致使充分且正確的情報未曾傳達到在北京的中央政府。要言之，在情報的量與質上，中央與地方間產生了極為深重的乖離」。[27] 澳門遠征正是這情況。兩廣總督有著極大的權力能塑造到達北京的資訊之形狀，而他的主要利益有賴於將他轄下區域的變故大事化小。當時在任該職的吉慶（歿於一八〇二年）試圖盡可能把一八〇二年的事務草草作結。他向皇上轉達了葡萄牙人對英國舉動的抱怨，並同意不許這支派遣軍登岸，但他在五月十七日的奏章中卻稟報了法國與英國和好，整件事在他看來就此落幕。[28] 邊疆恢復寧靖，而在這次緊張背後的全球軍武脈絡也就不再緊要。

然而葡萄牙人還有其他管道可以申訴。八月二十九日，內務府大臣工部侍郎蘇楞額（歿於一八二七年）上奏稱他接獲任職於北京的波爾都雅（葡萄牙）傳教士索德超（J. B. d'Almeida，歿於一八〇五年）與湯士選（A. de Gouvêa，一七五一—一八〇八年）所呈之家信，內含關於澳門的私人報告。蘇楞額一方面了解到這份資訊來源有所偏頗，卻仍認為該份內容足以戒懼而轉呈給皇上。該家信語帶詈罵、態度反英，控訴英國人在過去數十年來「常懷蠶食之志」。索德超又解釋道，英國對澳門的興趣，早先已根植於馬戛爾尼的努力，欲求取一中國海嶼。其計未遂，英國已「於其所佔小西洋地方（印度）特發六大戰船」來搶澳門。這位教士表現得如同是個獻身清朝的忠僕，提供了關於英國帝國主義之危險的戰略分析：

嘆咭唎之凶狡，在西（歐洲）無人不知。伊前於小西洋（印度）假買賣為由，已曾圖滅一大國，名曰蒙告爾（莫卧爾帝國）。初亦借一小地存駐，後漸人眾船多。於嘉慶三年（一七九八）竟將此國吞噬。[29] 此係後藏臨近之地，中國所能知也。[30]

一如在廣州的英國人般，索德超也預期著清廷已熟知東印度公司在印度的擴張，可是他的警告沒得到什麼具體的成效。清廷看起來不太像了解「蒙告爾」是什麼意思：只有耶穌會士會用到「Mughal」的各種變體，而他們則固定將此詞音譯為「莫臥爾」。毫無跡象表明嘉慶廷臣把這兩個不相像的名稱繫連起來，或者把索德超報告中的術語與其他邊疆的術語諸如「痕都斯坦」、「第哩巴察」相比較。從而暎咭唎對蒙告爾的征服便缺乏戰略上的共鳴。索德超未能成功警醒清朝，顯示了歐洲人、印度人與清廷間的戰略世界彼此間的斷裂有若鴻溝。對於歐洲人和印度人而言，英國在印度的擴張具有劃時代的重要性，但對清廷而言，所認知到的印度事務基本上是不重要的片片斷斷。索德超雖說奉職於北京，對於此前帝國內的地理學慣用語卻所知有限，無法完整傳達出其論證的重要性。嘉慶的回應忽視了耶穌會關於莫臥爾帝國的評述，只強調在澳門當下的狀況。徵得更多消息的吉慶，奏報稱暎咭唎戰船不過是執行護貨任務，並補充稱住在澳門的波爾都雅官員（在吉慶的觀點中）不過是大驚小怪，其故在於兩個夷邦彼此間的敵意。[31] 事件就此收場，至於索德超所提出關於英國征服莫臥爾帝國的警告，則不再被理睬。

一八〇八年，英國第二次意圖占領澳門，後果更為嚴重。一八〇二年貨頭委員會曾經勸退將領們，要他們別在未經清朝允許下行動，如今卻在新的主席之下，鼓吹著動武以迫使地方清朝當局接受既成事實。部隊在九月十九日登岸，隨後是三個月的對峙，此期間兩廣總督吳熊光（一七五〇—一八三三年）封閉貿易，直到英軍將領終於同意退兵為止。嘉慶把吳熊光與廣州駐防將軍陽春（歿於一八一八年）革職，因為他們未能迅速且有效地驅走英軍。[32]

處理此案時，清朝官員們並未忽略其國際脈絡。除了注意到葡萄牙對英國官員的敵意主張外，吳熊光還從地方材料中蒐集到了有關拿破崙戰爭以及此前法、西、英、葡彼此關係的資訊。他遴選了兩名他認為是夷情專家的代理人，命令他們到澳門附近秘為察訪。交叉核查他們的報告和其他人的證詞後，吳熊光相信暎咭唎乃趁大西洋國（葡萄牙）衰弱之時，占奪其所覬覦之口岸。然而此判斷又附上「海外傳聞，難于得實」的但書而顯得有所保留。[33]

在澳門登岸的部隊大部分是東印度公司來自馬德拉斯與孟加拉的武力，清政府並未錯過此件事實。[34] 澳門遠征軍乃奉英國印度總督敏多（Minto）爵士之命而發。其海軍指揮官度路利（Drury）少將，根據其致清政府的第一封信之漢文翻譯看來，提到了自印度所派遣的部隊出自印度的「嗌吖喇將軍之命」。[35] 吳熊光獲香山縣稟告，登岸的七百六十名兵丁中，只有一兩百人是暎咭唎夷兵，其餘盡係「黑夷」，這顯然是清方文檔中首度出現的印度士兵。吳熊光對這些士兵的軍事價值印象不佳，將他們描述成「繿縷瘦弱」。據他的資訊，他們是「在嗌吖喇地方硬捉前來充數」。假設有較差的非英國部隊，情形似乎對清朝更有利，嘉慶皇帝便批示稱這些英國人「更無難驅之使去」。在道德上，皇帝則認為使用這些外籍部隊是「詭詐可恨已極」。[36] 可是印度軍人的出現，仍不曾帶動對英國領地持有狀況的全盤研究。澳門危機毋寧還是個地方議題，被強調得使用沿海的情報資源。英國所布署的印度人武力並不曾被聯想到索德超的警告，也不曾挑起一場對帝國整體戰略位置的再評價。

在西藏邊疆的英國人

珠江三角洲並非唯一受到在印度茁壯的英國強權所影響的清帝國疆域。沿著喜馬拉雅山脈，英國人開始更頻繁地到達西藏各邊疆，造成清帝國與披楞部落（別名噶哩噶達）後續的多次相遇。儘管一七九三年北京已認識到披楞與暎咭唎有干係，卻繼續把他們（如同在廣州的港腳）當作是不同的族群。當英國人在喜馬拉雅山脈一帶活動更加活躍的時候，這個對披楞—噶哩噶達部落的單邊疆限定（frontier-specific）手段還是繼續堅持著。

托馬斯曼寧案

托馬斯．曼寧（Thomas Manning，一七七二—一八四〇年）(4)，是繼一七八三年的撒繆爾．特納之後第一個進入西藏的英國人，卻很不像是這件殊榮的候選人。他是個天才橫溢的學者，本來在劍橋讀書並留在那兒教數學。一八〇〇年左右，他產生了想造訪中國的願望，他後來將此事表述為一種想獲取「在中國值得被作為道德模範，以及可資借鑑以避免的……道德觀點」的欲望。[37] 他在巴黎研讀漢語後，回到英國且獲允於一八〇六年任在東印度公司位於廣州的商館。他期盼在那兒能精進他的漢語且設法進入中國本土。由於受過數學與醫學上的訓練，一開始他希望能像在俗耶穌會士般在北京找到工作。遭到地方官員回絕後，他取道交趾支那（越南）卻未能發現進入清帝國的道路，一時間回到廣州，於一八〇八年在英國澳門遠征軍中擔任翻譯。[38]

曼寧早在一八一〇年就離開了廣州到加爾各答，希望能經由西藏進入中國內地。他由一位漢人夥伴相伴，在其遊記中固定稱之為「文師」（Munshi，秘書或譯者(5)）。在後來他遭到清朝當局逮捕並送至四川審問時，這位「文師」供稱他本名孟生秀，雖生於山西太原，稍後卻隨其母舅遷往北京開茶店，被一趙姓人家收養，改名趙金秀。他舅舅一八〇七年身故後他又遷往廣州，為吉昌行工作。據趙金秀所述，他在一八〇九年末獲得一位造訪過加爾各答的華人客棧主人聘用，並自澳門航往該城。39 在該處，趙金秀漸漸認識了曼寧這位常客。他接著又供稱，事情發生於他的雇主逝世使他無家可歸時，這位英國人接近他，聘他任口譯以圖造訪達賴喇嘛。在沒其他願景下，趙金秀同意了。40 這是趙金秀這邊的故事版本。

趙金秀那在嚴厲審訊下所說的故事，讓人合理地懷疑在許多細節上並不老實。他很可能來自中國北方，因為他說著一口「京腔」。41 趙金秀另外一項吸引人的天分在於他的拉丁語很流利，如同那位英國人所推崇的，「沒有什麼心情或愁思是我們之間不能交流的」。42 趙金秀能說拉丁語是由於他是個虔誠的天主教徒。這是個關鍵的細節，因為一八一一年嘉慶皇帝加強了對天主教教士與皈依者的禁令。趙金秀很清楚曼寧被當成教士的危險，並試圖消除這種疑慮。43 此外，趙金秀對清朝當局否認曼寧曾住過廣州。44 由於趙金秀的背景——他畢竟是天主教徒還當過曼寧的老師，有可能讓清朝官員們不快，這份脅迫下所提出的自傳恐怕是不盡不實。45

加爾各答讓曼寧北遊，卻不肯借貸他任何支持。顯然因為這個理由，他吝於提供一份完整的遊記，而簡潔的行程片段則皆以英語記載。以之與清朝方面的官方紀錄相比對，至少能釐清他旅程中的基本細節。曼寧與趙金秀越境進入不丹並到達中國邊疆的春丕河谷帕里。一般常說清朝自第二次廓爾喀戰爭後便「封閉了」西藏，但實際情況並非如此。戰後章程中規定了「外番部落」之人可以在邊界

---

(4) 史料所見用字作「馬吝」或「萬寧」，茲依官話對音作曼寧。

(5) munshi 詞根與阿拉伯語動詞 نشأ「培育、創作」有關，منشی 於波斯語中為秘書或譯者。輾轉進入英印語彙中，則常被歐洲人用以指其所聘用之本地語言教師。茲音譯作「文師」。

申請入藏謁見達賴喇嘛，其故在於達賴喇嘛受到居於清朝控制外的佛教徒所尊崇。[46] 這給曼寧留下了一個漏洞，因為在藏語文脈下，披楞—噶哩噶達當初是被視作與布魯克巴（不丹）或哲孟雄（錫金）相彷佛的地方部落，且顯然在一八一一年仍在技術性上有資格派遣朝聖者到西藏。盤察自布魯克巴到來之訪客的責任，則落到在江孜的營兵上頭，這些邊卡營兵係第二次廓爾喀戰爭後擴編在藏綠營武力而建立的。曼寧抵達帕里時，正好在該營官——這位英國人稱他為「將軍（General）」但他的職銜是「守備」——開始一趟盤察之行以前。

在他們首度謁見的時候，這位綠營軍官「彬彬有禮，且答應立即呈稟給拉薩官員（意即，清朝駐藏大臣或駐劄大臣）以求允許我繼續前進」。[47] 這份申請的內容可想而知：清朝文檔將他定位為「噶哩噶達部落夷人」敘稱其來訪的目的是為了「到藏朝佛（達賴喇嘛）」。[48] 趙金秀在清朝官員面前把這位英國人稱為「喇嘛」，但「到藏朝佛」這個偽裝到底是曼寧所採納還是趙金秀所研擬則不清楚。嚴格說來，訪客該待在邊疆，直到駐藏大臣確定允許通行。曼寧以一副醫師的樣子治療了那位「將軍」的隨從們並贏得了他們的幫助。他並沒有被留在帕里等待回覆，反而被允許隨這支小隊回到江孜。在那兒，他得知他的申請已成功，且向拉薩啟行，並接到指示別透露他在兵營時的任何事。[49]

清政府如何在政治上與地理學上解釋曼寧之到訪？在清方文檔中，他固定被視為是個「噶哩噶達部落夷人」。在拉薩，他首度謁見時，清朝駐藏大臣也在場。曼寧入藏時，因為發現在場其中一位大臣是陽春而深感懊惱。陽春曾任廣州駐防將軍，在一八〇八年因未能迅速驅走英國人而遭解任。陽春不只可能對曼寧懷有敵意，還可能記得曼寧當時擔任東印度公司譯者的職務。但當謁見時，曼寧的恐懼釋然了，因為他發現「這頭老狗已然駑鈍，根本無法看到他鼻子外幾吋的東西」。這次訪談安然過關。然而，不多久後，該城的漢兵官們問了曼寧他是否曾到過廣州，他的譯者否認這件事。未幾，一些曼寧認為是駐藏大臣之代理人的人員，開始詢問他有關其背景與遊歷的細節問題，趙金秀則多次被召入以做正式審訊。曼寧也開始聽說關於陽春之反感的謠言。據聞他「憎恨歐洲人」且懼怕歐洲人圖謀入侵西藏，有時候指控曼寧是個傳教士，有時候又說曼寧是個間諜。曼寧也相信他自己已經被視為是英國人了：「雖說我獲認可為加爾各答人，我們卻無法隱藏（在孟加拉的）加爾各答是在英國統治下這件事。Ingelikus（英王國，漢語「暎咭唎國」？）在他的耳中是個可憎的聲音。」作為回應，曼寧默許了趙金秀所擬定的那些聊勝於無的對策。首先，他同意完全不顯露他能寫漢文一事，且盡可能少說漢語。為了維持這層表象，曼寧的「文師」強求他在一間西藏佛寺禮拜以強化他身為喇嘛的憑據——趙金秀這個堅定的天主教徒自己則拒絕這麼做。[50]

一八一一年十二月底左右，在初次接見曼寧且無疑是在其他那些初步查訪獲致結果後，陽春向北京奏報了。曼寧相信陽春既沒有認出他這個人，也不知道他在最近那次澳門危機中的角色，這一點是正確的。然而，駐藏大臣確實觀察到曼寧的臉型與外觀——在西藏他蓄了一大把鬍鬚且身穿漢式裝束——看起來像個「西洋人」。似乎對陽春而言，曼寧是個羅馬天主教傳教士，藉口朝謁達賴喇嘛以進入西藏，其實是為了宣傳他自己的信仰。曼寧（可能是通過趙金秀）宣稱他來自噶哩噶達，是個已知與西洋海道相連的地方。該處並非佛教國家，使得曼寧來訪極為可疑。大約是在陽春初次奏報的兩個月後，一八一二年二月二十九日，嘉慶的諭旨傳回到西藏，下令在春雪融化後，新任駐藏大臣瑚圖禮到來時，盡快將曼寧驅逐離藏。[51] 這位英國人還樂觀地希望能夠經過陸路遊歷中國之後，再從廣州離境時，卻奉命得穿越喜馬拉雅山脈邊疆，順著來時的路線回去。他於四月十九日在天氣允許的情況下盡快離開。[52] 四川當局在審訊過趙金秀之後，建議將其流放到新疆。[53]

政治上，曼寧那出眾的行程並沒有在清朝對英屬印度的視點上留下任何衝擊，但卻能從此事洞悉邊疆政策之頑強。首先，這展現了情報蒐集的去中心化。才不到二十年前軍機處已經累積了檔案指出過「噶哩噶達」就是披楞部落的別名，受到暎咭唎王朝所控制。在清朝回應曼寧之到訪時，無論是在拉薩還是在北京，任何一處從不曾提及這點。相反地，他只被認作是個「噶哩噶達部落夷人」而已。保存在拉薩的檔案似乎並未記錄到披楞—噶哩噶達部落與暎咭唎有關，這個事實只在北京基於其他資訊而受到注意。再者，陽春以及其他在西藏的清朝官員們所蒐集的情報泰半來自在該處的口頭查訪與審訊，且將此案件的範圍局限在最基本的內涵上：曼寧是否該被驅逐以及趙金秀是否該受罰。似乎不曾進一步去探詢有關噶哩噶達之事、該部落與其他西洋國家之關係、其華人社群，或者曼寧與中國沿海之可能聯繫。如果我們相信傳到曼寧耳中的謠言，那麼陽春是知道這樣的聯繫可能存在，但想必他只希望盡快辦完這個一望即知的案子。只要曼寧回去不丹，且決定爾後不許任何西洋人宣稱欲謁見達賴喇嘛而入藏，清朝對此事務的興趣即已終結。一八一六年，曼寧達成了他進入中國內地的願望，以阿美世德使團之一員的身分到來，四處遊歷（未確認）。

清朝對一八一四—一八一六年英尼戰爭的反應

曼寧離去才不到兩年，一次更嚴重的危機迫使清朝政府得重新考慮喜馬拉雅山邊疆的安全性。尼泊爾幾乎打從其建立了朝貢關係起，就試圖說服清朝支持該國之軍事對抗。當英屬印度於一八一四年與廓爾喀開戰時，又更加深了求情力道，可是尼泊爾仍無法說服嘉慶及其部院大臣們，從喜馬拉雅山脈趕走披楞對清朝本身有利。尼泊爾未能成功說服北京英國征服印度會危害清朝國防一事，點明了尼泊爾與英屬印度這一方的戰略世界觀，與另一方的清朝政府有多大的鴻溝。

就在清朝接受尼泊爾作為朝貢國後不多久，駐藏大臣松筠闡述了清朝的相關政策。松筠評述稱，雖說廓爾喀如今已是朝貢國，卻仍是西藏邊疆唯一最大的威脅。他們「貪暴性成」，其與多個其他部落間的衝突可資證明，很可能因之使廓爾喀自取速敗。松筠推理稱，一旦有麻煩，廓爾喀將轉而向清朝求救。在這情況下，他寫道「〔清朝駐藏大臣〕尤應置之不問」。松筠強調最後這點，評述稱：若廓爾喀的情況「窮蹙已極」，有可能會宣稱其「既係天朝屬國，即應發兵拯救」。[54]他解釋清朝無此義務，且駐藏大臣唯一的責任即在開導廓爾喀和睦鄰封。清政府對喜馬拉雅山脈邊疆保持著自命的中立，希冀能藉此以與外在的紛亂中隔離開來。

松筠認為廓爾喀仍然是個擴張中的強權。在被西藏所阻隔之下，廓爾喀把注意力轉往其他方向。廓爾喀的擴張行為，造成它與英國之間多次爭奪喜馬拉雅山麓下沃土所有權的小規模糾紛，但在其後則有個更大的議題：尼泊爾是否要被納入英屬印度的軌道，或保持其獨立性。不只是廓爾喀宮廷反對在加德滿都永久設立英國的常駐公使（Resident），這也導致殘存的印度強權組成一個反英聯盟。雙方都期望近期內能夠來一次攤牌。[55]

自一七九〇年代以降，廓爾喀使盡渾身解數來轉換他們與清政府的關係，想把清廷拉來做反英戰略夥伴，表現出一副身為西藏安保樞紐的姿態，從而也對整個清朝版圖至為關鍵。為此他們期望能有物質援助，但由於無力勉強相協，他們唯一的選擇也只有向駐藏大臣提供有關印度及喜馬拉雅山脈戰略情況的資訊，企求清廷能接納他們的觀點。英屬印度很清楚這項戰略，也就全力反駁廓爾喀對印度情況的解釋。

在結束與清朝的戰爭以及開啟與英國的戰爭間的二十年間，廓爾喀王國自身處在政治動盪之中。

國王喇納巴都爾薩野（Rana Bahadur Shāh，一七七五—一八〇五年）於一七九四年奪下了政府的統治權，但卻在一七九九年策略性地退位以確保王位傳到他所指定的繼承人身上。對他的選擇，反對力量居壓倒性優勢，而在隨後的危機中他逃往瓦拉那西，威脅將在英國的保護下復位。[56] 哲孟雄（錫金）於一八〇一年向駐藏大臣們報告說喇納巴都爾薩野「借披楞之兵，與廓爾喀打仗」，但嘉慶判斷「此係伊等家事，原可置之不問」。[57] 一年後，駐藏大臣奏報了風聞披楞已侵奪廓爾喀之領土，他擔心廓爾喀會向清朝尋求軍事援助，但嘉慶提醒他清朝不必過問。[58] 對於西藏南界以外毫不理會，仍是清朝的政策。

一八一四年春，英屬印度與尼泊爾開戰，雙方都相信這場競爭將決定尼泊爾的命運。[59] 在該年後半葉，預估著英方會發動一次重大突擊的情況下，廓爾喀又一次向清朝求援。從清廷的視點來看，隨後的衝突可以分成兩部分：廓爾喀屢次求援皆被擱置的初期階段；以及確定這場危機，批准動用四川兵力入藏為預防的最後階段。

廓爾喀在一八一二年的貢使期間，分別在拉薩與北京兩度向清朝求援以抗英，而當戰爭於一八一四年爆發之時，他們更堅定地不斷求助。儘管先前兩次求援遭回絕，但駐藏大臣瑚圖禮終究於一八一四年九月上奏稱他收下了第三次的稟文。廓爾喀堅稱即將到來的與英國之戰，主要是為清朝的緣故。披楞的武力打算掃蕩清朝的西藏，將其霸占，然後攻擊中國內地。由於廓爾喀人阻擋了這批侵略者，戰爭將在冬天爆發。藉由告發此事，廓爾喀人要求金銀各物。尼泊爾為加重自己無私奉獻的姿態，補充說披楞只想要西藏，甚至希冀以六七百萬盧比（銀錢）為代價要買路通往清朝領土，廓爾喀則拒絕了。簡言之，廓爾喀將自己表現得像個緩衝國，打一場代理戰鬥完全只是為了上頭主子的利益。清朝當局在維護既定政策的立場下否決了這個觀點。首先，駐藏大臣覺得廓爾喀所畫出的這幅戰略圖像有如囈想。瑚圖禮評述稱，在廓爾喀西南的披楞部落「素與唐古忒（西藏）不通聞問」。由於相互之間並無仇隙，而且「該國之人亦從未到過藏地」，豈有發動攻擊之理？「殊不可信」，廓爾喀的主張乃「捏稟」，希冀藉由「駕詞聳聽」能夠用到清朝的銀錢以「遂其私願」。

嘉慶同意瑚圖禮的解釋，卻老練地回覆廓爾喀稱，雖說想來並無披楞欲侵擾西藏一事，但如果真的發生了，也希望廓爾喀能好好做個「藩籬」。然而在這情況下，廓爾喀也得用自己的資源作戰，因為清朝從不曾因「外藩」被兵而賞給金銀。瑚圖禮提醒他們應「和睦鄰封，保護疆土」。嘉慶提供新任駐藏大臣喜明其他論述以駁斥「瀆稟」，並指示喜明在清朝邊疆置兵備防且繼續偵查。60

喜明與瑚圖禮同樣對廓爾喀的主張抱持懷疑。61 然而大約二十餘日後，他轉呈一份來自差往陽布（加德滿都）的藏人役員之所稟，稱廓爾喀與披楞間的戰火已點燃，且局面走向對廓爾喀不利。喜明認為這並不意外，評稱此乃廓爾喀王與披楞構釁多年的「蠻觸相爭」（無意義的爭鬥），自應欽遵諭旨，置之不問。唯一的危險在於廓爾喀國有可能崩解，其難民則可能竄入西藏，而喜明已命令備邊界的營官安靜地準備阻回逃竄而來的難民。嘉慶預測廓爾喀王有可能投奔至清朝領土，要喜明在這情況下必須等待後續指示。62

在後續的一份來稟中，廓爾喀王奏報勝利，卻乞求清朝援助以期持續與他那富有的敵人打仗。為了讓皇家肯放鬆荷包，廓爾喀王指出陽都是個緊要的戰略隘口，「係大皇帝所管」，廓爾喀人則有責「把守南方」。一旦有清朝的資金，廓爾喀人就能把披楞消滅。喜明一如在他之前的瑚圖禮般，認為這些要求（同時也送交達賴與班禪兩喇嘛）不過是要拐騙清朝的資助以遂廓爾喀之私利。嘉慶完全同意這個觀點，而假若這些放肆要求持續傳來，他已為官員備妥嶄新的駁斥之言。駁斥之一是強調清朝的中立立場。廓爾喀君主被告知，如果皇帝幫助廓爾喀，假如披楞也來投訴，難道同樣得答應？喜明奉命維持邊疆部隊隨時做好準備，但只在萬一披楞人果真入侵西藏的情況下才開戰。至於邊疆外的發展則徹底被忽視了。63

駐藏大臣們所採行的阻斷廓爾喀要求的手法之一是詭稱若轉達給北京則太不得體。這樣的回覆不但沒有抑制住廓爾喀王，反而刺激了更熱切的要求以迫使駐藏大臣將情由上奏。因此，尼泊爾王再度請願，堅稱他先前所宣稱者為實。如今他更請求大皇帝敕諭披楞各守邊界，且要求允許送上貢「表」，很明顯是意圖規避一般請願「稟」文會讓駐藏大臣表面上可以拒絕轉達。面對這些求請，嘉慶重申強調中立的需求：廓爾喀人應該被告知過清朝從不曾「偏助一國」，不能在幫助尼泊爾的情況下卻又不提供披楞支援。64 這是對當初乾隆之主張的迴響：清朝如今不幫助廓爾喀，一如當初不幫助被廓爾喀吞併的巴勒布。嘉慶如今下達了更嚴苛的申斥。廓爾喀王宣稱披楞若將西藏消滅即想征服北京，遭批為「極為悖謬」。廓爾喀王被提醒稱西藏屯戍極佳，絲毫不怕披楞這種「么麿部落」；北京守備更嚴。嘉慶警告，如此捏造宣稱，廓爾喀王本身將先面臨皇帝的懲膺。65

廓爾喀王請願的一個面向特別釐清了清朝的朝貢體系。對廓爾喀而言，朝貢是戰略聯盟的一部分。66 基於這個理由，北京那頑固的中立就實在莫名其妙：「我想廓爾喀係投誠天朝之人，怎與披楞相比？」廓爾喀王在他下一封稟奏中就此推理加以解釋，奏稱：「（披楞）又叫我們投誠，我實在為難。我是投誠天朝之人，理當請示遵行，若吩示你係投誠天朝之人，斷不可投誠披楞，就乞急速多賞金銀幫助。」喜明最初回覆稱投順披楞即為辜負皇恩，但嘉慶的上諭修正了這個觀點。皇帝希望廓爾喀被告知「爾王又稱……若投誠披楞……只得遵奉披楞吩示等語。查爾兩國相爭，投誠與否，天朝俱不過問」。67

縱然遭到回絕，廓爾喀政府還是持續把朝貢關係描繪為一種戰略協定。在下一封稟文中奏報道，披楞提出了一份險惡的和約代價：廓爾喀得讓出通往西藏的道路且向披楞投降。既已投誠清朝，廓爾喀王寫道，他將「再沒有另投別人」，而且，如果成為披楞的屬國，則披楞將「不容我與天朝進貢」。換言之，除非援助能到來，否則這個緊要的緩衝國即將落入披楞的控制之下。嘉慶覺得這個宣稱「實屬狡詐，太不恭順」，並批評喜明未能指出廓爾喀的紕繆。廓爾喀人應被告知：如屆期不行進貢，即屬背叛。68 簡言之，對廓爾喀而言，朝貢狀態意味著一個原則上是對價關係的軍事聯盟，他們保護著清帝國而也要獲得物資回報，為最起碼的訴求是得要保證他們的生存。對嘉慶而言，朝貢完全只在於彼此兩方的關係，屬國得確實按時進獻，清朝則既不約束他們與其他國家間的協定，也不在他們起爭端時予以支持。如果屬國被擊敗了，朝貢關係自有後繼者來頂替。

對於尼泊爾，亦如對在北京的索德超，這些事件得用英國征服印度這個背景來分析。一八一五年，一封從廓爾喀地方指揮官阿瑪爾星塔巴（Amar Siṅh Thāpā）寄呈其上級的信，遭英國截獲了一份副本，包括呈稟清政府的信稿，當中建議提及印度次大陸的政局以激起清政府的興趣。信裡把英國人描述為「降伏了全印度並篡奪了德里君位之人」。中國軍隊若是派往印度次大陸，將可立即找到其印度盟友以驅逐歐洲人：「藉此一事，您的美名將遍揚於瞻布兌（Jamboo Dweeh，即瞻部洲 Jambudvīpa），無論何時您一聲命下，所有住民皆將俯首待命。」塔巴還補充說，清朝可以輕鬆地派遣二三十萬部隊，經緬甸以入印度。69 他希望既警告清朝政府又誘發其稱霸印度之可能性。塔巴信稿中的某些論點已經載入他和清朝駐藏大臣的通訊中，例如他請求皇帝降下諭旨給英國人，但他那些關於印度政局的註記，則似乎絕大部分在翻譯中刊落或漏失了。自這段期間起，廓爾喀稟文中關於印度情況最密集的評註如下：「披楞之人心懷不善，自南方海邊起已占至北方山邊；所有各處王子，俱已吞平」；該時期另一封稟文中則控訴披楞「已將姑瑪烏地方起直至撒達魯達爾河（象泉河）及甲噶爾所有地方，盡行佔去」。[70] 這些提到英國在印度之征服擴張的內容，在拉薩或北京絲毫沒引起半點留意。

英尼戰爭打得斷斷續續。除了英軍在尼泊爾的西偏之地曾得過小勝外，一八一四與一八一五年第一回合的戰鬥，在不曾深入侵滲至喜馬拉雅山麓的情況下就結束了。隨之而來的是些不成功的談判，而也只在一八一六年冬才有另一支協同作戰的英軍開始推進。至此，這場危機已經在喜馬拉雅山脈拖延了近兩年，而嘉慶也看出了有必要採更積極的評估。在一八一六年二月二十日的一份諭旨中，他指示成都將軍賽沖阿「察看情形」。[71] 賽沖阿的任務內容十分清楚。報告指出披楞勢頗披猖，將來有可能將廓爾喀國吞併並將其王子戮害。但只要他們不侵犯清朝邊境，「則總係外夷之事，蠻觸相爭，得失俱可不問」。嘉慶告訴賽沖阿，無論如何斷不能因廓爾喀之故向披楞興師問罪。除非廓爾喀或披楞任何一方敢於犯邊，或者廓爾喀王逃入西藏，而披楞試圖強迫清朝引渡時，他才得以動兵。[72] 同樣緊要的是，皇帝在下一封諭旨中補充稱，賽沖阿切不可將有權動兵一事張揚出去，以免廓爾喀誤認為中國備兵是打算前來救援的。[73]

不顧嘉慶的指令，賽沖阿於一八一六年五月抵達拉薩後就在外交上大膽出擊，實現了跨喜馬拉雅山脈超過二十年以來首度的英清直接接觸。他完全同意清朝的政策，但就擔心萬一廓爾喀怨恨中國的中立，竟至放棄朝貢或甚且煽動披楞犯藏。為阻斷這種情況發生，他決定未雨綢繆。假設廓爾喀對披楞的控訴是捏造的，他通告雙方稱清朝大軍已抵藏，廓爾喀或披楞究竟何者造作狂悖之詞，膽敢宣稱讓出往西藏之路徑且停止朝貢，該方便將遭到剿滅。賽沖阿預期披楞將證實這些控訴為假，如此則他將用這些證據迫使廓爾喀認罪求饒。他希望藉一次大膽的出擊決癰潰疽。為了加強清朝的聲勢，他與喜明將大張旗鼓地查閱邊防。

對於其秘密預備兵力的指揮官竟然決定帶侵略性地虛張聲勢，嘉慶大怒，稱「妄誕紕謬之至」！這位皇帝指出，外交的結果有可能大出意料之外。萬一披楞領導者怒於廓爾喀的不實指控，要求清朝發兵同剿廓爾喀呢？糟糕的是，萬一披楞的領導者恃其險遠，竟承認他跟廓爾喀說過這些話來恐嚇廓爾喀呢？難道清政府就得因此「一言」而窮兵黷武嗎？此外，廓爾喀難道不會欣喜於賽沖阿之到來，而試圖招待清兵越過尼泊爾以打擊他們的仇敵？更糟糕的是，賽沖阿所決定那最有力的開局在於：若他攻擊廓爾喀，則同時也將檄飭披楞攻其南面以必其殄除。對嘉慶而言，就連這種假稱聯盟的空言恫嚇也很可惡：「廓爾喀臣順多年，不恤其難，轉率同外夷夾攻其地，堂堂天朝，大體安在乎？」[74]

此時已經太遲；賽沖阿的兩封書信都送出了。給披楞的那封信，翻譯為波斯文，並經由錫金君主之手轉達到英國印度總督署。該書信的意思，諭「披楞國王，格臥爾遮爾奈哩（governor-general，總督）」，在中英文版大致相符。然而清朝記錄所用的「披楞」字樣卻一律翻譯成「English」，想必是披楞被還原成波斯文的「法朗機 فرنگی」，英國譯者則習慣性地表達為「English」。因此，譯文中的某些段落意味著清朝官員們知道披楞就是暎咭唎，但在漢文版裡的形象卻迥然有別。例如，賽沖阿信函英文版這麼說：

> （像那些含沙影射的）如此荒謬的舉措，顯得與暎咭唎通常的智慧很不協調。恐怕暎咭唎人從未做過這些歸咎於他們的委派。倘若真是如此，那就不妙了。在一個正式的情況下，中堂（Thoon Than，指福康安）曾至此與廓爾喀王打仗，當時暎咭唎人曾致中堂一封信，請求相助。[75]

作為對比，漢文版通訊是這麼說的：

> 確查〔所云披楞所發之〕此等悖謬之語出自何人，即行發兵剿辦。查爾披楞於乾隆五十七年曾經具稟前任公中堂大將軍福〔康安〕，情詞極為恭順，數十年來亦並未滋事。

這只意味著賽沖阿和喜明對於福康安任職於西藏期間與披楞頭領間的通訊很熟悉，卻不表示他們同樣熟悉後來在北京才彙整證明披楞即嘆咭唎的發現。這個印象可由賽沖阿下一封奏摺中的一段敘述稱披楞「向未納貢」來確證。由於乾隆於一七九六年覆喬治三世的國書中有「爾國王遣使前赴衛藏」，已經知道了披楞是清朝屬國的臣民，賽沖阿的主張顯得不曾注意到這個聯繫。[76]

在給賽沖阿的回覆中，印度總督莫依拉伯爵（Earl of Moira）試圖再次向賽沖阿保證英屬印度絲毫不具威脅性：「不列顛政府並無拓土闢地之意，只圖與他國和睦相處。其所以於印、中兩大國間，天然諸障蔽之外，張大聲威所及，實非出於野心及利益之意。」[77] 這部分被翻譯到漢文（當中使用轉寫後之藏文名稱）則變成「我們披楞並不是為非作歹妄想人家地方，各〔應〕守邊界，和睦鄰封。向來廓爾喀係與內地並甲噶爾適中之山地居住，我們原無到他地方之意」。

一八一六年初，英方一支援兵向加德滿都推進，廓爾喀不得不接受城下之盟，一八一六年三月四日批准條約。從清朝的觀點來看，這種了結只包含了一個可能的僵局。在印度次大陸，英國用了常駐公使、常駐英國人員來監管且經常侵損印度各邦。了解到這點，廓爾喀希望能避開和約中所規定的英方駐紮。為了達成這個目標，廓爾喀人系統性地說服英國在尼泊爾監管戰後發展的代表團，稱清朝怨恨著常駐條款。因困惑於不清楚賽沖阿向尼泊爾邊疆進軍的理由，英國方也對這議題有所擔憂。他們把政策目標定在「避免因吾人與尼泊爾之交戰乃至任何其他舉措，致與中國有所糾葛或使之不快」，甚至願意撤回常駐，「為維繫與中國間之太平且友善關係等更遠大之目標」。[78] 然而，除非中國官員在這點上明確堅持著，否則他們也只不過打算把這當作最後手段。

面對兩造各執一詞，賽沖阿發現他不得不勉強在披楞與廓爾喀間充任仲裁。在給清朝欽差的第一封回覆中，英國總督指出交換常駐公使更有利於雙方通信息與穩固和平。廓爾喀方面，一名人員稟呈賽沖阿稱，一八一六年十月初，他們恐怕常駐公使將會占奪加德滿都，並懇求清朝代為驅逐。賽沖阿對披楞頭人則回覆稱，遣使常駐，須兩國皆願，方屬修好之長策，若廓爾喀不願如此辦理，即當示以信義拒絕幫助廓爾喀而對協議食言，並引述披楞所宣稱的，信使往來是保土安民之良策。然而賽沖阿對披且撤回人員。[79] 一八一七年二月，英國同意：若清朝遣人至加德滿都且調停日後的糾紛，英方即撤回其常駐公使。[80] 駐藏大臣喜明與珂實克回覆稱清朝有許多屬部，但從未差遣任何常駐人員至任一部。他們還補充說：「諒爾披楞之人，常在廣東一帶貿易，素通聲教，自必深悉天朝體制。」[81] 這份回覆不曾多提撤回常駐公使，此事便無疾而終。

這段插曲中所顯現出的戰略籌算將在後文考慮，這裡則先作出兩項簡單結論：首先，並無證據顯示清朝在藏官員將披楞認作是嘆咭唎，或甚至較諸福康安於一七九〇年代自西藏之所奏報來說，其對披楞還有更多了解。嘉慶的諭旨同樣看不出對這層聯繫有所察覺。其次，沒有理由認為清廷扭轉其一般政策以迴避與英屬印度間的攤牌。在鈴木中正關於清朝對英尼戰爭之政策的研究中，他強調財務與軍事危機困擾著嘉慶：「嘉慶以後進入衰亡期的清朝，根本不具備回應廓爾喀求援的力量。從而清朝的『一視同仁』論，不過是用以粉飾其因無力而不干涉的理由。」[82] 鈴木中正對清朝軍事力之衰退的評估是正確的，但他認為清朝之中立乃起因於其衰弱的觀點，則是基於誤解之推論。他把清朝與廓爾喀間的關係定位為「宗主國」與「屬國」。他假設在乾隆與嘉慶兩朝，宗主國了解其本身應負之責任，至少在原則上應保護其屬國之安危。然而，事實上朝貢狀態並不影響清朝軍隊作勢往可疑之邦發進。先前清朝在喜馬拉雅山脈的戰略家松筠，就一直把朝貢國廓爾喀當作是西藏最大的潛在敵人，爾後的賽沖阿也懷疑他們是否忠誠。[83] 不意外的是，清政府完全不覺得有任何道德或戰略需求，得憑武力來防衛廓爾喀政權。其全盤拒絕協助廓爾喀對抗第三方亦並未違常，即便該第三方威脅將消滅廓爾喀。此政策於一七九二至一七九三年間，廓爾喀求清朝助其對抗第哩巴察時，在福康安與乾隆的回覆中即可看出——該情況則早在諸多民變傷害了王朝財務與軍事能力、影響其發起戰爭之前。換言之，嘉慶朝後期之否決有任何義務充作其廓爾喀屬國之軍事保護者，也不過是遵循廓爾喀戰役之後未久乾隆所定之政策路線，其基礎在既定之戰略推理，而非短期權宜之策。

木爾克喇夫在新疆邊疆之遠行

一七六〇年代早期，當清朝正在蒐集痕都斯坦——拉合爾、德里乃至遠到德干高原——的情報時，英國的擴張則受到阿富汗（愛烏罕）及馬喇他間那更近且更劇烈的鬥爭所侵蝕。一八〇〇年之前，英國在西北印度相對而言發揮不了多少影響力，而在葉爾羌的清朝官員們也不曾注意到他們的出現。這樣的情況在一八〇三年東印度公司從馬喇他手中奪占德里，一八〇九年將其邊疆前沿推進至旁遮普時改變了。此後，英屬印度的戰略家們益發全神貫注於防禦這個新的邊疆，且指揮起對阿富汗、波斯乃至中亞的外交與間諜活動，以抗衡真實或想像中的法國及其後俄羅斯人的陰謀。透過一八一五年奪占了尼泊爾的領土，英屬印度也取得了通往尼提山口（Niti Pass），進入清領西部西藏的通道。

早在一八一二年，東印度公司駐孟加拉的督辦人員威廉．木爾克喇夫（William Moorcroft，約一七六七—一八二五年）(6)就已經滲透進清帝國的西緣了。他偽裝成一介哥薩因修士，伴以印度教徒與穆斯林同夥，策劃跨越尼提山口，進往噶大克而橫跨主要的拉達克—拉薩貿易路徑，而後東向切往瑪旁雍錯湖再回到印度。清朝中央派遣軍的前哨最遠只到定日以東，而地方藏人管理者則被說服忽視這夥人裡有個「佩凌（*Felings*，韃靼人這麼稱呼歐洲人）」，且接受木爾克喇夫的哥薩因修士偽裝。[84] 木爾克喇夫在回程中曾短暫地被廓爾喀人扣留住，而三年後尼泊爾向清朝指控披楞意圖入侵西藏的證據之一，就是「前曾扮作阿咱拉模樣，探聽唐古忒路徑」。清朝駐藏大臣無法向其汛員證實此事，遂將之忽視作偽報。[85]

就在這趟西藏之旅啟程前，木爾克喇夫雇用了米兒．愛孜圖拉（Mir Izzat-ullah）。愛孜圖拉是東印度公司在德里人員中的一位秘書，雇用他以便偽裝成商人從布哈爾經拉達克往葉爾羌遊歷。愛孜圖拉先祖是布哈爾人，有辦法通過清朝領土而不引來官員的目光，也就是這點讓木爾克喇夫又盤算著一個類似的行程。[86] 一八一九年，木爾克喇夫與另一夥人發起布哈爾之行，成員中就有愛孜圖拉。[87] 隊伍到臨拉達克後，木爾克喇夫的印度助手們在交涉上已是不可或缺，其中尤以在先前的遊歷中已建立起有用人脈圈的愛孜圖拉為最。木爾克喇夫所得以相與周旋的人物中，有著極具影響力的聖者沙．尼雅斯．汗（Shāh Niyāz Khān），而後在拉達克則是其徒弟阿布都里提普（ʻAbdul Laṭīf），給予這夥

(6) 史料所見用字作「木爾齊喇普」，「齊」字蓋嘉道以降尖團混淆未依《對音字式》之惡譯，茲不取。今改譯作「木爾克喇夫」，唯下文引述史料時方作「木爾齊喇普」。

人在外交上重大的幫助。

在拉達克，木爾克喇夫所作所為與初期英俄間「大博弈」時的早先棋手並無二致，一如藉由調查俄羅斯在亞洲的影響力以影響該區域，他也說服了拉達克統治者與東印度公司間訂下商業與戰略協定，以對抗茁壯中的爾蘭積星（Ranjit Singh）(7) 強權（雖說後來被加爾各答否決了）。[88] 這讓木爾克喇夫的交涉迅速甩開了清朝在葉爾羌與喀什噶爾的官員之注意，也閃避了北京對這些活動的察覺，此即本節的焦點。

根據木爾克喇夫的紀錄，沙・尼雅斯・汗是個關鍵的盟友，保護著他這夥人（以及延伸至英屬印度）對抗在噶大克的西藏當局之妨礙，以抵拉達克政府，且最重要的是，免於克什米爾貿易商的阻撓：這些貿易商掌控那有利可圖的西部西藏與克什米爾間的披肩羊毛（*pashm*）貿易，懼怕木爾克喇夫意圖打破他們的壟斷，把貿易南向牽往英國領土。儘管木爾克喇夫說服了拉達克當局，說他並無不良打算，可是克什米爾貿易網路的成員還是有辦法翻轉在葉爾羌與喀什噶爾的論述。木爾克喇夫相信，克什米爾貿易商在那兒受到一名叫做阿嘎・邁赫迪（Agha Mehdi，邁赫迪・拉法伊洛夫 Mehdi Rafailov）的神秘的俄羅斯人員所協助，當這個英國人公開與清朝當局通訊時，阿嘎・邁赫迪就在葉爾羌。

木爾克喇夫與葉爾羌接觸的初始階段仍很隱密。據零碎的證據來看，很清楚的是，他希望愛孜圖拉的關係可使這夥人獲允以一般商人的身分進入清朝版圖，而不必牽扯到地方滿洲官員或北京。在最初階段的尾聲，愛孜圖拉為此理由而致函於葉爾羌之「首要法官」奇薩克・沙（Kissak Shah），沙・尼雅斯・汗則向其在該城市之友人通信乞請。這些信函應該在一八二〇年晚秋或初冬時俱已寄出，也就在木爾克喇夫在列城的情況穩定下來之後不久。木爾克喇夫獲報稱，阿嘎・邁赫迪以警告英國間諜的方式抗衡這些要求。結果愛孜圖拉獲邀前往葉爾羌，卻被告知藉阿嘎・邁赫迪之手，關於木爾克喇夫的命令已經傳達到列城了。不幸地，這位俄羅斯人員在穿越喀喇崑崙時亡故，木爾克喇夫則狀況不明。一八二一年三月，從葉爾羌來了一夥克什米爾商人，在多次探問這位英國人的意圖後回返。89 最後，於該年夏，木爾克喇夫派愛孜圖拉到葉爾羌以安排他進入新疆之事。90

據木爾克喇夫所載，愛孜圖拉抵達葉爾羌時受到該地之「總督」（the Governor）接見。此處「總督」之所指，蓋為該城之阿奇木伯克或受到清朝中央差官所監管的首要本地人官員。愛孜圖拉把加爾各答的印度總督授權木爾克喇夫此趟行程之波斯文信函呈與阿奇木伯克，也一併呈上由曾經在加爾各答學過漢語的傳教士馬士曼（Joshua Marshman）所備之漢文譯版。該信的滿文譯本中敘稱其來自「領溫都斯坦所管加爾各答地方，馬爾庫外斯（Marquis，侯爵）黑斯亭斯果爾那爾珍咧勒（Governor-General，總督）巴圖魯」（*Undustan i harangga Kalkata sere ba i dalaha Markuwais eb Esten kis guwer nar jen ral baturu*），至於其部落之名則為「坎盆尼・鞥格哩斯」（Kampeni Enggeris）。91 最初，愛孜圖拉獲告稱阿奇木伯克會在其權限內接受木爾克喇夫，但後來阿奇木伯克變卦，堅持將此事上報清朝在喀什噶爾的官員。愛孜圖拉被告知這麼做的理由在於，有個克什米爾商人曾向阿奇木伯克之子提出警告，稱這個英國人來意不善。滿洲官員們來至葉爾羌並審訊了愛孜圖拉，以及首要出面控訴他的克什米爾商人那喀柱（Nuckajoo）。木爾克喇夫的使者被要求勾勒一份地圖以標出加爾各答與葉爾羌之相對位置，對此，「那喀柱……大喊道，加爾各答即英國人以商人身分

(7) 此譯名見《籌辦夷務始末・道光朝》，卷七七，葉一二上。

出發之地，且英國人即自該地起，吞併全欣都斯坦」。[92] 在於喀什噶爾的質詢完畢後，愛孜圖拉被告知說他這夥人不可通過清朝領土。

在一份一八二一年十二月八日北京所抄的奏摺錄副（以及可推測的約一個月前的原摺）中，奏報稱該名暎咭唎人曾遞出信字予阿奇木伯克，請求允其來至葉爾羌買馬而遭拒，無疑其所指即木爾克喇夫那第一封受阻於阿嘎·邁赫迪的信。該摺又奏稱，如今愛孜圖拉攜來第二封夷字信函。[93] 函中稱其係「暎咭唎頭目果洒爾（即 Governor，總督）」輾轉所遣，要到西北一帶買馬、貿易，故先來請求阿奇木伯克允許其途經葉爾羌及喀什噶爾以赴布哈爾地方。喀什噶爾參贊大臣滿洲人武隆阿，已令阿奇木伯克邁哈默特鄂散以己職權作字駁斥。[94] 愛孜圖拉在一份供詞中解釋稱，他伴著兩名暎咭唎人：木爾克喇夫（木爾齊喇普，滿：Murkirab）及鐵里伯克（Trebeck，滿：Tiyelibek）去買馬、做買賣。他對自己的行程做了詳盡的描述，說明他們跨越過一條大河（象泉河），從暎咭唎的領土到了音底（印度）之地（其意蓋指旁遮普的爾蘭積星王國），最終到臨拉達克的領土。愛孜圖拉又解釋說，由於他已先發現了自葉爾羌至布哈爾之道路特別安全，故他如今來此為隨他而來的夥伴們請求允許通行。

就在這個關頭，從某一個稱謂所造成的一項重大誤解就此發生。清朝文檔澄清說，木爾克喇夫之所以不得入境，在於他是暎咭唎人，而暎咭唎人只許到廣州。木爾克喇夫及其顧問們則自認為：他被拒絕入境的理由在於他是個基督徒。這種錯亂之所由生，來自翻譯過程。在拉達克，愛孜圖拉把木爾克喇夫的欣都斯坦語翻譯為波斯語，而在葉爾羌與喀什噶爾，波斯語也是雙方通訊的書面媒介。在波斯語中，**因濟利** *injīlī*（來自「انجیل *injīl*」，福音）意指基督徒。無論是木爾克喇夫或是他那些能說波斯語的中間人，都不知道英國人在漢語奏報裡被叫做「暎咭唎」、在滿語裡叫「Inggili」，而顯然那些滿洲奏報者們也不清楚暎咭唎被建構成波斯語的 *injili*。

這種錯亂把後續談判推上一條死路。木爾克喇夫與愛孜圖拉知道基督徒被允許在拉達克與葉爾羌間做貿易。在他們的視點看來，清朝的主張根本是個誤會。如同這位英國人在他的遊記中所記載的：

> 中國方面述稱，他們已查驗過檔子（可汗的關防記錄冊）了，只能見到克什米爾人與安集延人來葉爾羌做貿易，現在想過來的薩希卜，其身分為因濟利（Injeelees，原註：「傳福音者 Gospelists」），而因濟利此前從未來過如今也不許來〔，〕中國的商務受前例所指導。米兒〔愛孜圖拉〕回答說，如果前例是要求單獨一人，那這情形就沒什麼困難。他可以舉證說，阿嘎・拉法伊勒（Agha Rafael）、阿嘎・撒烏利曼（Agha Sauleeman）、阿嘎・邁赫迪也都是因濟利，人們也知道他們是因濟利，也還是一直在拉達克與葉爾羌之間做貿易。[96]

對清朝官員而言，他們實際上向地方檔案與可靠證人求證過，卻無法發現如同木爾克喇夫及其同夥令人費解地堅稱的，有任何暎咭唎人曾來過葉爾羌的證據。[97] 只有一位葉爾羌人掌握到混淆的源頭。愛孜圖拉向木爾克喇夫所作之報告，其根據來自一位阿布都拉曼伯克（Abdul Rahman Begh）。這位阿布都拉曼伯克是「一個北京當地人，其敏銳讓米兒〔愛孜圖拉〕致謝稱讚」。在最初的交涉中，當愛孜圖拉引徵之前曾來到葉爾羌的基督徒貿易者時，他們有下述交流：「此處阿布都拉曼伯克敘稱，儘管所提及的這些人，在個人上也屬於因濟利（基督徒）且曾到葉爾羌貿易，但他們不像這幾位意欲獲允加入此城商圈的薩希卜，是英國因濟利。」[98] 如果我們假設阿布都拉曼伯克不僅熟悉波斯語，而且還是熟悉漢語的北京本地人，這就可以解釋何以似乎就他一個人了解到暎咭唎與因濟利間的錯亂，但其他涉入此事的人都未曾獲得這個洞見。

一八二一年秋，武隆阿從葉爾羌派出克什米爾貿易者，以期往訪推巴特（拉達克）並查出更多與木爾克喇夫及其意圖有關之事。雖說當這群克什米爾人到達時，這個英國人暫時不在鎮上，但他們從拉達克及克什米爾商圈的哈崙（khalon，最高大臣）那兒攜回關於木爾克喇夫的信件。而後愛孜圖拉從葉爾羌回到列城，路上遇到這些探訪者，懼怕這些克什米爾人帶回有敵意的報告。他說服這些人和他一起回到列城，確保了信函偏袒己方，並在沙·尼雅斯·汗的徒弟阿布都里提普的看管下送回葉爾羌。受冬季所拖延，這些克什米爾探訪者在一八二二年三月底才總算伴著這位木爾克喇夫的代表一起回到清朝領土。這夥人的頭子孟幹先是受到葉爾羌及喀什噶爾之阿奇木伯克的質詢，然後是清朝官員們的質詢。他稟報說，在推巴特實際上有兩名嘆咭唎人，隨帶跟役約有二三十人，全都是温都斯坦及克什米爾人。木爾克喇夫欲由葉爾羌穿行赴布哈爾，愛孜圖拉則語帶威脅地告訴他們說，不論這個嘆咭唎人是否獲允，他必將進入清朝領土。[99] 為了佐證這份報告，推巴特的哈崙送給葉爾羌的阿奇木伯克一份關於木爾克喇夫性格的充滿讚美的證詞。他擔保木爾克喇夫在葉爾羌的舉止，且列舉多人，在滿漢譯文中聲稱這些「嘆咭唎貿易人」（*Inggili i hūdašara niyalma*）前此已曾在兩城間貿易。在波斯文版本裡，該文檔必定是指「基督徒」（*injīlī*），因為這裡面包括了俄羅斯人員東正教基督徒的名字，如阿嘎·邁赫迪、拉帕伊勒以及身分不明的玉素卜（Yusub）和蘇賚曼（Sulaiman），後二者或許是亞美尼亞貿易商。[100] 信中附有正式具結保證書（akdulara bithe）。[101]

木爾克喇夫與愛孜圖拉確信自己的案子穩若泰山。木爾克喇夫致阿奇木伯克的信件（滿文譯本）中列出上述名單作證，指出「嘆咭唎人」無可辯駁地到過葉爾羌。假若阿奇木伯克不親自訂正，不肯為了木爾克喇夫的案子向在喀什噶爾的清朝官員們求情，這位英國人將會把這案子整件端往北京，自廣州由海路提交一份奏稟，而皇帝則將沮喪地發現他的官員們不顧前例且拒絕讓英國人進入新疆。愛孜圖拉為了強調這個論點，附上他自己的短信，另一封木爾克喇夫寫的類似信件則送抵該區域最高階官員——喀什噶爾參贊大臣武隆阿處。木爾克喇夫抱怨說，可想而知是阿奇木伯克拒絕把愛孜圖拉的要求轉達給武隆阿（他不知道這其實是參贊大臣本身下令叫阿奇木伯克聲稱未轉達）。如今武隆阿可以看到證據了，木爾克喇夫繼續說道，武隆阿就該允許他到清朝領土，否則他將面臨從海上寄來的申訴。木爾克喇夫補充稱，他在這件事上別無選擇，因為阿富汗的不安穩，致使葉爾羌為唯一往突厥斯坦(8)的可行之路。102

所有這些材料的副本都被送到北京了。如同武隆阿所指出的，暎咭唎總是透過廣東與中國貿易。無論是喀什噶爾檔案抑或各伯克及地方長老們，均不曾提到暎咭唎人到過新疆的事。此故，該要求可即拒絕，毋庸多慮。武隆阿在給木爾克喇夫的回覆中解釋說，常規只允許暎咭唎人在一定地方貿易。從無暎咭唎人到過葉爾羌，如今也不許來。這份答覆於一八二二年六月在北京被審查與批准過，想來在七月中也傳到了木爾克喇夫那位使者的手裡。到了九月，阿布都里提普回到拉達克，帶回前往清朝領土失敗的訊息。在將近兩年後，木爾克喇夫離開列城前往克什米爾，並取道阿富汗抵達布哈爾。他在一八二五年的旅途中逝世。

木爾克喇夫與在葉爾羌及喀什噶爾之官員們的交流這件事，比起曼寧（馬吝）案或英尼戰爭，還更生動地顯示了邊疆政策如何影響清政府的情報蒐集與戰略思考。不像在西藏，打從一開始木爾克喇

(8) 史料所見用字作「圖爾齊斯坦」，稱其「即布噶爾（布哈拉）等處地方」。見《史料旬刊》第六期，葉二一三下。

夫就很清楚地是個唤咭唎人，而他來自欣都斯坦（温都斯坦），葉爾羌與喀什噶爾這麼稱印度）這件事也很清楚。自一七七〇年代之後，欣都斯坦不再成為新疆的官方或非官方偵查目標，而英國之征服德里也遭略過。在對木爾克喇夫之要求的第一封答覆中，可以注意到文中稱「温都斯坦地一帶地方并非該國泊船口岸」。清朝官員理應在愛孜圖拉到來時重審這個論斷，蓋愛孜圖拉已在他的供詞中解釋稱他是比喇里地方（巴雷利 Bareilly）人，現在札納巴特地方（德里）居住。這些城市俱屬溫都斯坦，而溫都斯坦被唤咭唎征服已經有五六十年了，至於札納巴特後來也被攻拔了。現在溫都斯坦受到唤咭唎所派任的果迺爾（governor，總督）所統治。[103] 道光皇帝指出了這件情報的內在不確定性：「外夷部落，荒遠難稽；疆圉以外，原可置之不問。」[104] 而且還下令道，只有邊疆地帶至關緊要，所有那一帶的邊疆卡倫（哨所）得留心稽察，嚴密防範。換言之，清政府在其能完全控制且具充分資訊的區域將會有所行動。這反過來影響了清朝的情報蒐集。在處理木爾克喇夫案時，道光與他的官員們體認到必須做出密集的地方調查，甚至派員越境到拉達克去。克什米爾人與拉達克人無疑可以提供關於欣都斯坦近期政治發展的資訊，可是對清政府來說，調查的界線只局限在手邊的插曲而已。重大的政治動盪若不與該案有直接關係，就任其略而不論。

比較視角中邊疆政策的邏輯

從歐洲人的視點來看，一七九〇年到一八三〇年間最令他們感到衝擊的清朝戰略思想特徵，在於其對英國強權在亞洲的崛起一直毫無警覺。到了一八一五年拿破崙敗於滑鐵盧之時，英屬印度並其緩衝國及前哨那茁壯中的網路，幾乎已被所有其他亞洲大國視作此大陸上首要強權之一。但清政府偏不這麼看，而與相鄰之印度諸國及歐洲人各帝國脫節。脫節的程度，竟至於令尼泊爾、葡萄牙或克什米爾那些真實性不言可喻的反英戰略忠告，在北京幾乎毫無分量。如果我們接受清廷是被他那宏偉的修辭與華夏自我中心論假設所蒙蔽，只願內顧而毫不在乎外在世界的說法，那麼這情況就可以如此簡單解釋。毋庸置疑，清朝統治者對其自身力量的估量高過外國觀察家之所見，但這種偏差的自信絕非僅有。無疑地，在這個充滿糾紛與不道德的統治者的世界上，他們十分看重自己推動和平與理性的責任——但是道德上的自滿也很難說與帝國之成功相斥，像不列顛就可證明此點。然而要是說嘉慶或道光對外在世界滿不在乎、不感興趣，清朝官方的反應也並不支持這種看法。相反地，皇帝們擔憂著對邊疆的威脅，且從守土官員那兒尋覓情報。如果清帝國對其自身利益的判斷異乎其歐亞各帝國儕輩，則有必要探索更明確的原因。

相對於同時期的印度人與歐洲人，清政府的世界觀與之主要相異點，在於其以割裂的邊疆區域來評估帝國國防政策，而非透過整合的視野。這樣一種邊疆政策，輔之以戰略假設、官僚結構、地理學作品，很難加以調整。在廣州、葉爾羌、拉薩，官員們把到來的英國人及其隨員當成地方問題來處理，只消面對有限的術語。在這些限制之內，情報蒐集十分活躍，但皇帝與他的團隊卻迴避開放性的探查，或帶有不確定結果的複雜外交冒險。

與英屬印度一作比較，該項手法的獨特性質就清楚地顯現出來了。在英屬印度，為保衛邊疆，攻擊性的戰略經常獲得採納。麥坎・雅普（Malcom Yapp）在對該時期英國於印度的戰略之研究中評述說，東印度公司認為「靜態防禦」策略不適用於孟加拉而加以拒絕。[105] 反之，該公司試圖透過「圈護藩籬」（ring-fence）緩衝國以先行攻擊，主動干預這些緩衝國的事務，且反覆拓展這張防禦傘。

一旦印度本身似乎安全無虞了，「推進學派」（forward school）的戰略思想便「辯稱有必要藉由把英國的影響力擴張到那些干預中的區域，以預先制止俄羅斯影響力的前進。其手法可憑著聯盟……不論用什麼方式，都應與外敵保持相當距離，如此一來，他還在離不列顛版圖遙遠之處，就已因其煩惱而精疲力竭」。106 面對準噶爾威脅，清朝皇帝們同樣認識到宰制相鄰政治體如西藏、喀爾喀蒙古等的價值。然而，在強大到不再受到後續威脅後，他們就開始從勝利轉向防禦姿態。一七五九年以後，清廷發動了懲罰性的遠征以報復實際越過邊疆的入侵，但卻從未為了預阻一件遠距得知卻猶未到達邊疆區域本身的威脅，而開啟一項先行攻擊行動。

在不贊許「推進學派」戰略思想的情況下，清政府也就拒斥了基於戰略及意識形態理由而聯盟的效益。到了十七世紀，重大的歐洲戰爭幾乎都是在各聯盟間開打，而在印度也一樣，東印度公司及其對手都與盟友訂立協約，以防備敵對聯軍。事實上，東印度公司甚至走到向其鄰邦強遣常駐人員或常駐公使的地步，這些人致力於藉監管駐在國的外交以控制其對外政策。107 簡言之，東印度公司利用監控來使其在鄰邦的影響力臻於最大。清朝在內亞對抗準噶爾之戰爭時曾任用過常駐公使，但此後就避免捲入鄰邦的內政或外交，即便對方要求其參與。別說是要在這些國家上張開防禦傘了，清朝當局甚至準備好眼睜睜看著鄰邦崩潰或被征服，只要自己的邊疆安全無虞就好。內部檔案與外交信函釐清了一件事，就是清政府既不想要聯盟也不想要敵人：只要外國——屬國或非屬國——尊重其邊疆，就不會對該國採取行動。根本來說，這項戰略反映了一種成本效益分析。只有在清帝國面對比自己強大的敵人時，用來驅策一個大聯盟的巨資耗費與恆常警覺才有意義。而只要這情況看來不會發生，中立就比參戰更有價值。

清朝統治者之所以對軍事聯盟抱持懷疑，還有著現實的理由。在印度，東印度公司透過「輔助聯盟」（subsidiary alliances）的機制來強化其與地方各邦間的軍事合作。藉由「輔助聯盟」，地方各邦付錢給保護他們的英國駐軍，各反英強權則探索其本身聯盟之可能性。以廓爾喀為例，就曾遣使遠至緬甸、阿富汗與中國，以圖增強其戰略地位。[108] 清朝皇帝們儘管在理論上知曉對外聯盟的效益，卻還是小心翼翼。在第二次清廓戰爭中，乾隆曾命令福康安曉諭尼泊爾周邊部落，他們可藉協剿而獲清朝施恩。[109] 然而皇帝不久後就批評協剿這項戰略，他所憂心的一項主要理由在於長期威信。如果這些外邦盟友效率高到可以不必清朝的軍事行動，乾隆怕其結果「亦係各部落自己之功，與天朝無涉」。這種獨自的勝利將不會「使之畏威懷德，永為天朝藩籬」。[110] 福康安遭此申斥後，在其戰略中讓外國部落之重要性臻於最小。他再度向乾隆保證稱，「上年檄諭該部長（康沃利斯勳爵），令其發兵協剿，原不過欲稍分廓爾喀之勢，原非專賴外番兵力」。[111] 我們已經看到當乾隆認為喬治三世聲稱其動用英國兵力協助清朝時所作出的反駁。在嘉慶朝仍然對協同軍事行動感到厭惡，如同前文所註記的，就連賽沖阿只是虛言恫嚇稱要安排與披楞連合對付廓爾喀，都受到申斥。

對聯盟抱持懷疑態度並不局限在喜馬拉雅邊疆。一七六〇年以後，乾隆所遇上最頑強的敵人乃是緬甸的貢榜（Konbaung）王朝。戰爭在陸路開打，於雲南邊疆與邊外，但險惡的地形阻止了清軍深入緬甸領土以贏得勝利。中國很早就知道緬甸在靠近暹羅處有海上邊疆，而暹羅正是從海上到廣州納貢。在面對軍事受挫的情況下，雲貴總督楊應琚（歿於一七六七年）提議清朝由廣東自海路遣員至暹羅，以締結協約合擊緬甸。乾隆對這意見挖苦嘲諷道：「至欲約會暹羅，夾攻緬甸一節，更屬荒唐可笑。用兵而藉力外番，不但於事無濟，且徒為屬國所輕，乃斷不可行之事。」[112]

然而緬甸是個強韌的對手。在受到巨大損害、幾乎無成果可炫示的情況下，翌年乾隆卻更願意嘗試這項行動。他命令兩廣總督派員訪察暹羅地理與當下政局。雖說乾隆強調，他猶未考慮派遣清朝海軍到該區域，但若是那位陷入困境的暹羅國王有志向緬甸入侵者報怨，「欲求助天朝，發兵策應，應是即可乘之機」。[113]他並非就此全不考慮支援暹羅，但在做出決策前，仍有必要仔細調查。

儘管該計畫從未落實，而緬甸戰爭也在清朝並無決定性勝利的情況下終結了，但乾隆仍對復仇之路念茲在茲。到了一七七〇年代，清朝當局收到了來自鄭昭（Phraya Taksin，歿於一七八二年，即鄭信）的請求。自從大城（Ayutthaya）王朝衰落後，鄭昭崛起成為暹羅最有力的人物。鄭昭聲稱願意加入合擊緬甸，但想要物資援助作為回報。兩廣總督提議給個溫和的答覆，保持開放的可能性，但乾隆駁斥了該總督對待外夷的天真。倘若清朝倚賴暹羅來擊敗緬甸，「彼（鄭昭）必恃功而驕，久且效尤滋甚，更難駕馭。此乃一定之理」。在給鄭昭的回覆中，軍機處試著依循中庸路線，從一段關於清朝強盛的前言開始落筆——「何藉爾海外彈丸，聚兵合擊？」——不過暹羅若獨自行動倒也歡迎，且提示稱有可能獲得嘉獎。[114]不久後，兩廣總督提出議案，認為或可在未來清朝襲擊緬甸時允許鄭昭另舉一支兵力以分緬甸之勢。乾隆原則上願意允許，前提是在未來的任何交涉中不許提示他個人有所涉入。然而後續的詔諭卻強調，鄭昭應該聽說過中國聲罪致討之兵從不藉外邦協勦，斷不允許正式軍事合作。[115]這種外交原則很難說是獨特的中國文化產物，而乾隆的立場則可以與同時代的喬治・華盛頓相比較，後者對美國國民提出忠告，認為應該忠實對待各國但避免與政治有糾葛：「我們應當經常警惕……保持可觀的防禦姿態，這樣，在非常緊急時期，我們才可以安全地依靠暫時性的同盟。」華盛頓拒絕涉入聯盟，是因為美國「獨處一方，遠離他國」；乾隆則是由於認為他的國家規模宏大，在充滿較小勢力的世界中是獨一的超級強權。[116]

在一八二〇年代及一八三〇年代，清朝的邊疆政策似乎仍然行得通，這現象得放到情報蒐集的脈絡中去理解。在處理對外關係上，資訊的關鍵價值清朝當局是知道的，而必要的時候也會向有知識的臣民及外國人面詢，甚至派員越過邊疆從事偵索。然而，與英屬印度相比，這些行動都是去中心化的。蒐集與分析情報的任務原則上落在督導特定邊疆的官員身上，而他們的官僚責任則局限於保障就近邊區，並不在於處理遠方動盪。皇帝與軍機處在估量政策選擇的時候，幾乎不曾看看這些資訊背後有些什麼。有這麼多明顯遙遠的邊疆事務待辦，對任何單一區域的注意力也就不免起伏不定。相反地，如同麥可．費舍爾所評述的，英國的常駐公使網路，則是精準地設計來把個別報告詳密測量匯入一幅融貫的圖像中，用以取代任何單點的優勢：「當常駐公使的數目成長時，東印度公司所可取得的材料總量亦增，這些材料關乎印度各重要宮廷，讓公司得以協調其努力，使任何單一印度統治者皆無可比擬。這種成長的網路提供給東印度公司有如滿斯圖亞特．厄勒芬斯敦（Mountstuart Elphinstone）所說的『全印度各君侯宮廷中那些瑣語常譚合起來的巨量優勢』，此為東印度公司凌駕任何單一印度統治者之處。」[117] 克里斯多弗．白利也作出類似的評述，認為英國軍隊之在印度贏得成功，源自於密集情報網路之大量資訊使其得以「預期與印度各勢力之合作並算計出其敵方之動向與聯盟」。[118] 唯有在首都把一切報告作系統的綜合，方能達成此一成就。

然而，如此中心化的協調之前置條件，在於察覺到不同邊疆形成單一政治活動場域的一部分。以清朝用以研究地理學的方法來說，追究內在聯繫是很困難的。清朝在許多不同面向上蒐集到有關英國在亞洲擴張的情報，但不曾將之整合為一個單一圖像。在操作分析上，對印度、印度的次區域，或其政治實體，並沒有標準術語。反之，在不同區域可以見到許多意涵重疊的術語：在拉薩的官員知道披楞征服了甲噶爾，在葉爾羌知道噢咭唎征服了溫都斯坦，在廣州則對噢咭唎掌控了港腳有個模糊的概念。葉爾羌所提及的「果迺爾」並不被視同為拉薩報告中的那位「披楞王」「格臥爾．遮爾奈哩」，或是廣州報告中的「噠叮喇將軍」。威廉．木爾克喇夫於一八二一年在葉爾羌以「木爾齊喇普」之名為人所知，一八三〇年在拉薩提到他時卻稱作「俄哩牙木・莫爾格熱」；托馬斯・曼寧於一八一二年在西藏叫做「馬吝」，當他於四年後於阿美士德使團時進入中國，再現於清朝文檔上卻載為「米斯・萬寧」（Mr. Manning）。[119]

第一手情報中的歷史語言學難題，致使對外政治本質上被視為一種謠言與假說的不確定之網，預先把確實知識給排除掉了。清朝統治者懷疑傳聞報告的價值，且體會到探察遠距事件將會挖掘出相互衝突且混亂的主張。這些主張來自各忠於其同黨的報導人，難於驗證或評估。地方官員們審慎地避免主張對外事務有確定知識的可能性，皇帝也同意此種作法。清政府反而聚焦在邊區本身，因為那兒的情報更為確定。這意味著把地方語彙改成自己的術語相對而言並不要緊。故而，清朝官員的紀錄在地理學事務上顯示出令人衝擊的被動性。地理學上新稱謂的出現或者舊名物的消失，都不曾在國家反應範圍內造就任何評註、分析或解釋。

官僚動機的影響力擴及情報蒐集以外的範圍。對印度而言，「邊疆人員的經驗以及其在資訊上的壟斷，讓他們在形塑不列顛西北邊疆之政治上有著獨特的重要性」。[120] 邊疆官員經常是攻擊行動的強力支持者。在清朝的情況，動機剛好反轉過來。套用孔飛力的話來說，在邊疆發生的任一危機便是個「事件」（event）或者「課責單位」（unit of accountability），而官員所應負之責則在於迅速化解問題，通常是得回復現狀。[121] 在務使對外事務臻於極簡的假設下，只要可以避免，清廷通常不願為邊疆麻煩投入資源或心力。對皇帝而言，邊疆麻煩指的就是官員辦事不力，這個可能性是常規調查的一部分，結果經常也確實如此。就算官員無罪開脫了，也還是被冀望著得盡快解決麻煩，他們才有理由把大事化小小事化無。深刻的探察或大膽的行動，或許只會使情況愈演愈烈。無論是在外夷威脅的重大性上喋喋不休，或是越出官員權責去化解糾葛，這些行徑為官員們招來危險責任的可能性遠遠大過得到嘉獎。地方官員們——清帝國在世界上的眼睛——有好的理由用一種非常狹窄的官僚式「事件」的眼光來看待邊疆。軍機處並不期待像英屬印度（或者，事實上是任何一個歐洲國家的大臣）所做的那樣，去探掘且綜合一切呈進的報告。

這些戰略的、官僚的以及地理學的因素，時不時個別地遭到挑戰。有時候清政府將其在不同邊疆間對外國狀況的探察協調起來，且和地方地理理解湊在一起，甚至偶或考慮聯盟。但任何單一方面要想有重大改變都很困難，就因為這些因素會彼此強化。割裂式的行政管理結構，以及認定所有威脅皆屬地方問題的戰略假設，使得綜合地理學知識這件事看似並不怎麼緊要。反過來說，無論戰略知識或地理學知識，看似都不曾迫切要求修改官僚結構及程序。這些制度上與智識上的因素，使得亞洲強權均勢的重大變遷就那樣被輕輕放過，絲毫不感到有重估重大戰略的需求。若想讓對外政策浮現出來作為邊疆政策的替代選項，三個面向都得同時有所改變。

本章提出的分析，只考慮到官方對外在世界、資訊、政策以及意見的理解，及其對清政府內在反應的形塑。受到重重限制的官僚溝通渠道，從來不曾壟斷帝國對外在世界的總理解，以及如何最好地駕馭外在世界。一八〇〇年後，乾隆崩逝，漢人文士們獲得新的自由，得以在學術上踏入乾隆統治時的探索禁區或高度限制的領域，包括外國地理以及對於外在世界的軍事計畫和政策。此時上述官僚交流的影響之大尤其真實。我們接下來就切入這股潮流的結果。

作者註

1. 庫柏，《英—馬喇他逐鹿印度之戰役》，第三〇三頁。
2. 格林伯，《英國貿易與中國開放，一八〇〇—一八四二年》，第一〇五—一〇六頁。
3. 一八一四至一八五六年間印中貿易帶來的順差總額超過了五十一億四千萬美元（林滿紅，《銀線：十九世紀的世界與中國》，第七六—七八頁）。
4. 格林伯，《英國貿易與中國開放，一八〇〇—一八四二年》，第二六頁。
5. 林滿紅，《銀線：十九世紀的世界與中國》，第八九頁。
6. 施其樂與范岱克，〈一七〇〇—一九三〇年珠江三角洲的穆斯林〉，第六—一五頁；瑪妲玉，《在華印度人：一八〇〇—一九四九年》，第七三—七七頁。
7. 郭德焱，《清代廣州的巴斯商人》，第三二頁。
8. 亨特，《廣州「番鬼」錄，一八二五—一八四四——締約前「番鬼」在廣州的情形》，第六三頁。
9. 格林伯，《英國貿易與中國開放，一八〇〇—一八四二年》，第三三頁；郭德焱，《清代廣州的巴斯商人》，第一—二頁。
10. 前揭書，第四〇—四二頁；另參見亨特，《廣州「番鬼」錄，一八二五—一八四四——締約前「番鬼」在廣州的情形》，第六三頁。
11. 郭德焱，《清代廣州的巴斯商人》，第二九—三二頁。
12. 《漢語大字典》，第五冊，第一四四四頁。亦見例如饒大衛，《清代籌辦夷務始末索引》，第三二八頁，將此詞定義為「印度，指東印度公司」。
13. 玉爾、布尼勒，《哈伯森．扎伯森：英印俗語詞典》，第二六六頁。
14. 郭德焱支持「Country」說，且引述蔡鴻生說法，認為廣東人將其讀若「港腿 *Gongteoi*」而寫作「港腳」（郭德焱，《清代廣州的巴斯商人》，第七〇頁，註四一）。可是該詞原義指的是「港埠」，後來才變成專有名詞。故而，一本一八一九年的華英字典將港腳定義為「**Keang keŏ** 港腳：河川或溪流腳邊；口岸或港灣；在廣東稱印度各口岸；以及印度本身。**Keang keŏ chuen** 港腳船：在廣東稱來自印度的英國船隻；東印度公司的印度船（country ship）」（馬禮遜，《華英字典》，第二卷，第一部，第三九六頁）。同樣於鴉片戰爭前已在華居住的麥都思與衛三畏，相應地將港腳定義為「港灣」以及「河口、口岸」（麥都思，《英漢字典》（一八四七年），第一冊，第六五八頁；衛三畏，《漢英韻府》（一八七四年），第三六四頁）。特別該注意到，「港腳」兩字似乎從未被加上口字旁，而在廣州，表達外國音譯稱謂時則常添上口部。許雲樵在《南洋學報》第五卷第二輯上評述稱柔佛「可見明代為一大港口，現土人尚稱其地為 Kang-kar，閩南方言『港腳』之對音也」（許雲樵，〈古代南海航程中之地峽與地極〉，第三五頁）。末了，約一七七七年之乾隆朝《清實錄》可以見到指稱運載棉花的「外洋腳船」，較「港腳」一詞初見於文獻為早。「腳船」與「港腳船」或許有某些關係。

15. 《清代外交史料．嘉慶朝》，第五三三頁（卷五，葉三七上）。
16. 前揭書，第六一八頁（卷六，葉一二下）。
17. 王大海，《海島逸誌》，錄於鄭光祖，《舟車所至》，第八九頁。麥都思使用「祖家」一語用法相同（見其《特選撮要每月紀傳．咬𠺕吧總論》，第十回）。德庇時在他一八二四年的《詞彙表》中釋「祖家」為「歐洲」（第二四頁）。
18. 梁嘉彬，《廣東十三行考》，第一五一頁。
19. 《清代外交史料．道光朝》，第一二二—一二四頁（卷二，葉三下—四下）。馬士註記稱兩艘阿拉伯船於一八二四年到達廣東（《東印度公司對華貿易編年史：一六三五—一八三四》，第四卷，第九五—九六頁）；清朝文檔則稱其來自啞咻國。
20. 《清代外交史料．道光朝》，第三一三頁（卷三，葉四〇上）。
21. 《清代外交史料．道光朝》，第二六三頁（卷三，葉一五上）。
22. 井上裕正，《清代鴉片政策史研究》，第二九〇—二九一頁。
23. 《清代外交史料．道光朝》，第二八〇—二八一頁（卷三，葉二三下—二四上）；參看井上裕正，《清代鴉片政策史研究》，第一一四頁。
24. 到了一八一五年，某些在廣州的清朝官員將「暎咭唎國嗌嘜喇地方」視同為鴉片之源。唯此種看法於鴉片戰爭前在官私著述上並未獲普遍復述，「港腳」仍更普遍（《葡萄牙東波塔檔案館藏清代澳門檔案彙編》，第一冊，第一三三頁）。
25. 馬士，《東印度公司對華貿易編年史：一六三五—一八三四》，第三卷，第三七三頁。
26. 伍德，〈英國，中國與拿破崙戰爭〉，第一四一—一四三頁。
27. 井上裕正，《清代鴉片政策史研究》，第七〇頁。
28. 吉慶首次對該變故的奏報：嘉慶朝《清實錄》，第二九：二八六—二八七頁（卷九六，葉二五上—二六下）；對和平的總結奏報：《清代外交史料．嘉慶朝》，第三二頁（卷一，葉一〇下）。

29. 很可能指的是一七九九年擊敗蒂卜素勒坦。

30. 《清代外交史料．嘉慶朝》，第三五頁（卷一，葉一二上）。

31. 《清代外交史料．嘉慶朝》，第三七頁（卷一，葉一三上）。

32. 伍德，〈英國，中國與拿破崙戰爭〉，第一四五—一五四頁；魏斐德，〈度路利占領澳門及中國對前現代帝國主義的回應〉，第二七—三四頁。

33. 《清代外交史料．嘉慶朝》，第一六五—一六九頁（卷二，葉二三上—二四下）；第一七〇—一七一頁（卷二，葉二五下—二六上）。

34. 度路利（**Drury**）少將率兵三百人自馬德拉斯出發，於九月十一日抵達，來自孟加拉的部隊則由威葛麟（**T. M. Weguelin**）少校率領，於十月二十二日抵達（馬士，《東印度公司對華貿易編年史：一六三五—一八三四》，第三卷，第八七—八八頁）。

35. 《清代外交史料．嘉慶朝》，第一六八—一六九頁（卷二，葉二四—二五上）；另一件提及「嗌吖喇統兵」的在第二四六頁（卷三，葉四下）。

36. 《清代外交史料．嘉慶朝》，第一七三頁（卷二，葉二七上）；第一八〇頁（卷二，葉三〇下）。

37. 馬克姆，《叩響雪域高原的門扉：喬治．波格爾西藏見聞及托馬斯．曼寧拉薩之行紀實》，第二八〇頁。

38. 《牛津國家人物傳記大辭典》，〈托馬斯．曼寧〉條，第三六冊，第五〇九—五一〇頁。關於無法到北京任職為天文學家及醫生，見大英圖書館，亞洲、太平洋與非洲類館藏，**IOR/R/10/25**，一八〇七年十一月二日。

39. 至此時，加爾各答已經有了一個頗具規模的華人社群。馬國賢神父報告稱他於一七〇九年左右曾在該城受一「虔誠的華人婦女」所供養（奈爾，《十八世紀的加爾各答》，第三九頁）。一七七〇年代某些時候或一七八〇年代早期，在加爾各答已經有了一間採用華工的甘蔗廠（《海外華人大百科》，第三四四頁）。一七九八年，據聞該城已有十棟屬於華人的屋舍，而到了一八二二年，也正是曼寧造訪後十年多，該城推估華人人口有四一四人（奈爾，《十八世紀的加爾各答》，第二二八頁、第二四一頁，註九）。

40. 第一歷史檔案館（北京），軍機處錄副奏摺，民族，卷號五九一：二六九五—二六九七（奏摺，常明，乾隆十七年五月十八日，六月十四日抄）。

41. 馬士曼提及了趙金秀這位「曼寧的老師」能說官話（《中國言法》，第iii頁）。

42. 馬克姆，《叩響雪域高原的門扉：喬治．波格爾西藏見聞及托馬斯．曼寧拉薩之行紀實》，第二六六頁。

43. 《基督教在中國：研究指南》，第二一八—二一九頁。

44. 馬克姆，《叩響雪域高原的門扉：喬治．波格爾西藏見聞及托馬斯．曼寧拉薩之行紀實》，第二六二頁。

45. 曼寧的朋友小斯當東也替馬禮遜招聘了一位名叫雲亞伯（Abel Yun）的山西天主教徒作官話老師。這位官話老師在南徙廣州之前曾遷往北京，在傳教士底下研讀拉丁文。見艾莉莎．馬禮遜編，《馬禮遜回憶錄》，第一冊，第一六七頁。

46. 《欽定廓爾喀紀略》，第七三五頁（卷四九，葉四上—四下）。

47. 馬克姆，《叩響雪域高原的門扉：喬治．波格爾西藏見聞及托馬斯．曼寧拉薩之行紀實》，第二一七頁。

48. 《清中前期西洋天主教在華活動檔案史料》，第三冊，第九七四頁。

49. 馬克姆，《叩響雪域高原的門扉：喬治．波格爾西藏見聞及托馬斯．曼寧拉薩之行紀實》，第二一五—二三八頁。

50. 前揭書，第二五九—二六二、二七五—二七七、二八九頁。

51. 《清中前期西洋天主教在華活動檔案史料》，第三冊，第九七四—九七五頁。

52. 馬克姆，《叩響雪域高原的門扉：喬治．波格爾西藏見聞及托馬斯．曼寧拉薩之行紀實》，第二七六—二七八、二九四頁。

53. 第一歷史檔案館（北京），軍機處錄副奏摺，卷號五九一：二六九五—二六九七（奏摺，常明，乾隆十七年五月十八日，六月十四日抄）。

54. 松筠，〈綏服紀畧〉，第九二—九五頁（葉四四下—四六上）。

55. 羅斯，《尼泊爾：生存戰略》，第七九—八二頁。

56. 前揭書，第七六—七七頁。

57. 嘉慶朝《清實錄》，第二九：一七八頁（卷八九，葉一五上）。

58. 嘉慶朝《清實錄》，第二九：三九九頁（卷一〇四，葉一七上）。

59. 關於該戰爭的背景，見羅斯，《尼泊爾：生存戰略》，第七—八五頁。

60. 《清代藏事奏牘》，上冊，第一二—一四頁。

61. 《清代藏事奏牘》，上冊，第一八頁。

62. 《清代藏事奏牘》，上冊，第一九—二〇頁。

63. 《清代藏事奏牘》，上冊，第二〇—二三頁。

64. 《清代藏事奏牘》，上冊，第二三—二六頁。
65. 《清代藏事奏牘》，上冊，第二七頁。
66. 鈴木中正，《圍繞西藏的中印關係史：約十八世紀中至十九世紀中》，第一六八頁。
67. 《清代藏事奏牘》，上冊，第二六—二九頁。
68. 《清代藏事奏牘》，上冊，第二九—三三頁。
69. 大英圖書館，亞洲、太平洋與非洲類館藏，IOR/F/4/551/13382：孟加拉秘密會議紀錄簿摘要（Extract of Bengal Secret Consultation），一八一五年五月十六日，阿瑪爾星塔巴一八一五年三月二日稟尼泊爾王信函。
70. 《清代藏事奏牘》，上冊，第二八—二九頁。
71. 《清代藏事奏牘》，上冊，第三一頁。
72. 《清代藏事奏牘》，上冊，第三七—三八頁。
73. 《清代藏事奏牘》，上冊，第三九頁。
74. 《清代藏事奏牘》，上冊，第四三—四五頁。
75. 大英圖書館，亞洲、太平洋與非洲類館藏，IOR/F/551/13382：孟加拉秘密會議紀錄簿摘要（Extract of Bengal Secret Consultation），一八一六年七月十三日，第十七件，含於其後一八一六年六月十日致亞當內。
76. 《清代藏事奏牘》，上冊，第四六—四七頁。
77. 轉引自羅斯，《尼泊爾：生存戰略》，第九〇頁。
78. 大英圖書館，亞洲、太平洋與非洲類館藏，IOR/F/551/13382：孟加拉秘密會議紀錄簿摘要（Extract of Bengal Secret Consultation），一八一六年十一月十六日。
79. 《清代藏事奏牘》，上冊，第六一—六七頁。
80. 故宮博物院，《軍機處檔》，文獻編號〇五二七〇六，未標日期譯出披楞部長稟帖底。
81. 前揭檔冊，文獻編號〇五二七〇七，未標日期諭披楞部長。
82. 鈴木中正，《圍繞西藏的中印關係史：約十八世紀中至十九世紀中》，第一七三頁。
83. 《清代藏事奏牘》，上冊，第五八頁。
84. 木爾克喇夫，〈摩那娑娑盧伐湖遊記〉，第四四六頁。
85. 《清代藏事奏牘》，上冊，第二四—二五頁。

86. 阿德勒，《布哈拉之外：木爾克喇夫傳——亞洲探索者及獸醫手術先驅》，第一二三—一二四頁。

87. 關於木爾克喇夫之生涯，見前揭書。關於其漢文記載，見鈴木中正，《圍繞西藏的中印關係史：約十八世紀中至十九世紀中》，第一九五—二一七頁。

88. 阿德勒，《布哈拉之外：木爾克喇夫傳——亞洲探索者及獸醫手術先驅》，第二〇九—二七三頁。

89. 木爾克喇夫、鐵里伯克，《欣都斯坦及旁遮普之喜馬拉雅諸州遊記》，第一六八—一六九頁；阿德勒，《布哈拉之外：木爾克喇夫傳——亞洲探索者及獸醫手術先驅》，第二六八頁；大英圖書館，亞洲、太平洋與非洲類館藏，Mss. Eur/D.245（木爾克喇夫致斯文頓（Swinton），一八二一年十月二十九日）。

90. 此際木爾克喇夫致阿奇木伯克之信函，今存者有波斯文與滿文譯本，署日為一八二一年八月三日。

91. 第一歷史檔案館（北京），軍機處滿文錄副奏摺，卷號一九二：二四九六。

92. 大英圖書館，亞洲、太平洋與非洲類館藏，Mss. Eur. D/245（木爾克喇夫致斯文頓，一八二一年十月二十九日）。

93. 顯然馬士曼的漢文書信難以卒讀，木爾克喇夫註記下此事。見大英圖書館，亞洲、太平洋與非洲類館藏，Mss. Eur. D/245（木爾克喇夫致斯文頓，一八二一年十月二十九日）。

94. 道光朝《清實錄》，第三三：四六三—四六四頁（卷二六，葉二〇上—二一下）。

95. 第一歷史檔案館（北京），軍機處錄副奏摺，卷號五七二：三三三—三三六（愛孜圖拉供詞）；《史料旬刊》，第九一—九二頁（第五期，葉一六九下—一七〇下）。

96. 大英圖書館，亞洲、太平洋與非洲類館藏，Mss. Eur. D/245（木爾克喇夫致斯文頓，一八二一年十月二十九日）。

97. 《史料旬刊》，第一一四—一一五頁（第六期，葉二一二下—二一四上）。

98. 大英圖書館，亞洲、太平洋與非洲類館藏，Mss. Eur. D/245（木爾克喇夫致斯文頓，一八二一年十月二十九日）。

99. 第一歷史檔案館（北京），軍機處錄副奏摺，卷號五七二：三一四—三一五（孟幹等供詞）。

100. 拉帕伊勒與邁赫迪別為二人，有可能是一八一二或一八一三年自列城往葉爾羌遊歷的喬治亞基督徒拉法伊勒．達尼伯高夫（Rafail Danibegov）。

101. 第一歷史檔案館（北京），軍機處錄副奏摺，卷號五七二：三一七（信件）、三二五（保書）。

102. 第一歷史檔案館（北京），軍機處錄副奏摺，卷號五七二：三二三—三二四（木爾齊喇普致葉爾羌阿奇木伯克）、三二六—三二七（愛孜圖拉致葉爾羌阿奇木伯克）、三二九三二三—三二四（木爾齊喇普致武隆阿）。

103. 《史料旬刊》，第九一頁（第五期，葉一六九下）。

104. 道光朝《清實錄》，第三三：四六三頁（卷二六，葉二〇下）。

105. 雅普，《英屬印度的戰略：不列顛、伊朗、阿富汗，一七九八—一八五〇》，第一五三頁。

106. 前揭書，第一六頁。

107. 麥可·費舍爾，《在印度的間接統治：特派與參政司體系，一七六四—一八五八》，第二二九頁。

108. 羅斯，《尼泊爾：生存戰略》，第九八—九九頁。

109. 《廓爾喀檔》，第二冊，第六〇五頁；第一歷史檔案館（北京），軍機處錄副奏摺，卷號五七二：一九六〇（廷寄，阿貴、和珅致福康安，乾隆五十七年一月二十日）。

110. 《廓爾喀檔》，第二冊，第八六一—八六三頁、第二冊，第八八一頁。

111. 《欽定廓爾喀紀略》，第七六二頁（卷五一，葉七下）。

112. 《緬檔》，第一冊，第一六九—一七〇頁。

113. 《史料旬刊》，第五九一頁（第三〇期，頁一〇五上）。

114. 乾隆朝《清實錄》，第二一：二二二—二二四頁（卷九九〇，葉一九上—二二上）。

115. 乾隆朝《清實錄》，第二一：八一九—八二二頁（卷一〇三一，葉一一下—一七下）、，第二一：八八三—八八四頁（卷一〇三六，葉一六下—一八上）。

116. 華盛頓，〈告別演說〉，《華盛頓全集》，第三五冊，第二三一—二三五頁。

117. 麥可·費舍爾，《在印度的間接統治：特派與參政司體系，一七六四—一八五八》，第一七四頁。

118. 白利，《帝國與資訊：印度之情報蒐集與社會溝通，一七八〇—一八七〇》，第九七頁。

119. 第一歷史檔案館（北京），軍機處錄副奏摺，民族，卷號五九二：一三（愛赫莫特·阿里供詞，未標日期）；《清代外交史料·嘉慶朝》，第五六六頁（卷五，葉五三下）。

120. 雅普，《英屬印度的戰略：不列顛、伊朗、阿富汗，一七九八—一八五〇》，第一八二—一八三頁。

121. 孔飛力，《叫魂——一七六八年中國妖術大恐慌》，第二二〇頁。

第六章

在中國沿海發現英屬印度，一八〇〇—一八三八

一七九〇年代到一八三〇年代間，英國這個勁敵已如八爪章魚般緊緊吸附在清朝領土上，葉爾羌為英國東緣，舟山群島卻又是其西界，但清政府對這個多向武裝的悍鄰之到來，卻未曾做出任何政策轉變來調適。拿破崙戰爭期間，不列顛的穹頂已高高籠罩在亞洲，清朝對之卻沒什麼尖銳反應。本研究主張，此乃清帝國那根深蒂固的邊疆政策之故。清政府注意到了英國擴張的個別面向，但國家文檔中卻不曾認識到地緣政治上已經發生了根本的變革，正威脅著要吞噬掉整個帝國，而得有協調後的對策。

然而，正式官僚的反應以外，同一時期也出現了對外在世界更整合且彈性的觀點，其中一種將會及時顛覆掉清朝的邊疆政策。十八世紀時，相對而言政府壟斷了對外在世界的討論。不在辦理邊疆事務之任的人們要對軍事與戰略做出評註，是不受歡迎的；關於非中國版圖的私家學術著述也大幅衰退。可是當乾隆於一七九九年崩逝後，帝國的軍事史、軍事戰略（最初是關於內亂的）以及外部地理學，全都在常態官僚渠道以外的漢人文士之出版物中討論起來了。

經世之學，以其政策導向之研究與提倡聞名，與官方的分析模式大相逕庭。私家論述者通常欠缺

連往國家情報資源的管道，卻能藉由諮詢私家報導人與行政體系中的同僚來補足這點。奏摺受限於該作者所轄事務範圍內，論述家卻得以有如綜合式通才般高談闊論，在他們的知識支撐限度下盡量帶出一幅寬廣的全景。縱然官僚們嚴格堅守著相關且不可置疑的事實，私家作者卻能轉而對情況加以推測或抽象化。官僚得考慮他們的政治前程，論述家卻能提出野心勃勃的政策轉變，而不用擔心因履行時的內在風險而招致責任。雖說他們對國家政策欠缺影響力（除非他們能說服官員支持他們的想法），但私家作者論及為政之道，卻反而能激進地重新解釋清帝國在世界上的地位。然而，在官方與私家評註間的內涵及精神差異，未必表示出仕官僚與在野文士彼此間在觀點上的根本差距。許多具影響力的私人評註家本身有地位、有為官經驗，且與地方官吏之間以朋友身分、通信者身分或是師爺身分而有著密切接觸。若說傑出的官員們不太熱心於重大地理學或地緣政治議題，那只是反映了他們地位的拘束，而非無知或冷漠。

對官員，一如對談及經世致用的學者般，鴉片漸漸進入他們的眼簾中。在十八世紀末，其在中國的重要性還在緩步攀爬，及至一八〇〇年左右，清政府已開始加緊禁令了。該項貿易無畏於嚴苛的法令而持續成長。鴉片進口在一八二〇年後一次陡然躍升後，就連那些從未住過南方沿岸、從不曾與其有任何官方聯繫的文士都開始注意到這問題了。到了一八三〇年，鴉片漸漸被視同為一件更迫切的難題之根源：銀價日昂，干擾了清帝國雙金屬本位貨幣平衡。在這一點上，帝國在北京的知識精英和在長江下游沿岸江南繁華區的知識精英，雙方對於中國與海洋世界之關係的想法開始有所接近。

對鴉片危機的分析，終於把注意力引到該產品的產地——印度，以及該片土地與英國本土的聯繫上去。到了一八三〇年代中期，重新評估清帝國地緣戰略的基石已經奠定了。在鴉片戰爭那令人震驚的影響力下，情報基礎最終將會由兩項基石支撐起來：一個超越區域視景萬花筒的統合的世界觀，以及一項試圖協調各邊疆的相對應的外交政策。在這過程中，來自珠江三角洲、用以描述外國領土的那些獨一無二的地理學詞彙，被綜合到全中國普遍使用的地理學名詞中。這項標準化動作，一旦拓延到其他邊疆去，就足以讓清朝的學者們在其朝思暮想意欲把全帝國地理學知識系統化的宏圖上獲致成功。有了一幅更清楚的地理學視景，沿岸的危機就被直接聯結到英帝國的行政管理及財務結構上了。

對海疆印度作私家研究之興

一八一八年，才剛遷任兩廣總督的高官兼傑出學者阮元（一七六四—一八四九年），展開他編纂一部新的地方志《廣東通志》的第一步。依此前版本所建立的先例，他的編輯群們得討論與繁忙的廣州港口有所接觸的那些今存或歷史上的外國。當這項企畫開始時，珠江三角洲事實上並不太產出些對於外在世界的描述性或分析性的記述。然而，從結果來看，一八一二年時該區域已經成為中國探索海洋世界的首要地點了。

此前，儘管廣東在對外貿易上已占了無可比擬的分量，對海外境土的描述方面，其主要權威仍然是福建籍的作者。雖說對澳門的一本重要研究《澳門記略》觸及了十八世紀中期的外國地理，其影響力與陳倫烱的《海國聞見錄》一比起來就顯得失色。陳倫烱的作品初出於一七四四年，數十年後被錄入那聲譽卓著的《四庫全書》手抄本中，且在乾隆朝以後仍聲勢不墜，光在一七九三年至一八三三年間就被重刊了至少四次。[1] 在一篇列於這些重刊本前的序言上描述其為「防戍經商必要之書」。[2] 陳倫烱作品中有一大部分被抄入《粵海關志》這本一八三八年關於廣東海關的記述中。[3] 另一位沿海行政官姚瑩（一七八五—一八五三年，後兩章將對他作重點刻劃），於一八一九年赴臺灣任海防同知時，就隨身攜帶著陳倫炯的書，而當他在一八三八年回任臺灣時，也發現到在這個海島上的書坊也能獲得該書的重刻本。[4] 後來，他想起嘉慶朝的海盜，致使人們爭相搶購重刊這些與海防有關的書。縱使姚瑩認為這些使用者的主要興趣仍在於中國沿海諸圖，對於世界地圖則「仍茫如也」，但這個時期《海國聞見錄》還是普遍被查閱。[5]

一八〇〇年，清朝臣民對於海外經驗的直接書寫仍屬鳳毛麟角，而此時陳倫炯的同鄉依然居冠。除了陳倫炯本身的作品，以及程遜我那本有關爪哇的短篇外，當時可獲致之最新穎的海外地理學記述就是王大海的《海島逸誌》了。王大海於一七八三年離開其家鄉龍溪縣（今漳州），至爪哇遊歷並教學。他的書（序於一七九一年，刊於一八〇六年）聚焦在該島，但也提及了其他外邦。關於英國（稱作「紅毛」或「膺吃黎」，Engkitlêy），該書云其製作之精巧冠於「西北諸國」。[6] 至於其對「England」的標音，則顯示出他所用的地理學詞彙異乎同時代在廣東所用者，很可能既反映出他的方言，又反映出他在爪哇的報導人（這些報導人則很可能反而是受到荷語地名所影響）。在王大海所列出的外國清單中出現了好些印度地點，例如芒格洛爾（Manglore，譯按：書中作「壠」）、錫蘭（譯按：書中作「西壠」）以及柯枝（譯按：書中作「龜靜」），也提到了孟加拉（作「明絞脊／Bengkala」），某些版本還加進了住在印度各地的荷蘭、英國、葡萄牙人——雖說王大海並不曾明白敘述那是歐洲人的殖民地。王大海還補充說，華人不去這些印度區域，除非是在爪哇的犯罪者才會被流放到錫蘭。[7] 由於到了此時，加爾各答已經有了一個初步的華人社群，想必上述內容只是在爪哇的閩商的理解而已。

英國在亞洲飆發電舉，也反映在王大海作品的文本歷史中。在該書的第一版中，對英國人僅提到其在檳榔嶼有「新墾之地」，還補充道「其立法苛刻寡恩，華人有在其地者，皆遷徙他處，不能堪焉」。[8] 二十年後他回到漳州時（想來是在一八一一至一八一二年左右）寫了一篇附錄，描述英國人在一八一一年如何終於征服了覬覦已久的爪哇。然而，他強調如今「〔紅毛〕除去荷蘭酷法，招商如故，人皆悅服，遠近商賈，莫不交通；紅毛之勢，可謂雄矣！」王大海所強力痛斥的鴉片被描述成一項荷蘭產品，和英屬印度政府無關。[9]

阮元與《廣東通志》企畫

此前舊版的廣東地方志幾乎落伍了一個世紀，阮元決心把舊的方志取代掉，可是在這之前他必須先慎重吟味一番。[10] 列名主要編輯群的則是該省最高階的文官們。成書後，該書將提交給皇帝並國史館，而其內容將在國史館用作後續編纂一統志的第一手材料。對學者們而言，該書將成為有關廣東最重要的可獲致之參考資料，且是該區域最有才能的編輯群所產出之方志體模範。在這種詳審下，該書的內涵與形式便得仔細思考。

當中最有問題的是對海上國家的紀錄。在清朝以前那些已知的國家，可以參考最具權威的各部正史。實際上書中泰半此類條目也是採自正史：始自唐朝學者李延壽的《南史》，一直到不到一世紀前才成書的《明史》。在清朝新加入的國家，相關材料就沒辦法獲自這種有權威性的書，但還有好些條目則用了其他官方出版著作，尤其是此前雍正版的方志，以及宮中頒出的《大清一統志》和《皇清職貢圖》。引用在《四庫全書》中占一席之地的南懷仁《坤輿圖說》和陳倫炯《海國聞見錄》也被認為是適宜的。[11] 但這些書寫材料中最新的也差不多是四十年前的了，而到了一八一八年，較諸乾隆中期，廣州早已局勢丕變。英國已不再像一七三一年那樣只值一個條目而已，如今其已決定性地凌駕了荷蘭與葡萄牙，成為海上世界執牛耳的強權。美國此時也浮現出來，附隨著一批較小的國家而不列於明顯的文本材料中。

然則該書的部分內容，便必須偏離權威性證據。廣州有許多潛在的報導人，可提供關於英國、英帝國的屬領，以及其他國家的消息。但若僅只記錄下對外國人所作的口頭訪談，就好似以編輯群的立場為這些證詞作擔保般。為針對這個缺失，他們把有關外蕃的章節(1)分為兩部分，居首的是那些有信心可以依據既存書寫材料作完整描述的。然後編輯群以一段按語隔開，解釋說：「康熙間，開南洋之禁，外夷來粵，有一至而不復至者，有十餘載一至者。各島互相吞并，名號輒易，其詳不可考矣。今來諸國詳錄於後。」[12] 故而提醒了讀者，在此所呈現的一系列敘述（通常很簡潔），是與歐洲、印度以及其他地方有關的。

這些細節來自何處？在一八一八年十月，就在《廣東通志》企畫提案幾個月後，東印度公司的大班向倫敦報告道：

> 潘振承今天向馬禮遜先生送來一張華人所製的小規模世界地圖。送此圖是因為，總督想要有關英國到底在印度的哪邊作戰的消息。帶來地圖的人認為他想要的是點明廓爾喀的情況。同一張地圖上有整個中國東海岸，畫得相當長，附有地點名、島名以及某些部分的發音。該世界地圖簡直太小、錯得太離譜，要想在該圖上指出任二地點的相對狀況，根本不可能。[13]

雖說阮元可能在探查有關兩年前已結束的英尼戰爭之資訊，但筆者未曾發現有任何文檔可支持這項解釋。[14] 看來這似乎更可能是為了該方志企畫而做的前置調查。此假設還有一條旁證，就是馬禮遜本身事實上也在不到半年後描述到一個非常類似的橋段，在一八一九年四月：「總督……下達飭諭，要對他轄下那密集的各政區做一份新的統計記述……他有著非常明智的想法，要把在廣東口岸的外國貿易也加進來做些記述，以及他所能蒐集到的各類關於外國，尤其是歐洲人的告示。他商請本地商人為他探詢，這些商人便紛紛行動。」馬禮遜還補充道，他自己也被要求提供資訊，包括一份關於拿破崙的記述，而那位華人訪談者則把馬禮遜之所述作出書面摘要。[15]

《廣東通志》展現了曾經採取過口頭調查的情境證據。由於編輯群很仔細地徵引那些權威書面作品的書名，因而可推斷，許多未歸屬來源的段落是來自於口頭報導人。像是墨西哥（譯按：米時哥）或美國（譯按：咪唎㗐）等特定條目，不可能來自該書他處所徵引的書面材料。報導人與國家檔案使其得以提供關於印度各港口與區域的資訊，尤其是馬喇他帝國（瑪塔喇）、孟買（[口望]唱）、蘇拉特（蘇喇）以及本地治里（咊呓喇）。[16] 從地理學上看來，該方志對這些地點所指認的位置難以辨析。因此，[口望]唱條下有這樣的敘述：「小西洋（臥亞）北為望娑羅國（文格烏爾拉 Vengurla），又北麻倫你國（馬爾萬 Mālvaṇ）；又北少西為英吉利國，又北少西為[口望]唱。」[17] 孟買與蘇拉特被敘稱為紅毛（即英國）所轄。在英國本條之下則了解到其保有許多海外領土：「又不知何時占據北亞未利加之地（北美洲），稱加那大。英吉利稱歐〔羅〕巴之國為本國……所貿易聯屬之地皆稱港腳；來船甚

(1)《阮志》卷三三〇，〈列傳六十三〉，先列國內少數民族，而後【外蕃】項，自〈扶南國〉至〈天方國〉即本書作者所說之前半，按語隔開後，〈咪唎㗐〉至卷末即此處介紹之後半。

多。」[18]

《廣東通志》外國各條目下的簡潔，與其說要歸咎於該團隊的漠然或學問不足，倒毋寧說是正式志書體例一致上的限制，特別是得盡可能採用書寫材料，而非未經驗證的口頭證詞的規定。儘管該作品受限於官方贊助的體例，但編輯組中多位成員仍承擔起個人對外國地理學的研究。這些研究外國地理學的成員中，官階最高的乃是阮元的友人兼同事，揚州人江藩（一七六一—一八三一年）。該志中英吉利部分最長的徵引，既提及了港腳又提及了加那大（加拿大），就是出自江藩的《舟車聞見錄》。[19]下文將可見到，從江藩作品中的其他面向，同樣能看出他除了為《廣東通志》撰稿外，也同時自行研究外國地理。

《廣東通志》的另一名低階編輯、廣州傑出學者吳蘭修（歿於一八三九年），同樣自行對外國地理做私人研究。他的採訪環繞在十八歲就曾出洋過的東廣東嘉應人謝清高（歿於一八二一年）身上。謝清高搭乘外國船隻旅遊，歷航十四年，終因失明而被迫退休，至澳門經商自活。[20]如同許多其他珠江三角洲的住民般，謝清高的專業使他對海上世界與居民相當熟稔；但謝卻異於其他人，他發現了把他的經驗載入書寫中的管道。關於這事怎麼發生，有兩份記述。同是嘉應人的楊炳南（一八三九年舉人）記錄了他在一八二〇年春季遊澳門的時候遇到謝清高這位水手，與他傾談西南洋的情況。楊炳南驚訝於謝清高那深度知識卻拙於自我表述，便答應了謝清高「屬余錄之，以為生平閱歷得藉以傳，死且不朽」。[21]或許出自對這件要求的緊迫感——謝清高即將在翌年離世——楊炳南同意逐條記錄謝清高的證詞，命名為《海錄》。至於地理學家李兆洛（一七六九—一八四一年）的部分，他記載吳蘭修告訴他：

> 其鄉（嘉應）有謝清高者，幼而隨洋商船周歷海國，無所不到。所到必留意搜訪，目驗心稽，出入十餘年。今已兩目喪明，不復能操舟，業賈自活。常自言，恨不得一人紀其所見，傳之于後。石華（吳蘭修）憫焉，因受其所言，為《海錄》一卷。

儘管學者們猶未成功地調和這兩項記述，但很清楚的是，謝清高的證詞是透過嘉應偏客家地區具同鄉關係之其他學者的歡迎而得以被記錄。23

謝清高所造訪的處所之一即英屬印度，而他對其港口親眼所見的證詞，在鴉片戰爭前也是所有清朝臣民之所述中最為詳盡的。當中最長的一條為「明呀喇」（孟加拉），解釋了其乃英吉利之轄地，周圍數千里，而英吉利有支駐軍屯於其治所咕哩噶噠（加爾各答）之小城。謝清高註記稱，明呀喇之高官皆受英吉利王所派命。他估計英吉利居此者有萬餘人，同時又有「敘跛(2)兵（sepoy，印度土兵）五六萬，即明呀喇土番也」。他還描述了其他主要印度口岸，包括曼噠喇薩（馬德拉斯）、孟買、小西洋（臥亞），同樣敘述了印度國家如馬喇他國（馬喇他）。24

謝清高對航海事務、民族誌細節、人口風俗、地方土產都能娓娓道來，在實質上卻不太涉及戰略或政治評論。他知道英吉利帝國吞併了大量印度領土，登用許多土兵。他在英吉利國條下評註稱其「以海舶商賈為生涯，海中有利之區，咸欲爭之」，在明呀喇、曼噠喇薩、孟買建立了「外府」（外部治所）。25 但他仍不曾言及英國擴張這個普遍現象，或者其對中國所構成的可能威脅。謝清高也

(2) 原文此字，後文並索引作「敘坡兵」。

清楚鴉片來自印度，描述了多種該處所產的鴉片，但除了註記說「其流毒未知何所底止也」以外，並不曾寫出更多社論式評析。26 這些對英國擴張相對低估的報告可能反映了一件事實：謝清高於一七九〇年代中晚期回鄉，而這是在英國總督衛斯理於印度大舉擴張之前。在一八三〇年代，中國評論家們對英國的政治經濟學則更為深入留心。

《海錄》的重要性部分在於它畢竟得以成文。在清朝，此前從未有任何私家學者，曾把富有國外經驗的文盲水手或商賈的報告有系統地著錄下來，而這些水手或商賈中也沒有人能憑其個人努力找到志願抄錄者。在《海錄》以前，海上世界個人經驗的報告，諸如陳倫炯、王大海以及程遜我，其有所撰著乃是透過通文的僑民或其子孫。如同王大海作品中一篇序文作者所抱怨的：「其相通而貿販其〔外洋番國之〕地者，第思射利而不知書，既無心誌之，亦不能誌。」27 只有在謝清高這兒，我們才開始發現到海員與地方文士間在研究外在世界上的合作。

同樣重要的則在《海錄》被其他各學術工程所引錄的速度。儘管在該書起源之記述上，無法提供我們任何《海錄》與其他正進行中的方志企畫間的聯結，但《海錄》的編輯者之一吳蘭修，幾乎馬上就取得了一冊該書。《廣東通志》中對那些並無其他書寫紀錄的國家就摘引了謝清高的證詞。例如，⿰口望唄條下包含了從《海錄》中逐字摘引的段落，曼打拉撒（馬德拉斯）條下也顯示了高度相似性。28 大約同一時間，謝清高的紀錄在中國最具影響力的地理學家中獲得了一位有力支持者——李兆洛。李兆洛於一八二〇年到達廣東，與即將上任的廣東巡撫康紹鏞以及在任兩廣總督阮元皆有密切接觸，而二人俱屬《廣東通志》編輯。他也見過吳蘭修，並透過吳蘭修而得以讀到謝清高的證詞，且顯然自行錄下了一份。

雖說《海錄》的歷史顯示了文士們漸漸變得對海上世界的情報更感興趣了，但文本研究技術仍然居於主導地位。謝清高的證詞並不被當作是能淘汰舊記述的發現，反而是作為文本證據的補充片段，以強化與其他著作相關的有待解釋的各種說法。李兆洛與謝清高的作品之邂逅突顯了這個方法。李兆洛告訴我們，當他抵達廣州時，那裡所出現的外國人令他感到衝擊，便希望能找到一名通曉外事的本地人，「幾以考驗故籍，規揣今勢」。然而令他遺憾的是，訪查於本地通事譯卒，只能得到粗率或不可靠的答案。因此他很高興能遇上謝清高證詞的手稿。裡面所提供的內容，剛剛好就是他所欲探訪的那種資訊。可是這本書「以草草授簡，未盡精審，或失檢會，前後差殊」。李兆洛要求吳蘭修再把那位水手找來作後續詢問，可是吳蘭修信才寄出，謝清高就已經過世了。在無法找到另一名具類似水準之人士的情況下，李兆洛只能就謝清高的證詞加以條定而已。29

李兆洛在乘河船回鄉時開始他的初步編輯。首先他把原稿重新排次，加入某些他自己的短評，題其書名曰「海國紀聞」。然而，後來他解釋了何以謝清高的口說記述有待更詳盡的文本研究。不像先前那些得諸傳聞的著作，這位水手的證詞，優點在於獲之身歷。對李兆洛而言，顯然謝清高的證詞「與古籍所載，或合或不合，或影響相似」。但是，謝清高本人並非學者，「同乎古者，不能證也；異乎古者，不能辨也」。因此李兆洛開始著手——顯然他已經在廣東了——檢證史書與有關外國的記載，摘錄其看似與謝清高的證詞相關者。他本來希望能拿這些文本證據來向這位水手作交叉檢證，但因謝清高之死而作罷。因此他創著了第二本書：《海國集覽》，把這些徵引材料附於謝清高原證詞的各相關段落之後，「後有喜事者，或遇清高其人，可以參伍取證焉」。李兆洛認為唐朝及其以前的材料涉於荒渺而不錄。至於張燮（一五七四—一六四〇年）的《東西洋考》、艾儒略的《職方外紀》、陳倫烱的《海國聞見錄》，由於這幾本書本身都很詳備，應參照其原書全本，故亦不錄。30

從狹義看來，《廣東通志》的完稿，不足以標誌海上世界研究的激進突破。縱然該書在有限的程度上認可了取自直接證詞的證據，但這點並未獲得明白認知或合理化。話雖如此，如果我們退一步回到該方志本身，並考慮其編輯群及友人們在一八一八年到一八二二年間的活動，則相當明顯有一項更巨大的變化。站在這個制高點，我們就可能察覺出私家學者們對海上世界的興趣劇增，而且還能察覺當阮元在廣州任總督任內，地方學術環境和帝國在江南智識中心的學者們與學術潮流間，彼此那漸增的共鳴與緊密聯繫的浮現。[31] 此時期有許多關於中國以外海上世界的著作，由造訪珠江三角洲的傑出學者們所撰就，當中佼佼者有江藩、李兆洛以及阮元本身。這些來自全帝國各地的傑出學者們蒐集了地方資訊，並使其在清朝領地內其他地方的同儕也可以獲得這些資訊。儘管那本表面上是他們心血結晶的方志，相對來說在使用證據上仍太保守，但該書的編輯們在撰述他們自己的著作時，就遠不必那麼謹慎小心。簡言之，在鴉片戰爭前數十年中，帝國的知識精英——包括最關鍵的，與東南沿海無關聯的學者們——就已經開始更深入地留意海上世界的狀況了。在其後整整二十年間，來自廣州的新證據與其他材料彼此間的交叉增長下，新生的果實將會整個翻轉清朝學者看待外在世界的方式。

地理不可知論的敵人

地理不可知論的箝制，不單受到湧入單一邊疆的資訊洶潮所威脅。假如這項資訊只持續反映著該區域的特殊語言與文化環境也就罷了。事實上，正好就是隱含在各個新興區域觀點的不可共量元素，導致清朝學者同時看重諸多相牴觸的世界觀，卻不從中果決揀定其一。然而，在一八二〇年代和一八三〇年代的沿海，兩股相互關聯的潮流，不但開始扭轉清朝地理學者們可獲致的經驗證據之總量，還扭轉了他們的研究方法本身。其中之一，即為某些學者決定開始使用歐洲人的世界地圖，縱使只是小心翼翼地充作地理學研究的一項工具。另一股潮流則是對於傳教士有關外國事務的出版物益發信任。中國人數世紀以來所知的源自西方資訊，正逐漸形成地理學組織的一派大宗，雖然不致取代，卻仍納入並重整了其他的世界觀。

繪製全球地圖與地理學研究

在一八一八年，一如本朝之開端時般，在清朝地理學家們之間並沒有任何一種對於世界形狀的視覺架構能取得普遍認同。以帝國內的境土而言，領頭的私家學者們查詢那些宮廷的官方測繪地圖即可。然而，對於外部的境土，那些地圖——其實是所有地圖——在研究上所能扮演的角色都有限。關於外國地理學的論述主要還是一直建構在徵引書面材料上，且若非不曾呈現地圖，便是（相當稀罕地）只提供了粗略的概圖，用以總結在文本中詳盡闡述的主張。賦予地圖證據以更重要的角色，就具有翻轉地理學調查的潛力。清朝地理學者們知道書面載體敘述中含有大量累贅的名稱。倘若任何單一地圖能作為對於世界形狀的正確描繪而被接受，將可充作模板以組織這批過量的名稱，提供一條在證據泥淖外的管道，且最終得以使對外國地理學的判斷確定下來。在一八〇〇年，欠缺的並不是旨在顯示整個人居世界的地圖，而是這些主張的可信度。據稱基於全球各角落親身經驗製成的地圖，其歐洲承辦者們遭到懷疑——很合情合理——隱藏自我擴張的政治與智識意圖來提供這些地圖。這些懷疑加上舊宇宙論的威望，阻礙西方式世界地圖從未驗證假說的狀態下躍升出來。

這種疑慮並不意味著拒斥支撐歐洲人地圖的技術。到了一八〇〇年，數學與天文學知識已日益廣泛地普及在宮廷外的精英漢人學者間，當中許多人都很推崇皇家測繪地圖技術之高超。懷疑態度只在這些技術用於外國境土時才居上風，因為在那兒，這些發現無從加以驗證。阮元本身在數學與天文學上皆有造詣，也認識這些領域的學術祭酒，更於一七九九年撰就一系列這些學門之傑出中國及西方從業者的傳記。大約同一時間，錢大昕（一七二八—一八〇四年）給了阮元一本他與何國宗早在乾隆朝就曾奉旨潤色過的蔣友仁關於地球的中文論述《地球圖說》。阮元為該作品加以補充，並親自題序且使之付梓。該書包括一篇使用耶穌會傳統詞彙的關於世界地理之總論，以及一小幅蔣友仁原地圖之概略木版圖。阮元相信歐洲天文學終究還是源自古中國的學術，全般為耶穌會理論作辯護，呼籲他的儕輩「不必喜其新而宗之，亦不必疑其奇而闢之」。[32] 然而，他也直截了當地表明不肯替蔣友仁的地球地理學描述背書，評註稱「此所譯《地球圖說》，侈言外國風土，或不可據」。[33] 如同《四庫全書》的編輯群般，阮元認為耶穌會士關於世界的著作值得保存，卻遠不足以明白信賴。

阮元在編纂《廣東通志》時所用的取徑，既顯示了他對西方地圖學技術之敬重，卻也顯示了當這些耶穌會士的經驗發現無從驗證時，阮元並不情願接受。如同其他考證學運動的學者般，阮元試圖以一種備有充足參考資料的清楚格式來呈現資訊，尤其是透過圖表的使用。[34] 在維持經典前例上，阮元相信方志應該小心地加之以圖示。[35] 他的這部方志，就超越了雍正與乾隆朝宮廷出版品的嚴苛地圖繪製標準。

這項成就的關鍵促成者，出乎意料的是一位道士。其名為李明徹（一七五一—一八三二年），廣東番禺人，自幼即對道教感興趣，且過著有如歐洲畫家風格般的生活。在一七八〇年代，兩廣總督請他攜其畫作往北京上貢。在京師時他造訪了欽天監，想來也見到了耶穌會士及中國學者們。他也在澳門研讀了歐洲的天文學與地理學（想來是在通事的幫助下）。[36] 李明徹藉由某種渠道獲得了一份宮廷測繪地圖的副本——以他與欽天監的聯繫來看並非非比尋常。該份地圖（顯然是康熙版）被囊括在他的天文學論述《圜天圖說》當中，附有一份歐洲人世界地圖。[37] 李明徹顯然與儒學社群罕有聯繫，而他的才華能獲發掘也是出自偶然——某個方志編輯組的低階成員僦寓於道觀時遇上了他，且把他的作品獻給阮元。阮元為之補上序言，重排並使之付梓，且聘雇李明徹為《廣東通志》企畫的地圖繪製師。[38]

李明徹的《圜天圖說》再製了一幅歐洲式的分兩半球之世界地圖，並如同在西方人材料中可見那般，勾勒出製全球地圖的原理以及各國間的邊界，但卻並未顯現出對外國有多少興趣。[39] 李明徹的世界地圖在很大程度上，是依據蘇州學者莊廷尃於一七九四年所備製完成的世界地圖。[40] 莊廷尃的世界地圖有個值得注目的特徵，也被複製到李明徹的地圖上：該圖從多種各式可獲致的歐洲人世界地圖上蒐集了許多地理學名稱，從而其對印度的描繪也借了許多典型的耶穌會名稱，但卻對之補充了許多術語，諸如來自陳倫炯書中的「戈什嗒」、「小白頭番」，此外還有「溫都斯坦」這種清朝官方地理學所常用，但陳倫炯或耶穌會士卻不曾用過的詞。[41]

李明徹為《廣東通志》所製之地圖乃由阮元所監製，而阮元又遵照宮廷前例作為使用地圖的準則。自雍正朝始，全面性的工具書都會載入基於宮廷測繪的清朝版圖地圖，但通常不畫經緯線網格。相反地，阮元卻認為網格是基本的。[42] 由李明徹所為各國繪製的新地圖稿，顯現了經線與緯線。李明徹的產品是基於新的實地測繪抑或是採納既存測繪地圖，並不清楚。但總之，在清朝的志書中，阮元的企畫是第一部在縣級地圖上顯示出明白帶著歐洲式地圖學技術印記的。

既然覺得地圖是恰當的，那麼阮元和他的地圖繪製師也就下足心力來提供最好的範例。他們兩人都諳熟於耶穌會士地圖，因而決定在有關外國的卷帙上讓地圖空缺而忽略耶穌會士地圖，就必定是出自對其證據價值上的不適當而作出的有意判斷。這個判斷並不難理解，至少阮元就自認對於耶穌會士所描述的地球感到懷疑。而且，宮廷產品使用地圖的先例，也顯示出這些地圖只有在用於帝國自身之版圖（以及在某些乾隆朝作品中包含部分非清屬中亞）的時候才該留存。清政府從未對在其控制外任何境土的地圖作出公開背書。縱使阮元想要收錄這些耶穌會士地圖，技術性障礙也足以使他止足不前。《廣東通志》中所註記的國家，依據的是珠江三角洲的名稱。沒有任何一張地圖上標有《廣東通志》裡所有的名稱，所以該企畫的團隊就得指出那些地點的所在，這幾乎是不可能的任務。官方上仍未為外在世界繪製過地圖。

阮元決定排除掉耶穌會士地圖，與其說是顯示了敵意，不如說是懷疑。他全然不曾箝制耶穌會的論述，還在他的方志中外國地理的章節之末簡短地為之作一番總結：「明時，泰西利瑪竇入中國，賚進萬國圖，分天下為五大州……艾儒略、南懷仁之徒皆祖述其說。中國居亞細亞之中。若東之朝鮮、日本、琉球，西之小西洋（印度〔或臥亞〕）、小呂宋（菲律賓）、如德亞（猶太），南之暹羅，北之俄羅斯、紅孩兒（奧斯曼帝國）、廓爾喀、痕都斯坦諸國，皆亞細亞也。」[43] 在類似的脈絡下，乾隆宮廷學術也曾徵引了耶穌會對世界的觀點作參考，但這份清單並不只是機械地複製，而是更新過的（想必是經由阮元及其編輯群之手），用以反映諸如廓爾喀等在乾隆末葉方始為中國所知的名稱。即便是這部方志，也顯示出了某些與歐洲人地理學概念的交會。

在該方志的文本中，其所收錄的地圖並不曾反映出編輯群的個人知識與好奇心之限度。非官方的研究已經準備好要開始使用歐洲人的地圖了。馬禮遜報告稱，一八一九年，當阮元的洋行商人(3)使者來問他問題的時候，他們攜來了一幅地圖（基於他的描述，很可能是陳倫炯對東半球的表繪）。[44]

阮元本身很了解陳倫烱的地圖，而在該企畫中也參照了其他作品。[45] 江藩《舟車聞見錄》中的註記顯示出他把地圖學用作一種輔助工具，藉以解決同一地有多重名稱的問題。他陳述稱：「《明史》之『丁機宜』、《職方外紀》之『諳厄利』、《海國聞見錄》之『英機黎』，以輿圖核之，即英吉利。」[46] 最少他也比較過兩種地圖：艾儒略的與陳倫烱的（《明史》無世界地圖）。這個技術至少可以溯源到乾隆朝晚期，另一版的陳倫烱世界地圖上評註稱其使用「今稱」而非舊名，然而「讀者可取古圖、古名，以其地核之，即知今之一地即古之某某國也」。[47] 莊廷旉想來也是用這個技巧，藉以姑且綜合他自己地圖的名稱系統。在廣州，和江藩同時，李兆洛也記錄道，他在謝清高那本海岸地理學著作的開頭添入一張地圖以補其遺軼。[48] 這很可能又是另一版的陳倫烱地圖，因為後來李兆洛在一本撰成於一八三七年的地理學術語詞典的開頭納入了那份作品。[49]

儘管沒有人明白說出來，但他們所用技術的基礎，等於是推定了歐洲人對世界的表述基本正確。依據位置為基礎來整合地名，只有在所有查詢過的地圖對世界形狀的描述大致相同時才有效：若把歐洲人的多大陸地圖疊加在來自其他傳統的地圖上，是不可能這麼成功的。其他證據也顯示十九世紀早期，中國學者們至少在海上世界的邊緣上，已經愈來愈不排斥歐洲人地圖了。福建人穆斯林裔的丁拱辰（一八〇〇—一八七五年），後來在鴉片戰爭期間以造礮築城專家而聞名，曾經在準備科考之餘從事過沿海經商與務農。一八三一年他出洋在菲律賓待過，又遠航至伊朗、阿拉伯等地。在航程中，他經常從事天文觀測，引起了西方司航人員的重視，而把所藏的書籍圖樣借給他看。[50] 一八三六年，

(3) 史料或作「洋商」、「行商」等，乃指在廣州獲政府授權與外國人貿易的華人大商家。此處為免歧義，稱之為洋行商人。

學者蔡廷蘭（一八〇二—一八五九年）遇到丁拱辰。蔡廷蘭記錄道：

拱辰通星學，嘗舟販呂宋……客居數年，從西人學量天之法，考據甚精。日與余講天文不倦，授地球圖及量天式尺。大都如西法立中線、斜線（赤道線與經緯線）……[51]

海員與僑民尤其理解地圖對航海的重要性。王大海就曾經看過荷蘭人所用的地圖。一八三〇年代，傳教士郭實獵（Karl Gützlaff）(4) 遇上了一名華人海船長，這位船長「向我們展示了一幅中文地圖；而，由於很清楚其地理學上的錯誤……他亟欲修正並擴展其資訊」。[52] 一八三二年的《廈門志》引述了多種提及歐洲人航海成就的作品，也觸及了歐洲人海上地圖的準確與實用。[53]

乍看之下，《廣東通志》堅持著十八世紀官方學術對外在世界的標準，拒絕在有關外國的章節上附圖，而且（在可能的情況下）寧以最權威而非最新的材料作為對那些國家記述的基準。然而在仔細分析後，從更寬廣的背景來看，該志書的企畫卻顯示出：即使是在精英學者們間，一種不同的外國地理學取徑也漸漸開始居於主導。地圖用作一種輔助研究工具，以資文本探詢：不是簡單地把文本發現圖示出來，而是在推理本身的程序中就用來作證據。到了一八四〇年代初，如同我們將看到的，中國地理學者祭酒們已經漸次承認歐洲人的世界地圖是正確的，而地圖的使用，則成了統合文本學術上地名紛歧的關鍵資助。

基督新教地理學與「英屬印度」之出現

在阮元完成其《廣東通志》企畫的數年之前，基督新教傳教士已經開始運用漢文書寫關於地理學的內容。幾世紀以來的前例，讓我們不太有理由期待這些作品能有多深遠的影響。畢竟，就根本上而言，基督新教地理學企畫仍然是耶穌會士的那一套：調整中國人對其在世界上的位置之理解，尤其是與西方對比，並從而緩緩將中國轉往基督教信仰。耶穌會士的優勢在於擁有與皇帝、閣老重臣以及某些精英學者們直接接觸的管道。但縱使他們的主張已是人盡皆知，卻還是只被當成一種未證實的假說而不被接受。基督新教傳教士欠缺這種管道，因而不得不傳教於帝國邊緣，乃至經常是帝國以外之處，在麻六甲、爪哇或新嘉坡，其聽眾則是僑民、水手、商賈這些帝國智識生活外圍的人們。他們的一項優勢是時事話題。就在鴉片貿易蓬勃發展與英國崛起時，現下關於外在世界的資訊——即便是來自非正統材料——的需求益增。僅在幾十年內，新教徒地理學記述也加入了清朝學術的主流。

第一位在中國的新教傳教士馬禮遜（Robert Morrison，一七八二—一八三四年），於一八〇七年抵達廣州。為著能傳福音，他必須也是個漢語學者，且自一八〇九年始，為東印度公司擔任口譯與筆譯。到了一八一一年，他開始以漢語寫宗教小冊子。與《廣東通志》企畫那場不愉快的邂逅，似乎讓他轉而往地理學上努力。當他被要求提供資訊時，他發現自己所說的並不完全被接納：

(4) Gützlaff 之漢名，似初作「郭士立」，《籌辦夷務始末》中所載多作此。後又或作「郭實臘」等，疑「郭士立」乃 Gützlaff 之粵語對音，「郭實臘」則其官話對音。惟其親筆署名嘗作「郭實獵」（黃時鑑，〈《東西洋考每月統記傳》影印本導言〉，註十），或係混吳音，今姑用之。

> 希臘與羅馬的古代非常不同於中國的虛榮；而當要解釋基督教（馬禮遜原文 christian）時代時，那個用於耶穌的稱號「世界救主」，以及提到某些英國人的特權——諸如不許嚴刑拷打……以激使受審者恐懼：他說他不敢向他的總督大人提這些事；而他因此請求我的同意，給他一份這段敘述中某些部分扭曲的摘要，好讓他偽造事實。

馬禮遜顯然感到挫折，譴責「人們……不願意知道真相」。[54] 該年他寫了他的第一本對世界地理學的描述，以一位具深度思想的四川學者的口吻，寫出其為自己啟程往觀寬廣世界的虛構遊記。

正當愈多人投身到傳教領域時，他們的成果中，地理學描述也形成一個雖小卻成果累累的子領域。第二位抵達中國的新教傳教士米憐（William Milne，一七八五—一八二二年），在廣州研讀漢語而後在麻六甲安頓下來。他於一八一五年在麻六甲首度發行了漢文月刊《察世俗每月統記傳》。米憐不久後就獲得麥都思（Walter Medhurst）在印刷上的協助。麥都思於一八一九年以《察世俗每月統記傳》這個管道發表了關於地理學的一篇論述《地理便童略傳》，內容包括一幅世界地圖與一幅亞洲地圖。[55] 該年內馬禮遜也在廣州發表了他自己的地理學。[56] 早在一八二〇年，米憐就在《察世俗每月統記傳》上定期致力於寫作一段有關地理的章節，而這些內容在一八二二年蒐集發表為《全地萬國紀略》。在米憐於一八二二年歿後，如今立基於巴達維亞的麥都思，就成為地理與政治材料方面的首要傳教士出版家了。一八二三年他開始發布月刊《特選撮要每月紀傳》以接續米憐的月刊，翌年他以漢語撰文寫關於爪哇的地理，而後又有一篇中西歷史編年。在麻六甲，吉德（Samuel Kidd，一七九九—一八四三年）也在一八二八年開辦了短命的《天下新聞》。[57]

這些早期的傳教士地理學釐清了英國在印度施行統治的程度。馬禮遜解釋說，在一八一九年，印度是英吉利的一個「屬國」。類似的還有米憐的月刊也在一八二〇年報告說希印都士但（欣都斯坦）或所謂五印度，曾經有許多獨立國，而今則泰半為英吉利所統治。其首都加勒古大（加爾各答）指揮三個行省（presidency，管轄區）：孟加拉、馬德拉斯、孟買，各有其總督（governor-general，模仿漢語用法）。[58] 麥都思那立基於巴達維亞的《特選撮要》則告知其讀者：鴉片種植於孟加拉，且亦用船運至孟買及馬德拉斯，還註記了英吉利一度派遣「孟加拉王」率大軍以阻止法國侵略爪哇。[59]

這些最早的新教地理學案例並未立即衝擊到中國學術，但就連東南亞的出版物也被精英注意到了。流布在海外的華人與船隻回到中國，他們的雜誌也為沿海省區的文士所知，而這些文士又轉而告知他人。早在一八二六年，交游廣闊的經世學者包世臣（一七七五—一八五五年）就知道英吉利在新嘉坡刊刻漢文書籍，兩年後他又記錄說英吉利人招嘉應之貧士與粵中書匠，去教其子弟並刊刻漢文書籍。他不曾說他本身是否持有這些刊物的副本，但提到了許多沿海都市的學者們都知道英吉利人「廣刊」漢文書籍。[60]

當馬禮遜正野心勃勃地意圖著手重塑中國的世界觀時，他面臨了一個困擾著所有漢文地理學作家的難題：該用什麼術語。如同阮元在廣州的學者組員般，馬禮遜了解到地理學書寫需要在經典材料及現下漢文作品上有著堅實的基礎。在這些讀物中，他發現到至少有七種不同的方式來表述印度，每種都各占有其相異的重要性。他為英語讀者概略翻譯了乾隆對痕都斯坦的觀點，如同《大清一統志》所總結的那般，提及了「五印度」（Five Yin-too，Indo，or Gentoo nations）(5)。同一部作品中記錄了當

(5) 馬禮遜《中國大觀》（*A View of China*）此處先寫漢字「五印度」，後文 Yin-too 為馬禮遜體系之漢語官話音寫，Indo 為英語釋義，Gentoo 則為對印度教徒（尤以南印度）之俗稱，或源自葡萄牙語 Gentio。參看《哈伯森．扎伯森》之【Gentoo】條。

時漢語對孟加拉的表述：「榜葛剌 Pang-kŏ-la」。[61] 馬禮遜的漢語字典把港腳定義為「口岸或港灣；在廣東稱印度各口岸」，且對英語詞「INDIA」賦予如下定義：「佛教宗教書中稱為『天竺 tëen-chŭh』，Central India『中天竺 chung tëen-chŭh』。」他還提及了「小西洋 Seaou se yang」可以被翻譯為「India」。[62] 當他筆下那位四川人主角經由西藏到達印度時，馬禮遜羅列了他所學的成果，讓他解釋說：「某……欲到《漢書》(6) 所稱五印度國，行路四時日，纔到大城名呼加利古打（加爾各答）。是城今算京都，係《大清一統志》所呼榜葛剌之地。古稱亦呼天竺，又號身毒國。」[63] 在同一篇文本中，馬禮遜也提供了「印第亞」作一個別名，表示他也讀過艾儒略在明朝寫的《職方外紀》。後來，在翻譯一本英國及其帝國的小冊子裡，馬禮遜還提及了「忻都斯垣古國」，顯示他很熟悉元朝《島夷誌略》及明朝《明一統志》中所指的「古忻都」。[64]

諷刺的是，讓馬禮遜的作品變得那麼具革命性的，就是他希望能嚴格遵從的、認為是最高級的中國地理學傳統。同時代在廣州的中國地理學者們，用著區域性的方言來描述那時代的外在世界，其所用的名稱諸如港腳及孟加臘等，沒有權威性的文字規範。馬禮遜只不過把這些術語當成是俗話而避開了。他告知他的華人讀者說，「廣東俗人」拿港腳這話來指印度，卻無視於該詞也為官方奏摺及學者所用。馬禮遜及其傳教士同儕在討論印度的時候，反而只用典出正史或宮廷出版物的詞（雖說有時候稍作修飾以使之更「正確」，而對那些印度的區域，他們認為沒有標準漢語名稱時，也會發明新詞）。

這種分歧在《廣東通志》中相當明顯。該書的編輯群當然很熟悉古典術語如「天竺」與「印度」，也熟悉英國控制下海外領土諸如孟加拉或港腳的當代方言名稱，但該方志卻不曾識別出兩組術語間的關聯。天竺從未用來指稱海上世界的那些地方。實際上，編輯群主張天竺不再與沿海有任何干係，因為雖說歷史上該國曾經由廣州入貢，但「今為西域之外蕃」。65 然而耶穌會的材料跟陳倫炯的書至少可以支持這個推論：方志列名的數個港口即使不真正屬於天竺或印度，也與之關係密切。阮元知道這點，在一八二〇年代初就曾問過他在廣州學海堂書院的學生有關大小西洋曆算系統的問題，補註稱：「小西洋即今港腳等國，在回疆以南古天竺處。」然而，在廣州的中國作者們一般而言對當代事務使用地方詞彙，只在涉及歷史脈絡下才會提到「印度」或「天竺」。反而是基督新教作者們為了使用單一、標準、有典有據的名稱來描整片印度，毅然拋棄了地方術語，例如「港腳」。到了一八四〇年代初，卓越的清朝地理學者們在外在世界方面也將踵武其後。

可是，在實際操作上，這個給印度的單一名稱該是什麼？儘管傳教士們在地理學上已益發老練，卻仍無法定之於一。到一八三〇年代時最活躍的新教傳教士地理學作家郭實獵（Karl Gützlaff，一八〇三—一八五一年），一如馬禮遜般，受挫於他的華人聽眾對他不那麼接受，冀望他的世俗書寫能引導他的讀者們從他認定的華人自我概念——諸如「崇高且獨尊」而居「世上各國之首」之中走出來，手法則是藉由「說服這些中國人，他們還有很多得學的」。66 一如他的同儕般，郭實獵廣泛閱讀漢籍，而見到了大批用於印度的詞彙。他自己的雜誌乃創刊於一八三三年夏的《東西洋考每月統記傳》，摘引了多種漢文材料，依據郭實獵時常改變的感受來選材。一份一八三三年版的該刊收錄了一幅部分印度的地圖，以大字標註「大英國藩屬國」，小字說明「榜噶剌省」（孟加拉管轄區）、「印都斯坦」（而非乾隆的「痕都斯坦」）以及「甲利屈搭京」（首都加爾各答）。他誤將巴勒提

(6) 原文如此。假如這說的是班固《漢書》，則那個時代根本還沒有「印度」這個術語（如本書所述，「印度」是玄奘才開始的，《漢書》中只有「身毒」）。當然也有可能此處指的是「漢文書籍」而非專指班固《漢書》。

圖 8　郭實獵《大清一統天下全圖》

西
緯度
羅斯藩屬國
新疆
回回八城
南山
大戈壁
大英國
藩屬國
榜葛剌海
緬甸
南掌
交趾

（Baltistan，大勃律）與愛烏罕（阿富汗）置於不丹邊界，表示他的借用超出了他的理解。翌年郭實獵剔除了對印度所用「印都斯坦」這個稱呼，解釋稱東印度公司如今已不獲准再辦貿易之事，只可「轄理在印度等處各屬地方」。然而同一個月內他又敘述稱，西藏的西南界乃天竺國，而不用印度字樣。他在一八三三年的地圖上把尼泊爾叫作「郭爾喀」（而非清朝標準的廓爾喀），如今他又換了個新詞描述作「尼波利國」。[67]

在一八三五年農曆五月的一期中，有郭實獵對那時代的印度最密集的描述。他把標題定為「天竺或五印度國總論」，但在另一處則解釋了痕都斯坦（這次用了清朝官方用語）乃一等價術語。印度分為四部分：「北痕都斯坦」（包括「呢報哩或郭爾喀」）、「中痕都斯担」（包括榜葛剌、亞拉喝哇地〔阿瓦德〕、暮路坦〔木爾坦 Multan〕、瑪利哇〔摩臘婆 Mālavā〕）、「南痕都斯坦」（包括甲那剌〔Karnataka〕、瑪剌吧〔Malabar〕沿岸）以及德乾。政治上，印度分為三個「省」，榜葛剌省、綱買省（孟買，譯按：「綱」疑為「網」字之誤）、瑪塔拉西省（馬德拉斯），九個國家成為「大英國新疆藩屬」，另外還有一群「自操其權之國」。郭實獵告訴他的讀者，把這些廣袤且繁庶的領土合而言之，這在亞細亞已是僅次於中國了。郭實獵不曾解釋英國如何獲得這些土地——也許其故在郭實獵決心讓該刊物「不碰政治」——但這麼一段弦外之音，卻正是由郭實獵擔綱漢文秘書的中國益知社所要懲戒的「華人之暮氣、國家驕傲，以及無知」。[68] 郭實獵為了替他的記述作證，解釋道：「貴國人尚未留心想及此國（印度）之事，漢人至之不多，漢書之錄未筆痕都斯坦之志，是故莫不必推論道理。此外，中國之藩屬國與大英痕都斯坦屬國毗連，且雲南省不隔多遠；又佛邪教從印度國而出也。」[69]

到了一八三〇年代初，基督新教傳教士們已經擁有更多的華人讀者了。跨過一八三二年就是個分水嶺，當時有某個人（也許是馬禮遜）翻譯了貨頭委員會大班馬治平（Charles Marjoribanks，一七九四—一八三三年）的一部小作品，題為《大英國人事略說》。導論包括一小段對不列顛帝國的討論，為指控其擴張主義作辯護：「英國國朝之志意，屢被人在東土妄稱及，即有假言，以英國總是多貪廣開新地；但謊言莫大於此。蓋英國之地方，現在太多，寧可減少，不可增多也！」而後開列英帝國各領地，帶上這句聲明：「忻都斯垣古國各地方，皆入英國版圖矣。」[70]

該年二月，東印度公司派出船隻「阿美士德勳爵」號，載送其所聘雇的胡夏米（Hugh Hamilton Lindsay，一八〇二—一八八一年）及傳教士通事郭實獵來測量中國的海岸線長，以試驗在其他口岸貿易的可能性。旅途中，胡夏米決定把《大英國人事略說》這本「包含對英國及其聲威國勢之簡易記述」[71]的書分發到廈門以北的各口岸，包括寧波、上海、天津。結果令胡夏米感到高興：「發散我們的書產生的效果，使英國的名聲尤其遠揚，而且我們訪客的第一個請求，幾乎都是想得到此書一冊。」[72]據稱官員們尤其對這部作品十分留意。在寧波，當該地長官遣人到船上索取這本小冊子時，胡夏米回憶道：「解釋了例如在廣州所遭受到冤屈的申訴，以及關於我們占有印度的事，對於這點我們也暗示其緊鄰中華帝國，乃是我們最常被問到的主題，而所有重要的回答也都以書面記錄了下來。」[73]郭實獵也記錄了對該小冊子的大量需求。[74]福建與浙江的官員們都索取一本以送呈北京調查。此外郭實獵還提及他遇上一位臺灣人船長，這位船長「對我國粗具認識，就來自他細讀了前述的小冊子」。[75]

遊程中，胡夏米強調他的公司在印度的領地以及因此導致清帝國與英帝國相鄰，他的中國聽眾對於他多次提及這點特別感興趣。這裡郭實獵又再次證實了胡夏米的記述：

某些低層官員問了我們我國在亞洲的領土與哪些國家相鄰，以及我國聲威遠至何處……一般而言，大官們對不在天朝（Celestial Empire）直接威壓之下，或相鄰的外國相關事宜皆極為無知。他們驚訝於我國在印度之領土與中國的雲南省只隔著些林與山而已，還對我們與他們那麼近感到難以置信。76

無疑地，就是這種驚訝，讓郭實獵在他一八三五年關於印度的記述中提及了雲南離欣都斯坦不遠。77

即便在這趟遠遊後，對於怎樣最佳地提及印度，郭實獵仍感躊躇。他先前對中國人的探詢是這麼回答的：「此船屬英吉利國，自榜噶刺（Pang-ka-la，孟加拉）出。」78 該船至少在北到廈門時，都還被視作榜葛剌船。然而，在後來的遊程中，郭實獵似乎改採忻都斯坦這術語，很可能是由於那本提及英國的小冊子裡把印度翻譯為「忻都斯坦」。例如，在他奏呈朝鮮國王的漢文文本中說道：「夫此船從大英國屬國忻都斯坦來，且此地方毗連交界大清國西南方。」此文檔中所提及的大英國與忻都斯坦，很可能就是郭實獵評註這段話時所提及的：「我們必須向他們解釋何以英國叫做大不列顛，以及何以印度叫做忻都斯坦。」79 在某些點上，胡夏米與郭實獵在他們自我描述的時候，又轉回到「孟加拉」去了，在告知琉球政府稱該船長「從榜曷刺國來」的時候就是這樣。80

地方官員們對這艘船的處理，將報告聚焦在與邊疆直接有關的事務上，認定該船乃屬嘆咭唎，而無視於其所推定之印度來源，及嘆咭唎所主張對該區域之控制。那本有關英國的小冊子，有數冊被送達到清政府的最高層：閩浙總督魏元烺對之加以評論，而山東巡撫訥爾經額則將之咨呈至軍機處。81 此處對該小冊子的官僚式分析，又一次聚焦在斥責廣州對嘆咭唎的處理（視其為採取偽裝以為其在他處貿易之追求作申辯），而忽視有關英國在印度之勢力的敘述。

回到廣州，郭實獵幾乎一登上中國沿岸，就又搭上那艘他聲稱也來自印度的鴉片船西派號（*Sylph*）。根據一份兩江總督陶澍的奏摺，此船桅上有旗寫漢字「天竺國商船」，而郭實獵則在答詢中敘稱「天竺係英吉利屬國」。[82] 一八三二年十二月四日的一份奏摺中，報稱一艘夷船駛近奉天，自稱其為大英國船隻，本從天竺國往新力國（新嘉坡），遭風失迷路徑。[83] 郭實獵何以從自稱「榜噶剌」及「忻都斯坦」轉為「天竺」，並不清楚。

到了一八三〇年代，基督新教傳教士的書寫在中國沿海已享有可觀的流通量，某些還到達了官僚上層手中。光是有人讀，還並不能證明其影響力。天主教的主張在官方工具書目中占有一席之地，但只被當成是一大叢地理學材料織錦上的一小片，整體而言沒說服多少讀者。但在一八三〇年代初，基督新教漢文地理學材料雖從一個邊緣位置出發，到一八四〇年代初卻已被廣泛使用了。較諸耶穌會士作品而言，沿海危機賦予了新教地理學更立即的實用性，英國傳教士利用了這個事實。一八〇〇年後，愈多的私家漢人學者們不受政府拘束地寫作，也更加自由地使用基督新教地理學作品。但也並未如作者們所盼望的，新教地理學就此奏凱，取代其他材料成為論外部世界的直接權威，其作品——以及西方世界地圖——的角色實仍仰賴於中國學者的接納、分析與評估。

英屬印度步入清朝地理學書寫中

晚到一八二〇年代，清朝地理學對海上世界的研究之進行，在很大的程度上都還與關於海洋政策的評註各行其是。《廣東通志》的編輯群當然不會對現下事務漠不關心，可是卻把這主題看作不適合於他們的作品。阮元奮力地壓制鴉片走私，但他這部方志中的嗹咁（孟買）條下，縱然從《海錄》中摘列出了此城市的所有其他物產，卻不曾提及嗹咁也是該毒品的來源之一。那些追查過謝清高證詞的人也不曾企圖影響國家政策。李兆洛突顯出了一件事：《海錄》既觸及了鴉片產品，也觸及了英國的一項重大特色：該國合併沿海領土且築城之。但不管是李兆洛還是《海錄》的其他編輯們，都不曾評論過這項知識應如何引領清朝政策。把外國地理學當成主要是個純學術議題，符合阮元、李兆洛、江藩所獻身的考證研究。還可以指出的是，如同有人已經主張的，在出仕官員以及廣州的知識精英之間有一個共同立場，就是在提出沿海事務議論時，避免那些有可能造成施壓，致使對外貿易停止或極端轉變的方式。[84]

反之，關注貿易政策與沿海安保的私家學者們，首先傾向於普遍地談論「外夷」，而不提及特定群體或地緣政治趨勢。嘉慶朝初年，本地海盜正是沿海主要威脅之時，評論家們研讀了十六世紀晚明與清初對海盜為害的回應。他們把關注聚焦在衡量海疆本身，諸如控制海上人口或於海岸線築堡等。外夷的情況則顯得不那麼相關。十九世紀第一位在海軍防禦上有影響力的私家學者嚴如熤（一七五九—一八二六年），基於其在一八〇五年左右輔佐兩廣總督對付海盜的經驗撰成了《洋防輯要》。他的作品迄一八三五年猶未發布，書中為其地圖摘引了明朝史料且對海上世界（含東南亞及印度）加上評註，卻連陳倫炯那傑出的著作都忽略了。[85] 完成於一八二六年的一套有關經世致用著作的大叢書《皇朝經世文編》，也自我局限在沿海防禦，並無對外在世界的地緣政治評註。對早期致力經世學的作家們而言，一如官方上奏者般，唯獨邊疆本身才是有意義的。

只有到了一八三〇年代早期，才至少有一批特定的論述家，開始把沿岸防禦與對外地緣政治視為同一國防問題的兩個面向。在一八三〇年代，鴉片進口不只翻了一倍，而該項貿易則被普遍認為是許多嚴重經濟與社會問題的原因之一。[86] 從一八三〇年代初，攜載鴉片的私人貨船就固定停錨於福建沿海，及至一八三〇年代末，他們的眼光瞄準了浙江外海、靠近廣大江南市場的舟山群島。當東印度公司失去把茶葉販往英格蘭的壟斷權而自廣州退卻時，一群更為野心勃勃也更刺眼的貿易商隨之而來。律勞卑（Willaim Napier，一七八六—一八三四年）被英國政府派來擔任商務總監，用以取代貨頭委員會。一八三四年，他以身為英王官員的立場，拒絕依循為了英商貨頭委員會所制定的前例，在他猶未退身回澳門前，貿易已遭中止，武裝衝突爆發。海上事務就此成為當務之急。

在經世學的政論分析中，把中國沿海問題融入到跨海地緣政治，濫觴自包世臣的研究。包世臣是安徽舉人，曾任數名高官之幕客。他對鴉片問題的思考首度闡釋於一八二〇年的一篇論文中。關於該篇論文，井上裕正已極有力地論證出其乃與廣東官員程含章（一七六二—一八三二年）的論辯——程含章在大約同時期內也寫了篇論文，所主張的論點恰與包世臣對立。包世臣相信徹底禁絕外國貿易商將可塞鴉片之源，而中國儲有的白銀因之倍增則可補足海關利潤的損失；生平多半在廣東任官的程含章則批判這種主張一股腦兒禁止對外貿易的人。他指出，禁止合法貿易將造成沿海走私，而外國人在沿海奸民的協助下很可能會報之以武力，一旦兵貨聯結則非數十年不能定。在包世臣的回合，他否認驟禁回市將導致戰爭。在他看來沒什麼可怕的：英國其地其民，較諸中華百不當一。此前屢次驕蹇，都是洋行商人（洋商）所嗾使，這些洋行商人本身那來自與外洋之壟斷貿易的利益，就與西方人的利益一致。包世臣控訴地方官員（程含章後來是廣州的長官）藉由不實地誇大外國的兵威恫嚇來保護利藪現狀。其退一步認可中國船隻仍可帶著西方人所欲之物派往國外，但只有禁絕洋行商人體系，方可從擾人的外國人處切斷引領他們的華人主謀。[87]

包世臣一八二〇年的那篇論文談到「外夷」時，地理學識含糊不清，且只有一次提到英國為外夷中最強大者。然而不久後他就獲取了新的資訊材料。到一八二六年，他正與江蘇人蕭令裕通信。蕭令裕和包世臣同樣都對當代事務及政治改革感興趣。透過結識阮元，蕭令裕得以了解更多有關英國與鴉片的問題。一八一四年，阮元任漕運總督，駐於淮安時，江藩向他進薦蕭令裕的某些著作。[88] 後來阮元南下廣東，蕭令裕跟著他駐足廣東數年，任其幕僚，兼辦粵海關署事務。[89] 蕭令裕從廣州持續與包世臣通訊，信中表達了他擔憂十年之內英國之患必定到達江浙沿海，而明朝的倭禍將復見於今日。包世臣推崇此為洞見。蕭令裕也向包世臣報告說英國人出現在新嘉坡，而招致閩、粵「逃人」。[90]

蕭令裕希望能撰寫一本《粵榷志儲》（關於粵海關的論述集），包世臣鼓勵他記錄其「真見聞」，建議他這部作品可立基於兩廣總督署及粵海關署檔冊，如此將成一「不朽之業」。[91] 從蕭令裕於一八三三年撰成的一篇題為〈記英吉利〉的研究成果所勾勒的內容中，我們可以看到他試圖盡可能地使用多種材料。[92] 這篇文章的詳盡受阮元所推崇，他並為蕭令裕的作品集撰寫了一篇後序。[93] 蕭令裕的作品中，事實上完整地徵引了關於英國的學術作品，從官方紀錄到對於海上世界的專門研究，諸如《海國聞見錄》、《澳門記略》、《海錄》，甚至到江藩的《舟車聞見錄》。此外，蕭令裕還參考了「兩廣總督署舊檔」且頻頻提到「粵中採訪」，其所指涉的或許是口述訪談。[94] 他甚至對新教報刊保持開放態度，指出其雖詞義不甚可曉，但這作品也「或錄古語，或記鄰藩，或述新聞，或論天度地球」。[95] 在這方面蕭令裕並非孤掌難鳴。客居廣東的徽州（安徽省）學者葉鍾進，於一八三〇年前半葉，著為長文論述英帝國之事，同樣對此類材料的用處作出評註：

> 澳門所謂新聞紙者，初出於意大里亞國，後各國皆出。遇事之新奇及有關係者，皆許刻印、散售，各國無禁。苟事留意探閱，亦可覘各國之情形，皆邊防所不可忽也。[96]

這段描述摘引了該文所介紹的傳教士月刊。[97] 這些傳教士月刊雖仍受猜疑，但已經要踏入可被接受的材料體之內了。

對外在世界的研究仍然是種文士事業。除了蕭令裕以外，包世臣在北京還問了福建、廣東的舉人，向他們探訪資訊。這些報導人能夠告訴包世臣新嘉坡之建立以及英國刊印漢文新聞紙。包世臣選出了另一位《廣東通志》企畫的前成員儀克中（一七九六—一八三八年），以之為對這些事務尤其知悉的人物。[98] 相對地，包世臣不曾系統地向熟悉夷情的廣州清朝臣民追索證詞：一八二〇年以後已無第二部《海錄》出現。在一八二八年一封寫給官員姚祖同（一七六一—一八四二年）的信中，包世臣解釋了他對這些報導人的懷疑。在包世臣的理解中，一七七五年左右，來自廣東惠州、潮州，福建漳州、泉州的貧民非法到檳榔嶼（新埔）墾地。這些華人住民不只被英國人所征服，後來還招攬嘉應貧士至其地。鴉片貿易擴張時，洋行商人與沿海「大戶」都深深涉入。英國人受限只能在廣州，但是「新埔客民」——除了順服於英人外，與其他中國人服色皆同，無從分辨——能夠毫不引人注目地造訪沿海各口岸，致使「英夷雖未至江浙，其黨羽實已鉤盤牢固」。故而對包世臣而言，不但是洋行商人，就連英國統治下的海外華人也都被預設為叛國者。為了正確的情報，包世臣表示「似宜選膽識俱優之員，密至新埔，查看得實」。在這個方式下，或許也可以赦宥那些犯法者，把他們都遷回中國，且像以前那樣禁止移民。[99]

包世臣並非唯一一個懷疑洋行商人的人。據葉鍾進所述，為圖謀取悅英國人，洋行商人阻礙了官方探查：

洋商（洋行商人）中賢愚不一，每每互相傾軋。倘有泄外夷之短者，該夷公司必知，遇事挑斥。故洋商遇地方官，詢以夷事，皆謬為不知。而中國用人行政及大吏一舉一動，彼夷翻無不周知。[100]

一八三五年，官員黃爵滋（一七九三—一八五三年）論稱，外夷藉其狎習中國客商而變得情態驕肆，這使他們得以秘密取得中國的詳盡地圖，且知曉中國時事。[101] 在這種態度盛行的情況下，洋行商人雖參與了廣州的文化與智識生活，卻不曾催生出有關海上世界之變遷的密集對話，並不令人意外。

一八三〇年代在廣州的經世論述家們為文著述，替清朝地緣政治思想種下了兩項開創性貢獻的種子。從地理學上來說，他們是第一波注意到「英屬印度」的中國作家。他們釐清了英吉利與港腳間的關係，以及港腳與印度間的關係——這些事實在早期官方與私家作者間只有模糊的認識。蕭令裕評註道：「英夷在粵自稱：轄天竺五印度地。其東印度之來粵懋遷者，又名為港腳國。粵人知港腳，不知即東印度也。印度與後藏、緬甸相鄰，距英吉利之本國絕遠，而奉其命令惟謹。」[102] 在另一篇論文中，他解釋了地理學術語如何導致人們誤將歐洲與印度並作一談，弄混了歐洲人支配印度的事實：

大西洋（歐洲人）之通，自明代始。若天竺國，一名身毒，則西南洋，非西洋也。亦于明季國初為西洋諸國據其海口，設炮臺、立市埠。今來粵貿易港腳白頭夷，附英吉利旗號者，即古之天竺國（人）。於是大西洋（歐洲）與西南洋始混而為一。[103]

從而，蕭令裕不但辨識出巴斯及其他在廣州的次大陸商人為「印度（天竺）人」，還明確點出他們與英國人的關係。作為蕭令裕結論之迴響，葉鍾進稱英國統治了部分印度，以港腳而為人所知：

> 至東印度，皆回民，仍各有酋長。英夷雖據其海口，亦未深入其內地。其回夷貿易中國者，所駕舶亦需英夷測度以行，故用英夷旗號。〔其地〕名曰港腳。[104]

這些論文的另一項重要創新，在於解析了英帝國的操作與結構。沿海地理學家們在數世紀以來，至少在一七八〇年就已經使用了的地理學詞彙，也唯有一八三〇年代的新情報才得以讓清朝分析家們把港腳與印度聯結在一起，知道其為英國所統治。

早已知道歐洲人來自遙遠的故鄉，而征服這些靠近中國的土地，但其原理與機制實質上不曾被仔細考慮過。如今，在一八三〇年代初才認識到了：要解釋沿海的麻煩，這片征服之網比起英國本土更為要緊。一個問題首先抓住了清朝經世評論家們的注意力：私家商人與英國王朝在英帝國擴張進程中的關係，具體來說像是為經商目的而奪占外國口岸的行動等。即便對那些極其熟悉英國的人來說，這項議題的法源細節也還是很複雜。東印度公司原本是以一個商貿企業的身分獲得王室認證，其身分並非陸上強權。在征服孟加拉後，一七七三年的規範法案（Regulating Act）規定其印度領土將由總督與四人會議治理，由東印度公司理事會（Court of Directors）監管，但還加上寬鬆的國會監督。一七八四年的印度法案創造了一個「交互控制系統（system of dual control）」。在該系統中，在印度的公司職員持續受到來自理事會的指令，但如今則是置於一個管理委員會（Board of Control）議會較緊密的控制下了。[105] 縱然到了一八〇〇年英王有極大的影響力，但英屬印度（在英王直轄殖民地錫蘭以外）仍屬於一個追尋商業利潤的私人投資者的財團。

對清政府而言，東印度公司解體一事，使英帝國的複雜性受到注目。值英王指定律勞卑勳爵取代貨頭委員會做英國在廣州貿易的負責人、危機接踵而來之際，兩廣總督盧坤提交了一份詳盡的報告。盧坤解釋說，向來該買賣由一公司所管控，派有四名官員（即貨頭委員會），由一名大班領頭。當一八三一年獲報該公司將解散時，前總督李鴻賓透過洋行商人傳諭英國人，要求其統治者仍派一監管大班。結果反而是「夷目」——意即，推定是英國政府的代理人員——律勞卑抵達了。盧坤並不確定律勞卑是否果真獲得英國國王的官職任命，但律勞卑那惱人的行為，使他異於其他恭順的散商。盧坤把律勞卑視為一個逐利者：「因公司局散，欲向各夷船抽分稅銀。」[106] 後來，他把近期的滋擾都怪罪到律勞卑一人身上，報稱「其事究非該國王之意，亦與各散商無涉」。[107]

盧坤的官方奏摺關注英國在廣州的地方命令結構，但他的私家論文則探測得更深。蕭令裕長期與英國軍事及經濟事務相伴，斷言其作戰以取得海外領土，乃是為了在這些地方所產出的利益上分一杯羹：「〔於諸征服之地〕分兵鎮守，歲收其貢稅。」[108] 顯然地，蕭令裕注意到英國「養他國人為兵，印度最強」。[109] 由於王家利益源自貿易，英國人極為關注進出口的價與量。蕭令裕評述稱，英國之與他國異者，在於其商賈並非個別行動，而是全部——甚至是國王——都投資單一公司，且每年分其羨餘。通常公司每三十年期滿更新一次，但如今（據蕭令裕所想，咎在大班之瀆職）有謠言稱其將遭解散。[110] 縱使蕭令裕並非徹底清楚英國在廣州的安排如何與帝國其他領地相關，但他很確定英國的擴張乃是聯繫到商業利潤上頭。

葉鍾進甚至對英帝國的命令結構給了更詳盡的描述。他斷言，其利潤皆非來自本國土產，而是得自於以諸如印度等地的產物與中國易絲茶等貨，賣到歐洲各國的貿易。藉由壟斷這項貿易，英國已變得極富裕。其統治者之居城為蘭墩（倫敦），而在各主要口岸皆有大班指揮英國人貿易。然而，倘若大班看見有可乘之隙，就將召喚兵力來占據該地，此時將會設置一個「夷目」（外國官員）。取得政治控制後，英國人將會收出口入口等稅，在孟加拉、新加坡等處已是這個情形。與蕭令裕一樣，葉鍾進也指出了商業與擴張的共生聯結，因為「其用兵餉費，出於公司各港所徵稅」。葉鍾進更進一步，強調了該帝國的去中心化結構。因為個別領導者自行財務償付其冒險事業，所以縱然每三十年倫敦的統治者可得利潤回報，但短期之內而言，海外英人基本上皆為自由經銷商。[111]

一八三〇年代的另一名論述家——廣州人顏斯綜也提出了類似的觀點：英國是由鬆散的海盜財團所組成，環亞洲航行，俟機搶奪土地。顏斯綜解釋說，英國沒有徵土地稅，而是從他們的主要商賈那兒抽什一稅。因其國內人少，故多募他國人為兵，而以本國武官督管之。雖說他們謀奪他人土地，卻不必然出自國主之意，兵船散處於其海外勢力圈上。「三五富人群居諮議（東印度公司理事會？），欲占據某國之地，告知國主，許往。湊合錢糧，即抽撥各處之兵船，令往攻取。若戰勝得地，國主與出資之人均分。」顏斯綜補充道，英帝國由兩部分有效組成：祖家（homeland）與港腳，但前者才是擴張的主導：「白頭港腳番（印度人）志在牟利，雖為所轄，不樂戰爭，船上船主必是英吉利。」[112]

對這些清朝觀察家而言，英帝國是個治國偏失的借鑑。首先，該國公然為其國主組織謀富，而不關心其屬民之生計。其次，該國蓋為由一群追尋一己利益之個人所組成之財團，欠乏一清楚的統治或督管層級。第三，該國軍力之支撐並非來自一穩定的農業經濟，反而來自脆弱的商業利潤。第四，該國宰制海上世界、欺凌他國，因之喪失鄰邦之善意，一旦有變，乏人可恃。無論在道德上、管理上或經濟上，該國之結構都是最壞的可能榜樣。

在一八三〇年代初，這些清朝評述家把英帝國視作是根基不穩的。儘管蕭令裕、葉鍾進、顏斯綜三位論述家全都了解到英國勢力正在擴張，卻仍都自信滿滿，不相信英國能對中國造成什麼重大威脅。在葉鍾進的看法裡，英吉利國王貪婪、管理鬆散、軍費膨大、兵頭自我誇大、公司則虧折支絀且很可能未幾即解散。一旦壟斷之勢去，清朝便可藉由操控小股散商重新制馭英吉利。[113] 蕭令裕也有類似的判斷。他論述稱，英國征服者本性貪婪，而他們的管理結構不過就是為了抽取收益。他們欠缺好政府所該有的「綱紀制度」，對於他們的領土也沒有培育或交棒給下一代的打算。由於英國受短期利潤所矇蔽而無「遠略」，清朝可以效法中國過去對待外夷的方式，以經濟上的鼓勵來滿足他們。[114] 與此相類，顏斯綜也指出定期通中國之市舶乃清朝的王牌。若停貿易，英國既不能銷售其產品，又不能買茶葉，則將無法維持生計。他同樣對於英國將可再度服從駕馭自信滿滿。

雖說這三篇論文在細節上未盡相符，合而觀之，則都對英帝國之興起作了相對一致的評價。英吉利本土既褊小，資源又貧乏，卻藉由奪占戰略海口而擴張，壟斷海上貿易，且用其利潤使之益發茁壯。其國主並不受整體戰略計畫所引領，只不過在掠奪所得應分一份送回倫敦的條件下，授權其指揮官與投資人用兵而已。中國若封閉口岸，藉此剝奪英國的經濟動力，其實有力量可以讓其整部機器停擺。既然可以扼殺掉英國的國計民生，清朝皇帝是有充足的籌碼使之服從的。

蕭令裕、葉鍾進、顏斯綜三人的短論，在一八三〇年代較諸另一個更大的正式學術企畫就相形失色了。一八三四年，兩廣總督盧坤成立廣東海防書局，就在一八三〇年代末完成了《廣東海防彙覽》以及《粵海關志》兩套書。[115] 前者那稀少的評註泰半從正史及明朝作品中摘來。關於英國，則只評了一句「難計程途」。[116] 後者關於英國及他國的描述，大多借自《廣東通志》，另外以官方文檔及陳倫炯的作品來補足。[117] 據該二書的內容看來，顯示廣州的編輯群比起他們在一八二〇年的前輩來說，對海上世界並不那麼感興趣。

但，如同對《廣東通志》所分析的，正式集成書的內容有其內在限制，不應誤以之作其編輯群的整體知識或興趣的反映，更不用說整個帝國了。就在《海防彙覽》沒對外在世界分出多少興趣，且使用明朝材料時，其編輯之一吳蘭修就已經幫助過謝清高的《海錄》之成書，而另一名編輯儀克中則為包世臣徵引作當今東南亞事務的專家。類似的還有《粵海關志》的編輯梁廷枏（一七九六—一八六一年）與方東樹（一七七二—一八五一年），儘管在官方作品中沒提過，卻都在他們的私人著述中徵引了葉鍾進有關英帝國的論文。118 如同我們將在下一章看到的，這些論文以及《海錄》在具影響力的官員及學者們間流通，且對鴉片戰爭期間政府政策之形塑有所影響。

小結

個別來看，上述發展並非全然新穎。從前各時代的文士們已經研讀過外國地理學，對海上世界作出親歷描述也已出現，基督教傳教士寫過有關地球的記述，而歐洲人世界地圖也已經流通。一八〇〇年到一八三八年間，沒有任何特定的事件標誌一個革命性的突破。可是，如果放進更寬廣的脈絡，這個時期其實是具有關鍵重要性的。在十八世紀，尤其是一七五〇年以後，中央政府實質上壟斷了對外國地理以及帝國防禦的分析。自一七九〇年代始，漢人文士才試著在討論政府政策以及中國以外的世界上取得更大的自由。到了一八三〇年代，北京朝廷所刊行的地理學研究之量已降至屈指可數，而非官方的政策討論卻比官方渠道更活躍。

這種傾向私家學術的趨勢，開始腐蝕著邊疆政策的三大支柱。帶著獨特語言與文化特徵的地方情報材料仍然重要。然而，《廣東通志》企畫及該領域的後續成長日益引來來自江南及北京的學者，練習不再一股腦兒接受粵語或閩語詞彙而毫不加以分析，而是透過文本證據來探索，且系統性地把地方資訊與其他材料關聯起來。最終，他們追求建立一套超越各單一邊疆的統一的地理學詞彙。基督新教作者們同樣志在漢語用語之標準化（即便仍然成功有限），且他們同樣無法忍受地方方言術語。各種使地理學綜合的力量，因而扭轉起清帝國那不可共量的地理學資料，甚至比起乾隆統治時期還要充滿活力。第一個耀眼的成功，就是把港腳與天竺或印度等同起來。把一個地方地理學俗稱轉化為一個相對普遍的詞彙，若套用到其他區域術語上，將可標準化所有論及印度的詞彙，而淘汰掉其他術語。

私家學術也拉緊了地理學研究與戰略政治議案間的聯繫。沿海危機致使學者們為了了解那威脅帝國的力量，而日益關注外國地理學。分析式論文用了官方奏摺及正式集成書所辦不到的方式來處理這個議題，使用權威性不肯定的材料籠統地描繪出英帝國的圖像，範圍遠遠超越任何一起邊疆事件。清朝官僚制下，沒有其他可相比擬的機制產生這樣的論述，或甚至允許其得以撰著。如同第五章已看到的，官方分析在地理學上仍然片斷畸零，局限於邊疆本身，且僅關心個案或「權責單位」。當然，一八三八年以前對於英帝國的私家調查還是極大程度受到沿海材料所限制，而當其辨識出滋蔓蕃衍的領土網時，卻仍得確認其與清帝國陸上邊疆之毗鄰。這在重構兩帝國間相對規模與力量之概念上，以及侵蝕到各個邊疆之認知價值的取徑上，將至關重要。

鴉片戰爭常被視為是件未預期到的危機，突然激發出對外在世界認識上別具一格的各種變化，實際上，那些歸諸戰爭及戰後未幾的概念上的革新，在一八二〇及一八三〇年代就已顯著。對於戰爭的最初回應，尤其是在正式奏疏及答詔渠道外的回應，大量擴充了一八三九年以前流通相對狹窄的新資訊之聽眾。最終，到了戰爭閉幕之刻，這讓外在世界統合概念的質變以及隨之而來的帝國對外關係之重考得以發生。這將是本書最後兩章的主題。

作者註

1. 哈佛燕京圖書館保有一七九三年及嘉慶（《藝海珠塵》）本；還有一八三三年《昭代叢書》刊本。王賡武則提到了一八二三年版（〈海國聞見錄中的「無來由」〉，第一〇六頁，註二）。
2. 陳倫烱，《海國聞見錄》，一七九三年刊本，〈序〉。
3. 《粵海關志校注本》，第五七三—五八七頁（卷三〇）。
4. 陳勝粦，〈略論姚瑩開眼看世界的思想主張〉，第三四三頁；姚瑩，《康輶紀行》，第二冊，第三〇九—三一〇頁（卷一〇，葉五上—五下）。
5. 姚瑩，《康輶紀行》，第二冊，第五三一—五三二頁（卷一六，葉一上—一下）。
6. Engkitlèy 是麥都思譯本所給的方言發音（王大海原著，麥都思英譯本《海島逸誌》，第三〇頁）。
7. 王大海，《海島逸誌》，第五三—六〇、八六—八九頁。
8. 前揭書，第五四頁。
9. 鄭光祖，《舟車所至》，第八三七—八三九頁；王大海，《海島逸誌》，第三四—三六頁。
10. 王章濤，《阮元年譜》，第六四四頁。
11. 道光版《廣東通志》，續修四庫全書第六七五：七二〇—七三五頁（卷三三〇）。
12. 道光版《廣東通志》，續修四庫全書第六七五：七三四頁（卷三三〇）。
13. 大英圖書館，亞洲、太平洋與非洲類館藏，IOR/R/10/Misc./2，一八一八年十月八日條。
14. 清政府知道這場戰事於一八一六年在尼泊爾已停止，至此時已兩年以上。此時期，並無任何在西藏的通訊特別提及該戰事與英國人有何瓜葛。從而看似阮元不太可能在一八一八年奉命調查該事件。
15. 《印中搜聞》，第二卷第一〇期（一八一九年十月），第一八六頁。
16. 此處「瑪塔喇」應乙作「馬喇他」；馬德拉斯在此用字為「曼打拉撒」。
17. 道光版《廣東通志》，續修四庫全書第六七五：七三五頁（卷三三〇）。關於臥亞與文格烏爾拉的比定，見謝清高，《海錄校釋》，第九〇—九一頁。
18. 道光版《廣東通志》，續修四庫全書第六七五：七三三頁（卷三三〇）。
19. 道光版《廣東通志》，續修四庫全書第六七五：七三三頁（卷三三〇）。今存本《舟車聞見錄》缺此段。

20. 有兩篇謝清高的短傳存世。據李兆洛所述，謝清高是嘉應州之金盤堡人，生於乾隆乙酉（乾隆三十年，一七六五年），十八歲隨番船出洋，航行十四年，三十一歲回鄉。依此計算，謝清高啟航於一七八二年，於一七九五或一七九六年終止其旅程，而於一八二一年五十七歲時逝世（〈海國紀聞序〉，錄於光緒本《養一齋文集》，卷二，葉二三下—二四下）。上述大致與楊炳南所述相符，可是楊炳南陳述謝清高是「從賈人走海南，遇風覆其舟，拯於番舶，遂隨販焉」（《海錄校釋》，第三二九頁）。然而，從民事糾紛紀錄看來，謝清高在乾隆五十八年（一七九三年）時人在澳門，且在一八〇八年時已經付了二十年的房租。這造成一個棘手的爭議：依此來說則謝清高最晚在一七八七年時就已經回到澳門了（前揭書第三四四頁）。或許謝清高回了澳門又離開，把他所租賃的桔仔圍鋪交由他人打理。馮承均依據謝清高所提及的在明呀喇（孟加拉）之英吉利最高官員為「辣」（Lord），分析謝清高造訪該處乃在康沃利斯勳爵（Lord Cornwallis）在任期間（一七八六—一七九三年）（前揭書第六七頁）。

21. 謝清高，《海錄校釋》，第三二九頁。

22. 李兆洛，〈海國紀聞序〉，錄於光緒本《養一齋文集》，卷二，葉二三下—二四上。

23. 饒宗頤、周恆、安京曾各自提出不同的解釋，但都無法對所有可見的證據作說明。吳蘭修與楊炳南間有某些合作，二人似皆嘉應人，且可能在一八二一年為同一文社的成員（井上裕正，《清代鴉片政策史研究》，第九四—九七頁）。而《海錄》之纂輯與《廣東通志》間也似乎可能有某種聯繫。

24. 謝清高，《海錄校釋》，第六二—九五頁。

25. 前揭書，第二五〇頁。

26. 前揭書，第六四頁。

27. 王大海，《海島逸誌校註》，劉希程序，第xiii頁。

28. 參見謝清高，《海錄校釋》，第九四頁、道光版《廣東通志》，續修四庫全書第六七五：七三五頁（卷三三〇）。

29. 李兆洛，〈海國紀聞序〉，錄於光緒本《養一齋文集》，卷二，葉二三下—二四下。

30. 前揭書，卷二，葉二四下。

31. 麥哲維，《學海：十九世紀廣州的社會流動性與身分認同》，第九頁。

32. 蔣友仁，《地球圖說》，續修四庫全書第一〇三五：二頁（序，葉三下）。

33. 前揭書。

34. 艾爾曼，《以他們自己的方式：科學在中國，一五五〇—一九〇〇》，第一九八頁。

35. 王章濤，《阮元年譜》，第六五二頁。
36. 陳澤泓，〈著「圜天圖說」建朝斗高臺——清代自學成材的天文學家李明徹〉，第七三—七六頁。
37. 李明徹，《圜天圖說》，第三一五—三二八頁（葉二一上—四六下）。
38. 王章濤，《阮元年譜》，第六五二頁；李明徹，《圜天圖說》，第二二六—二二八頁。
39. 李明徹，《圜天圖說》，第三一五—三一七頁（葉二一上—二四下）。
40. 莊廷旉，《大清統屬職貢萬國經緯地球式》。
41. 李明徹，《圜天圖說》，第三一五頁（葉二一上）。
42. 道光版《廣東通志》，續修四庫全書第六七〇：六〇三頁（卷八三）。
43. 道光版《廣東通志》，續修四庫全書第六七五：七三五頁（卷三三〇）。
44. 大英圖書館，亞洲、太平洋與非洲類館藏，IOR/R/10/Misc./2，一八一八年十月八日條。馬禮遜所描述的格式，在同一卷軸上有一幅世界地圖與沿岸地圖，符合陳倫炯版的地圖《邊海全疆圖》。馬禮遜所謂的「近岸水域（soundings）」，可能是陳倫炯地圖中的沙岸。
45. 《淩廷堪全集》，第三冊，第二〇〇頁。
46. 道光版《廣東通志》，續修四庫全書第六七五：七三三頁（卷三三〇）。
47. 陳倫炯，《邊海全疆圖》。
48. 李兆洛，光緒本《養一齋文集》，卷二，葉二四上。
49. 李兆洛，《歷代地理志韻編今釋》，續修四庫全書第二九四：四六七—四六八頁（圖二、圖三）。
50. 戴學稷，《鴉片戰爭人物傳》，第二四一—二四二頁。
51. 蔡廷蘭，《海南雜著》，第二七—二八頁。
52. 郭實獵，《一八三一—一八三三年中國沿海三次航行記》，第二三九頁。
53. 周凱，《廈門志》，第二七六頁。
54. 《印中搜聞》，第二卷第一〇期（一八一九年十月），第一八六—一八七頁。
55. 易卜拉欣．賓．伊斯馬儀，〈在麻六甲的傳教士刊物，一八一五—一八四三年〉，第一八二、一八八、一九七頁。
56. 偉烈亞力，《在華新教傳教士紀念錄》，第五頁。
57. 前揭書，第四—三〇、四八—四九頁。

58. 米憐，《察世俗每月統記傳》，一八二〇年發布，未標頁。
59. 《特選撮要每月紀傳．咬噹吧總論》，第十回。
60. 《鴉片戰爭時期思想史料選輯》，第二—五頁。
61. 馬禮遜，《中國大觀》，第七八—七九、八三頁。
62. 馬禮遜，《華英字典》，第二卷，第一部，第三九六、六九九頁，第三卷，第二二六—二二七頁。
63. 馬禮遜，《西遊地球聞見略傳》，葉三上—三下。
64. 《大英國人事略說》，第三頁。「垣」乃「坦」之訛。
65. 道光版《廣東通志》，續修四庫全書第六七五：七二一頁（卷三三〇）。
66. 轉引自雷孜智，〈中國益知社：廣東時期認知戰略〉，第三一二頁。
67. 郭實獵，《東西洋考每月統記傳》，第四〇、一〇一、一〇四頁。
68. 轉引自雷孜智，〈中國益知社：廣東時期認知戰略〉，第三一二、三一五—三一六頁；亦見陳松全，〈傳教士及英商在廣州發動的認知之戰：中國益知社，一八三四—一八三九〉。
69. 郭實獵，《東西洋考每月統記傳》，第一七四—一七五頁（道光十五年五月號）。
70. 《大英國人事略說》，第二—三頁。
71. 胡夏米，《阿美士德號貨船來華經過》，第三二頁。
72. 前揭書，第六二頁。
73. 前揭書，第一〇三頁。
74. 郭實獵，《一八三一—一八三三年中國沿海三次航行記》，第二一七頁。
75. 前揭書，第二三九頁。
76. 前揭書，第二四五頁。
77. 郭實獵，《東西洋考每月統記傳》，第一七五頁。
78. 胡夏米，《阿美士德號貨船來華經過》，第四頁。
79. 許地山，《達衷集》，第六七頁；郭實獵，《一八三一—一八三三年中國沿海三次航行記》，第三三一頁。
80. 許地山，《達衷集》，第八〇頁。
81. 《鴉片戰爭檔案史料》，第一冊，第一一一、一一七—一二〇頁。

82. 道光朝《清實錄》，第三六：三七八頁（卷二二六，葉二一上）；《史料旬刊》，第三三〇頁（第一七期，葉六一九上—六一九下）。

83. 《鴉片戰爭檔案史料》，第一冊，第一二七頁。

84. 井上裕正主張，在廣州的官員與在地學者們的共同立場是，反對如包世臣那樣的「經世致用」學者對於對外貿易的攻擊（《清代鴉片政策史研究》，第八五頁）。

85. 嚴如熤，《洋防輯要》，卷一，葉一一下—一二上，卷二四，葉一上—四三下。

86. 林滿紅，《銀線：十九世紀的世界與中國》，第八九頁。

87. 井上裕正，《清代鴉片政策史研究》，第七九—八二頁。

88. 王章濤，《阮元年譜》，第五八一—五八二頁。

89. 《近代中國對西方及列強認識資料彙編》，第一輯第二分冊，第七六六頁。

90. 《鴉片戰爭時期思想史料選輯》，第二頁。

91. 前揭書，第三頁。

92. 蕭令裕的論文（《近代中國對西方及列強認識資料彙編》，第一輯第二分冊，第七六七頁）記載，有段期間謠言（至少是在廣州中國居民間）稱東印度公司的貿易壟斷將要遭解散。他還提及了郭實獵的出版物每月皆有市價，這點就筆者所知範圍內，應始於道光十三年十月（一八三三年十一月十二日—十二月十日）號。

93. 李柏榮，《魏源師友記》，第一二九頁。

94. 蕭令裕，《記英吉利》，《海國圖志》六十卷本，第四冊，第一八九九—一九四九頁；《近代中國對西方及列強認識資料彙編》，第一輯第二分冊，第七六七頁（作《英吉利記》）；《小方壺齋輿地叢鈔再補編》第七冊，第一一帙。

95. 《近代中國對西方及列強認識資料彙編》，第一輯第二分冊，第七六七頁。

96. 方東樹，《攷槃集文錄》，第二六三頁（卷二，葉四上）。葉鍾進，安徽歙縣人，一八三一（道光十一）年到廣州來，在此撰著他有關英國的論文。他對於新聞紙的註記置於該文本之末，可能是種補充。

97. 郭實獵在其月刊的道光十三年十二月（一八三四年一月—二月）號討論新聞，將其起源歸諸意大利（見《東西洋考每月統記傳》，第六六頁）。一八三三年馬禮遜也在他的《雜文編》（艾莉莎．馬禮遜編，《馬禮遜回憶錄》，第二冊，第四七八頁）中描述了歐洲的新聞紙。葉鍾進討論到輪船機制，像是郭實獵月刊道光十三年十二月號（第四八頁）的內容。

98. 《鴉片戰爭時期思想史料選輯》，第二頁。
99. 包世臣，重印於《鴉片戰爭時期思想史料選輯》，第四—五頁。
100. 葉鍾進，〈英吉利國夷情記略〉，錄於《小方壺齋輿地叢鈔再補編》第七冊，第一一帙，第二—三頁；異文另參《近代中國對西方及列強認識資料彙編》，第一輯第二分冊，第七九〇頁。
101. 《鴉片戰爭時期思想史料選輯》，第一五頁。
102. 蕭令裕，《記英吉利》，《近代中國對西方及列強認識資料彙編》，第一輯第二分冊，第七六七頁。
103. 蕭令裕，〈粵東市舶論〉，《海國圖志》六十卷本，第六冊，第二七九四頁（卷四九，葉二下）；異文另參《近代中國對西方及列強認識資料彙編》，第一輯第二分冊，第七七五頁。
104. 葉鍾進，〈英吉利國夷情記略〉，錄於《小方壺齋輿地叢鈔再補編》第七冊，第一一帙，第二—三頁；《近代中國對西方及列強認識資料彙編》，第一輯第二分冊，第七九〇頁。
105. 彌室羅，《東印度公司的中央管理，一七七三—一八三四》，第一八—三三頁。
106. 《史料旬刊》，第四〇九—四一〇頁（第二一期，葉七六五下—七六九下）。根據馬士，李鴻賓曾於一八三一年一月十六日對據報即將到來的公司解散有所回覆。
107. 《史料旬刊》，第四五〇頁（第二三期，葉八四四下）。
108. 蕭令裕，《記英吉利》，《近代中國對西方及列強認識資料彙編》，第一輯第二分冊，第七六六頁；《海國圖志》六十卷本，第四冊，第一九〇一頁（卷三五，葉二上）。
109. 蕭令裕，《記英吉利》，《海國圖志》六十卷本，第四冊，第一九〇一頁（卷三五，葉四上）；《近代中國對西方及列強認識資料彙編》，第一輯第二分冊，第七六七頁。
110. 蕭令裕，《記英吉利》，《海國圖志》六十卷本，第四冊，第一九〇一頁（卷三五，葉四上）；《近代中國對西方及列強認識資料彙編》，第一輯第二分冊，第七六七頁。
111. 葉鍾進，〈英吉利國夷情記略〉，《近代中國對西方及列強認識資料彙編》，第一輯第二分冊，第七八七—七九二頁。
112. 嚴斯綜，〈海防餘論〉，《近代中國對西方及列強認識資料彙編》，第一輯第二分冊，第七九七頁。
113. 葉鍾進，〈英吉利國夷情記略〉，《近代中國對西方及列強認識資料彙編》，第一輯第二分冊，第七九二頁
114. 蕭令裕，《記英吉利》，《海國圖志》六十卷本，第四冊，第一九〇九頁（卷三五，葉六上／下）；《近代中國對西方及列強認識資料彙編》，第一輯第二分冊，第七六八頁。

115. 《粵海關志校註本》，袁鍾仁〈前言〉，第四頁。

116. 《廣東海防彙覽》（卷三八，葉六二上）。

117. 《粵海關志校註本》，第四五三—四六五頁（卷二三）。

118. 梁廷枏，《海國四說》，第一三二頁；方東樹，《攷槃集文錄》，第二六五頁（卷一一，葉二上）。

第四部分

對外政策及其局限

第七章 鴉片戰爭與英帝國，一八三九—一八四二

衝突激發了清帝國情報蒐集的成長。在鴉片戰爭期間，資訊蒐集與分析的量和範圍，隨著威脅的嚴重性而攀升。英國船艦於一八四〇年夏進入渤海灣，自康熙於一六九〇年在北京以北三百五十公里處阻擋準噶爾領袖噶爾丹進軍以來，這是外敵部隊最接近首都的一次。而如今，清朝發現自己並無招架之方，以迎戰來自海上、針對帝國經濟命脈揚子江口的攻擊行動。當戰事逼近帝國中諸多具影響力的學者與官員的家園時，可想而知此戰役會比帝國史上任何戰爭吸引到更直接且持久的關注。

印度在戰爭所挑起的研究議程中占有重要的地位。危機開端的幾個月中，林則徐（一七八五—一八五〇年）和他的幕僚們在一八三〇年代那些解釋性趨勢事件的影響下，思索著英國財富及力量在亞洲鄰區的泉源，與遙遠的倫敦統治者間的紐帶。如同先前的評註家們般，林則徐傾向於相信：那受到鬆散的海盜聯盟所控制的港腳，不會強力抵抗他的政策。英國遠征軍的到來使這個解釋無效時，朝野各界的學者們開始追索不同的方向。他們問道：在這敵人出乎意料的強大背後究竟有些什麼？如同費正清敏銳地註解的：「對華英國侵略者的動機與力量皆源自英屬印度。」[1] 同時代的中國觀察家們馬上瞥見了這個實情。清朝的官員及學者們不管是從支援戰爭的資金上、發動戰爭的軍隊上，或者

引領英國領導關係的理由上去追溯，都會回歸到一件中心事實：與中國作戰的對手是個帝國，是一種由一個國家駕馭了許多國家的資源的政治結構。印度充當著英國的財務與軍事基石的角色，這一點不但被這些觀察家發覺到了，甚至還被誇大了。在戰爭期間，一如一八三〇年代，不列顛帝國主義的脆弱及其有力，都讓他們印象深刻。對許多評論家而言，印度既是敵人威力的柱石，也是最顯眼的弱點。

察覺到英國是個帝國這個新發現，讓鴉片戰爭期間所從事的研究除了數量增加外，品質上也有特別的變化。就像先前的戰爭般，鴉片戰爭本質上還是局限在一個邊疆：中國綿長的海岸線。可是如果現在正和中國打仗的敵國同時也沿著西藏北上至阿富汗，包圍了清帝國的西緣，那麼該注意的可就不只是海上世界，而也該考慮其他問題了：英國在西藏與新疆邊的位置為何？這該如何影響清朝的攻防廟算？清朝是否仍應傲然兀立地單打獨鬥，或該尋求同盟以合作？這些問題中，有些挑起了對於此前戰略、官僚、地理學思考模式的扭轉與重塑，其他則仍死守著以前的結論。

林則徐對英屬印度之理解的演變

關於林則徐在廣東禁絕鴉片貿易的任務及因之而挑起的危機，已有相當深入詳盡的研究。2 這些研究弔詭地證明了：對於外國情況，林則徐是個創新且狂熱的研究者，在發展有關不列顛及其帝國之新資訊的渠道上做得比先前的官員們都多；但同時他也極大地誤解了其所作所為將會挑起的回應，致使他本人以及清政府在未充分準備的情況下遭到英國遠征軍猛攻。本節重點不在重述林則徐任務那段戲劇性的故事，而是要突顯前此記述幾皆略而未見的重要因子：林則徐的政策抉擇與戰略謀劃方式，乃承自一八三〇年代早期就已出現的英帝國論述理路，以及戰爭後期林則徐遺留的特定謀劃理路，給一個世代的經世思想家帶來的思潮。

到了一八三〇年代末，清廷朝中念茲在茲的都是那棘手的鴉片問題。一八三八年六月二日，皇帝正在思考著黃爵滋上奏的一份奏疏。就這份極其悲觀的奏疏來看，很不像會挑起一場戰爭。才不過在一八三五年，黃爵滋還相信解決鴉片問題之道在於以強力手段對付外國鴉片貿易商及與之合作的本國內奸。然而如今他卻否決了對抗式策略：杜絕合法海上貿易並不能為清朝贏得多少籌碼，因為非法鴉片貿易規模太大；嚴格查拏興販亦不可行，因為鴉片利潤腐蝕了基層職務之執行。黃爵滋回過頭來主張，在經過充分警告的戒煙時限後，若還有上癮者堅持吸食鴉片，便置之重刑。沒了消費者，該項貿易自然就萎縮了。

下令高官們就該項議案各抒所見後，道光皇帝所獲得的回應只有八件堪用，其餘二十一件則或失之不公，或窒礙難行。少數獲認可的回應中，有一件是為官有廉能之譽的湖廣總督林則徐所提出的。林則徐對此議案迅速回覆，顯示了他深悉鴉片貿易，且他的轄區內在對付鴉片交易網路上採行了有效行動。十一月九日，道光召其入京，象徵他將成為負責在廣東實行厲辦鴉片新規的官員。[3]

儘管黃爵滋的焦點在內部，但對於鴉片問題，最明顯的解決之道，乃是切斷外國供給與國內邊疆批發商間的聯結。但這件事真能在不開戰的情況下辦成？早在一八二〇年，就已有兩種立場各自成立。某些人（尤其是有過在廣東之經歷者）恐懼著若在對外貿易上陡然生變，恐將擦出不可收拾的衝突。其他人則爭之以中國操其勝券，此事不過為外夷氣焰及膽怯或漢奸評述者所隱而已。如同黃爵滋在一八三五年所主張的，只有辦理不善或畏縮隱忍才讓英吉利來嚇唬中國。一八三〇年代對於英國的新研究，似乎認同清朝握有決定性的經濟籌碼。這些論文的作者們與高官阮元或傑出經世學者包世臣及魏源（他在一八四二年持有這些著作）都有聯繫，而看起來他們似乎也有著廣大的讀者群。

林則徐在對英國的研究上與時俱進。一八三七年在湖北，他聘雇俞正燮為幕僚，請他校訂《海國紀聞》（想必就是李兆洛那份今軼版的《海錄》）。[4] 林則徐可能從該書中知曉鴉片並非來自英國本身，而是來自其海外控制的領地。一八三八年二月一日，兩廣總督鄧廷楨（一七七六—一八四六年）與粵海關監督等合奏稱，沿海外二十五隻鴉片躉船中，「以暎咭唎所屬之港腳為多」。[5] 該年十月鄧廷楨在其所列之囤販鴉片四地方中，則不計入暎咭唎本身，而是「暎夷所屬之港腳」。[6] 鄧廷楨每當提及主要鴉片經紀人喳噸（William Jardine，或作喳噢、渣甸）之所屬時，輒稱之為「暎咭唎屬國港腳夷人」。[7] 當道光於一八三八年徵詢林則徐關於鴉片問題的意見時，這項資訊也傳達到在武昌的林則徐那裡。居於該城他處的護理湖北巡撫張岳崧，在他的覆奏中評述稱「凡夷船之帶鴉片者，港腳為多，暎咭唎則十之二三」。[8] 林則徐對黃爵滋議案的評註，則把這項評估推得更遠，強調其政策意涵：「臣又嘗遍訪鴉片來由，實皆港腳奸夷所帶，與暎咭唎國之修職責者殊不相涉。不過狡黠市儈，各牟各利，並非有總匯之處，主使之人。」[9] 因此，打從林則徐開始奉命參與構思鴉片政策起，他就相信鎮壓並不必然意味著會與英國政府起衝突。

林則徐於十二月二十六日抵達北京，翌日即開始與道光帝的一系列晤談。道光欽點林則徐為欽差，命其節制所有廣東省水師，並賦予林則徐權力，使之得以與地方官分頭各自辦事。這等於是藉此批准了在鴉片問題上與外國政府間的決定性攤牌，且願意支持在必要時動武。如同林則徐後來在一八四〇年的一封信中所回憶的，「惟時聖意亟除鴆毒，務令力杜來源。所謂來源者，固莫甚於暎咭唎也。侍（林則徐自稱）恐一經措手，而議者即以邊衅阻之。嘗將此情重疊面陳，奉諭斷不遙制」。[10]

林則徐在動身往廣州時，還相對樂觀地認為自己能在這場衝突中獲勝。在北京，林則徐的友人龔自珍（一七九二—一八四一年）曾致信林則徐談及對惑者之反駁。龔自珍警告說，某些「迂誕書生」或許會主張對待外夷應寬大而非用兵。然而在廣州，林則徐將不會面臨這些批評者心中所想的陸路用兵。他的任務是守住沿海，驅逐夷人或將奸民就地正法而已。不用徹底摧毀對方遙遠的家鄉，甚至連海戰都不必。從而縱有任何小戰鬥，又豈是「於陸踣開邊釁」之比。林則徐讚許龔自珍的論點，稱之為「原則堅定」。[11] 林則徐之所以願意冒上開釁之險，很可能與他自認只會面對無組織之港腳商的想法有關。

林則徐已做好與外國人打交道的準備。伴他往廣州的隨行人員中，有一位名叫袁德輝。袁德輝曾在檳榔嶼的天主教學校學過拉丁文，在麻六甲英華書院學過英文，於一八二七年回到廣州。一八二九年，透過洋行商人的仲介，袁德輝成為理藩院的通譯，處理與俄羅斯間的拉丁文通訊。據威廉・亨特所述，袁德輝曾於一八三〇年與一八三八年兩度回到廣州購買外國書。[12] 想必林則徐之引進袁德輝作為與西方人交流的可信幕僚，是為了繞過可疑的洋行商人及其通事。

林則徐抵達廣州時，對英國—港腳關係的理解，可以充作他觀點發展的基準。他認為從事鴉片貿易之人乃是為一己私利而工作的私商，只不過在名義上為英國政府所控制而已。這一點從他給英國女王維多利亞的第一封照會稿中可以清楚看出。一八三九年三月十八日，威廉・亨特收到那封照會稿的英文版，離林則徐三月十日到達廣州的時間還不及一旬。[13] 一八三〇年，盧坤與李鴻賓曾認為命令外國統治者行不通而拒採此策，可是一八三五年黃爵滋在他的奏疏中卻提議清政府「檄知該夷國王，嗣後夷船不准裝載此物（鴉片），如違即照漢奸治罪」。[14] 另一名官員也在一八三六年力促此一政策。[15] 林則徐同意了，他回憶稱自己已「請頒發檄諭，曉示外夷」。[16] 由於袁德輝在抵達廣州後，未幾即給了亨特該照會的英文版翻譯，他有可能就為了這個目的而跟在林則徐的隨員之中。[17] 林則徐的照會，表現出他確信鴉片交易違反了在倫敦的英王朝之意願：「此等毒物，係貴國所屬各部落內鬼蜮奸人私行造作，自非貴國王令其製賣。」[18] 從林則徐與鄧廷楨之前的奏疏判斷起來，港腳就是語氣中主要的「所屬部落」。對林則徐而言，鴉片貿易乃是英王朝監管鬆散的結果，並非其積極鼓勵的產物。

林則徐一到廣州，就持續蒐集有關鴉片貿易及其外國援助者的情報，以之補充他先前於湖北、北京，以及南下旅程中（當中在南昌他遇到過那位消息靈通的包世臣）所查得者。當林則徐於一八三〇年代任江蘇巡撫時，有一位郭桂船曾令他相當賞識。郭桂船後來也加入了豫堃的粵海關署成為幕僚，他的責任之一，是幫《粵海關志》的總編負責人梁廷枏抄錄署中文牘。聽聞林則徐即將到來，郭桂船請梁廷枏從《粵海關志》中摘錄與海關切要之事，獻給林則徐。於是一部文檔「巨帙」，就這麼在林則徐到來時獻給了他。而梁廷枏則遷宿於鄰舍「以備行轅」。[19] 林則徐也請求廣東巡撫怡良（歿於一八六七年）送他一部阮元的《廣東通志》，並徵引《海錄》中暎咭唎條的內容（陳倫炯《海國聞見錄》的部分內容，收錄至梁廷枏的《粵海關志》中）。[20]

林則徐在蒐集新材料上最具膽識的努力，則是他決定用袁德輝及其他中國助手來幫他翻譯英文書報。他的團隊中，最優秀的成員是梁秩（字進德）。梁秩是新教皈依者、傳教士梁發之子，曾為了準備翻譯《聖經》，自一八三〇年代初起在美國傳教士裨治文（Elijah Bridgman）底下學習過英語、希臘語以及希伯來語，還曾經在麻六甲及新嘉坡住過一段期間。到了一八三五年，梁秩已經「在英語語言上有著尚可的知識」。[21] 另一名譯者阿文（Aman）(1) 有一半的孟加拉血統，曾於塞蘭布爾（Serampore，Śrīrāmpur）在英國傳教士馬士曼底下學習過，且輔助其將《聖經》翻譯為漢語。[22] 阿文有可能就是溫文伯。在林則徐所蒐集的溫文伯的證詞中，記錄溫文伯曾一度在孟加拉，後來回到中國「已近三十年」。[23] 第四名譯者廖阿思（Lieaou Ah See，音譯），以英語名「威廉．博特羅（William Botelho）」聞世，在回到中國之前曾於一八二二至一八二五年間在一所康乃狄克基督教學校（Connecticut Christian school）就讀過。[24] 某些譯者身兼報導人，而證詞的蒐集則來自其他前僑民那兒，包括一位曾造訪過英國的容林。[25]

林則徐對這項翻譯計畫默而不語是可理解的。他的譯者們全都在國外住過（三名是在英國殖民地），且若非受過傳教士教育，他們也不會有能力閱讀英文。換言之，這些譯者都符合包世臣、黃爵滋等所表達出來的漢奸的標準形態。即便在中國文檔中不曾提到梁秩與阿文幫助過傳教士，他們也都有可能因之而遭控訴。而且，林則徐用了這麼一個可疑的團隊來翻譯源自外國的材料，其所包含的情報都難說是百分之百可信。因此，林則徐在官方奏疏中對這些翻譯幾乎完全避而不碰，也不太把這些人呈報給皇上。他本身對於藉此手段所產生的情報之價值也有所保留。在廣州的第一個月，在一封致怡良的信中，林則徐勾勒出他意圖把既存的翻譯統訂數本，供怡良參考，但也警告了「其中頗多妄語，不能據以為實，不過藉以採訪夷情耳」。[26] 後來林則徐向將到任的欽差奕山（一七九〇—一八七八年）描述到新聞紙（報紙），說新聞紙是種英國藉以在廣東與該國間傳遞資訊的手段，將之類比為中國用以宣布政府事務的塘報。但他又一次提醒著得拿出批判的態度：「雖近時間有偽托，然虛實可以印證，不妨兼聽並觀也。」[27]

(1) 姑從粵語對音作可能音譯（粵語「文」讀若man陽平）。若依官話音或可作「阿滿」，似非「亞孟」。

在林則徐的眼中，新聞紙的好處之一，在於其翻譯可以不用透過傳教士作中介。如同他向奕山解釋的：「彼本不與華人閱看，而華人不識夷字，亦即不看；近年雇有翻譯之人，因而輾轉購得新聞紙，密為譯出。」[28] 林則徐手頭就有一篇從英文地方刊物翻譯過來的文章，推崇他先前的翻譯——可是他修辭上的目標，乃是為了把他自己的產品與外國人準備給中國人用的記述區別開來，即是把真情報與宣傳分開。[29] 商賈與海外華人已經是一面單向鏡子，只許西方人探查清朝的情況，卻不曾對等地給予中國官員有關外在世界的情報。林則徐如今試著用這些潛在的漢奸，來看透另一個方向。當然他還是決不全面或盲從地倚賴這個方法。而且，如同茅海建所觀察到的，林則徐似乎選擇性地使用這些情報，來支持他自己對事件的解釋。[30]

林則徐所用的一項最終情報材料，是對外國報導人做訪談（含自願與非自願）。最晚在一八三九年四月，他寫信給怡良談到兩名孟加拉人遭船難，漂泊至福建。林則徐很清楚孟加拉是個鴉片產地，便希望訊問他們有關鴉片如何栽種製造、每箱成本多少、其所產得稅利多少這些問題。[31] 六月十日，林則徐派員詢問美國傳教士伯駕（Peter Parker）有關地理學等議題。[32] 六月十六日他向美國人裨治文與查爾斯．京（Charles King）索討了「地圖、地理學，以及其他外國書籍」。[33] 他也向八月六日捕來的一名英國囚犯士丹頓（Mr. Stanton）問了有關「各外國與政治」的問題。[34] 某位遭林則徐短暫拘禁的喜爾醫師（Dr. Hill）觀察到了：迄至十二月，林則徐已經持有一部有關中國之概述（有可能是德庇時〔J. F. Davis〕的作品）以及一名英國牧師譴責鴉片交易的部分譯文。林則徐把這些為他準備好的譯文仔細反覆查覈，同時持有伯駕及一位華人譯者各自獨立對滑達爾（Emer de Vattel）之《萬國法》（*Law of Nations*）的譯文。[35]

林則徐的情報蒐集，使他相信堅定的對策不可能會挑起與英國本身的大戰。他依據這條信念來行動，而最初的那些事件也證實了他的觀點。三月十八日，他抵達廣州才近乎一旬，就下令讓外國商人把所有珠江三角洲附近躉船內的鴉片盡數呈繳，且簽具甘結合同，發誓再不興販該項商品，否則處死。三月二十四日，由於對外國人的回應不滿意，林則徐封鎖其商館。三天後，英國商務總監義律（Charles Elliot，一八〇一—一八七五年）命令他的國人們繳出其鴉片，轉交給中國當局。五月五日，林則徐對於他實際上收得全數鴉片感到滿意，飭令外國人除少數仍羈留外，其餘皆可釋放。五月二十四日，少數剩餘的人與義律一起離開廣州到澳門。最後的鴉片於六月二十五日銷毀。儘管具結一事猶未了結，看起來林則徐對這些外強中乾的外國人及其中國盟友，在雷厲風行的行動面前會立即崩潰的預測正確無誤。

事實上，林則徐的推測有誤，可是倫敦方面的反應花了一年以上才表現出來。義律以他本身的監督權下令把鴉片繳出給林則徐，並藉著製造這項交易，使清朝徵收英政府的財產變得具爭議性。一八三九年四月十六日，還在拘留中的義律寫信給印度總督，要求派戰船到中國。這件訊息在五月二十五日到了喜馬拉雅山麓的西姆拉（Simlā）。八月底，英國海軍部飛馳號戰艦（HMS *Volage*）(2) 已抵達印度。大約同一時間，義律四月間寫的信——向外交大臣帕麥斯頓（Palmerston）勳爵要求以兵力回應中國——也已經送達倫敦。十一月初，帕麥斯頓開始集結遠征軍，到了一八四〇年二月，義律在一封密信中獲悉此事。五個月後的七月，英國遠征軍發動其鴉片戰爭中第一回合的重大行動，奪占舟山群島的定海。[36]

(2) 譯名參考馬幼垣，〈清季篇．鴉片戰爭期間的侵華英艦〉，《靖海澄疆》。

在這麼長的一段期間內，林則徐一直相信他的戰略根基牢靠，而且所面對的不過是外港商人，並非英政府本身。如同林則徐之所知，鴉片並不是英國的產品，其貿易商不具公職身分，其栽種與販售都是私人行為。這裡引用格林伯那恰到好處的話，東印度公司之生產鴉片乃是「在印度精煉其成長技術，並在中國與它撇清關係」。[37] 對清朝當局而言，義律身為英王的代表，已讓其本身與鴉片貿易保持距離，堅稱倫敦方面並不管轄此事，且在一八三七年否認義律或他的上級對之有「正式的認識」。[38] 林則徐也曉得在廣州以及英國的傳教士間對此項貿易的道德立場。在一八三九年六月中，緊接在與伯駕的訪談之後，林則徐上了一份依據「訪察夷情」而得的詳盡奏疏。他特別指出鴉片交易的首要源頭——港腳，由三個暎咭唎所屬的港口所組成：嗌喇喇（孟加拉）、嗌嘪（孟買）、嘜噠喇嚧（馬德拉斯），距暎咭唎本國尚有兩月路程。根據林則徐的情報，走私鴉片者不僅違反清朝禁令，更違反命令他們避免在中國滋事的外國法律，因此他們也容易在本國遭受重刑。[39] 研究也強化了他當初與道光晤談的預設：鴉片問題背後只有奸商在作怪而已。

如同先前各章節已解釋過的，港腳這詞，是個在廣州所書寫的官方文檔中常用以指英屬印度的泛稱，有時候也會發現該詞與其他個別區域或口岸，諸如孟加拉及孟買等名稱用在一起（就像此處）。在一八二〇年代，基督新教傳教士已經釐清了英國統治這些土地的事實。到了一八三〇年代，中國的論述家們則已經指出了港腳指的就是印度或天竺的一個區域。英國官員的漢語移會也提及了印度：駐東印度皇家海軍指揮官馬他倫（Frederick Maitland）在一八三八年來到珠江三角洲時，描述他在海軍上的職務為「管理印度全海等處水師軍務」。[40] 然而林則徐卻是第一個在官方通訊中引入港腳—印度聯繫的人。他在上呈的一份義律稟文之譯文中，提到了「印度之港腳屬地」。[41] 到了一八三九年八月左右，林則徐停止再提港腳，只說到「印度」以及該區內的具體地點了。

林則徐一直相信在印度鴉片貿易商與英國本土間有隙可乘。在一八三九年八月三日的一份奏疏中，他呈請皇帝批准他第二份漢語版致英王檄諭稿。這份詳盡的稿子藉由伯駕、喜爾以及林則徐的一名通事之手，送到英國人那裡。[42] 該檄中林則徐一直假定英王朝無罪，提醒稱英國船隻的義務在於服從其對本國政府的承諾，不去碰鴉片，而倫敦當局並不知曉英國船隻無視這項保證的事。林則徐又進一步指出，英國本身不產鴉片，而鴉片則來自「所轄印度地方，如嗌啊啦、嘜噠喇嚹、嗌嘪、叭噠嘷（巴特那）、嘫嘷（瓦拉那西）、嘛吣哇（摩臘婆）等處」。[43] 儘管在外交意願上，林則徐希望提供維多利亞女王一個否認有罪的臺階，他的實際評估卻是更加現實的。從一八三〇年代中起，廣州的觀察家們就已經認識到，就利潤而言，商人們在不受正式監管下積極行動，而英王只不過是相對消極的接受者。林則徐同意了此觀點。根據一名親近顧問梁廷枏所述：

> 〔林〕則徐探知夷埠煙稅最重，歲留充孟阿臘經費，有餘盡收歸國庫，王享其厚利久矣。今中國雖禁絕吸食，而來源未斷，是當責諸其王。王果恭順天朝，即宜在彼先禁栽種，此後私產不前，庶可永享樂利。[44]

英國女王雖非鴉片產品的首要原動者，卻仍默認並獲得其中一份利潤。在林則徐所想，她或許會為了保護與中國間的合法貿易，而放棄鴉片這項產品。

直到英軍攻至定海前，林則徐都還不曾認識到英國回應的力道。在軍隊到來之前，就連可得的英國新聞紙也不曾明確表示戰事不可避免。[45] 只有謠言曾警告過他會有一支報復性打擊到來，而許多觀察家（包括林則徐）輕視這種謠言，覺得這是種恐嚇清朝官員的戰術。再加上這些謠言又與他研究所發現的相矛盾。他在一八三九年夏向道光帝稟報稱：

況所來貿易之人，不過該國之一販戶，並非貴戚達官。即鴉片亦皆私帶而來，更非受命於其國主。且自道光十四年（一八三四）公司散後，一切買賣均與其國主無干。[46]

在九月一日的一份奏疏中，林則徐解釋說，東印度公司於乾隆年間設立，是英國政府為彌補軍費用的生利工具，又由於商人不服而終於在一八三四年撤去。更重要的是，林則徐指出，如今英國的統治者是一名二十歲的女性，在位經驗只有四年，而且還（根據林則徐的材料）對她那野心勃勃的叔叔憂心忡忡。[47] 如此這般，她根本無暇處理帝國事務，放任英國失去中央控制。林則徐的評估幾乎就是前此葉鍾進與顏斯綜的說法：

惟其貿易夷商，向在他國，往往爭占馬頭。雖無國主之命，亦可私約兵船前往攻奪。得一新地，則許出資之人取利三十年，乃歸其主。故於貿易之處，輒起併吞之心……占得一處，則以夷目鎮之。[48]

總結來說，林則徐處在清朝地理學思想的最前沿，相信著英國的口岸網路乃由商人及海盜軍官在大範圍的操作下所營運，而其國主則被動地收取些利潤。

這項詮釋也能解釋來自印度的海軍船隻。英國海軍部飛馳號的到來，並不表示整個英國政府對中國犯下戰爭之行。這毋寧是英帝國外港間的非正式交易：「即使私約夷埠一二兵船……並未奉該國主調遣。」[49]一八三九年十二月時，林則徐還是維持這個看法，他說明道「其主若臣，未必周知情狀」，認為當英國政府發覺其與中國之整體貿易受危害時，將會捨棄義律的政策。[50]即便是在一八四〇年六月的時候，就在英國遠征軍出現在中國水域前夕，林則徐都還一直相信著前來的只是小股印度兵：

探係該國嗑啊啦等處夷埠，聞知內地辦煙嚴緊，銷路日稀，而夷埠新舊煙土存積累累，不肯輕棄，是以減跌價值，用三桅大船滿載而來。而奸夷遂藉以揚言恫喝……[51]

林則徐在一八三八年認為清朝面對的是個鬆散的野心商賈聯合，他在廣州所見聞到的也沒什麼可以在根本上動搖他的觀點。

這樣的詮釋架構，有著嚴重的戰略後果。透徹鑽研清朝鴉片戰爭期間之政策的茅海建表示，林則徐所犯下最大的錯誤，持續相信英國軍事準備的報告是「虛張」、「恫嚇」、「謠言」。他相信只有小股兵力的義律，仰賴的是清朝官員對於因開邊釁而受罪的恐懼。如同茅海建有力地主張的，林則徐得在許多彼此衝突的報告中做出選擇，就算是他那些翻譯自英語的材料也一樣；而且他基於自己對英國政局的預設概念，以及他所願聽到的消息來詮釋情報，是再自然不過的事了。[52]

這種詮釋觀點並不局限於林則徐一人，在英軍到來後也並未斷滅。一八四〇年七月末，另一名官員奏報說，傳聞稱英國控制下的夷埠兵船意圖大舉。[53]一八四〇年九月十三日，署兩江總督裕謙（一七九三—一八四一年）奏報稱，在林則徐猶未抵粵之前，英國於一八三九年三月三日流傳著一份在倫敦撰作的文檔。裕謙推論稱，英國遠征軍並不代表英王對林則徐措施的回應。他奏稱：「該國兵船向泊離粵二萬餘里之噶呷喇、萬打喇沙（馬德拉斯）等處，專為販煙而設，皆聽義律調遣。該國王僅知收稅，不理軍務，則今之勾結謀逆……皆係義律所為，而非該國王所遣，已可概見。」[54] 一八四〇年，琦善（歿於一八五四年）取代林則徐，負責與英國交涉。當琦善建立了他自己的情蒐行動時，也同樣發現到英國擁有大量屬國，這些屬國可以調撥兵船。而琦善也如同林則徐般，強調英國政府那鬆散的監督與微弱的中央控制。據其派員調查，英國乃由一年輕弱女子所統治，對於涉外事務不感興趣，放任二十餘大族出仕權臣，經營國政。他總結道，某些沒收的鴉片就屬於這些權臣，因此才引爆了英國的侵略。[55]

帝國、財務、種族以及清朝戰略

戰時的各事件，最終顛覆了所謂英政府不完全支持入侵的假設。這非但未轉移放在印度的注意力，反倒扭轉了印度的重要性：印度不再被呈現為一個弱小且組織鬆散的港埠聯合，反而漸漸被視為是得以在軍隊與繫命之稅賦利益上支撐英國的富有領土。實際上，印度漸漸被當成是英國力量的樞紐。一八四〇年戰爭認真開打後，英屬印度對清朝官員及私家評述者而言，益發耀眼。在許多人來說，看來就是一小部分英國軍官，指揮著一大批的印度士兵（敘坡兵）隊列。清朝觀察家在衡量他們的敵人時，很快就注意到這個多種族英帝國的潛在財務與軍事弱點。

在戰前，中國就已經知道英國對敘坡兵的倚賴了：早在一八〇八年，英國占領澳門時，就有人觀察到孟加拉兵員，而謝清高一八二〇年的《海錄》也提及了士兵之招聘。然而，這些參考資料很少提及聯結印度士兵與英國人之間的紐帶。戰爭爆發時，敵方職階的組成大受矚目，而新的情報渠道也就此開啟。其中一項就是翻譯。在林則徐的指揮下，休．慕芮（Hugh Murray）的一部地理學作品被帶進漢語中，闡明了英屬印度軍事力量的基礎。其原文說：

> 在效用上，敘坡兵（英國軍官所指揮的印度部隊，受過歐洲方式的訓練）可以說幾乎與純英軍部隊等同；而且，只要不做些什麼事去衝擊到他們的宗教與偏見，他們也同樣忠誠。他們的兵數總量有十八萬一千五百一十七人。東印度公司所保有的純歐洲人部隊不超過八千人，可是在印度總得用到一大批國王的部隊；現在這些部隊有約二萬人。[56]

林則徐的譯者把這摘述成下列概要：「統敘坡兵十八萬一千五百一十七名，英吉利兵八百名（英文按語：原文如此），蘭頓（倫敦）王家兵二萬名。」[57] 雖說譯文遺漏了敘坡兵的訓練模式以及相對效率，讀者至少能知道英軍組成並非單一。

俘虜們也提供許多信息。戰爭開打後，落入清軍手中的俘囚裡，印度人的樣貌特別顯眼。早在一八四〇年六月十二日，閩浙總督鄧廷楨就已奏報稱，他的軍隊抓到了兩名印度水手。[58] 開戰最初幾個月的其他囚犯，包括分別在不同情況下遭拿獲的馬德拉斯砲兵之安突德（Peter Anstruther）船長及八名印度水手。[59] 一八四〇年八月，士丹頓則在廣州與兩名印度人一起被俘。[60] 一八四〇年九月十五日，雙桅橫帆船凱特號（*Kite*）遇難後的倖存者亦遭俘，包括十名印度水手與一名印度廚子。儘管英國人對這些印度俘囚的身分記述很模糊，但伊里布（一七七二—一八四三年）的上奏則列了份詳細的清單。一八四〇年九月二十八日被清朝監禁於浙江的二十九名囚犯中，有十四名是印度人（十名來自孟加拉，四名來自馬德拉斯）。當中有五名是水手，兩名廚役，一名雇工，其餘六名則為兵丁；最年輕的十五、六歲，最老的四十歲。[61] 後來有兩艘船於戰時在臺灣遭難（見下文），其被俘者多半都是印度人。

管理一批雇傭敘坡兵的成本令清朝官方感到震驚。早在一八四〇年，林則徐就主張雇兵與購買補給物資的負擔將會使敵人的財務難以久支。[62] 更加強調地針對此點作出估計的，則是經世學者魏源。魏源透過友人的中介，得以「親詢」寧波之俘虜安突德，這很可能是以安突德的通事隨從，即囚犯布定邦為中介。[63] 把安突德的證詞與其他材料合併參照後，魏源寫下了他對英帝國的短篇描述《英吉利小記》。或許是由於這名囚犯任職於東印度公司的部隊，訪談後的魏源心中充盈著浮誇不實的印度戰略重要性。根據魏源的發現，英國在透過貿易增益其資源之前，不過是個略肖中國之臺灣的小國。貿易過程中只要遇上弱國便將之擊敗，使其若非降服為「屬藩」如孟買、孟加拉，則遭奪踞為「分國」。這些領地往往大於本國，走海路有多達六個月行程的，英國則駐兵防守且設官收稅。魏源記載，雖然英國每年產值有二百五十餘萬番銀圓的收益，其各屬國則每年計產千二百餘萬，差不多是本國的五倍之多。這些資金隨處支用報銷，並不解回本國。關於英帝國的鴉片財務：藉由種植鴉片且行銷中國，孟加拉年收六百萬，孟買年收三、四百萬，故而印度鴉片提供了英國總收入約三分之二。魏源計算道：利用這些收益，英國得以用每兵歲餉番銀七十二圓的價格養兵十九萬。[64]

即使是那些不曾接觸過安突德的人，也毋庸他人提醒印度人在英國職階中那突出的角色，以及因之所生的戰術、戰略問題。很顯然印度人部隊充斥在低階位置，而他們的歐洲人指揮官並未善待他們。裕謙在一份奏疏中報告了英軍死亡相繼，提到了「不甚愛惜，病不醫調，死即拋棄之黑夷」。[65] 對這層級的覺察，影響了清朝的官員們。一八四〇年夏，就在英國艦隊抵達後沒多久，林則徐懸賞殺死「白鬼」一名可得洋銀一百圓，但殺死「黑鬼」一名則只獎賞洋銀五十圓。[66] 在浙江，裕謙提供給生擒「白鬼子」的賞銀也是「黑鬼子」的兩倍。[67] 護理浙江巡撫宋其沅曾抱怨稱，前任浙江巡撫烏爾恭額在發現黑夷捉拿甚易之後，就取消了拿獲黑夷的賞銀。[68] 類似的差別待遇也發生在俘虜身上。與許多印度水手一起被囚於寧波的約翰．斯葛特（John Scott），觀察到中國官員們「總是很清楚地區別白人與有色人」，並注意到比起對白人囚犯來說，中國人「對待他們（即印度水手）更為嚴厲」，例如要求印度水手直至釋放前不久都得身負鐐銬，而英國囚犯則早早就解開了。[69]

了解到領導地位乃由英吉利人所壟斷，清朝官員們對英吉利人的詰問就比印度俘虜更緊湊了。然而，必要的時候其也有可能會與印度囚犯交流。斯葛特記錄了他那些被逮於寧波的人促成了一名能說孟加拉話的中國通事（想來是種混雜語言的形態）的到來，也可在他處獲得配給那些印度水手囚犯的類似的通事。[70] 另一名官員在質問印度俘虜時用了兩名素曉「回語」（此處或指波斯語）的回民軍官。[71] 亨特描述了一八三七年在廣州，由一名只能說幾句孟加拉話的港腳船買辦對一名印度水手做的一次假詰問，顯示了這種討論可能非常不熟練。[72] 然而，語言障壁且不論，多半的印度囚犯也無法提供清朝官員們所需的英國動機與戰爭計畫的詳細調查。那六名在凱特號船難之前被伊里布監禁的印度水手，只說了他們是孟加拉人，受雇在英國船服役，並非兵丁，「亦不知噗夷來浙情由」。[73]

英國對敘坡兵之倚賴引發了一項疑問：軍官與兵丁間的紐帶是否能切斷？早在衝突時，宋其沅就力促他的上司伊里布藉由以「黑」部隊為目標，來孤立「白」英吉利，主張「黑夷為白夷之爪牙，日去其爪牙，白夷自必勢孤膽怯」。[74] 隨著清朝官員愈感情急，他們便投注更多心力在利用假定的種族衝突的方法上。第一步乃是辨識出非英國部隊與其軍官間的紐帶。一八四二年四月二十四日，奕經（歿於一八五三年）盤詰了英國及印度囚犯，並奏報說攻擊浙江的那一萬七、八千人的軍隊「並非一國之人」，而是「由各處湊集雇募前來」。[75] 道光要求釐清這點，觀察到除了英吉利人與克什米爾人之外，英國部隊還包括了孟加拉、大小呂宋（即西班牙與菲律賓）以及雙鷹國（奧地利？）人。皇帝希望能弄懂兩點：第一，這些雇傭的兵丁是帶兵頭目私相號召，抑由該國王徵招之使來？第二，這些部隊是否被其裹脅，抑或許以重利？[76] 奕經奏報稱，他的嘆咭唎囚犯告訴他，此次來浙之兵均係該國王所調，只有嘆咭唎人當兵，其餘各國人乃商船雇工，是帶兵官私下雇來充僕役及水手的。[77] 這位滿洲指揮官發布了公告，承諾印度人只要不曾向清軍開火，必獲寬大處置。[78]

其他地方也有意圖誘勸敘坡兵離棄英國人的情況發生。一八四一年末，在重奪定海後，英國觀察家們發現有漢文標語牌（他們認為是裕謙所為），陰謀離間印度人背叛英國。根據這個計畫：

當指揮官們侵吞了所有的戰利品時，黑人們（譯按：指印度人）為別人冒著生命危險也得不到什麼好處。每次接戰他們都得首當其衝，死傷慘重；他們常為此帶淚抱怨，顯示他們根本不願為這與己無干之事打仗。此故，為引發敵人職階中之兵變，我們應寬大對待這些人……以秘密理解他們將向我們投降而離棄他們的指揮官。[79]

一八四二年七月底，盛京將軍禧恩奏報稱，他聽聞嘆咭唎軍乃各地部隊之混合體，包括天竺、呂宋以及佛喃，或被威脅，或為利誘，或以詐邀。故而禧恩提議應該在非英國部隊間散布檄文，勾勒出其不是之處，且承諾寬大。若該項訊息能由與天竺等國素通貿易之中國商人剴切曉諭，非嘆咭唎部隊將會了解到其愚昧而撤退。再搭配上嚴厲封鎖以飢困嘆咭唎人，禧恩希望一旦這些他國協助者無從求食，他們將「始知幫助之非計，自必嗒然而返；是該逆（嘆咭唎人）雖求助於鄰，能使鄰夷不為其所用」。[80] 道光同意這項戰略，觀察到英方全軍乃受迫以威利之「糾合」而非「真心」相助，關鍵在於「俾不為逆夷所愚」從而「孤」暎咭唎軍之勢。[81]

清朝對於印度人願意為英國人作戰深感困惑與驚愕，導致其對敘坡兵及營中隨從的輕蔑。對於利用他們的政治命令，印度人那種莫名的忠誠，被歸因為欠缺智慧。因為幫助英國人而成為囚犯的布定邦，被賦予向一名孟加拉隨營者取供詞的任務。在一番前言後，布定邦向清朝官員們解釋說，在孟加拉住有三種人，「上白」、「中白」、與「黑夷」：

> 上白人及中白人肉色皆白，人亦伶俐，黑人極愚蠢。紅毛（英國）船過孟加喇，即買黑夷到船使喚……亦有擄去的。皆令學習當兵，不能當兵的，即在船供應打掃雜役。[82]

戰後不久，耆英（歿於一八五八年）上奏了他詳細研究英國戰力的結果。耆英解釋說，暎咭唎的兵丁可以分為兩種，「白」者乃暎咭唎本國之兵，「黑」者係暎咭唎屬國孟加拉、孟買等處之兵。武官與兵丁在四十歲以前都不娶妻室，是以無所瞻顧，臨敵爭先。然而這些「黑」兵丁有其相異之特質：「黑夷多力性愚，罔知趨避。夷酋役之如奴僕、畜之如犬馬——彼竟聽其指嗾，甘為效命。亦理之不可解者。」[83] 如同我們將會看到的，戰爭期間的其他地方也做出了類似的評估。

把當代分析範疇用在清朝官員的行為上必須小心。我們很難衡量清朝對於英帝國中印度人的角色，是純粹出自基於英國人對待敘坡兵的經驗，或是反映了預存的種族偏見。馮客（Frank Dikötter）主張帝制中國裡「在一個很早的階段，精英便發展出了一種白—黑的兩極區別」，而「『黑』與『奴隸』的等式」在西方人到來之前，就已經在中國發展起來了。[84] 韋棟（Don Wytt）接受這個觀點，認為其在帝制晚期仍屬有效。[85] 魏斐德一九六六年的文章，假設廣東人有著「對『黑』印度部隊的種族敵對」。[86] 珠江三角洲肯定對澳門的「黑奴」久已熟稔，且在皇家權威作品及新近的地方志中都曾提及。[87] 由於印度敘坡兵被簡單地描述為「黑」，而這個泛用詞同樣可以用在非洲人與某些東南亞人身上，先前在澳門的白—黑關係也有可能影響了他們的認知。[88] 儘管如此，在更和平的時期裡，沒什麼證據表明清朝官員們對待在中國的印度人會比對歐洲人要差。還應該注意到的是，在清朝官員議及外國人與叛軍領袖之漢人農民基層支持者時，也普遍用上了「蠢」這種修辭。

我們同樣也不應把清朝離間英軍的意圖，充作其與印度團結之證據。在尚未將「亞細亞」這種地理學概念內化之前，在還不具備在西方帝國主義面前之中國地位可與其他國度類比的感知之前，一八四〇年代初的清朝官員們，對於後來在本世紀中影響中國知識人對印度的觀點之泛亞洲主義（pan-Asianism）或反殖民主義，還不具備概念上的基礎。被俘獲的印度人似乎是被當成英國人的低階幫兇，實際上所受的待遇比起他們的主人也不算寬大。勸誘印度人的意圖，只不過是對於英軍中那明顯不平等現象的務實反應而已。

在臺灣，落入清軍手中成為囚犯的印度人數目最多。兵備道文官姚瑩與總兵武官達洪阿在對待這些印度人上，提供了對清朝政策之複雜源流的個案研究。[89] 一八四一年夏，據英方紀錄，輸送船納爾不達號（*Nerbudda*）擱淺於臺灣北海岸。甲板上的二十一名英國人棄船後，留下了兩百四十名印度人。當中有七十名是印度水手，另外一百七十名則是轎伕。[90] 據姚瑩與達洪阿所奏，該船為臺灣守兵所擊沉，當中殺死了「白」夷五人、「紅」夷五人、「黑」夷二十二人，另外生擒黑夷一百三十三人。還奪獲了地圖、書籍以及其他文件。[91] 由於臺灣的地方叛亂，直到一八四二年初才將這批人起解到臺灣府審訊。

他們在臺灣找到了兩名通事來處理這整批印度俘虜：廣東醫生宋廷桂和一位名為何金之人。執行審訊時用的是什麼語言，並不清楚。後來在臺灣被俘的古力（Robert Gully）報告了他那一群是由一位「曾在新嘉坡待了一段時間，對欣都斯坦語和英語粗知皮毛半通不通」的阿音（Ayum）(3)來審訊。[92] 他批評這名通事在其語言能力不堪勝任時便捏造答案。古力的同夥囚犯顛林（Denham）(4)船長同樣抱怨這位阿音「詐欺且說謊（他的語言知識只局限在少數字詞上）」。[93] 看來所有在臺灣的質詢可能都是藉由這種混雜語言式英語、欣都斯坦語所完成的。

在沒有英國囚犯的情況下，清朝審訊者在他們的印度人俘虜身上下了非比尋常的注意力。根據最高階的囚犯目莉啌所述，英國所轄各「島」每年都向其統治者進納鴉片煙土作為「貢稅」。清朝採取查禁鴉片措施時，英國遂向其屬地索要金銀，可是這些「島夷」無法拿出所需的金銀數，迫使英國人繼續徵收鴉片。為了回應清朝，英國「雇調」兵船，在孟加拉地方會齊，航向中國來逼求重開貿易。這些俘虜總結了英軍在沿海的作戰行動以及人事異動，且（假設是）證實了他們在戰鬥中遭俘的情狀。在交叉檢證時，這些印度人聲言孟加拉及嘪叻是「夷屬島」，而檳榔嶼、新嘉坡以及其他地方則是爪哇附近的「大馬頭」。[94] 至於地圖卷和其他書籍，他們解釋說那是屬於「白夷呷嗶哷」（白人船長）之物，而「伊等黑夷，俱不識字，莫能解說」。[95]

印度囚犯的情報價值，成了清朝官僚間的一個爭論點。在原始奏報中，姚瑩與達洪阿請求允許直接在臺灣府城處決這些囚犯，理由在於其人數龐大，且在將其解送至內地途中恐有疏虞。該計畫被掌

(3) 疑即何金。姑依粵語湊字音譯，視此處之u讀同英語「yummy」中之u。

(4) 譯名為史料用字，見諸《東溟奏稿》、《實錄》等。此詞h不發音，譯用漢字或係依粵音。

雲南道監察御史福珠隆阿所否決。福珠隆阿力主讓他們暫緩受刑，先送至省城福州，詳細詢問他們有關西方技術、在英國任事的清朝臣民，以及英軍補給接濟之源。[96] 想必這些囚犯也將會被問及致使他們遭俘的戰鬥這項令姚瑩不舒服的議題。毫不意外，姚瑩反對此計畫。他把這一百一十九名印度囚犯（十四名已死於獄中）描述成是聽從暎咭唎調派來滋擾中國的「逆夷」，因此實屬「罪大惡極」。而且他們也不具情報價值，不過是「各島烏合愚蠢之人，問以秘要夷情，不能明晰」。[97]

審訊完納爾不達號倖存者時，第二艘船的船員也落入清朝手中。一八四二年三月十日，雙桅橫帆船阿納號（*Ann*）——一艘有船員五十七人的英國遠征軍輸送船——在臺灣擱淺。這次的俘虜包括「紅」（不列顛人）、「白」（葡萄牙人）、「黑」（印度人）夷，還有五名華人合作者。在推測俘虜中有人「洞悉」夷情的想法下，朝廷寄來一張欲獲悉的問題清單。[98] 姚瑩與達洪阿監督了有關英吉利及其帝國的密集審訊，主要倚賴船長顛林的證詞，再以其他英國及印度報導人的證詞作補充。顛林的英語由曾在孟買做過買賣且與英國人合作過的廣東人鄭阿二來翻譯。[99] 姚瑩在一八四二年七月六日的一篇長奏中總結了他的發現，並附上一篇〈暎咭唎地圖說〉。

從地理學來看，姚瑩解釋說暎咭唎共有二十六「島」作其埠頭，多數乃占自他國者。他對這些征服的描述與其他官員之所奏相彷彿：暎咭唎初雖不大，而藉其善製器械，遂以其「強點」而「脅制」多個小獨立國為其屬領，且從而藉遠洋航行把這些領屬組成一片網路（勢相聯絡）。在這片網路上的每個節點，暎咭唎皆設置各色文武官員。環繞著這些領土的則是其他島嶼，或自為國，或為荷蘭及其他強權之殖民地。暎咭唎的海外領屬為之提供部隊：姚瑩在其奏報中斷言「其兵皆黑夷，雇自各島」。孟買與孟加拉乃其三大鴉片產地之二（另一為土耳其），由暎咭唎私家貿易商販售，而暎咭唎政府則課其稅。[100]

姚瑩與其他清朝觀察家們相同，都相信英帝國有其本質的脆弱性。一小撮白色嘆咭唎將官意圖維繫其對殖民地的控制，而散處各地的殖民地則供給其財富與力量。在戰爭中，嘆咭唎幾乎全倚賴（姚瑩這麼相信）所「雇」來的黑色部隊，而這些黑色部隊想來不過是為錢打仗而已。姚瑩估計嘆咭唎雇用了四、五萬這種部隊，每月工資番銀二、三圓至十圓不等。比這些工資耗費更高的高官俸銀、口糧、軍裝火藥、船本、貨本等則要數百萬。在嘆咭唎開戰已逾二年的情況下，姚瑩估計其所費不下二千萬。嘆咭唎以貿易為命，且姚瑩假設其與中國之貿易乃最大宗、利潤最豐厚者。因戰爭使合法貿易遭封閉，而走私（在他認為）又大減，鴉片價格驟跌，看似可以合理預期一次終極坍崩——「逆夷雖富，何能久支！」基於姚瑩的審訊，他的結論是：清朝堅決地防禦，不久將可迫使嘆咭唎退兵。101

在臺灣，姚瑩強調從英帝國的異質性看來，清朝具備優勢。在一八四二年七月一日致怡良的一封信中，姚瑩就審訊嘆咭唎及印度囚犯的情況作了描述，他補充道：

夷雖强，本亦烏合各島黑夷；而來與我爭利者，紅、白夷也。其人少，每船僅數十人。餘皆黑夷，愚蠢無知，惟仰食於紅、白夷。工貲口糧，所需甚巨。

姚瑩勾勒了他的觀點，認為英國正走向破產之路。因此雖說其造謠稱又將有大兵朝中國而來，清朝官員亦不應為其所愚弄。這不過是由於嘆咭唎人狡詐成性，當其實情益發嚴峻時，愈作怪言威嚇。102如同一八三〇年代初那般，清朝的官員與學者們對英帝國的結構了解愈多，就愈懷疑那個國家到底能否支撐下去。

內亞鴉片戰爭

戰時情報彰顯了一件事：清朝並不是在和單一一個國度打仗，而是和一整套散在各處的港埠、領地之座群打仗。不過，邊疆政策的理路，意味著這些土地的所在並非一件緊要的問題：如果暎咭唎人選擇在沿海作戰，清朝將固守沿海。然而，海上戰爭造成了些特殊的戰略問題。與陸路對手如準噶爾、緬甸或廓爾喀作戰，清朝的一支遠征軍可直接對敵方本土造成壓力。其雖沒有海軍可以到達遙遠的英國，但難道不可能去打擊一個更毗鄰的——而且或許也是更致命的——英國陸軍動力的一部分？反過來說，英國是否威脅到了清朝邊疆的其他部分？即使沒有英國侵略這塊暗影，清朝內亞也遠遠說不上是安穩的。在西藏，北京從未徹底信賴過廓爾喀人；在新疆，霍罕一直是個威脅；介於其間，拉達克則淪入野心勃勃的查謨（Jammu）國王古拉卜・星訶（Gulab Singh）之手。清朝不能在沿海戰爭期間忽略它的內陸邊疆。

試圖協調來自中國內地及內亞的情報並不簡單。關於英帝國的資訊，自沿海蜂湧而至。新地圖、譯文、審訊抄件，注入了已然飽滿的中國學者及水手之描述與分析體中。然而沿海報導人通常對內亞不能置一詞，而且其所繪出的聯繫很粗略。同時代的英國人對於印中領土中間的山間地帶理解很貧乏。傳教士如郭實獵，雖說熟稔於有關新疆與西藏的漢文記述，卻不曾完全駕馭這些知識。在拉薩及葉爾羌的官員們，也很難把地方情報與沿海事件聯想到一起。皇帝及軍機處則以可讓人理解的謹慎來對待不斷到手的情報。

在林則徐命令下所譯出的新聞紙暗示了英屬印度與清帝國在陸路相毗鄰，但對其軍事重要性卻給了不同的評估。一件翻譯信函（最初刊於一八三九年十月十二日之英文《廣州週報 *Canton Press*》）詳述了四條可想見的自印度入侵中國之可能路線：經喀布爾或克什米爾至伊犁或葉爾羌，而後越蒙古而向北京；經尼泊爾及西藏往北京；經阿薩姆入四川；以及經緬甸。[103] 儘管其作者判斷這些路線不切實際，但其他人並不同意。一篇來自一八三九年十二月十七日的文章，指出了英國在印度有許多部隊及可能聯盟，故而（引述漢語譯文）「我等若由呢㖿爾、西藏、阿三（阿薩姆）、緬甸到中國之西邊疆界亦不難」。[104] 就在三個月後，第二篇翻譯自《廣州週報》的長文提出了類似的議述。其漢語表述為：

> 我今引說於一千八百三十七、八年，我等（英國）所屬印度各地方，多有預備軍器，我等所屬之印度西北出兵（入阿富汗）……在英國之人，亦已見得自己之兵馬，已近中國西藏之西界，相距葉爾羌、戈什哈（喀什噶爾）地方不遠……在一千八百十七、八年間，我等與尼布爾(5)打仗，北京亦害怕。我等英吉利人攻打之勇能，東方已知道多年矣。中國看我等先時在印度不過只有貿易行而已，後來卻全勝印度地方。[105]

無論林則徐是否為此文感到困惑、覺得其不可靠或不值得相信，他似乎從未在奏疏或私人著作中提過這些段落。

(5) 此處「尼布爾」與前述「呢㖿爾」皆指尼泊爾。原文即不曾在是否用口字旁上統一。

一項來自尼泊爾而非廣州的交流事件，清楚地建立起西藏邊疆與在沿海的戰事間之聯繫。不管清廷怎樣堅不應允，尼泊爾君主一直試圖贏得抗英助力。縱然廓爾喀政局之驟變，已於一八二〇年代在首相畢穆先塔巴（Bhīmsen Thāpā，歿於一八三九年）(6) 治理下緩和下來，而畢穆先塔巴也試圖修補與英國間的關係，可是一八三七年後，在新人掌政之下又再度開始向清朝求助。一八三七年的一次要求被回絕了，但是清帝國與英帝國間的戰爭爆發，又及時拉開了新的一幕。

廓爾喀首度把鴉片戰爭轉為其戰略優勢的意圖，見於駐藏大臣孟保（歿於一八七三年）與海樸（一七九六—一八六〇年）在一八四〇年十月二十七日上報的一份奏疏中。廓爾喀王熱尊達爾畢噶爾瑪薩野（Rajendra Bikram Shāh）(7) 報告稱其聽聞「京屬那邊」（屬於京師的地方）與披楞部落打仗六次。後來他在德里的人員向他報稱，京屬那邊已向披楞反擊，而披楞又聚兵二萬五千，並有馬隊、軍械，現在屯紮聶噶金那地方（印：नगरचीन *nagarcīna*，中國之城？），預備一波新的攻勢。一支載有五萬五千人的披楞艦隊則在馬瓜野（澳門，Macao）地方遭燒毀，嚇得披楞召回其軍。最近廓爾喀國王又聽得另一支披楞艦隊遭圍。表面上，這位尼泊爾王是寫信來向清朝皇帝道賀，但他也提醒了駐藏大臣，廓爾喀採取的是把守住西藏南部邊界的態度。據該文，廓爾喀已預備好一支軍隊，只等清朝授權，他們就會衝向披楞去打仗。

駐藏大臣依循著自一七九〇年代起的清朝政策，不幫助或煽動廓爾喀去攻擊披楞，而持續把廓爾喀的要求詮釋為其與披楞間長期私仇的一部分。廓爾喀的提議遭拒絕了，但該項請願中所宣稱的內容猶須詮釋。駐藏大臣了解「京屬」字樣指的是內地所管，在他們的奏摺中表述作「京屬漢人」。訪查發現所稱聶噶金那地方則在「外洋」，所以披楞備兵「事涉內地沿海地方」。惟其事之虛實、披楞果真究係在該處備兵否，他們則無從確知。在擬給廓爾喀國王的回覆中，他們解釋說，披楞不知守分，已將洋船悉數燒毀。如今清軍已勝，毋庸再勞廓爾喀兵旅。即使當駐藏大臣隱隱地把廓爾喀之所稟與鴉片戰爭聯繫起來，他們也不曾公開將披楞與暎咭唎劃上等號。在十一月三十日的上諭中，朝廷批准了他們的回覆，但命令他們查清聶噶金那及「京屬」究竟何所指。107

就在收到從事後續調查之命令後的一旬之內，駐藏大臣們提供了一份更詳細的解釋。他們說明道，「京屬」即係廓爾喀人稱呼「內地所管地方」的標準用語。聶噶金那地方是披楞洋面中一地名，距內地甚遠。為了釐清區域性的地理學，駐藏大臣們徵引了和寧於一七九七年一篇《西藏賦》中的註釋。《西藏賦》之註基本上是複製了清廓戰爭時所產生的情報。該賦之註，解釋第哩巴察為西藏西南徼外的一個大國，統屬有披楞、噶哩噶達、阿咱拉（即孟加拉）。和寧用了福康安通訊中所謂的果爾那爾來當作第哩巴察的部長，且記錄了果爾那爾所云之「我國人常在廣州作買賣」。108 為了把這項解釋與手頭的情況更緊密地聯繫在一起，孟保與海樸補充稱，從屬於第哩巴察的噶哩噶達地方「直達廣東邊界」。他們的調查還進一步訪得一項消息：**第哩**乃是廓爾喀人稱呼暎咭唎之語。在幾乎半個世紀以後，這是清政府第一次直接把暎咭唎與西藏南邊的政體聯繫起來。

由於擔憂其情報或許「未盡實」，駐藏大臣們還暗中訪問於西藏最資深的官員，即達賴喇嘛的攝政阿旺．扎木巴勒．楚勒齊木（ངག་དབང་འཇམ་དཔལ་ཚུལ་ཁྲིམས Ngag-dbang-'jam-dpal-tshul-khrims）。109 據這位攝政所述，聶噶金那地在外洋，不能指實界址，亦未聞其係何部落。然而他也主張噶哩噶達與廣東邊界毗連。110 此主張的根源或許是建立在噶哩噶達與廣東間那廣為人知的貿易關係。朝廷同意了這段

(6) 史料用字或作「畢穆與塔巴」（《實錄》道光二年八月下、四年正月），對音不叶，茲改。

(7) 史料用字。疑此係誤讀天城體字之音節切割所致，姑不改。

敘述，不置一詞。這是個極端的例示，昭顯清朝在軍事行動上強調實地報告勝於學術工具書作品（這些作品很明白地認定越南才是廣東邊界上唯一的鄰國）。

為了進一步釐清這些報告，清廷轉往廣東本身。一八四一年三月三十日，兩廣總督祁𡎴（一七七七—一八四四年）奉命查明披楞是否為暎咭唎之所屬，其與廣東相去遠近若何。[111] 祁𡎴與廣東巡撫怡良將此命令轉達到廣州府，廣州府又轉而將此問題下交到在洋行商人那工作的譯者們。譯者們發現噶哩噶達很好辨認：這很顯然是暎咭唎屬國⿰口孟呀啦地方的「內城」。他們聲稱，由於外國人呼**加**為**噶**，呼**爾**為**哩**，所以西藏的「噶哩噶達」就等同於沿海已知的「加爾格打」。披楞則被他們鑑定為另一個暎咭唎屬地，位於加爾格打之西，在名為嗎⿰口柬吧（Malabar，馬拉巴爾）的國度中。該國西境地接⿰口孟呀啦，南接曼打喇薩，北接孟買，其東則為海。至於**第哩**則是廓爾喀人稱暎咭唎之語，廣州知府稟告稱，此語必有其據，惟洋行商人及翻譯生俱不識此名。

在譯者無計可施的情況下，祁𡎴繼續往下查訪有關第哩與聶噶金那之事。他發覺暎咭唎人把一種高官叫做「滿第哩」（mandarin），而暎咭唎所屬之一地則有名為「吔哩嗎哩」（Trincomalee？）者，然而二者皆不甚合於「第哩」。至於聶噶金那，祁𡎴以為翻譯生應該在暎咭唎語法上較有根基，故轉而向其討教。這些翻譯生稟稱，在暎咭唎語，**聶**即「在」（in）之意，**噶**則為「洋面」（coast）之意。倘若**金那**為「釵那」之訛，譯言反其序，其意即為「在中國之洋面」（on the coast of China）。然而這帶出了一個難題：西藏報導人認為聶噶金那距中國甚遠。在所有這些結論的開端，則配上一份免責聲明式前言，強調外國地名所造成的難題：

夷語有聲而無〔漢〕字可表，但取其近者，於字左添以口旁，欲句讀之猶應反其序。夷音不合

漢字，粵省方言又與他省不同，唐古特語（藏語）則相去更遠。(8)

祁墳接著說道，在這些情況下，他的發現應該也不過是種臆度。然而他可以確定一件事：無論是噗咭唎、披楞、噶哩噶達，都不與廣東邊疆接壤。[112] 即使是用了來自不同區域與語言背景的專家所刻苦做出的研究，通常也在地理學問題上不足以獲致確切的結論，甚至還會讓已經夠複雜的事情變得更撲朔迷離。

廓爾喀人認識到鴉片戰爭是個向清朝討得反英聯盟的難得機會，便持續地懇求。一八四一年八月，他們進一步奏報稱，風聞披楞在遭清軍擊敗前，已侵占廣東的六處地方。駐藏大臣則回覆道，清廷不日即可盪平這些披楞入侵者。廓爾喀毫無退卻之意，仍請求物質支援，以阻擋一波預期的披楞攻勢。駐藏大臣們向道光指出，由於廓爾喀人素性貪婪又不諳禮法，這種要求難以避免。與其大加責備，不如一個簡單的駁斥。於是駐藏大臣們再度向廓爾喀人重申，清朝向例不會給外國提供物質援助，而披楞則不太可能攻擊他們；大臣們把此事詮釋成廓爾喀與披楞間的私怨糾紛，而非牽涉到清政府的戰略議項。

到了駐藏大臣第二次回覆廓爾喀的請求時，他們已經面臨了一次未預期的邊界危機：古拉卜．星訶對西藏西部的入侵。古拉卜．星訶於一八三四年征服拉達克後，便獲得了一個戰略立足點。北向他可往葉爾羌，東向是西藏，西向則是克什米爾。現在中國的當務之急是沿海事務，而古拉卜．星訶則

(8) 譯者無由得見原檔。此段乃譯者自行自英語譯出。

把握了這個大好機會。根據英國史料，古拉卜．星訶首先意圖入侵葉爾羌，藉口是該城市侵奪了旁遮普的鴉片。據說他還寄信給在葉爾羌的清朝官員們，要求他們遣使到拉合爾向這個錫克國家投降。然而，在此事件中，古拉卜．星訶的軍隊西向穿越好走得多的地帶再進入西藏，占領了直到馬攸木山口的土地。他的部隊幾乎迫近到尼泊爾的西北界，直到該年底藏軍才把他們順利摧毀。翌年夏，藏軍發動一次反攻，拿下了拉達克。[114]

一八四二年，廓爾喀宮廷特別有力地嗾使清朝對其援助。由於時屆按例派遣使團前往北京之期，故可呈上一份直達皇帝的貢表，而不必像平常那般向駐藏大臣祈請。乘此直達上聽之機，廓爾喀統治者主張說，他的祖父喇納巴都爾薩野曾奉有諭旨：倘有外兵騷擾侵占尼泊爾，清廷將派人馬前往或以銀兩資助。但這似乎是偽造的，因為乾隆朝廷當時曾明白否決有這種義務，而尼泊爾政府本身即便是之前緊急求援時，也不曾引用過這道諭旨（假如有的話）。廓爾喀國王不理會一八一四至一八一六年的英尼戰爭，反而表示感謝清朝保護，使得他的國家雖西有森巴（錫克），南有披楞，卻總無人恃強欺凌。然而，這位國王接著說，有一段期間，王國的事務都被畢穆先塔巴把持在手裡。畢穆先塔巴與披楞間有著良好的私人關係，在他遭革職之前對披楞作了一連串的讓步。如今披楞寫信給這位國王，說他們已取下廣東，尼泊爾必須向他們投降，讓他們去取西藏，若不然就會遭到攻擊。考量到披楞這種要求，只得請清朝相助。

這份貢表還提供了一項新奇的提案，請求清朝把其西部西藏在尼泊爾邊界處的達壩噶爾地方與廓爾喀的莫斯黨（木斯塘，Mustang）交換，廓爾喀將會協助抵禦古拉卜．星訶以作回報。貢表進而更大膽地提議清朝把拉達克（此時還正被古拉卜．星訶占領中）讓與廓爾喀，受廓爾喀管理的拉達克也會向北京進貢。最後，此表文強調披楞正在修築通往哲孟雄（錫金）的道路一事。為了反擊披楞的作為，文中提議清廷把布魯克巴（不丹）附近讓出十里之地給尼泊爾，尼泊爾將會保證西藏邊界安穩。自西藏與古拉卜・星訶在尼泊爾邊界打仗起，尼泊爾一直保持中立，現在尼泊爾顯然是意圖利用清朝憂患重重的時刻來提出要求。116

駐藏大臣們不信任廓爾喀的動機，還向北京批評這份貢表。首先，他們指出尼泊爾國王不得體地把「私事」敘入表文，「冒昧乞恩」。換言之，廓爾喀君主所勾繪出的計畫與清朝利益無關，而且還不合乎貢表的體制。駐藏大臣們也對披楞欺凌的相關奏報半信半疑，把這歸於尼泊爾「無厭」的貪婪。儘管措詞和緩，但駐藏大臣們的回覆又一次否決了尼泊爾獲援或交換領土的可能性，還質問何以先前的駁斥都被忽視掉了。117

在攻勢或守勢上，清政府都沒興趣把鴉片戰爭延伸到內亞。道光在他統治初年就已處理過木爾克喇夫到臨拉達克一案，也知道愛孜圖拉宣稱溫都斯坦如今歸𠸄咭唎所統治。但，無論是皇帝還是他的官員們，都不曾在戰爭爆發時提及新疆有可能與敵方的土地相連通。一八三九年，清廷在新疆強調鴉片議案，卻只當作是更大的禁鴉片政策的一部分，沒把這與在廣州的英國人聯結起來。118 一八三九年九月四日，一位上奏者力陳，在新疆辦理對外貿易時，應嚴格加強禁鴉片章程。119 一八四〇年一月二十六日，葉爾羌參贊大臣恩特亨額奏報稱，新疆一切鴉片均自外而來，其大宗則為克什米爾、巴達克山、音底（即，在旁遮普之錫克帝國）。恩特亨額還列了布噶爾（布哈爾）與安集延，卻沒有溫（痕）都斯坦。二月十八日，伊犁將軍奕山也對鴉片進口一事上呈奏摺，卻不曾點名任何外國。120 直到一八四〇年八月，才有人提出新疆與在海上演出的鴉片戰爭間之聯繫。一名御史在前幾個月，已經就私販焰硝出洋一事提出警告，如今更告知朝廷，他聽聞該項商品有可能經另一條路流出：葉爾羌可經由旱路聯結到「𠸄咭唎夷人交易之處」。為回應此報，朝廷於八月三十日命令恩特亨額確查葉爾羌地方是否有此旱路。[121] 十二月二十八日，恩特亨額奏報稱，他發現並無旱路連接新疆各城與嘆咭唎國，不過還是加強了邊疆的防範。[122]

因此，清朝官方並不知曉任何新疆與英國間的通路，但私家材料卻描繪出了一幅不同的景象。一八四〇年九月九日，就在該御史上奏後不久，李星沅（一七九七—一八五一年）在北京見了才從伊犁回來的奕山。這位將軍告訴李星沅，種植罌粟的溫都斯坦與「洋夷」接壤而聲息相通。這或許意指奕山從欣都斯坦貿易商那兒聽聞到有關在廣州的麻煩。[123] 就此推論，奕山知道新疆有路通往嘆咭唎屬地，卻選擇不把此點正式向皇帝提報。至於駐節在葉爾羌路線輻輳處的恩特亨額，選擇在他的鴉片種植國清單中略去溫都斯坦也很不尋常，因為就連遠在伊犁的奕山都知道該處出產毒品了。再說，當回覆那位御史所質詢有關葉爾羌是否與「嘆咭唎夷人交易之處」相連時，恩特亨額對那明顯關係密切的木爾克喇夫根本提都不提，而此事卻在他的檔案中有紀錄。這一點尤其奇特，因為愛孜圖拉已經把克什米爾與音底——恩特亨額注意到了是鴉片產地——列名為「聽從」嘆咭唎的區域了。有一點或許很重要。那就是當恩特亨額被問及葉爾羌是否與「嘆咭唎夷人交易之處」相連時，他回覆稱並無路往「嘆咭唎國」——問答兩者並非同一回事。想來在新疆的官員已經身處危地，也希望能避免被捲入沿海的災難裡。[124]

北京仍未錯過遙遠的西方與沿海的聯繫，而關注點則留在新疆與嘆咭唎間的可能陸路聯繫上。一八四二年四月，奕經報知朝廷稱，在浙江有四名印度人俘虜是「克什米爾回民」。收到這條消息後，朝廷命令向一名嘆咭唎囚犯提出詰問：克什米爾距嘆咭唎國若干路程？是否有水路可通？向與嘆咭唎有無往來？這名囚犯供稱，克什米爾乃噶咖喇所屬，噶咖喇又是嘆咭唎所屬。他繼續說道，自架喇咭町（加爾各答）可由陸路與水路到達克什米爾。[125] 大約同一時間，姚瑩奉命探查嘆咭唎至回疆各部有無旱路可通，若有，是否頻繁使用。姚瑩的俘虜顛林不太知道這塊區域而將其描述為距嘆咭唎「絕遠」。[126] 這些探查似乎都只是出於防衛，用以確保嘆咭唎不會忽然自陸路攻擊，而非拿來探索開闢第二前線的可能性。

在戰爭即將閉幕的那些日子裡，清帝國以西的事件吸引了政府最高層的興趣。到了此時，沿海的觀察家們已明白英國吃重地倚賴印度收益與敘坡兵。合理推測，孟加拉人會對英國統治相當不滿，而殖民地的反叛則會削弱英國發動戰爭的能力——對這種事件的期待，最早可以回溯到林則徐任職於廣州的時候。[127] 英軍在阿富汗遭到毀滅性的挫敗一事，更為這種盼望搧風點火。一八三〇年代晚期，英屬印度的戰略家們開始擔憂俄羅斯有可能在中亞或阿富汗取得影響力，且自西北方威脅到其領土。一八三九年，一支英軍大部隊入侵阿富汗，驅逐了疑似具親俄情感的現任統治者多斯特・穆罕默德（Dost Mohammad），擁立沙・舒札（Shah Shuja）即位。英屬印度密切關注這場遠征，而相關報告則充斥於珠江三角洲的各英文報刊上。在林則徐的指揮下，提及此議題的文章被翻譯過來了，雖說似乎並不曾廣泛流通。在英國最初的勝利後，一八四一年十一月於喀布爾爆發了一場起義。到了翌年一月，一支一萬六千人的英印部隊及平民幾乎被徹底摧毀。這場慘劇的消息迅速擴散，而英軍還在阿富汗的札拉拉巴德與坎大哈繼續作戰數個月之久。來自印度的新武力持續加入戰局，前往收復失土。[128]

英國挫敗的消息透過多份矛盾的報告，在中國的英文刊物上透露出來，而直到一八四二年三、四月間，災難的規模仍不明朗。沒多久，英國在印度遭遇重大挫敗的說法就開始在清朝官僚渠道間流通開來。一八四二年五月二十二日，御史蘇廷魁（一八〇〇—一八七八年）奏報了一項粵中傳聞。據他的理解，嘆咭唎本國為㖫啊喇所攻破。他解釋道，嘆咭唎占據了㖫啊喇的商業中心，還盡收其稅。㖫啊喇人怨嘆咭唎，一旦中國戰役使英帝國駐防空虛，㖫啊喇人就趁機反叛。面對這項攻擊，嘆咭唎船隻開始悄悄離開中國以援救守護帝國的軍隊。蘇廷魁提醒，此等傳聞雖未可遽信，然而理或有之。129

蘇廷魁的報告受到道光帝所注意，同意英國是脆弱的。在沿海作戰的高官們奉命調查，其中奕山與祁墳的回覆最詳盡。他們貶斥這些主張，指出戰船並非駛回嗌啊喇，而是自嗌啊喇駛來。另一方面，他們聽聞到了出於類似脈絡的消息。嘆咭唎之東距離三個月水程處，有個恩田國（「印度人Indian」，但指的是阿富汗）。嘆咭唎入侵該國，卻反而在該年正月內犧牲了兵丁萬餘名（正月指西曆一月，雖說清朝官員似乎意指農曆一月，即二月十日至三月十一日）。現在嘆咭唎人仍在喀布爾與敵軍打仗，而與治拉拉拔（札拉拉巴德）打仗時則被奪走了古斯尼（Ghaznī，加茲尼）地方。奕山與祁墳補充說，喀布爾與嗌啊喇屬於一個總名為印度的區域。與蘇廷魁相同，奕山和祁墳觀察到了英國欺凌各國所導致的外國怨恨，使得這項起義傳聞可信，可是要加以調查則極難。某些外國人承認聽說這項軍事挫敗的傳聞，某些則否認有這種起義。「其所言各地名」，他們稟告朝廷說，「亦恐語音不無譌錯」。奕山與祁墳承諾將做後續查訪。130

大約同一時期，奕山與祁墳把更多證據和嘆咭唎的帝國主義政策將引向災難之路聯想起來。在該年二月（三月十二日到四月十日），他們聽說在澳門的英商談及最近在嗌啊喇的一次崩潰。通常來說，每名駐紮在嗌啊喇的嘆咭唎軍官都帶領著數百名「黑」「白」兵。可是「黑」兵出征在外，多有傷亡，白兵則太少，不敷駐守。因此，去年冬天，軍官開始強迫「黑」商民充當兵役。在造成怨恨的情況下，嗌啊喇人群起刺殺軍官，而白兵也被屠戮殆盡。但奕山與祁墳警告說，這份奏報係風聞無據之詞，不應倉卒相信。另一項未驗證的報告則主張「嚰咾鬼子」（穆斯林外夷）奪回了嗌啊喇。缺了鴉片利潤，兵餉不繼，嘆咭唎不久後就會耗盡補給。131

在臺灣，姚瑩也聽聞到嘆咭唎即將崩潰的謠言。如同他寫給怡良的信中說的：「聞夷人孟加剌地方，屢為東印度國所敗，虜其將士婦女千餘，夷必回兵往救；若我更堅持三月，夷將內潰。」在九月十二日致怡良的第二封信中，姚瑩與之相仿地提出暎咭唎已經變得「空虛」，以致「羣夷」興怨，暎咭唎潰形已現的說法。[132] 約當同時期，姚瑩還向方東樹提出「〔暎咭唎之〕諸島夷將叛散，〔暎咭唎將〕不能久持」之說。[133] 在鴉片戰爭結束時，和在一八三〇年代初相同，清朝官員們面臨到英國所顯現的力量，卻仍不肯相信其具有健全基礎可依。

小結

鴉片戰爭期間，清朝的學者及官員們初次不得不試著處理這項任務：與一個地理上非毗鄰的、制度上複雜的、人種上多歧的帝國打仗。在這裡不打算去衡量他們的睿智戰略洞察，相較於先前種種誇大與誤解，在評分上能高出多少。一方面，清朝官員及學者們準確地辨認出了英國在印度統治的欠缺效率及脆弱性。要找出在中國的觀察家們眼中顯而易見、對英國的古怪與弱點之批評並不難：那個混種的王家公司帝國結構、吃重地倚賴對華貿易的風險、那使用敘坡兵這種「強而有力卻最危險的制度」皆屬此類。[134] 另一方面，清朝官員們傾向高估英國的弱點，則或許源自對清帝國本身在許多地方類似的弱點之擔憂。畢竟清政府在十九世紀的最初幾十年，也面臨了財務危機、種族叛變、內亂，以及養兵徵調過重。從清朝的角度來說，很自然會認為英國這個道德上與制度上都低度發展的國家將會面臨更大的麻煩。不幸地，由於這種比較在意識形態上已預先排除掉了非官方的論述，我們無從得知清朝官員們是否覺察到他們自己也有類似的問題。

為了本研究的目的，鴉片戰爭的重要性將被置於其對帝國的地理戰略世界觀之衝擊上來看。到了一八四二年，使用在多個地方之多重材料的情報蒐集線，已經標示出印度在英國強權上的關鍵角色：作為鴉片之源以支撐英國的財務，而軍隊也有敘坡兵這個源頭。中國觀察家們相信：微小的英格蘭只有在帝國資源使其強度加倍下才得以挑戰清朝這個強權。作為這種強度的主要支柱，同時又是其崩潰的潛在重要因子，按理說，英屬印度比起任何其他單個外國地點都與中國更相關，關聯性甚至高過英國本島。

在官僚體制之內，清帝國的立場仍得透過邊疆政策這面視鏡來詮釋。清朝的國家結構，並非設計來綜合那戰爭所攪起的新地理學及地緣政治情報之旋風。儘管港腳這個詞在官方詞彙中被刪除，且多半被印度這詞給取代了，而且英國對該疆域的統治如今也確鑿無疑，朝廷卻不曾使用一套標準詞彙，反而不加說明地記錄著諸如「恩田」、「喀布爾」這些詞。如何解釋披楞和克什米爾等地在這起戰爭中的動向，也不曾達成確切結論。一旦有令人困惑的地方，像是聶噶金那出現，軍機處並沒有居中扣緊其詮釋，卻外包給在西藏及廣州的邊疆專家，然後在沒任何令人滿意的解釋下把它擱置下來。簡言之，國家堅持其單個邊疆操作型地理學（frontier-specific operational geography），即使這在清帝國面對那個多管齊下的英國對手之際，並不適合拿來闡明其全盤戰略情況。

戰爭結束後，什麼樣的事情有待實行？對於清政府而言，中國沿海是關注重心。其破敗的防禦得重建且加強，其軍事命令結構應重組，還得抵銷英國在槍砲及艦船上的技術優越性。防禦措施有可能讓第二次入侵變得困難些，甚至使之不可能發生，而且或許有一天能把英國人擋於中國市場之外，並摧毀他們的興兵能耐。可是清朝也能夠採取攻勢，且對英國反敗為勝嗎？遙遠的英格蘭難以攻擊，但很可能更具戰略重要性的英屬印度也是如此嗎？到了一八四二年，對這些問題的辯論開始成形。

作者註

1. 費正清，〈條約制度的形成〉，第一〇卷，第一部，第二一五頁。
2. 關於鴉片戰爭，見張馨保，《林欽差與鴉片戰爭》；年費伊，《鴉片戰爭》、亞瑟．韋利，《中國人眼中的鴉片戰爭》；魏斐德，《大門口的陌生人：一八三九—一八六一年間華南的社會動亂》；鮑拉切克，《內部的鴉片戰爭》，茅海建，《天朝的崩潰：鴉片戰爭再研究》。
3. 張馨保，《林欽差與鴉片戰爭》，第九二—九四頁。
4. 俞正燮，《俞正燮全集》，第三冊，第二七九頁。
5. 《籌辦夷務始末．道光朝》，第四一四：二四頁（卷二，葉一下）。
6. 《籌辦夷務始末．道光朝》，第四一四：七三頁（卷四，葉三一上）。
7. 《鴉片戰爭檔案史料》，第一冊，第四七〇頁。
8. 《鴉片戰爭檔案史料》，第一冊，第二七九頁。
9. 《林則徐全集》，第三冊，第四四頁。所載奏報時間為道光十八年五月上旬（一八三八年六月二十二日—七月一日）。
10. 前揭書，第七冊，第二六一頁（道光二十年十一月二十九日函）。
11. 《近代中國對西方及列強認識資料彙編》，第一輯第二分冊，第八二四—八二五頁。
12. 袁德輝以「小的（Shaow-Tih）」之稱為人所知。據亨特所述，他約於一八二五年離開檳榔嶼到麻六甲，曾在「天主教學校（Roman Catholic School）」就學並認識拉丁文。在該年某間教導英語的天主教免費學校開設於檳榔嶼之前，唯一可以獲致天主教教育的地方，只有巴黎外方傳教會（La société des Missions étrangères de Paris）所建、用以訓練修士的普通大學。亨特報告說，「謠言」稱袁德輝是名天主教之皈依者（《舊中國雜記》，第二六〇—二六三頁）。一份中國文檔描述袁德輝來自南海縣，祖籍則是四川省巴縣，能寫拉體訥（拉丁）字，該文檔不曾提及其官職（《林則徐全集》，第一〇冊，第三七〇—三七一頁）。蕭令裕一八三二年的〈記英吉利〉則陳述稱「欽天監有書拉體納字人，粵海關選送」（《海國圖志》六十卷本，卷三五，葉二下），或許就是袁德輝。未提及其官職。
13. 梁廷枏將此照會標註在道光十九年二月（一八三九年三月十五日至四月十三日間），符合亨特的紀日（《夷氛聞記》，第二六—二七頁）。該照會又於五月底在《中國叢報》上重刊（《中國叢報》合訂本，第八卷，第九—一二頁）。《中國叢報》稱該照會為「自約三個月前獲允於民間流通，其方式一如各式官方文檔。」

14. 黃爵滋，《黃爵滋奏疏》，第四八—四九頁。
15. 《鴉片戰爭》，第一冊，第四五三頁；此事亦見引於亞瑟．韋利，《中國人眼中的鴉片戰爭》，第二七頁。
16. 《林則徐全集》，第三冊，第一三五頁。
17. 亨特，《舊中國雜記》，第二六二頁。
18. 梁廷枏，《夷氛聞記》，第二六頁。
19. 吳寶祥，〈梁廷枏年譜簡編〉，第八五頁。
20. 《林則徐書簡》，第四六頁；《林則徐全集》，第三冊，第一九〇頁。
21. 關於梁秩，見麥沾恩，《中華最早的佈道者梁發》，第三六、四〇、六七—六八、八二—八三頁（引言在第八二頁）。
22. 施其樂，《中國基督徒：香港精英、中間人及教會》，第五二—五四頁。
23. 如果一八三九年所標的「已近三十年」無誤（《林則徐全集》，第一〇冊，第三七一頁），那麼溫文伯就有可能曾經與馬士曼在孟加拉共事過，且顯得是個「老人」（《中國叢報》，第八卷，第七七頁，一八三九年六月）。
24. 白瑞華，《中國報刊：一八〇〇—一九一二》，第三一—三二頁。施其樂將 Lieaou Ah See 比定為「阿林（Ah Lum）」或「威廉．阿林（William Alum）」（《中國基督徒：香港精英、中間人及教會》，第五七頁）。
25. 船醫喜爾（Dr. Hill）發現林則徐的團隊中，一名年輕人「曾在倫敦待了近八年，伴著厄勒芬斯敦先生。他英語說得極溜，其實比任何我曾遇過的華人都說得好」（《中國叢報》，第八卷，第四八三頁，一八四〇年一月）。這段描述與林則徐的四名已知譯者都不合，有可能指的是容林。
26. 《林則徐書簡》，第四六頁。
27. 前揭書，第一七四頁。另見梁廷枏，《夷氛聞記》，第六八頁。
28. 前揭書，第一七四頁。
29. 《林則徐全集》，第一〇冊，第二一四頁。
30. 茅海建，《天朝的崩潰：鴉片戰爭再研究》，第一一六—一一九頁。
31. 《林則徐全集》，第七冊，第一六四頁。
32. 高德華，《伯駕與中國的開放》，第八八頁。
33. 《中國叢報》，第八卷，第七六頁（一八三九年六月）。
34. 《中國叢報》，第九卷，第六四七頁（一八四〇年十二月）。

35. 高德華，《伯駕與中國的開放》，第九〇頁。
36. 年費伊，《鴉片戰爭》，第一八〇—一九五頁。
37. 格林伯，《英國貿易與中國開放，一八〇〇—一八四二年》，第一一〇頁。
38. 張馨保，《林欽差與鴉片戰爭》，第七五、一〇四頁。
39. 《鴉片戰爭檔案史料》，第一冊，第五九六頁。
40. 佐佐木正哉，《鴉片戰爭前中英交涉文書》，第一四八頁。
41. 《鴉片戰爭檔案史料》，第一冊，第五一五頁。
42. 《中國叢報》，第八卷，第四八五頁（一八四〇年一月）。喜爾是三桅船巽他號（*Sunda*）的乘客，該船於一八四〇年十月失事。

43. 《鴉片戰爭檔案史料》，第一冊，第六四四—六四五頁。
44. 梁廷枏，《夷氛聞記》，第二五頁。
45. 年費伊，《鴉片戰爭》，第一八〇—二一〇頁。
46. 來新夏，《林則徐年譜新編》，第三二二頁。
47. 林則徐宣稱「其叔父分封外埠」表示這是首相的地位。或許林則徐把墨爾本子爵的貴族頭銜當成字面上的家庭關係了（《鴉片戰爭檔案史料》，第一冊，第六七四頁）。

48. 《鴉片戰爭檔案史料》，第一冊，第六七四頁。
49. 《鴉片戰爭檔案史料》，第一冊，第六七三—六七五頁。
50. 《鴉片戰爭檔案史料》，第一冊，第七四四頁。
51. 《鴉片戰爭檔案史料》，第二冊，第一二八—一二九頁。
52. 茅海建，《天朝的崩潰：鴉片戰爭再研究》，第一一四—一一九頁。
53. 《鴉片戰爭檔案史料》，第二冊，第二一〇頁。
54. 《鴉片戰爭檔案史料》，第二冊，第三五五頁。
55. 《鴉片戰爭檔案史料》，第二冊，第三九三頁。
56. 慕芮，《地理學大百科》，第二卷，第三四三頁。
57. 《林則徐全集》，第一〇冊，第九頁。

58. 《鴉片戰爭檔案史料》，第二冊，第一二五—一二七頁。

59. 斯葛特，《船難後幽囚述聞》，第四六頁。伊里布於道光二十年九月初二日上奏稱有黑夷（印度人）六名，在定海附近購買補給物資，因遭拿獲（《鴉片戰爭檔案史料》，第二冊，第四一二—四一三頁）。斯葛特在寧波應該遇過這些人。

60. 《中國叢報》，第九卷，第六四六—六四八頁（一八四〇年十二月）。林則徐在道光二十年七月十九日（一八四〇年八月十六日）的一份奏疏中提到這些印度人，《鴉片戰爭檔案史料》，第二冊，第二七九頁。士丹頓的述事則不曾提及他們。

61. 《鴉片戰爭檔案史料》，第二冊，第四二三—四二四頁。

62. 《鴉片戰爭檔案史料》，第二冊，第四〇五頁。

63. 亞瑟·韋利，《中國人眼中的鴉片戰爭》，第二三九—二四一頁。

64. 魏源，《英吉利小記》，《近代中國對西方及列強認識資料彙編》，第一輯第二分冊，第九〇五—九〇六頁；《海國圖志》五十卷本，卷三五，葉二一上—二二下。

65. 《鴉片戰爭檔案史料》，第三冊，第四三四頁。

66. 來新夏，《林則徐年譜新編》，第四〇三頁。

67. 裕謙，《裕靖節公遺書》，第九五〇頁（卷一二，葉六五下）。

68. 《鴉片戰爭》，第五冊，第四九九頁。

69. 斯葛特，《船難後幽囚述聞》，第七四—七五頁。

70. 前揭書，第一一五頁。

71. 《鴉片戰爭檔案史料》，第五冊，第一九五頁。

72. 亨特，《舊中國雜記》，第二一—三一頁。

73. 《鴉片戰爭檔案史料》，第二冊，第四一三頁。

74. 《鴉片戰爭》，第五冊，第四九九頁。

75. 《鴉片戰爭檔案史料》，第五冊，第一九六頁。

76. 《鴉片戰爭檔案史料》，第五冊，第二二二頁。

77. 《鴉片戰爭檔案史料》，第五冊，第三三〇頁。

78. 德庇時，《交戰時期及媾和以來的中國》，第二二〇頁。

79. 前揭書，第二二四頁。
80. 《籌辦夷務始末．道光朝》，第四一五：四二一—四二二頁（卷五六，葉一六下—一七下）。
81. 《鴉片戰爭檔案史料》，第五冊，第七八三頁。
82. 《鴉片戰爭》，第四冊，第二一六頁。
83. 《籌辦夷務始末．道光朝》，第四一五：五〇二—五〇三頁（卷五九，葉四七下—四九上）。
84. 馮客，《近代中國之種族觀念》，第一〇、一六—一七頁。
85. 韋棟，《前近代中國之黑人》，第四二頁。
86. 魏斐德，《大門口的陌生人：一八三九—一八六一年間華南的社會動亂》，第一七頁。
87. 《職貢圖》提到了侍奉葡萄牙人及荷蘭人的來自「海外諸島」的「黑鬼奴」（《皇清職貢圖》，第七三頁）。《廣東通志》抄錄了這段敘述（道光版《廣東通志》，續修四庫全書第六七五：七三三頁；卷三三〇。
88. 參考韋棟所發現的「中國所建構的黑膚色顯示了很大的彈性」（《前近代中國之黑人》，第九頁）。
89. 有關在臺灣的事件，見唁素肥（音譯），《中國對外關係中的臺灣，一八三六—一八七四》，第二八—四三頁，以及鮑拉切克，《內部的鴉片戰爭》，第一八五—二〇三頁。
90. 馬士，《中華帝國對外關係史》，第一卷，第二九三頁。
91. 道光朝《清實錄》，第三八：四八九頁（卷三五九，葉二三上—二四下）；姚瑩，《東溟奏稿》，第三二—三六頁。
92. 古力，《古力先生與顛林船長一八四二年中國遭俘日記》，第二七頁。
93. 前揭書，第九七頁。
94. 噴叻應該也是指新嘉坡。
95. 姚瑩，《東溟奏稿》，第六四—六七頁。
96. 《籌辦夷務始末．道光朝》，第四一五：四六—四七頁（卷三八，葉一九下—二一上）。
97. 《鴉片戰爭檔案史料》，第五冊，第五五頁。
98. 姚瑩，《東溟奏稿》，第六九—七〇頁。
99. 前揭書，第九六、一二八頁。
100. 前揭書，第一二七、一三三—一三四頁。
101. 前揭書，第一二三—三四頁。鮑拉切克總結了姚瑩對於印度在戰略上之重要性的觀點（《內部的鴉片戰爭》，第二〇〇—二〇三頁），並主張姚瑩在其一八四二年的信函中所提及之「孟加剌」之叛變與廓爾喀人求援有關。可是，姚瑩在臺灣不曾明白說到廓爾喀，而「孟加剌」之叛變則可能與沿海謠傳英國在阿富汗遭擊敗有關。

102. 姚瑩，《東溟文集、文後集》，續修四庫全書第一五一二：四五六—四五七頁（卷七，葉七下—八上）。

103. 《林則徐全集》，第一〇冊，第一八八—一九五頁（原文刊於英文《廣州週報 *Canton Press*》一八三九年十月十二日號）。

104. 前揭書，第一〇冊，第二一五頁。

105. 前揭書，第一〇冊，第二二九—二三二頁（原文在英文《廣州週報 *Canton Press*》一八四〇年一月十八日號）「中國西藏」譯自英文「在西藏的中華帝國」（Chinese Empire in Thibet）。「想中國看我等係隨便出兵」乃是誤譯自原文「可以設想中國會對從我國領地出動的這樣一支軍隊的行動毫不動容嗎？」（Can it be suppose [*sic*] that China views with indifference such an army in motion from our possessions? 意指阿富汗作戰）

106. 羅斯，《尼泊爾：生存戰略》，第九五—一〇一頁。

107. 孟保，《西藏奏疏》，第八九—九六頁（卷三，葉一上—六下）；軍機處錄副奏摺，卷號五七三：六七六—六七七（道光二十年十月初三日，重抄於道光二十年十一月初七日）。

108. 和寧，《西藏賦》，第六六六頁（葉二六上—二六下）。

109. 伯戴克，〈西藏的達賴喇嘛和攝政：一個編年史研究〉，第三八八頁。

110. 孟保，《西藏奏疏》，第一九七—二〇〇頁（卷三，葉六上）。

111. 《鴉片戰爭檔案史料》，第三冊，第二九八—二九九頁。

112. 軍機處錄副奏摺，卷號五七一：一二—一四（奏摺，祁塤，道光二十一年四月二十四日，重抄於道光二十一年五月二十八日）。

113. 孟保，《西藏奏疏》，臺灣中研院傅斯年圖書館藏本，卷一八，道光二十一年九月初六日奏摺。

114. 瑪格莉特．費舍爾等，《喜馬拉雅戰場：中印在拉達克的爭奪》，第四五—五四頁。

115. 《清代藏事奏牘》，上冊，第二一九頁。

116. 前揭書，上冊，第二二〇頁。

117. 前揭書，上冊，第二一八—二二一頁。

118. 貝羅得，《鴉片與帝國的限度：中國之內禁政策，一七二九—一八五〇》，第一八〇—一九〇頁。

119. 《鴉片戰爭檔案史料》，第一冊，第六七五—六七七頁。

120. 《鴉片戰爭檔案史料》，第一冊，第七八六、七八八頁；第二冊，第三—七頁。

121. 道光朝《清實錄》，第三八：一二九頁（卷三三八，葉四上—四下）。

122. 道光朝《清實錄》，第三八：二〇三—二〇四頁（卷三四二，葉六下—七上）。

123. 《李星沅日記》，上冊，第九六頁（引於貝羅得，《鴉片與帝國的限度：中國之內禁政策，一七二九—一八五〇》，第二〇〇頁，註六一）。

124. 道光朝《清實錄》，第三三：四六三頁（卷二六，葉二〇下）。

125. 《籌辦夷務始末．道光朝》，第四一四：二六八頁（卷四九，葉六下）。

126. 姚瑩，《東溟奏稿》，第一二四、一二八頁。

127. 梁廷枏，《夷氛聞記》，第四〇—四一頁。

128. 關於這些事件，見霍普柯克，《大博弈：英俄帝國中亞爭霸戰》，第二三〇—二七七頁。

129. 《鴉片戰爭檔案史料》，第五冊，第二九四—二九五頁。

130. 《籌辦夷務始末．道光朝》，第四一五：三〇八—三〇九頁（卷五一，葉一上—二下）。

131. 《籌辦夷務始末．道光朝》，第四一五：三〇六—三〇七頁（卷五〇，葉三九下—四〇下）。

132. 姚瑩，《東溟文集、文後集》，第一五一二：五四七—五四八頁（卷七，葉九上—一〇上）。

133. 前揭書，第一五一二：五五〇頁（卷七，葉一四上）。

134. 勞生，《東印度公司史》，第一〇六頁；解然，《可敬的東印度公司：東印度公司史》，第三六二—三六三頁；格林伯，《英國貿易與中國開放，一八〇〇—一八四二年》，第二六頁；關於敘坡兵的引文，引於皮爾，《戰神與財神之間：在印度的殖民部隊與屯駐政府：一八一九—一八三五》，第八七頁。

第八章

對外政策的浮現

魏源與清朝戰略思想對印度的再詮釋，一八四二—一八六〇

一八四二年八月二十九日，鴉片戰爭結束之時，很顯然，英帝國在特定背景脈絡之下可以擊敗清軍。但關於戰爭的更廣泛的課題，仍眾說紛紜。而此論戰需要對清帝國在全球的立場具備廣闊的視角。對於清帝國在地理學上及戰略上的困境，最早且最系統化地探索的人是魏源（一七九四—一八五六年）。他嘔心瀝血地蒐集了近乎所有清帝國的地理學材料，把個別詞彙與多種區域性及文化的視點綜合起來，呈現出一幅整合的世界圖像。他的研究往前回溯清朝的軍事史，往後則探索消弭英國威脅的可能方法。其發現分別闡述於兩本相輔相成的書中，都在大約同時期完成。其中一本是對其帝國的軍事成就作分析式研究，另一本則是從政治面描述外在世界。魏源在把他所有的材料協調進一個符合各邊疆集體優勢、劣勢的全面圖像後，便得以構設一個總體的「對外政策」，一個把清朝版圖的各個角落——從太平洋到中亞——連通起來的行動綱領。

對與魏源同時代的人們而言，他那套戰略綱領是否有效很具爭議性，而且後世學者們也一直在辯論魏源洞見之重要與否。某些學者認為，魏源是時代的先驅，擺脫了那有害的茫昧而奮力去適應一個新的現實；另一些學者認為，魏源之所為主要在於詮釋並復興中國戰略思想先前的傳統；還有一些學

者則認為，魏源也就是個辯論家，他的所作所為不過就是為他在朝中的派系政治利益服務而已。[1]儘管這些詮釋都有其真實的一面，對本書的焦點而言，魏源身為地理學者及地緣戰略家，他最重要的主張乃是那前無古人的構思規模。在清朝歷史上，首度有一位學者為他的讀者提供了一個或多或少總體且融貫的解釋，讓讀者知道如何把每件已知的外國地理學材料結合在一起。同樣是第一次，魏源在那個基礎上建立了一套超越區域片段的戰略式分析，並證明了版圖內的每個部分都觸及那同一、連通之世界的不同角落。換言之，魏源得以構築出一套對外政策，決定性地打破了邊疆政策的地理學與地緣政治假設。

身為地理學家，魏源對地名十分用心。他所著手且用以解決沿革問題的技巧——調和跨越時與地的稱謂——乃是他最初始且最重要的貢獻。一八四三年初，他達成了一項困惑且吊足其同儕胃口數世紀的目標：證明在令人困惑的語言學、文化、政治外衣之下，看起來不可共量的外國地理學材料，每一件都可證成為同一外在世界的部分描述。魏源藉由證明外國地理學材料幾乎全可整合有序，克服了因世界物理與政治輪廓看似不可能有所定論而產生的地理不可知論。確實，在魏源的作品之後，有關全球地理學問題之論辯還持續了很久。其實早在一八四八年，魏源的許多發現就受到徐繼畬《瀛環志略》的挑戰。不過，到了這個時間點上，對外國地理學的研究與論辯，已變成是在信心日增且對認可的事實有所共識的情況下，於單一、整合的全球圖像上進行修正。

魏源一方面完成整合的地理學景觀，另一方面又提出激進的議案，談論清政府如何得以藉由鎖定印度來擊潰英帝國。那些支撐他論證的證據，則來自當代地緣政治學以及清朝的軍事史。對魏源而言，清政府理需採行一項攻勢的對外政策，此政策則須具備朝單一方向發展的一切潛在戰略優勢。魏源主張，早期的清帝國態勢分析，未能對歐洲帝國那無與倫比的範圍與規模做出正確評價。而之前的謀國者則只見到零散現象，這些現象在地方脈絡之下不能全然明晰，只有以整體角度觀看之，才能找出一個連貫的模式。邊臣駁回廓爾喀之請攻披楞，在魏源看來是個挫敗，認為其未能窺見整體重要性。與魏源同時代的人們，很少有人相信魏源發現了帝國戰略問題的解答。就連賞識他的讀者們，也覺得他的提議有著潛在的危險性。就這部分來說，一八六〇年以前的清政府試圖盡可能多地保存既有的實踐與政策。然而不管看起來多麼稱心，真正的邊疆政策已不合時宜。一八四〇年代中期以後，對於清帝國在內亞戰略態勢的考量，已無法忽視英、俄帝國主義迫近本帝國每一邊區的力量。魏源的積極戰略規畫遭捨棄，但守勢地緣戰略思想則日益整合且集中。邊疆各自孤立的時代，已一去不復返。

鴉片戰爭後私家地理學對英屬印度的追蹤

儘管在鴉片戰爭之前，魏源並未表現得對海上世界的地理學特別感興趣，但他的背景使其適合於這項議題。在他四十歲後半，戰爭已然爆發。無論是住在北京時，或是在各省為各高官擔任幕僚時，他已花了數十年思索政策改革的細節。在這過程中，他曾協助編輯過一大套經世著作概要，從而專精於內亞地理學。到了一八四〇年，他已享有美譽，交遊廣博。[2] 如上一章所述，就在該年，官方的人脈使得魏源得以訪問囚繫於寧波的安突德船長，並以之為基礎寫下了《英吉利小記》，作為他對英帝國議題的第一篇思想著作。魏源與此主題的關聯快速地加深。一八四一年夏，他與那位遭判流放至伊犁的舊識林則徐短暫重逢。林則徐把自己在廣州所備好的譯文贈給魏源，當中的核心題作《四洲志》，乃是慕芮《地理學大百科》的漢語版。魏源進度飛速，翌年底已草成他那兩部傑作。一部是

《聖武記》，關於清朝戰役與戰術的歷史，序於道光二十二年七月（一八四二年八月六日至九月四日），正是南京條約簽訂之時。雖說此書不曾討論鴉片戰爭各戰役，但書中內容深深受到著書同時的危機所影響，而魏源的歷史判斷也明顯是構築來支持他的政治理念的。數個月後，一八四三年一月，他完成了《海國圖志》的手稿本，該書之刊印則在一八四四年初。[3] 此作品更直接地處理當代世界的地緣政治，以及鴉片戰爭對清朝政策的意義。

魏源的《海國圖志》之所以為先驅，不僅只在於該書藉由深入探討英帝國之地理來回應鴉片戰爭的問題。一八四〇年以後，有一批學者都走上這個方向，他們幾乎全都曾撰有文本研究，蒐集且排比多種材料。一八四二年汪文泰（一七九六—一八四四年）對英吉利及其帝國的研究，雖然簡短，也引述了超過十種材料。[4] 一八四三年末，鄭光祖（一七七六—一八六六年）發表了一部有關外國及邊疆區域的彙鈔《舟車所至》，還給每部作品附上他自己的批判性註釋及評論。[5] 一八四四年，王朝宗也出版了一部對既有關於外洋世界作品的彙鈔。[6] 在諮查西方人作品或以西方報導人為論據方面，魏源亦非唯一。姑不論已使用數世紀之久的耶穌會士材料以及一八三〇年代所流通的新教傳教士報刊，鴉片戰爭同樣激發了新材料的流通。和魏源一樣，陳逢衡（一七七八—一八五五年）也曾訪談過安突德，還針對英咭唎寫了一篇短論文。[7] 在臺灣，姚瑩訪談過顛林，且以相近方式製造出一篇英國及其帝國的記略。此時姚瑩已預想了一個宏大的企畫，要把這些證詞與其他材料整合到一部《異域叢書》裡。[8] 到了一八四三年，徐繼畬正蒐集著歐洲人的地理學材料，不久後就撰成了他那部傑作《瀛環志略》的初稿。《瀛環志略》把西方人地圖與書面說明（圖說）合編起來，所用材料則摘自陳倫炯、七十一、王大海以及徐朝俊（一七九六—一八一五年在世）的《高厚蒙求》（該書處理了耶穌會士地理學）各書，還附有新教傳教士的口頭證詞。最終，此書將凌駕魏源之作，成為清朝官員地理學工具書的一時之選。[9] 一八四六年，梁廷枏完成了一篇使用西方材料之關於合眾國及英吉利國的研究。[10] 翌年，一名精於外國事務的廣東學者兼官員潘仕成，在他的文集中出版了多種有關外洋世界的作品，包括澳門翻譯家瑪吉士（José Martinho Marques，一八一〇——一八六七年）的《外國地理備考》。

比起他的主題與材料，魏源在方法論上也並不算獨特。他著作的架構基本上就是對於林則徐那部慕芮地理學百科譯文的註釋。在每一篇譯文結束後，魏源就附上摘自其他西方或中國材料中與該區域相關的段落。這一點魏源很謙虛地公開坦承他在各卷首把自己排至第三順位，列名為「重輯」者，次於「歐羅巴人原譔」與「林則徐譯」之後。[11] 換言之，魏源的手法恰好就是他的朋友李兆洛在二十年前註釋編輯《海錄》時採取的方式。[12] 魏源在各卷之後補充其所排比的各種材料，以使其沿革研究臻於詳盡，把新知與此前時代的歷史地理學聯繫起來。但他的方法與目標，同樣也在清朝學術成果中早有前例可循。

恰好就是魏源承接了這麼一個熟稔的任務，才使得他在外國地理學上的成就之偉大得受推崇。為了把翻譯來的《四洲志》與地理學傳統相結合，魏源在這項任務上得掌握住的，正是將不同體系的名稱聯結在一起的基本沿革問題。慕芮的書聲稱描述了全世界的地理。要註解它，魏源得讀遍他那個時代的文士們可獲致之卷帙浩繁的材料，還得依據《四洲志》內的區域劃分仔細為這些內容分門別類。換言之，魏源將得做到前輩學者無法成就之事：全面調和所有在漢文中可獲致的重大地理學知識之材料。這項成就需要能駕馭並融會貫通大批地理詞彙，因為唯有辨識出各種材料中的地名，並將之與慕芮書中的地名比定清楚，才能把每段摘錄放進恰當的文脈中。這項智力勞動遠比單純翻譯困難，然而一旦完成，就證明了「評註性假設」所論：各家材料只是表面上不可共量，實際上則可以由飽學的地理學家調和起來。魏源投入在處理這整堆手邊材料中，而非局限在像是慕芮百科全書的新譯文上，其例證可見於他介紹印度時花了兩卷在從前的漢文材料上，而這篇幅是他拿來分析那些譯介作品及新教傳教士著作的兩倍之多。[13]

魏源遵循沿革法之理路來安排他的資訊，選定一組稱謂為主，並把所有其他術語歸在這組稱謂下作別名。迄今為止，沒有任何學者能夠調和來自所有邊疆的術語，就連宮廷研究者亦然。以魏源對印度之處理作為個案研究，我們能追溯出他在這項任務上成功的緣由。在鴉片戰爭前夕，沿海的學者及官員們日益使用「印度」作為對當代印度的通稱。魏源選擇了「五印度」這個概念作他的主要名稱，把其他稱呼印度的詞及印度之各區域視同為中、東、南、西、北印度。在這基礎上，魏源從各種材料中摘擇其與印度有關者，包括了各部正史、清朝宮廷版工具書作品、耶穌會士及新教徒之著述、各種沿海作家之書籍諸如陳倫烱與王大海的各作品、謝清高的《海錄》、林則徐的譯文等。在這些摘引文本中，魏源插入了小註，以證明某個特定材料中的某語彙如何對應至他的主條目。[14]

這個方法對消化新譯歐洲著作之重要性，以及使之讓中國讀者易懂，皆至關緊要，否則那些內容將徹底變成障礙。例如說，慕芮《地理學大百科》的原初譯文是這麼描述印度各地之從屬於英國的：「自此（一七六五年後）印度地屬於英國者十三部：曰孟阿臘、曰曼達臘薩、曰孟買、曰彌那（Nizam？(1)）、曰歐尼（Awadh，譯按：阿瓦德）、曰瀝部（Nagpur，譯按：那格布爾）、曰麻疏（Mysore，譯按：邁索爾）、曰薩達臘（Satara）、曰稔哇（Gwickwar(2)）、曰特那彎戈（Travancore）、曰果真（Cochin，譯按：柯支）、曰那治勃（Rajput(3)）、曰西倫島（Ceylon，譯按：錫蘭）。其各自為主者曰新底（Scindia）、曰阿魯斯（Sikhs(4)）、曰尼保爾（Nepal，譯按：尼泊爾）、曰新尼（Sindh，譯按：信德），即茅爾旦（Multan，譯按：木爾坦）數部而已。」而後魏源以他的標準術語對本段內容作註解：「此數部乃中印度、南印度之邊境未盡屬英吉利者。若西、北二印度，又不在此數部之內。」[15] 原則上，以《海國圖志》作嚮導，不論一個人的年齡、學術背景或者籍貫所自，他都可以拾起幾乎所有處理印度（或任何其他地方）的漢語著述，並立即將其特殊語彙轉換成其他作品所用。《海國圖志》的註解使其成為一部地理學詞典或詞庫。

儘管先前的作品都沒像這樣全面或萬用，但魏源的初稿既不完美，亦非詳盡，而他則持續從出現的材料來蒐集新資訊。為了從西藏邊疆來詮釋有關印度的資訊，魏源最重要的通訊對象乃是他的友人、研究夥伴姚瑩。魏、姚二人初遇於一八二〇年代的北京，隨後十年內他們都參加了同一個聯繫鬆散的社會暨政治雅集「春禊圈子」。[16] 戰爭期間，兩人各自從事研究，都確信印度在英帝國中占了關鍵的一席之地。姚瑩在臺灣利用他可得的小規模藏書，研究顛林所繪的世界地圖，刊刻一份適當的地圖作品附以圖說。[17] 早在一八一一年左右，姚瑩就因閱讀西域史地而植下了對外國事務的興趣，其後在臺灣任職，此興趣又更加深。故而後來他也開始打算撰寫一些類似於《海國圖志》的作品。[18] 直到他知道了魏源的學術成就，發現魏源已「先得我心」，才放棄了這個壯志。[19]

---

(1) 嶽麓書社《魏源全集》校點者判斷此為 Berar，慕芮書中 Nizam 即此區。

(2) 慕芮原書作 Gwickwar，可參看《大英百科》【Gaekwad】條。疑「稔」乃「極」之誤字。

(3) 俗譯拉吉（傑、其）普特，既破壞漢語音譯規範又不合印度音。如依中古漢語風，應作「羅闍弗」，如欲以普通話音譯，直對印度音當是「喇濟布得」。縱使選林則徐用字「那治勃」亦遠較今人俗譯為佳。

(4) 此處判斷其為 Sikh，蓋依慕芮原書列表刪去其他後而得。亦參《海國圖志．五印度總述下》列表「新底亞」後即為「塞哥」（錫克）。疑此語係 Khālsā 哈勒薩，錫克教徒用以指純潔，後轉為錫克教之一派教團所用。

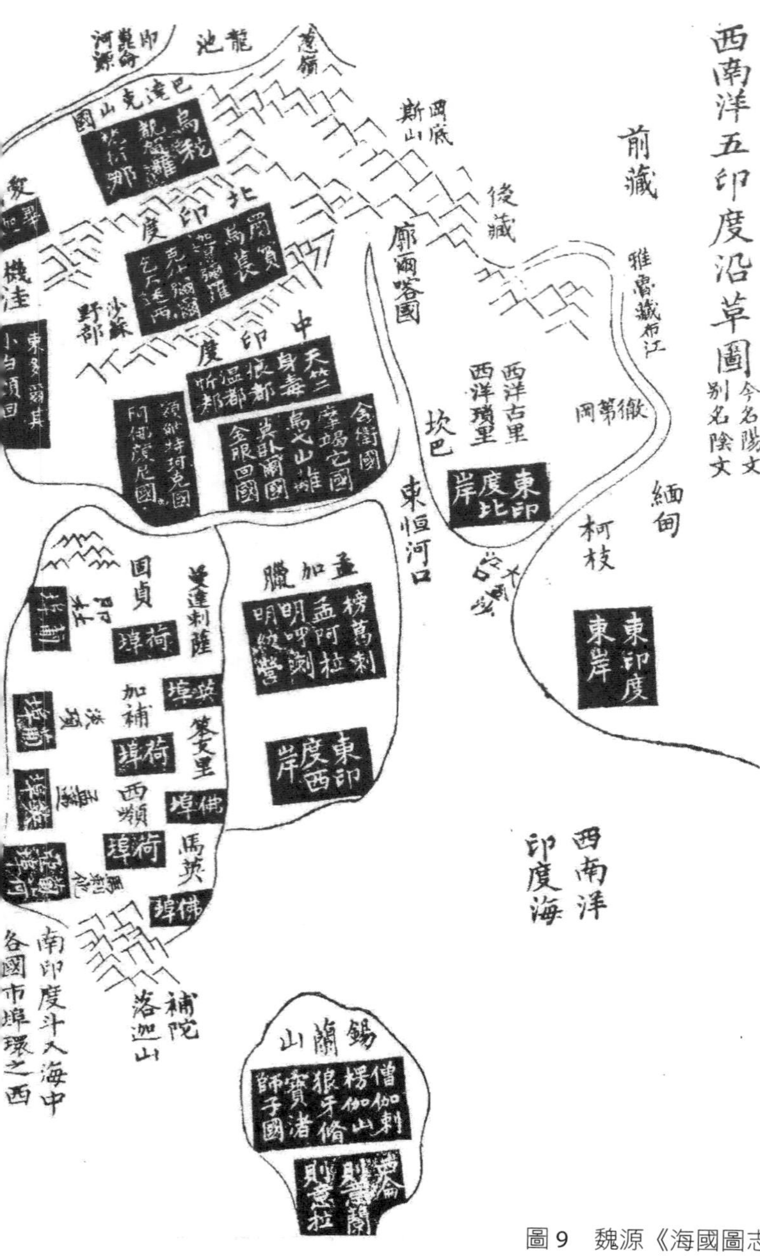

圖 9　魏源《海國圖志・西南洋五印度沿革圖》

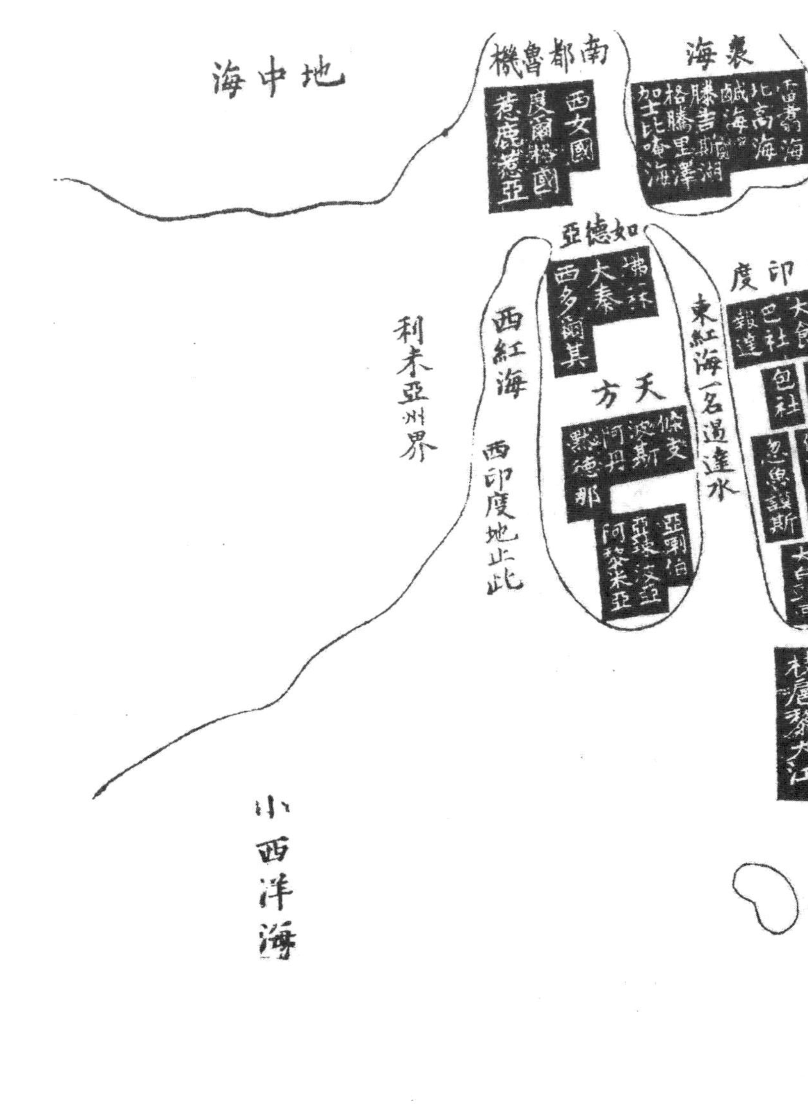

地中海
南都魯機
西女國
度爾格國
惹鹿惹亞
裏海
北高海
格勝里海
如德亞
拂菻
大秦
西多爾其
西紅海
利未亞州界
西印度地止此
天方
條支
波斯
阿丹
默德那
亞剌伯
阿黎米亞
東紅海一名過達水
印度
巴社
報達
包社
忽魯謨斯
小西洋海

魏源之所以先姚瑩一步，原因在於姚瑩官場生涯的一次災禍。在戰爭期間，如前文已見，姚瑩曾上奏稱於戰鬥中擊毀兩艘英艦，實際上他與達洪阿最終處決了所有的俘虜。英國提出抗議，而清朝的調查則發現姚瑩謊報勝利，實則英艦乃因意外而沉船。一八四三年四月，姚瑩遭解往北京之刑部審擬，此行打斷了他的地理學研究。[20]在一段短暫囚繫之後，他被發至四川任同知知州，於一八四四年秋抵達該省。正如他的許多儕輩那般，姚瑩也是先對清屬內亞之地理感興趣，在鴉片戰爭後才將其目光轉至內陸與沿海事務之聯繫上。在臺灣，姚瑩曾奉命質詢顛林有關清帝國與英吉利間陸路之事（此命令恰投姚瑩所好，因數十年前他已自資深邊官松筠那兒聽聞了有關俄羅斯之事），由於顛林對內亞地理回答含糊，姚瑩「深以為恨」。[21]

然而，不久姚瑩就獲得了一個較佳的機會，得以釐清內亞在中國所受威脅上的重要性。就在他抵達四川後未幾，就接獲委派到川藏邊界的裏塘調解兩名喇嘛間的糾紛。一八四五年一月二十九日姚瑩返還至成都，又在四月一日再赴川藏邊界之乍雅。在這段短暫的期間，他收到了一套朋友魏源寄來的《海國圖志》。魏源主張，為沿海戰事，內亞有其戰略重要性。這部作品似乎是姚瑩首度遇上魏源這個理論。如姚瑩後來所回憶的，收到書後他為第二次任務啟程，欣然於能獲此機會「就藏人訪『西事』」。[22]這尤其在於魏源的理論認為，廓爾喀與俄羅斯皆對英屬印度懷有敵意，在任何未來的衝突中將可能扮演重要的角色（詳下文），而西藏似乎是研究這點的理想所在。到他翌年再返成都之時，姚瑩已經滿載而歸，將其所獲編輯且刊刻為《康輶紀行》這部結合了遊記、歷史短論以及當代地理學、政治情報學、戰略學的作品。[23]

簡言之，姚瑩不再去創作一套像《海國圖志》那樣全面描述世界的作品，轉而寫作一部探討當代地緣政治中西藏重要性的更專精的著作。對西藏邊疆的處理是魏源《海國圖志》的一個弱項。魏源很清楚印度（尤其是孟加拉）座落於西藏與廓爾喀之南，且與聞鴉片戰爭時拉薩與京師間的奏疏。可是他除了評述底里（誤書作里底）就是英吉利的別稱外，對於其他藏語源的披楞、底里、甲噶爾等術語間那錯綜複雜的關係則不置一詞。[24] 姚瑩闡明了這些區域性的術語應該如何配合魏源那全盤性的世界觀。要取得姚瑩這些新資訊，諸如《四川通志》（囊括了乾隆廓爾喀戰役的細節）以及松筠與和寧所提及的披楞等，顯然在四川要比在沿海容易，而這些都是魏源那部初試啼聲之作未能顧及的。魏源受到姚瑩的成果所打動，便把《康輶紀行》（一八四六年撰就一部早期稿本）的段落併入他該年完成的第三版《聖武記》當中。討論到西藏在清朝與英屬印度抗衡時的地位，這兩部書乃是零散合作下的成果。

孟加拉是姚瑩感興趣的一大對象。他在一篇長文中指出，後藏南為廓爾喀，西渡「小海港」，地名披楞，將此披楞比定為東印度。披楞之南有地濱海，名孟加剌。英吉利先據孟加剌，而後誘勸披楞，為其所屬。姚瑩註記稱，中國觀察家們不知孟加剌為英吉利所據，但相傳其從屬於一名為第哩巴察之強權而已。英吉利既以孟加剌為根基，遂誘其傍地皆屬之。如今姚瑩既已聯結西藏地方地理詞彙與海洋材料，就有能力重新詮釋福康安所記錄的、四川方志中保存的披楞與第哩巴察相關舊段落的意義。姚瑩註記道，嘉慶中修地方志時，這些有疑義的詞被錄入其中，學者們無法從文檔中認出第哩巴察即英吉利。有了這項知識在手，事情就很明朗了。例如，何以披楞之「果爾那爾」被描述成既非穆斯林亦非佛教徒，其故即在於他是個基督徒。[25]

姚瑩還把他的目光指向了其他術語。據魏源徵引《四洲志》及《新唐書》所作之論證，痕都斯坦所指即中印度，克什彌爾即北印度，甲噶爾則為東印度。姚瑩同意此說。他推論道，甲噶爾就是孟加臘，理由在於：來自西藏的情報敘稱該地在廓爾喀之南，其界內包含披楞。[26] 有趣的是，姚瑩後來又從和寧《西藏賦》中摘引了一個段落，稱「甲噶爾」就是藏文翻譯的「額訥特克」（魏源將之比定為中印度），但姚瑩卻對甲噶爾是否同樣包含中印度一事不置一詞。[27] 耶穌會士的材料又造成了其他糾結複雜處。南懷仁那幅著名的世界地圖標記了一個地名叫「印度斯單」，顯然就是那個更常見的痕都斯坦。南懷仁的印度斯單東環孟加拉，西北為莫卧爾，印度河流向其西，故而其所對應之位置在中印度，再度驗證了魏源對兩地所作的比定。[28] 可是南懷仁在其文本中斷言了莫卧爾併有南印度以外之其餘四印度。那麼，嚴格說來，莫卧爾就該包圍整個痕都斯坦。姚瑩否決這點，指出了南懷仁本身在他的圖上就把莫卧爾置於印度斯單之北。因此，莫卧爾實際上應當為北印度，等同於克什彌爾。[29]

儘管姚瑩傾向同意魏源的意見且提供證據支持，但他也不曾疏於指出魏源之誤。例如，魏源在其初版的《聖武記》曾斷言廓爾喀同時向中國及俄羅斯納貢。[30] 姚瑩否決這個主張。他觀察到了俄羅斯只進軍到西北印度之間，與廓爾喀尚隔著中印度與東印度。由於這兩部分俱屬英吉利統治，「乃謂近俄羅斯，非也」。[31] 魏源聽從了姚瑩的專業：在第三版及最終版的《聖武記》中修改了這個主張，正確地把廓爾喀置於西藏與印度之間。[32] 魏源還在他有關清廓關係的論文裡附了好幾大段摘自《康輶紀行》的內容，這從另一方面指出了魏源極為推崇姚瑩在印度地理學方面的洞見。

鴉片戰爭後地圖學在地理學研究中的角色

魏源在地理學上的成就，與他益為重視在文本與地圖間建立關係，乃互為因果。前面各章已經評述了想把相衝突的文本材料，調和成一個單一直觀形狀的困難，這件事實使地圖學在清朝外國地理學之研究與論證中一直敬陪末座。某種程度上，宇宙論議題乃是阻礙之一：相異的地理學體系配置了不同的大洲、大洋的數目，安排成各種不可共量的樣式，只要採納其中一種，就無異於為其所關聯的意識形態或政治主張背書。從更細微的層級來看，即便是接受了某個單一世界輪廓，也還是幾乎不可能在這麼一幅地圖上，填進諸多文本地理學材料中的地名。唯有在一八四二年後這些問題方得克服。西方人世界地圖的世界形狀已公認有效，而依此為據所建構的地圖，則首度用來展示多數文本材料中所提及的地方之位置。可是儘管一八四二年後地圖學的角色日趨重要，文本問題仍是清朝學者最為關心的。魏源與姚瑩對地圖的創造及使用，就反映了這個優先順位。

地圖與沿革文本論證可以相輔相成的原則，在鴉片戰爭前就已被清楚認識。把地圖相互疊加起來，可以顯現出在同一個物理地點上，相異地理學體系所標定的不同地名。莊廷專就曾於十八世紀末有限地利用這項技巧，一八二〇年左右江藩也曾這麼做。反過來說，利用文本研究鑑定重疊的地名，減少必須畫在地圖上的地點數目，則使得這項任務更容易操作。然而，要想在實務上研究外國地理時，允許地圖扮演這麼吃重的角色，一個前提在於：必須接受某一種世界形狀的勾勒就是日後研究中完整且權威的基礎。鴉片戰爭之前，關於世界的形狀完全沒有共識。歐洲人式的世界地圖流通廣泛，但很少有學者願意徹底為之背書。到了一八三〇年代，在使用西方式地圖上躊躇不前的態度已有所動搖，至少在對於沿海的私家研究者之間是如此。到了一八四二年，這種態度幾乎已煙消雲散。

這項轉變背後的衝擊，部分是政治因素。面對外國地理學那明白的戰略重要性，為後續研究選出一種宇宙論體系作基礎便有其必要性：推遲揀擇，保持著一種冷靜的不可知論姿態，就成了一種負擔不起的奢侈。在智識上也一樣，西方式地圖已為其本身平反了。姚瑩相信，由於歐洲人式的地圖具其一致性，故其可信：當他個別比較陳倫炯、南懷仁以及他的囚犯顛林所繪的地圖後，「形勢實相符合」。[33] 雖說魏源的基礎材料，即翻譯來的《四洲志》似乎並未附有地圖，但他在組織自己那部書的架構時決定採納其多個大洲的描述，無異於為歐洲人世界觀之有效性背書。魏源也提出密集檢驗已證實了的西方人地圖之準確性：「〔吾人〕質諸閩粵互市之番舶，重譯獻琛之貢使，事多征實，語非鑿空。」[34] 魏源與姚瑩都無視那些把世界呈現為單一大陸的地圖，意味著他們已不再認為這種地圖具參考價值。到了一八四三年，徐繼畬也更加認可西方式地圖的準確性，解釋稱，由於西方作者們遠行四海，所至輒抽筆繪圖，「故其圖獨為可據」。[35] 地圖與主張皆非新，可是態度卻變了。

儘管魏源與姚瑩承認歐洲地理學家們在呈現世界的物理形狀上具壟斷性，但他們卻不曾與那以文本研究為核心的既存中國學術方法或關懷決裂。魏源與姚瑩兩人在取得最新西方式地圖一事上皆殊少措意（魏源的最新樣本乃是借自莊廷尃，姚瑩則收錄了一幅基於顛林一八四二年證詞的極粗陋的概圖）。當為自己的作品建構原創地圖時，他們不曾畫上經緯線，在各大洲的物理外型上表現得隨興且鬆散，任意伸縮裁減其形狀。魏源與姚瑩所造的某些更偏地方化的地圖，幾乎都忽視了歐洲人地圖那些突出的特徵。[36] 兩位學者似乎都不把製圖學當成空間的數學表徵，而作為獨立於文本之外的一種地理學表述方式。地名仍然是他們最主要的地理學關懷所在，而地圖則不過是種用來解決文本謎題且簡潔展現其答案的方便工具。

有一點顯示出了稱謂繫連問題（nomenclature-related problems）仍繼續宰制著地理學研究，那就是魏源與姚瑩在一八四〇年代備製他們的世界全圖的方式。魏源用了兩幅地圖來展示當代地球：一幅「圓圖」與一幅「橫圖」。在這兩幅圖的序言裡，他解釋了他從南懷仁等耶穌會士的各式地圖那兒，借用了有經緯度的原圖，可是卻「盡易以本志國名」。[37] 因此，第一幅「圓」歐洲人式世界地圖，只不過就是莊廷尃的兩半球地球地圖（該圖本身採自耶穌會士原圖）。魏源在這幅圓圖上只做了少數空間調整，但卻對其術語做了重大翻修。[38]至於第二幅「橫」歐洲人地圖，抄自一幅艾儒略《職方外紀》的地圖。與此相仿，魏源對其物理勾勒不太改動，卻幾乎徹底更新了其稱謂。[39]姚瑩也同樣創造了一幅「今訂」地圖。他在圖中概略地依據歐洲人慣例描繪了世界，卻插入了他判斷是時下所用的地名。[40]換言之，對兩名學者而言，備製的最新地圖意味著在術語上的重大調整。這很難說是種技術上的突破：陳倫炯早在一七三〇年就用過這種技術了，莊廷専亦踵於其後。相較於此，魏源（以及情況不那麼重的姚瑩）那種全面性的方式則遠具原創性且重要。在這種方式中，地圖被用作調和彼此衝突之地理學體系的工具，圖上不再只標出少數特定的地點名稱，而是一大批系統性地摘自所有重要材料中的地名。為了給這些地名挪出空間，魏源在他那一幅又一幅的地圖上大幅扭曲了他的地圖學模型。[41]姚瑩在表面上抄錄南懷仁的世界地圖時一樣一點也不挑剔，而也同樣隨意移動大陸間的邊界以嵌入更多地名。[42]犧牲數學的空間精確性，以求讓詞彙體系之比較更為便利，明顯暗示他們的優先順位。

把地名安在他們的地圖上並不是件簡單、機械的程序，反倒可說是具挑戰性的智力成就。既有地圖沒有哪幅把這問題處理得好的。如同魏源所嘆息的：

> 且利馬竇、艾儒略、南懷仁，及近日英夷漢字之圖（可能是顛林船長之圖），雖方位度數，有準有則，然詳海口，疏腹內，沿土語，荒古名。如適異國，聞群咮，有聲無詞，莫適誰主。陳倫炯、莊廷尃之圖，據彼藍本，各各不相貫串……必觀《元史》、明圖（鄭和之圖）之荒唐，歷代諸史之明昧，與利氏、艾氏、南氏諸圖之紛錯，而後知斯書斯圖之必不可已。[43]

姚瑩對此完全同意，評述耶穌會士地圖為「方音稱名」，而與各式中國文本關乎外國地理的記述有別，致使「某〔名〕即某地，殊費鉤稽」。[44] 對於西方式地圖所已用的名稱，姚瑩註記稱，也只能「於其地同名異者，逐一詳辨之」。[45] 可是泰半地名皆非已標於地圖上者，致使研究愈形艱鉅。

沿革方法學意味著只用單一標準地名指稱各地點的地圖是不夠充分的。職是之故，魏源製作了第二系列的地圖，名為「海國沿革圖」，他在圖上給了各地一個「今名」，又於其下繪一方框而列出各「別名」。儘管沿革這概念是設計來掌控跨越時代的名稱變遷，魏源卻主要用來（無論是否有意識地）處理因區域性與語言性紛歧所造成的各變種。舉例來說，他的地圖顯示了標準的「今」名「中印度」，對應到古稱「天竺」、「身毒」、「痕都」、「溫都」、「忻都」，滿語「額納特珂克國」、耶穌會士「莫卧爾國」，以及其他佛教典籍中的名稱。[46]

即便魏源那創新的沿革地圖附上了十二個「中印度」的等價稱謂，也還是不能完全掌握他那文本證據的複雜性。例如，陳倫烱提到過一個叫小白頭的國家，在魏源的地理學詞彙中是獨特的。抄錄陳倫烱的註記時，魏源便補註稱「國名莫卧爾，即痕都斯坦」。[47] 從而小白頭也將是另一個中印度的等價稱謂，可是這名稱卻沒有出現在魏源的地圖上。這地圖也無法討論錯誤地劃上等號這項重大議題，因此，魏源只好倚靠他的文本好讓讀者免於誤比定的危險。例如他在提到《海錄》中的馬喇他後，註記說：「此與孟加臘音近地異，此南印度，彼東印度也——毋混為一。」[48]

魏源絕非西方地理學資料的消極接受者。儘管他誇稱其新材料的效益，卻仍持續相信中國學者有責任去驗證這些材料，有權威去訂正縱使是新的歐洲人證據。對魏源而言，每件材料都在某方面有其不完美，從而需要有一名編輯依據他的天賦或廣泛閱讀所做的批判性判斷，來註釋、解釋、轉換或拒絕該材料。誇稱《四洲志》是「以西洋人譚西洋」，與偶爾依據他自己的結論來修改這些材料，彼此間並不矛盾。[49] 這種批判式仲裁不只在地名層次上有用，就連在最基本的西方式地理學概念上也有用。在魏源的論文《釋五大洲》當中，首先總述歐洲人把世界劃分為兩半球，其一包含了非（利未亞）、亞（阿細亞）、歐（歐羅巴）洲，另一則包含了南北美（墨利加）洲。他接受了歐洲人地圖表述世界形狀之正確，但否定耶穌會士對此形狀之詮釋。他認為「洲」之劃分的前提應是彼此相隔以水（此命題乃鄒衍「裨海」分割九州、佛教徒鹹海劃分四洲二說所共有），從這點出發，認為歐洲人的分洲體系任意且站不住腳。就連像葱嶺那麼重要的外型特徵，都不能適切地劃分歐亞，因為其山系（在魏源認為）自阿細亞延伸至歐羅巴以及利未亞。魏源同樣拒絕了艾儒略在《職方外紀》中所主張的，阿細亞與歐羅巴間界以大乃河（頓河）與阿被河（阿姆河），因為此二者相去懸遠。他以中國作對比：若取黃河為北中國之界，以江淮為南中國之界，則江北河南數千里之地便成了無所歸屬的中間地帶。他也不認為那狹長的地中海足以劃分歐羅巴與利未亞。南北墨利加同樣相連而宜作一洲。由於歐洲人對麥哲倫海峽以南的大陸(5)幾乎沒什麼了解，魏源作結論道，西人的地圖只應描述二洲，而非五洲。[50]

魏源繼續透過佛典的視鏡（尤其是四大洲環中央須彌山的說法）來分析歐洲人對世界的描述。他論述道，阿細亞、歐羅巴、利未亞都是同一個瞻部洲的細分，墨利加單獨一個是佛典中的西牛貨洲。他引據佛教觀點為證，稱瞻部洲上，東方為人主（中國）、南方為象主（印度）、北方為馬主（蒙古、哈薩克）、西方為貨主（歐羅巴、利未亞），這個模板完全吻合把利未亞、阿細亞、歐羅巴看作

(5) 魏源書中作「墨瓦蠟之地」。麥哲倫蓋譯自英語，魏源則採用利瑪竇以該冒險家所命名而漢譯之墨瓦蠟（Magallanica）。

單一一洲的詮釋。那麼其餘兩洲何在？魏源主張這兩洲是被猶未環航的南北極大洋所分隔開了。南懷仁曾經明白否決佛教四大洲的理論，主張「南」贍部洲將會落在南半球溫帶以南。可對魏源而言，耶穌會士的批評乃是基於對佛教理論的誤解。[51] 類似的現象也可以在姚瑩的《康輶紀行》中找到。姚瑩抱怨說，艾儒略一方面假定了有兩種海：「地中海」與「寰海」，一方面卻又全盤否決了鄒衍所主張有「瀛海」環繞數個「裨海」這種類似的理論。在姚瑩看來，艾儒略把中國的理論判定為「無可證據」且「荒唐」，只不過是因為西人自矜所見的不恰當傾向，而詆毀其他觀點罷了。[52] 在兩個案例中，學富五車且客觀的中國地理學者，知道的都比那些遊遍四海卻態度偏頗的歐洲傳教士要多。

鴉片戰爭後的學術核心角色仍在地名上，魏源與姚瑩所採的手法正是如此。在徐繼畬的作品中則可以看到一個例外。由於徐繼畬密切諮詢傳教士襄助者以執行其企畫，他的地圖便聚焦在其研究上。徐繼畬的地圖顯示出其兢兢業業地保存著西方式模型的數學精確度，至於闡明稱謂則不甚留意。然而他仍然對沿革議題關注極深。他之博覽群書不下於魏源與姚瑩，且也撰寫了長文探討歷史性及區域性的詞彙如何方可調和成一套單一的、標準的用語。[53] 一八四〇年代，一如在一七四〇年代或一六四〇年代般，中國地理學者都不能滿足於純粹憑著來自單一智識傳統的材料來研究外國地理。然而如今所產生的綜合成果則是全面性的。

魏源的《海國圖志》之所以成為標誌清朝地理學對外在世界研究的分水嶺，並非在於其密集地使用了翻譯來的西方資料，也不在於其（有所保留地）背書了歐洲式的多大陸世界理論之有效性，而是在於該書成功帶起幾乎所有清帝國地理學傳統之元素間的對話。《海國圖志》證實了沿革的假設：那些看似不可共量的記述，只要帶著足夠的細心與學識，是有可能整合進一個限定的世界圖像中。魏源並沒有解決每一個地理學謎題，也沒有滿足每一位讀者，和他的地理學家對手徐繼畬同聲同氣的人還無情地批評魏源的作品為「鄙僿無徵」。[54] 魏源的《海國圖志》決不是外國地理學的蓋棺定論，卻是一八四〇年代後種種如雨後春筍般冒出，又挾帶許多新穎且混亂的地名的外在世界記述中，人們能得到的第一部著作。然而，《海國圖志》標誌著地理不可知論的結束。那種認為外國地理太過複雜，而無法產生準確知識的態度，已一去不返。此後，清朝地理學家們在操作時，「預期的範圍」就大大地縮限了。套用孔恩的觀念，在一八四〇年代之前，清朝的地理學者們原本個個都是科學家——魏源並不是個比紀昀更勤奮或理性的研究者——可是現在他們在其學科上，終於有了集體同意的基礎方法與權威資料（見第一章）。至少對精英漢人學者們而言，種種世界觀彼此爭競而難於調和的年代，已經走下臺階了。

作為戰略工具的地理學知識：魏源對外政策的發展

魏源那種企圖把各條分離的地理學材料縫織成一整片布料的雄心壯志，乃是為了提供一個更清楚的世界圖像，並點出清帝國與英帝國在此圖像上的相對位置。有了一個整合的世界景象，謀國者便可在辨理清帝國內各個邊疆區域的事務時，將之置於一個集中化的行動綱領之下，以此綱領協調各邊區的資源與優勢。為了說服當代人相信他的戰略實用且合理，魏源得走出地理學，踏上評註歷史前例及當代地緣政治的道路。兩項主題的論述，都闡明於《海國圖志》與《聖武記》當中。魏源的戰略思想豐富而又複雜，這裡我們將只深入考慮其中一股，即他認為既可行且必要的信念：「以夷制夷」。魏源以新資訊與舊材料為據，主張構築一個充分強大的聯合陣線來擊倒英屬印度是可行的，且可以終結

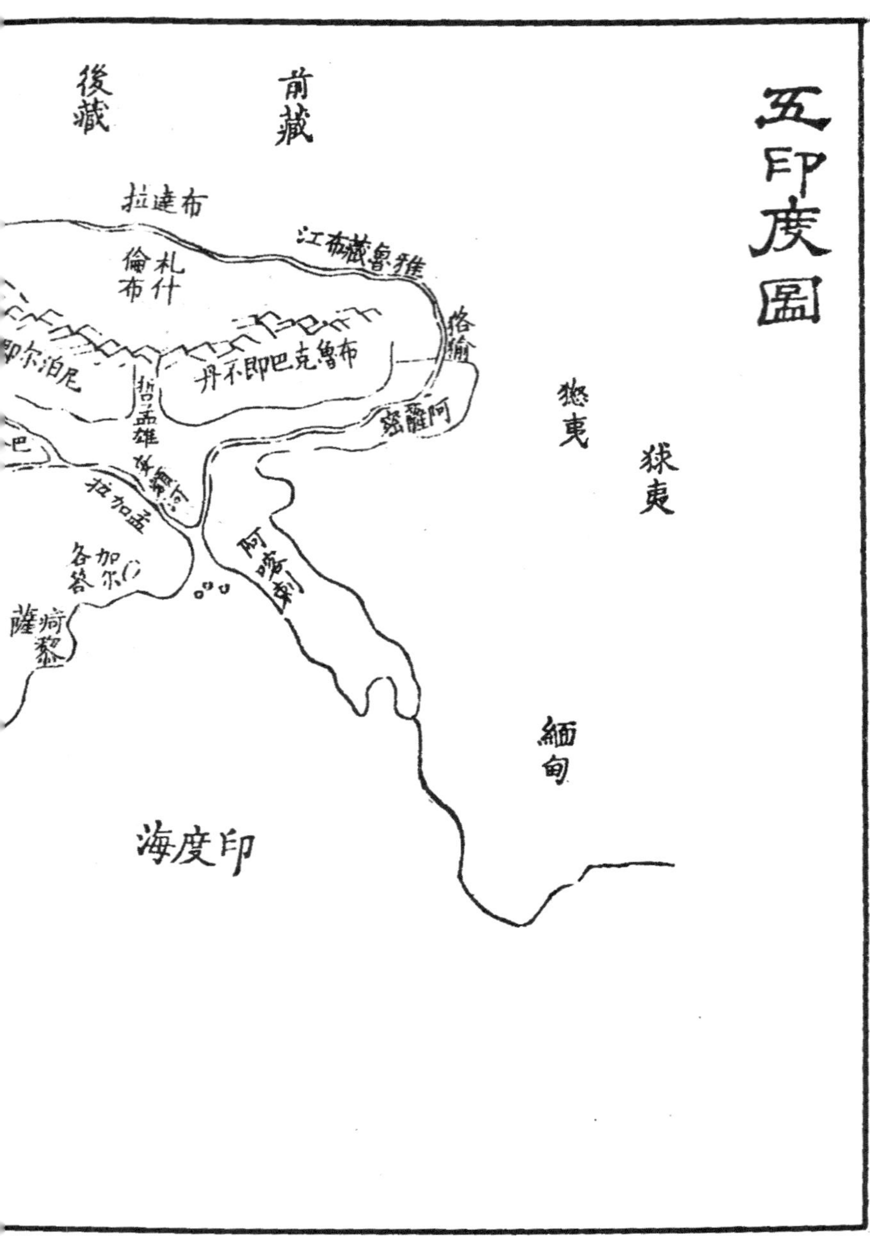

圖 10　徐繼畬《瀛環志略・五印度圖》

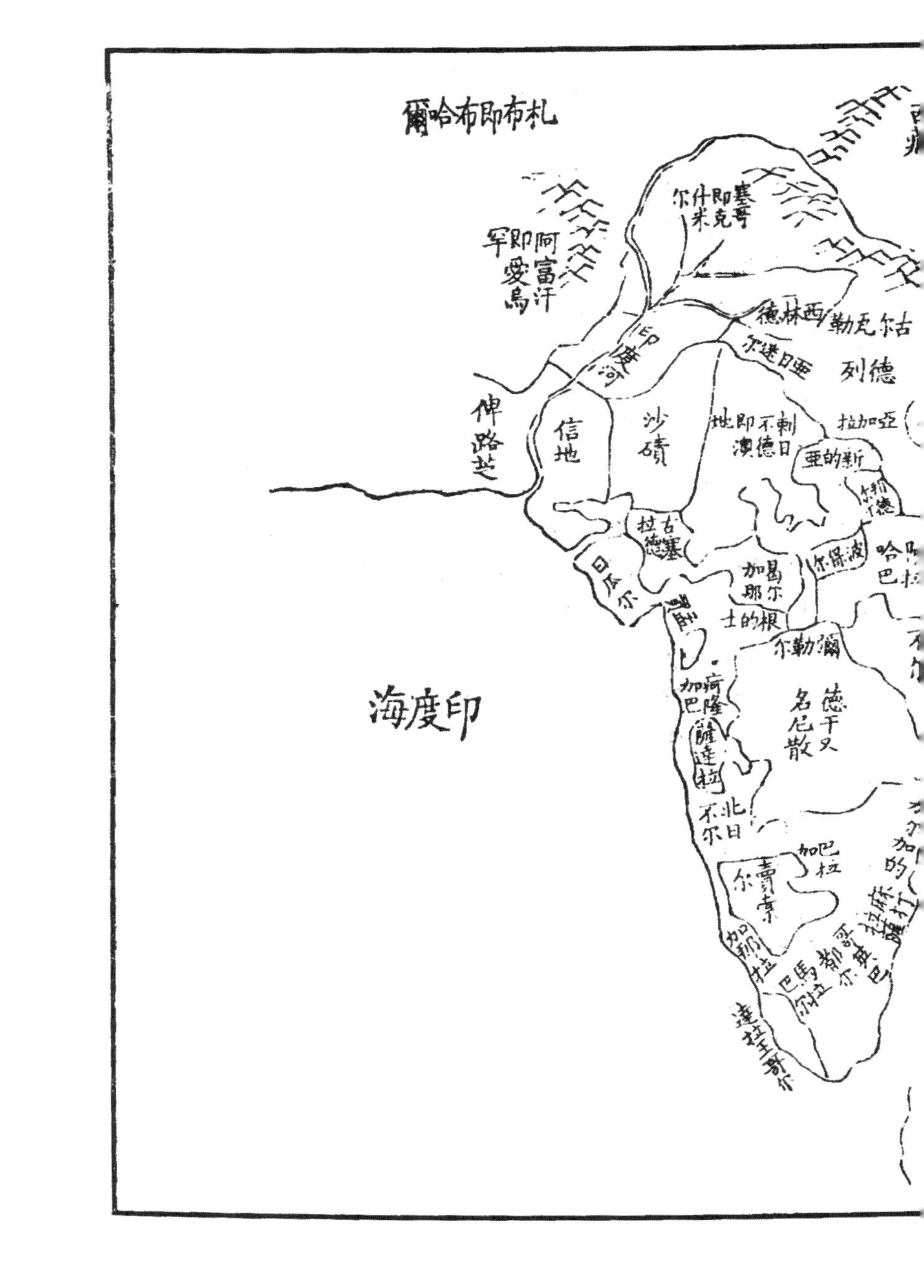

札布即布哈爾
阿富汗即愛烏罕
塞哥即克什米尔
西林德
德列
亞日迷尔
印度河
俾路芝
信地
沙磧
剌日不德即澳地
亞加拉
新的亞
古塞拉德
葛尔加那
根的士
波保尔
彌勒尔
德干又名尼散
亦隆加巴
北日不尔
巴拉加
加那拉
馬拉巴尔
達拉王哥尔
印度海

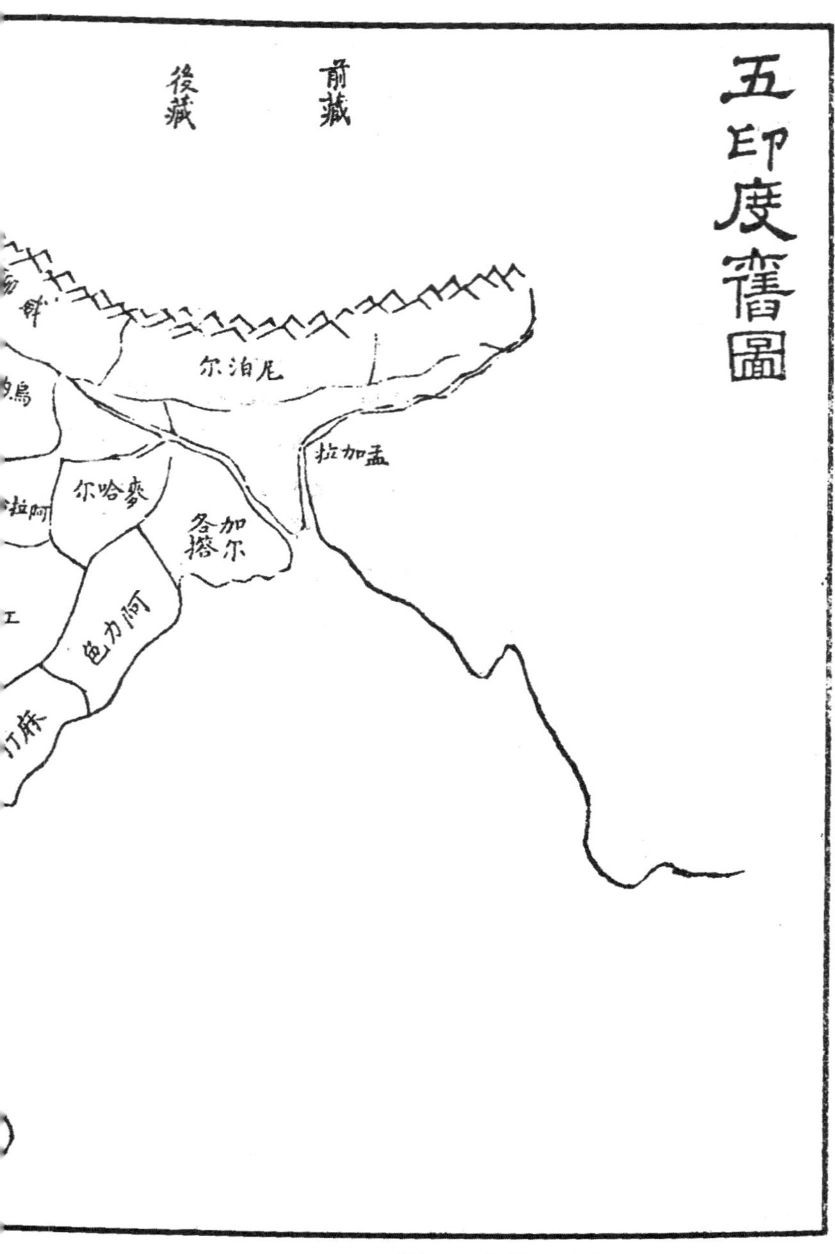

圖 11　徐繼畬《瀛環志略・五印度舊圖》

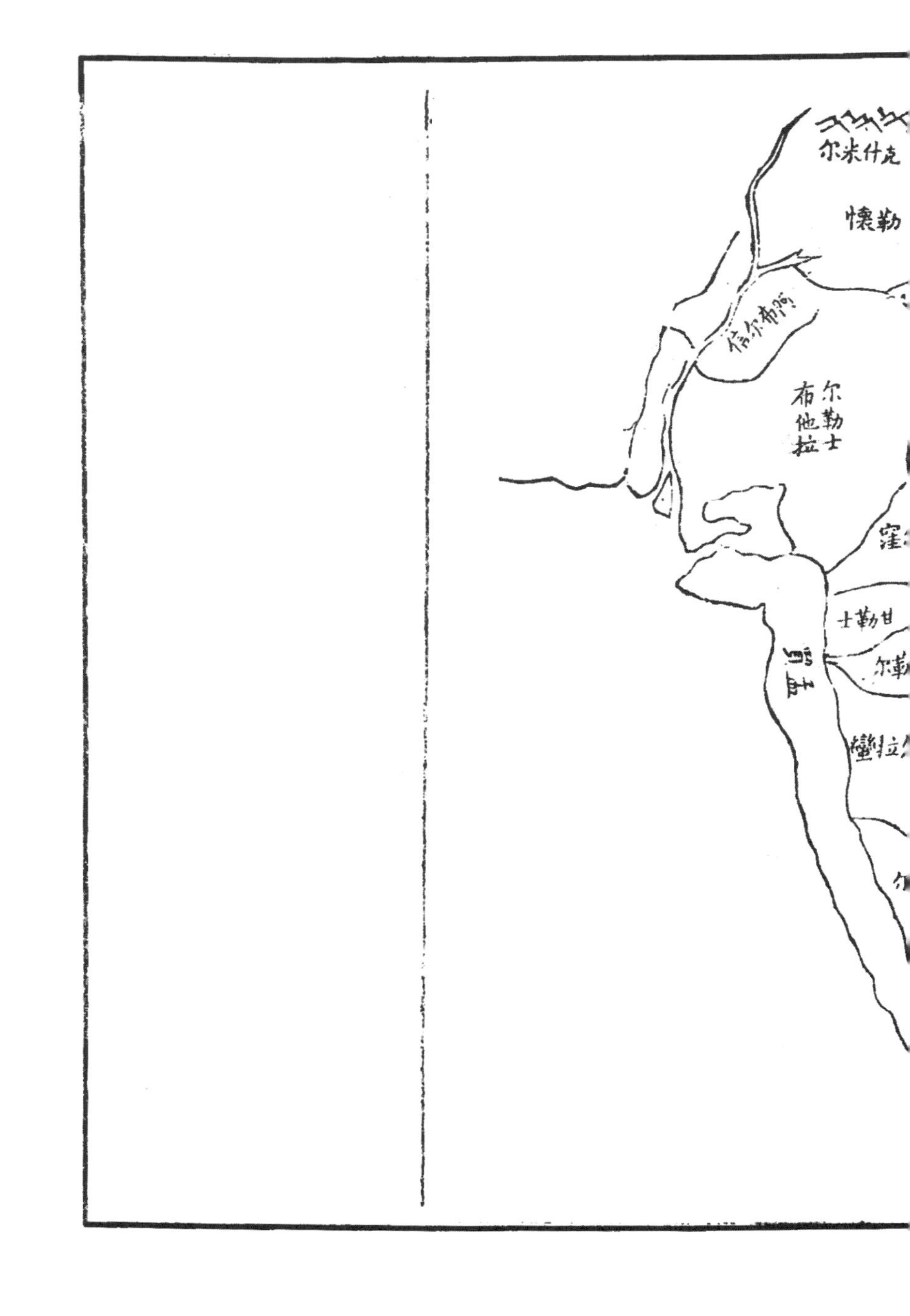

尔米什克
懷勒
信尔布河
尔勒士
布他拉
士勒甘

其對中國的威脅局面。想讓這個戰略得以實行，就意味著要從根本上背離清朝戰略常規的兩個面向：清朝將遠至其邊疆以外作戰，且主要得使用外國部隊。魏源了解到他的計畫看似非正統，便從歷史上、地理上以及新近翻譯而得的情報上匯集了證據，表示這些都支持他的提案。

魏源對外政策的前提，是清朝對英帝國的回應必須具備全球地緣政治的認知，超越地方性的區域視野。鴉片戰爭期間，清朝戰略之所以失敗，原因之一就在於對遠方地理及政局的興致缺缺障蔽了高官們的視野，使其看不到機會之所在：

> 苟有議繙夷書，刺夷事者，則必曰「多事」，及一旦有事，則或詢英夷國都與俄羅斯國都，相去遠近，或詢英夷何路可通回部。甚至廓夷效順，請攻印度而拒之，佛蘭西、彌利堅願助戰艦，願代講款而疑之。以通市二百年之國，竟莫知其方向，莫悉其離合，尚可謂留心邊事者乎？[55]

魏源確信清朝的評論者必須採取一切最寬廣的可能角度：「繞地一周，皆有英夷市埠，則籌夷必悉地球全形。」一旦熟悉了地球全形，英國本土並非清朝所面臨之態勢的戰略關鍵，也就很清楚了：「觀圖而但觀英夷本國之圖，非知考圖者也；讀志（地理學）而但閱英吉利本國數卷，非善讀志者也。」[56]

魏源在與安突德的訪談中，了解到比起英國本土，印度才是英國強權最關鍵的領土。因此以之作為大前提，證明清朝欠缺他如今所闡明的全球視景，才會付出了高昂的代價。他把各點聯結起來：

> 不悉東印度之形勢，則不知用廓夷，雖有犄角擣批之策，而不敢信也；不知南印度之形勢，則

不知用佛蘭西、彌利堅，欲行購造兵船之策，而未由決也；不知中印度、北印度之情形，則不知聯俄羅斯，方詢俄羅斯國都與英夷國都遠近，不知其（英、俄二國）相近者，在印度邊境，而不在國都也。57

清帝國的位置充滿潛在優勢，而唯有全盤窺見外國地緣政治者方能見得。簡言之，魏源試圖重新校準帝國對戰略重要性的信條：並非只有靠近邊疆的事件會決定中國的安危，還包括清帝國在全世界上的那些對手。

英屬印度是這個敵對帝國的脆弱基石。魏源相信外國強權的貪婪與嫉妒是個可資操作的弱點。如果清朝得以協調跨全帝國各邊疆的政策，則俄羅斯、彌利堅（美國）、佛蘭西（法國），以及各屬國廓爾喀、緬甸、暹羅、安南都可以代清朝自陸路及海路攻擊印度。這些國家的動機，原則上並非出自對清朝統治者的忠誠，而是出於自利。如同魏源在《海國圖志》述印度情況該卷之序所評論的：

東印度為英夷駐防重鎮，凡用兵各國，皆調諸孟加臘……又與我屬國緬甸、廓爾喀，鄰近世仇，故英夷之偪中國，與中國之籌制英夷，其樞紐皆在東印度。南印度斗出南海，有佛蘭西、彌利堅、葡萄亞、荷蘭、呂宋（即西班牙）各國市埠環列，而英夷之市埠，曰曼達薩喇，曰孟邁，皆產鴉片烟，與孟加臘埒，各國不得分其利，恆外睦內猜。故我之聯絡佛蘭西、彌利堅及購買船礮，其樞紐皆在澳門與南印度。中印度為英夷與俄羅斯相拒之所，中惟隔一興都哥士大山（興都庫什山脈），俄羅斯踰山則可攻取溫都斯坦，英夷設重兵扼守之。故我之聯絡俄羅斯，其樞紐在中印度。58

換言之，清帝國可以把印度當作一個支點，組起一個對抗英國的大聯盟。該重視的是，魏源並未強調朝貢關係。不管是「屬國」（當中他並未納入俄羅斯）還是其他國家，魏源都謹慎地去證明所有潛在的同盟者都會出於貪婪或忌恨，挺身出戰英國，而不是出自對清朝的忠誠。實際上，魏源用了個中性的詞「聯絡」，來描述他所提議的與俄羅斯及其他強權的聯繫。這個詞不但沒有朝貢的調性，而且恰好就是姚瑩用來描述英帝國各相異部分之節點繫連的詞。

魏源殫精竭慮地匯集公認的歷史先例來證明他那計畫的可行性。他以無懈可擊的證據來指明，他所籌畫的路線可以攻擊印度：

> 昔唐太宗貞觀（六二七—六四九年）中，王元策（王玄策）用吐番之兵，以擣印度，即廓爾喀攻孟加臘之路。元太祖兵至北中二印度而返，及憲宗（一二〇九—一二五九年）命諸王旭烈（旭烈兀，一二一七—一二六五年）先攻取西印度（在魏源的架構中指中東地區），而後回取五印度，即今俄羅斯侵偪溫都斯坦之路。明三寶太監鄭和以舟師破錫蘭山……即今粵夷兵船赴南印度之路。[59]

英屬印度無疑在魏源提議之聯盟的攻擊範圍內。

魏源戰略中最具爭議的面向，就在於其極為吃重地倚賴他國的戰力，正規清軍甚少或根本不承擔戰事。基於現實或意識形態的原因，這都必然會激起反對意見。在先前的邊疆危機時，清朝官員們研究過地方地緣政治，且偶爾會利用外國群體彼此間的糾紛。福康安辨識出那些有理由厭惡廓爾喀的國家，並諭令其襄助清朝時，乾隆立即批評這位將軍過度倚賴外國協助。縱然這位皇帝並非根本上反對與外國群體合作，但他希望能確保主要優勢兵力來自清朝方面，並避免任何一種明確的協議或同盟。因此在魏源轉而尋求歷史先例的支援時，他就得變造事實以配合他的政策論述。

魏源的軍事史深深染上一層古為今用的色彩。舉例來說，當寫到在西藏的軍事行動時，魏源就離題離了一長篇，講到雲南邊疆聯結孟加拉的路線。已知該二區域之相對毗鄰，魏源評述稱，若居於二區域中間的「野夷」臣從清朝，「則與天竺境壤相接」。魏源接著指出，怒族人每歲輸皮毛之貢於騰越邊疆，若清朝「闢」其土，則帝國之邊界將推至與印度相接。至此，魏源主要都還是徵引清朝官方紀錄，但他筆鋒一轉，帶到最近的外國情報，開始闡述這支土著武力離英國鴉片產品的主要來源地甚近。為整合外國與國內地緣政治這兩股論述，魏源找出了一個戰略契機：「誠能募騰越土勇萬人渡怒江，而西南長驅，擣其（孟加拉）背腋，通絕域為鄰壤，實制西夷之一奇。」60

地理學知識、清朝軍事史以及鴉片戰爭時期的情報這三者的交集，在魏源《聖武記》中那篇〈乾隆征廓爾喀記〉裡更為明晰。在清朝官方史籍裡，一七九二年的廓爾喀戰役中，噗咭唎—披楞的行動在最後的和約簽訂中，原本並不占什麼重要地位，可是魏源的敘事卻把此事提升為一要角。魏源斷言，正當福康安自西藏攻廓爾喀之北時，英國也乘此機會襲廓爾喀之南。出於對兩面受敵的恐懼，而非僅只是中國那壓倒性的勝利，才誘使廓爾喀願意求取和平。這個斷言中有個核心真理：戰爭期間，廓爾喀人即使並不怕英國的攻擊，但他們確實在兩個方向都積極外交。可是沒有任何清朝的史料證據能給予魏源他所需要的文檔證據。魏源不走此路，反而驚人地以帶傾向性與選擇性的方式來使用其他材料。他這斷言的主要根據不是別的，正是一七九六年收自喬治三世的「貢表」。該份「貢表」被詮釋成英王曾在清軍對抗廓爾喀時提供軍事支援。回顧前文即知，乾隆的詔諭中明白否決掉了英國「貢表」的主張。但魏源無視此事，也對一七九二年至一八四〇年間那搖搖欲墜的清廓關係默而不言，只陳述了「至今貢獻不絕」這麼句話。[61]

對於清廓戰爭史，魏源結之以一八四〇年廓爾喀請求軍事援助以對抗英國之概要。此處魏源又一次誤導了他的讀者。根據他的說法，駐藏大臣並不清楚里底（底里之訛）及京屬所指即英吉利與廣東，因此才把這請求當作蠻觸相爭而不予考慮。[62] 這段是魏源的中心修辭要點，因為它鮮明地以他的全球視野對照出邊臣們的狹隘觀點。這項主張獲得許多當代人的共鳴。俞浩在其一八四八年的《西域考古錄》中抄錄了這一段。[63] 而姚瑩與梁廷枏則都對這個故事給了更詳細的版本，說是廓爾喀在一八四二年真的入侵孟加拉了，致使英國須急忙趕回且贖還其領地（這是把廓爾喀之請求與英國在阿富汗之潰敗弄混了）。在這個版本裡，英國之所以能保住其孟加拉領地，不過就是因為無知的駐藏大臣回絕了廓爾喀，讓廓爾喀失去對清朝的忠誠。[64] 於是乎在魏源的筆下，清廓戰爭的歷史被塑造來證明各外國強權（在此案例中為一七九二年的英國）在過去清朝的軍事勝利上扮演著舉足輕重的角色，而清朝本身只要對世界事務更全面地了解，即可獲益於忠誠的同盟（一八四〇年的廓爾喀）。為了突出這個教訓，數十年來，邊疆奏表中一切有關清朝與廓爾喀間的不信任，都被魏源消了音，還故意忽視掉乾隆、嘉慶以及道光對廓爾喀求援的拒絕。

如果魏源為了配合他的政策而淡化了歷史，那什麼才是他的戰略之發源？早在一八四〇年對安突德的訪談裡，他就已經認識到孟加拉與孟買在英帝國之財務與軍事上具有壓倒性的重要性，但他絕不是唯一認識到這點的中國觀察家。了解到廓爾喀與披楞間的敵對關係與沿海事務有關的，也並非獨他一人。一八四〇年在拉薩的駐藏大臣知道（異乎魏源所云）廓爾喀控訴披楞攻擊中國沿海，意味著披楞若非英國本身，即是其盟友。一旦魏源能獲取鴉片戰爭時寄自西藏的奏表，他將會同樣重視這種關聯。然而，使得魏源的視角獨一無二的，乃是他把這兩股資訊聯結在一起，且指出了廓爾喀正請求攻擊已知為孟加拉沿海的區域：英帝國那其富無雙的領地。這一點讓魏源與駐藏大臣的提議走到非常不同的路上，因為這意味著英國強權在亞洲的樞紐如今乃攻擊可及之處，而清朝的戰略家們既可考量攻勢策略，亦可採守勢策略。這類聯結使魏源的視野能化零為整。

魏源最初在《聖武記》中的一篇歷史論文〈乾隆征廓爾喀記〉裡，提倡安排一次對孟加拉的直接進攻。當後來他了解到其他國家可以用在同一目標時，這個核心概念就茁壯為一個宏大的多邊抗英聯盟的觀念。林則徐給他的譯文材料顯示出英俄間在阿富汗的敵對關係（那時候英語報刊的重大主題），可被類比為在喜馬拉雅山脈的英廓關係。深入分析魏源在《聖武記》中的書寫，可以確證魏源對俄羅斯的戰略興趣是出於對廓爾喀的興趣；而他對與歐洲海上強權組織聯盟的興趣，則和他提議與俄羅斯聯盟緊密相關。在魏源最初的構想中，本來主張英國在崩潰邊緣。廓爾喀兼向俄羅斯及清朝納貢（魏源當時這麼理解），兩國都與英屬印度交戰。由於英國延伸過度，一口氣惹來兩個敵人，廓爾喀希望藉由打擊英國收益與力量之樞紐以乘隙取利，該地即魏源視為英國入侵中國之人員與艦船的來源。因此，有清朝贊助的廓爾喀入侵將可「擾彼腴疆，擣其空虛，牽其內顧，使西夷失富強之業，成狼狽之勢」。至於俄羅斯的參與，則可藉允許其在廣州貿易來鞏固，如此自然可以引領它與佛蘭西、彌利堅聯盟，形成一個與英國貿易壟斷為敵的海上集團。在這情況下，外國援兵也將阻礙英國兵船，不使其到達中國。65

簡言之，魏源最初的戰略盤算是以廓爾喀為中心，僅在該文本中附帶的短評裡匆匆論及俄羅斯的戰略位置。神田信夫證明了這些早期提案收錄在《聖武記》的初步重訂本中。幾個月後，魏源在該作品的一八四二年（道光二十二年七月）版當中，發表了一篇補充的關聯論文。66 這篇〈廓爾喀附記〉顯示出魏源用了新證據來闡明其思想並為之辯護。魏源掛懷於「前記中，以夷攻夷之議，尚或迂之而不察」。[67] 他不顧這第二篇論文的篇名，文中並不聚焦在廓爾喀，重點反而在如何把英俄在阿富汗（阿付顏尼）間的緊張情勢轉為清朝的優勢上。該文之末，魏源抄錄了一段在林則徐指示下所譯出的新聞紙之文章，解釋最近這種英俄敵對關係。魏源把自己的文章題作〈廓爾喀附記〉，表示他所提議的與俄羅斯聯盟不過是其廓爾喀原型的延伸。直到後來的版本，魏源才把該篇題目改為「俄羅斯附記」並將其移至清俄關係的章節裡。[68] 就像其同時代的讀者陳澧（一八一〇—一八八二年）準確地評述魏源對聯盟的主張，「魏君之為此說，直由廓爾喀一稟而起」。[69]

一八三九年到一八四〇年間，正當英國侵略阿富汗被密集報導的期間，中國沿海的英國報刊已經議論過清朝在大博弈中加入俄羅斯聯盟一事了。林則徐本人似乎不太受到這些文章的影響，留給魏源來闡發其意涵。魏源解釋說，就在英吉利自溫都斯坦泝印度河西北向擴張時，俄羅斯亦同時自裏海南侵。結果這兩個帝國從而爭奪著居彼此間的那些獨立伊斯蘭國家的控制權。當沙・舒札（沙蘇野）請救於英吉利以抗阿富汗時，英吉利便自其印度領地中動員了部隊。俄羅斯願意幫助英國的敵人以迫近英國在印度的領地。結果是一場代理人戰爭，交戰雙方之間僅隔著興都庫什（興都哥士）。為證明俄羅斯將會與清朝結盟對抗英屬印度，魏源從英語報刊中摘引了一個段落，聲稱俄羅斯希望中國支持其攻擊印度，還安排緬甸也加入。[70]

魏源論稱，清帝國基於其對外關係而與他國密切合作，並非新創。他闡述乾隆時高宗之能征服準噶爾，就是因為他敞開心胸借兵支持阿睦爾撒納（儘管結局是二者起了衝突）。更早之前，康熙時聖祖曾以荷蘭人為中介，與俄羅斯相接觸，先行阻斷其與準噶爾聯盟的可能性。聖祖與高宗勇敢地發動遠距戰役及外交，就在於詳識外國情況，從而洞悉敵人的態勢。反過來說，他們的成功建立了本朝的威信，如今得以讓願意與清朝聯盟的俄羅斯與廓爾喀「待我驅策，同我敵愾」，「故曰『天下有道，守在四夷』：此擊則彼應，威立則令行，事會之來，間不容髮哉」。71

因此，看來魏源本身所提出的是適合過去清朝君主們那些偉大的勝利所用的戰略。乾隆對緬甸之戰就被舉來作證據：

蠻夷之性，畏威甚于懷德。沿邊土勇甚于官兵，畏鄰部之強，又甚于畏中國……（緬甸）一聞兩金川滅而震疊求貢；再聞暹羅封而稽首請臣；三聞暹羅見親于中國，且非貢期而貢媚。72

他認為所假設的緬甸在清—暹羅關係面前改變舉止，有其歷史前例：

前明萬歷中，滇撫陳用賓嘗約暹羅夾攻緬，其國幾覆；李定國又嘗約暹羅、古剌將夾攻緬。是其傷弓覆車之戒，震鄰切膚之災——于以知暹羅之大可用也。73

對魏源而言，由於清朝武力在特定脈絡下有其內在弱點，故而與外國強權聯盟有其必要。在緬甸，「中國孟冬出師，仲春避瘴當返，勢難以五月之久，犁數千里之庭。故夜郎倔強，悉索敝賦，以奮螳臂之拒」。74 緬甸之所以被收服，就是因為從反方向面臨暹羅的壓力。魏源坦白表明清軍有時候會被外國部隊贏過，他的陳述是朝廷所不能公開承認的。

簡言之，魏源把清朝對緬甸的政策拿來作典型，以之用於英屬印度，把當中（在魏源看來）暹羅所扮演的角色改成俄羅斯與廓爾喀：

夫以夷攻夷之效，咫見者視為迂圖。乾隆嘉慶間一封暹羅，遂足以西制緬甸、東制安南。善奕者或一間著而全局皆生，況以宅中馭外之勢，制讐釁四結之夷哉？[75]

魏源對乾隆之暹羅政策的詮釋，也不能說是完全偏離事實。乾隆皇帝很清楚外國政體有其自身利益，而這些利益有可能與他自己的利益一致。然而，乾隆也認識到試圖利用這種利益一致的陷阱。畢竟明白訂約來採取協同行動，有可能讓外國變得桀傲難馴。如同第五章所說明的，在暹羅的案例中，乾隆願意讓鄭昭自行其是，但卻明白否定了訂定協議以夾攻緬甸的想法，他主張任何短期的好處都會為長期聲威折損而抵銷。另一個與魏源之評估更明確的差距，是乾隆曾觀察到，外夷盟友僅有在清朝能當場以軍隊控制他們的情況下，才會可靠地為帝國而戰：「惟是以蠻夷攻蠻夷，雖亦籌邊之策，但須中國兵力，能至其地，控制得宜，方足以收其效。」[76] 在喜馬拉雅邊疆也一樣，清廷定例婉拒涉入廓爾喀的「私」鬥。也唯有無視這些政策陳述，魏源才得以主張他那看似新穎的大聯盟其實符合帝國先例。如同我們將會看到的，批評魏源者，多半都保留著乾隆那對外國軍隊效益的懷疑態度。

這裡不打算辯論魏源戰略構想之優劣，僅將在下文考慮與他同時代的人們對他的評判。和魏源的地理學成果一樣，他作為地緣戰略家的重要性，並非源自於他判斷的正確程度，而是他徵集材料的前無古人之規模。在清朝歷史上，這是首度有一個真正的全球戰略被勾勒出來。魏源在證明了英帝國兵鋒所及的所有範圍之後，便意圖給予相等的回應。清朝的謀國者已不再能單單依據源自各區域的情報，把帝國的各個部分孤立地考量。反之，把帝國各偏遠邊區都視作一整合的世界級鬥爭，在此層級構造軍事籌算實有必要。換言之（縱然魏源避免在這點作任何暗示），魏源主張乾隆所追尋的那種莊嚴孤立的理想——判定從各外國間的政治敵對中抽身而保持自己的平衡，乃是較能確保帝國之安穩者——早已不復堪用。

有三項因子，讓魏源能打破為邊疆政策壟斷的清朝戰略思想。從地理學上來說，魏源把幾乎所有的地方視野，都混合到一幅清朝戰略地位的整體圖像中。而這如他自己所誇稱的，是構思他的政策的先決條件。從戰略面來看，魏源認識到各外國帝國的規模，已經勝過本國之範圍與資源。從而盟友乃使帝國力量增幅的必要之舉，儘管清朝仍將是較重要的成員與主要行動者。同樣重要的最後一點，是魏源得以以私家著述的形式表達他的想法。雖說魏源與高官們交情匪淺，曾獲致政府文檔，甚至能接觸戰俘，但他仍然是在官僚制度架構之外來發表他的議案，且因此可以自由做出激進的提論，而毋庸以其性命與生涯為這些提論作擔保。那麼，最起碼清帝國當中有這麼一位對外政策的擁護者。這個想法被接受的情況如何呢？

邊疆政策、對外政策與清帝國，一八四二—一八六〇

儘管魏源提出了當代以及歷史上的證據，他的對外政策還是無法說服多數同時代的人。縱使讀者們對他的目標懷抱同情，但說到魏源所提案的要讓清帝國縱身躍入全球列強政局的渦流中，也還是退縮了。很顯然地，幾乎所有對魏源這條地緣政治思考路線的否決意見，都是基於現實面，而非基於意識形態之考量。其中饒富興味的乃是陳澧的論點。陳澧身為廣州人，親身見證過外國威脅之嚴重；而身為學者，他也對地理學及地圖學感興趣，且有可能在一八四〇年代中期私下編輯過瑪吉士的世界地理學。[77] 在《海國圖志》於一八四四年初刊後未幾，陳澧就取得了一部，且深深為其系統性描述外

國地理的方式所打動。他推崇該書為「奇書」，甚至為多個魏源的政策提議背書。但陳澧還是察覺到該書有著嚴重的錯誤，以至於若官方誤將之採擇為用，災禍將隨之而來。這些觀點首先勾勒在陳澧寄致他的贊助者張維屏的一封信上。魏源先前已曾寄一部《海國圖志》給張維屏，而陳澧則先與張維屏分享其觀點，而後才私下與原作者魏源討論。78

陳澧主要的反駁在於與外國強權組聯盟的想法。他從兩個層面來否決魏源。首先，魏源誤讀了當代地緣政治學。廓爾喀提出攻擊英國的要求，只不過是因為他們認為清朝夠強，能擊敗英國；一旦廓爾喀發現中國求和了，他們的態度就會轉為輕蔑，而不太能再期望他們會聽從清帝國的調度了。至於俄羅斯，甚至連乾隆時要求他們縛獻阿睦爾撒納都抗命不從，今日更不會受中國驅策。佛蘭西與米利堅之所以在鴉片戰爭時出面調停，不過是為了他們自身的貿易利益。再說，如果他們自己有能耐從英國掌控下攻取印度，早就那麼做了，不用等中國向他們提議。終極來看，無論任何歐洲強權統治印度，結果都差不多，他們都會像英國一樣種鴉片，清朝的立場不會改善多少。

就算陳澧認可了魏源對當代地緣政治的詮釋，卻仍然接著論稱倚賴外國聯盟的整個觀念是有缺陷的。陳澧此處論述以乾隆嘉慶時事為鑑。外國有可能根本忽視中國的邀請，使清政府蒙羞。就算他們答應了卻在戰鬥中失利，將會更損害清朝的立場。如果他們獲勝了，就有可能擺出一副對中國施大恩的模樣——儘管他們只是為自私動機而戰——一旦他們那貪得無厭的要求無法滿足，必將啟釁。最後，魏源的盤算將會從根本上改變了清政府對待其邊外戰事的手法。在過去，富於攻擊性的英國與其鄰邦間發生糾紛時，中國都採取中立姿態。如果現在開始去請求他們攻擊英國，自己卻不願意參加，將只會被預期的盟友給愚弄。陳澧寫道，對於以夷制夷乃示弱之舉的觀點，魏源予以駁斥，這是正確的。可是實際上，這點應該是反過來說才對：只有中國強悍，方能有把握地意圖驅策外夷。魏源所舉那個用暹羅以制緬甸的例子就證實了這件事。基於這個原則，陳澧主張清政府必須藉改善內政來補償其強度，而不是虛耗在詳細的戰略盤算上，就像一個羸弱之人應該服藥培補，而不是出去與人鬥。[79]

徐繼畬這位和魏源有著許多共同洞見的地理學家，也反對與廓爾喀聯盟。儘管他在一八四八年的《瀛環志略》中有意迴避了政策採擇問題，但他那本未出版的一八四四年初稿就沒那麼戒慎恐懼了。他在該稿中詳述了帝國主義在印度的歷史，解釋了英國與其他歐洲人先是買下沿海土地並建立碼頭，然而「印度愚惰，不之拒也」。結果英國取下了最多的沿海土地，且脅迫其他印度國家服侍之。[80]徐繼畬告訴他的讀者說，英吉利泰半的兵員與主要收益皆獲自印度，藉由把印度產品銷往中國而籌集其資源。和魏源一樣，徐繼畬了解廓爾喀覬覦豐饒多產的印度，且新近與披楞打過仗，而披楞指的就是英國控制下的孟加拉。話雖如此，徐繼畬卻替朝廷及駐藏大臣拒絕廓爾喀求援之智慧背書。如同其所寫的：「〔廓爾喀〕頃以助順為名，屢有借餉之請，然度其氣力智謀，斷非英夷之敵；且蠻荒桀驁之性，富強則更難制伏。」從而他推崇朝廷拒絕廓爾喀之舉。[81]徐繼畬此時乃是福建省的第三高官（譯按：福建布政使），且據某些記載，皇帝曾親自向他詢問海外形勢。這個橋段應該解讀為徐繼畬替官方政策辯護，反對那些視廓爾喀請攻披楞為一失去的良機之人。[82]雖說徐繼畬在熟稔世界地緣政治上與魏源齊名，但他為了現實理由，仍保留著對聯盟的懷疑態度。

約同時期的其他沿海高官也拒絕尋求與外國強權組盟這種智舉。兩廣總督耆英被問到有人提案稱清朝可以借諸夷以「懲創」嘆夷時，便警覺地反對這個想法，理由在於夷情叵測，而清政府如今又孱弱。耆英奏報稱，自古中國之於外夷，必力能制之，而後可收之以為用。若無此等能力，這種戰略就是危險的。佛囒哂乃是嘆咭唎在西方最強有力的潛在敵人，但該國距離遙遠，非中國控制所能及（正是乾隆對暹羅所抱持的疑慮）。若佛囒哂應清朝之請卻疆場失利，則將造成日後與嘆咭唎間更多的戰爭。若佛囒哂獲勝，自恃有功，必不免無饜之求，更難駕馭。[83]

數年後，到了亞羅號（*Arrow*）事件，亦即與英、法間爆發第二次鴉片戰爭之時，清朝的官員們對於依憑所獲得的外國事件情報來籌畫戰略仍心懷警惕。一八五七年，該戰爭爆發後翌年，印度部分地區起而反抗英國統治。這看似符合了第一次鴉片戰爭時英國脆弱性的先決條件，且事實上派來攻擊中國的遠征軍被調動去支援印度次大陸之防守，恰好就是一八四二年所期盼的事件。可是到這時候，兩廣總督葉名琛仍不相信印度事務能大幅影響到此次戰爭的最終結果。對於風聞暎咭唎與𠼮咖喇搆釁，不能添兵來援之說，葉名琛的評論是即使實有其事，印度事平之後，暎咭唎肯定會重啟攻擊。林則徐之誤，就在他聽信謠言，謂暎咭唎無能為役，而葉名琛則無意重蹈覆轍。[84]

並不是每一名清朝高官都對魏源謀劃的原則不以為然，而且魏源的戰略籌畫也終究正式被軍機處考慮。走到這一步，是經過一個或多或少令人意外的路線。在一八六〇年二月，太平天國叛亂正蔓延於南方時，咸豐皇帝考量著一份轉自伊犁將軍扎拉芬泰的報告。扎拉芬泰的一名手下哈布齊賢監控著在伊犁的俄羅斯貿易，曾經會見了俄國領事（譯按：匡蘇勒官，Консул，consul），並在會談中議及當今事務。這名俄羅斯人告訴哈布齊賢，佛囒哂與暎咭唎正準備一支遠征軍，以求報復一八五九年在天津大沽口遭擊敗。俄國領事不請自來地提出了些建議。除了強化沿海防範外，清朝還應該先發制人，派兵徑攻印度地方。暎咭唎在印度這塊膏腴之壤、要害之區當然有兵駐守，然而該處之人疾暎如仇，久思背叛。若自雲南、西藏兩處進兵，一面遴派能人，暗往印度，約為內應，將對中國有利；萬一清帝國攻取其地，足為致富之源。即或不然，亦可藉此聲勢，使暎咭唎畏首畏尾，不得不轉而內顧印度次大陸之事務，或可從此息兵。簡言之，這名俄國武官對中國的提議恰好就是同一個戰略——利用外部入侵之威脅以刺激內變——這樣的戰略也正是大博弈時期讓英國戰略家們為之苦惱的戰略。[85]

顯然這名俄羅斯外交官——優異的滿、漢學家伊凡．伊勒伊齊．咱哈羅夫（Ivan Il'ich Zakharov，一八一七—一八八五年）很具說服力。機緣之下，咱哈羅夫於一八四〇年為以一名下級人員的身分，在一次傳教任務中抵達中國。而英國報刊則指控該次傳教任務為意圖煽動中國對付英屬印度。這篇文章由林則徐譯出，後來被魏源徵引為俄羅斯敵視英國的證據。在第一篇提到咱哈羅夫建議的奏疏中，扎拉芬泰只是簡單帶過咱哈羅夫之所述，附上一段平淡的評論，認為暎、佛新一波的攻擊確有可能。然而在扎拉芬泰的第二封奏疏中，回覆更詳盡了。扎拉芬泰首先解釋了他反復熟籌這名領事之說，「嘗取本朝掌故及夷務之散見他書與夫曩年海疆月報」來參考。魏源的《海國圖志》可能也是此處所指項目之一，由於扎拉芬泰繼續謹慎地為這名俄國人的想法背書，還為之詳述，這個可能性愈發顯明。對這位伊犁將軍而言，俄羅斯受益於清朝這邊的慷慨大度，似乎是很明白的；咪唎嘡則新近與中國互換和約；佛蘭哂於中國本無深嫌，而與暎咭唎則有夙恨。然而，要把這些國家帶入反英聯盟，關鍵在於印度。暎咭唎近年併吞該地，「膏腴為西洋最」，每歲關稅所入，以千萬計。從這一點出發，扎拉芬泰的後續分析與魏源非常近似，指出俄羅斯因之垂涎不止，自中亞以兵往印度；而廓爾喀若非懵懂的駐藏大臣坐失機宜辭卻其請（「論者深惜」），早已乘鴉片戰爭之時攻入了；至於咪唎嘡、緬甸等國，也可能與中國軍連兵自雲南及西藏入侵印度。就算不用清朝部隊，藉這樣的聯軍多管齊下地攻擊，再加上閉互市的手段，將可壓制暎咭唎。這種安排在清朝已有先例，而且清朝只不過是迎其機而順導之，並不算是「求助」。

面對正式把魏源的籌算提案出來以求付諸行動，皇帝並沒有表現出多少熱情。儘管他承認扎拉芬泰所奏實為詳悉，但這對帝國的實際立場有著根本的誤解與背離。俄羅斯人遠遠稱不上是忠誠或感恩，而且事實上已經派了尼古萊．伊格那提業幅（Nikolai Ignat'ev）來索求部分吉林的土地。俄、𠸄、咈三國通同一氣是很清楚的。縱使俄羅斯有可能從英國手上奪占印度，中國也不能享其利；而且如果由北京提出此言，恐怕俄羅斯會先洩漏給𠸄咭唎。至於廓爾喀，國小而貧，又本臣服於𠸄咭唎，必不敢得罪於該國。求取彼等之助，徒開其要挾誅求之釁。儻若該名俄羅斯領事再提起此議，可以告訴他，中國對待外國向以信義為重，斷不暗用機謀，致開兵釁。這份大義凜然的回覆，很顯然是來自於對清朝力量限度的評估。86

乾隆朝與嘉慶朝的政策被朝廷一再申述，用以辯護其超然立於外國地緣政治之外的立場。而這點也受到改革家馮桂芬（一八〇九—一八七四年）所背書。馮桂芬讀魏源的作品讀得相當仔細，也與陳澧一樣，對魏源的某些觀念深感認同。然而馮桂芬強烈反對以夷攻夷這種觀念。由於清政府就是還不慣於與西方人密切互動，而語言障礙也橫亙在雙方之間，要想忽然轉變成與西方強權親近，是行不通的。據馮桂芬的看法，魏源的錯誤就在於把當代外國局勢當作基本上可類比於中國在秦朝（前二二一—二〇七年）帝制統一前那捭闔無度的外交。雖說魏源對譯介材料相當熟悉，但卻因為他過度妄想於以戰國「縱橫家」自居，使其沒能看出這兩個時代的巨大差異。如果中國耽溺在魏源那譎詭的計謀中而不自強，則適足取敗而已。馮桂芬自己的一套對外政策，很大部分是基於他對最近克里米亞戰爭的理解，仍然強調外國帝國維持全球強權平衡的需求。魏源希望能透過戰爭加以利用各國間的敵對，馮桂芬則相信清朝能以守勢從中受益。87

透視魏源

對魏源關於清帝國在當代世界之地位的想法，其評估之分歧非常顯著。對許多人而言，魏源留心於全球地理且鼓吹對外國威脅作積極回應，使他成為那一八六〇年後方才起步之自強運動的祖師，並因此成為中國政治與思想史上嶄新且重要之一步的先驅。[88] 當然，在對待當代歐洲人帝國之假設與實踐上，魏源的世界觀可說是前無古人的。他恐懼英帝國在歐亞大陸上獨霸，恰恰就是一七九〇年代以來，許多非清朝的觀察家試圖提醒北京的態度；他鼓吹加入一個享有共同戰略目標的聯盟，以及相信自北面對印度發動直接打擊之功效，則使他至少與某些俄羅斯、廓爾喀以及英國地緣戰略家站在共同的基點上。魏源所看出他那帝國在地緣政治上的困境，比起任何一位一八四〇年代的清朝思想家都更可能獲得西方觀察家的背書。然而我們有理由暫緩為魏源貼上「現代」的標籤。那些使魏源之世界觀成形的個別元素——他所諮查用的地圖、許多他的書寫材料、與廓爾喀結盟的觀念、他對印度提供英國軍隊與財富的體認——都在他著述之前數十年就已可得，有些甚至更早。哪些根本上的新元素能忽然間把這一大批材料重組為「現代」之物？

另外一些學者強調魏源地緣政治世界觀中的「傳統」元素，尤其是他那戰略思考中可以追溯到明朝乃至更之前的面向。魏源肯定用了既有的學術技術，追隨著早已長期立足的研究程序，且尋求歷史的先例。身為地理學家，魏源的關懷仍根源於沿革方法論，而也正是在這個脈絡下，魏源才讓他那些譯介材料的功效發揮到最大；身為戰略家，魏源小心翼翼地主張他的想法完全合乎其帝國先前的政策，至少在他的詮釋之下是如此。然而在替魏源貼上「傳統」這個標籤之前，同樣有必要先停一停。魏源相信他的觀點甚至可以取代最近的前輩們。儘管今天某些人口若懸河地主張「以夷（無論是中性或貶義）攻夷」是種「舊中國戰略」，但多數清朝評論家都覺得魏源的提議令人焦慮且具誤導性。把朝貢國與中國皇帝綁在一起的意識形態紐帶，據信是中國「傳統」對外關係的基石，但在魏源的戰略論述中，這塊基石卻幾乎被公然以現實利益作算計的偏好所忽視。魏源認為沒有人會不為實質好處而戰，無論是為仇恨、錢或者安保問題。從這一點著眼，他某部分繼承了十八世紀的戰略思考——畢竟，清廷在其軍事計畫中也無視於朝貢意識形態，反而固執地在自利上算計——但他為最早自乾隆時期以來進行的政策論辯所注入的成果，仍屬創新，而且也被如此看待。

魏源在地理學與地緣戰略上做出了多種重大貢獻。他在一個前無古人的規模上，跨越時空牽出聯結。藉由整合地理學稱謂體系，那一度被視為不可共量的世界觀，得以在他手上調和進一幅更清楚的圖像內。再藉由這點，魏源可以把同樣是畸零破碎的、本帝國最近的戰略史，寫進一套融貫的敘事中。讀者們可以看到英國自貿易與征服中崛起，尤其是在印度，而且從「孟加拉橋頭堡」來追蹤其外向擴張的軌跡。從那看似混亂的糾紛與小規模的敵對中，魏源為英帝國之擴張描繪出更寬廣的理路，並證明英帝國同時由多個清朝邊疆來犯，何以是個單一的地緣政治問題，需要一個對等的地理範圍之應對。這些貢獻把上個世紀中引領清朝對外關係的那些重大原則（不涉入外國地緣政治、中立、雙邊主義）給否決掉了。但除非把一八四〇年以前的戰略思考潮流都視為「傳統」，才好把魏源的介入視為「現代」。倘若我們認為「傳統」就是決定性地受到意識形態與文化概念所影響，則這個標籤並不合適。清朝皇帝們遠遠說不上是縮在華夏中心這個繭中自我滿足，他們的敏感與多疑，完全不輸給任何歐亞帝國的統治者。他們也絕對稱不上是逃到幻象與內省中去尋求安樂窩，他們觀視動靜、諮查情勢，且在其政策與籌算中預設了鄰邦同樣受現實利益所引領。清朝皇帝們在預測外部發展時，並沒有放置多少權重在那些摸不著的東西上，諸如從屬狀態的忠誠。

在一八四〇年代以前，清朝對世界的視角之異乎那些勝出的對手帝國，而且在外國觀察家眼中顯得鈍拙，並非由於他們抱持著「傳統的」意識形態，而是由於他們肯定一種以片段而非整體型式進行外部分析的邊疆政策。地方觀點的綜合取自清朝官員與學者一八三九年以前就可取得的證據，且在當中展現出新的聯結與模式。鴉片戰爭的重要性，不在於迫使此帝國之領導者及文士們面對那有意迴避的現實，而在於加速了發現英國帝國主義自十九世紀的第一個十年後在亞洲的進程。那麼，把魏源、推崇他的人、批評他的人，放在同一道目的論的光譜上，從過時的過去到「實際」的未來排成一列，就並不正確了。魏源的重要性，在於他提供了另一個可供選擇、但非必然的世界觀。

對外政策的出現成為一種看待世界的不同視角，乃是受到兩項因子所驅使。全球帝國主義是視世界為一政治抗衡之單一場域的先決條件。清朝一七五七年以前在內亞的活動，從西藏到內外蒙古，皆是為了回應準噶爾的威脅而彼此配合。一旦危險雲消霧散，去思量版圖內那些偏遠邊區的需求——或者甚至將其延伸為對構築戰略整體的考慮——也一樣消失無蹤。隨著新的、更大的帝國開始在多個清朝邊疆採取行動時，尤其是到了一八五〇年整個清朝邊疆事實上被英國與俄羅的勢力範圍所包覆之時，對一個更整合視角的需求就變得明顯了。

第二項因子則在於：清帝國中有著一群觀察家社群，他們的世界觀夠全面而得以追蹤外在變化，他們又足夠自由而得以辯論這些變化的意涵。要想培育這樣的社群，清政府的官方學術模式以及官僚體制程序，都使得官方管道變成一個不利的環境。諷刺的是，到了一八四〇年代，比起中央政府本身來說，像魏源這樣的作家反而在他們的地理學與地緣政治視野上變得更加集中化且具綜合性。要看出這點，我們可以拿魏源與松筠來作對比。當魏源寫《海國圖志》時，他只曾藉捐官而任內閣中書，從未造訪過內亞邊疆（或甚至廣州）。相反地，松筠在庫倫任辦事大臣時曾與俄國交涉過，曾經護送過馬戛爾尼，管理過西藏、兩廣以及新疆，還曾任軍機大臣助理帝國政務，同時也是個有關邊務的多產作家。可是卻是那個在實際邊疆情況上遠不如松筠熟悉的魏源，才得以建立起一個體系，把各個邊疆當作單一一個全球博弈競賽的一部分。到這裡我們該停一停。無論我們多麼推崇魏源的敏銳，從邊疆政策轉移到對外政策一樣有得有失。對那些在實際邊情有著親身經歷的人們而言，過度的集中化可能未必是他們所意欲的。接受一種事實，也就存在著看不到另一種事實的危險性。

作者註

1. 中國學者們普遍推崇魏源為關於西方新資訊的先驅。林珍珠的研究則對此觀點有所修改，主張魏源主要是回復了清朝之前與南洋接觸的早先「傳統」（《魏源和中國對海洋世界的再發現》，第二〇四頁）。一九九二年，鮑拉切克提出一種解讀，認為《海國圖志》基本上是一種辯論文獻（《內部的鴉片戰爭》，第一九五頁）。筆者個人對這三種詮釋的觀點見本章下述。
2. 林珍珠，《魏源和中國對海洋世界的再發現》，第一一一一三頁；恆慕義，《清代名人傳略》，下冊，第八五〇—八五二頁。
3. 關於此二書之編纂與出版，見黃麗鏞，《魏源年譜》，第二二七、二二三—二二四頁。
4. 《近代中國對西方及列強認識資料彙編》，第一輯第二分冊，第八六三—八六八頁。
5. 鄭光祖，《舟車所至》，第一—二頁。
6. 王朝宗，《海外番夷錄》。
7. 《近代中國對西方及列強認識資料彙編》，第一輯第二分冊，第八五八—八六二頁。
8. 姚瑩，《康輶紀行》，第一冊，第一四七、一五〇頁（卷五，葉一上、二下）。
9. 劉貫文，〈從《輿圖考略》到《瀛環志略》〉，第六五頁。
10. 梁廷枏，《海國四說》。
11. 魏源，《海國圖志》五十卷本，卷一三，葉一上。
12. 王家儉，《魏源年譜》，第五一頁。
13. 在最初的一八四四年刊之五十卷本中，魏源把卷一三專用於註解慕芮對印度的描述上，而把卷一七及卷一八用作對印度的歷史地理學之研究。
14. 魏源，《海國圖志》五十卷本，卷一三（西南洋諸國）；卷一七—一九。多出兩卷乃用以處理「西印度」，包括西於印度次大陸的亞洲國家，例如包社（波斯）與如德亞（猶太）。
15. 魏源，《海國圖志》五十卷本，卷一三，葉二上—二下。英語對應名稱見於慕芮，《地理學大百科》，第二卷，第三四四—三四五頁。
16. 王家儉，《魏源年譜》，第二一頁，將其會面標於一八二三年；施立業，《姚瑩年譜》，第一〇七頁，則標於一八二六年。有關此時期之智識與社會背景，見鮑拉切克，《內部的鴉片戰爭》，第六六—七三頁。

17. 姚瑩，《康輶紀行》，第一冊，第一五〇頁（卷五，葉二下）。

18. 施立業，《姚瑩年譜》，第五二頁。

19. 姚瑩，《康輶紀行》，第一冊，第一四七頁（卷五，葉一上）。

20. 前揭書，第一冊，第一四七頁（卷五，葉一上）。亦見鮑拉切克，《內部的鴉片戰爭》，第一八五—一九三頁。

21. 關於姚瑩早期所研究的內容，見姚瑩，《識小錄》，第一〇一—一〇四頁；關於顛林，見其《康輶紀行》，第一冊，第三頁（序）。

22. 姚瑩，《康輶紀行》，第一冊，第三頁（序）。

23. 施立業，《姚瑩年譜》，第二七五—三四五頁。姚瑩在序言敘稱《康輶紀行》撰於一八四四年至一八四六年間，不過特定日期的條目後來修改過。例如，一篇他一八四五年旅程紀錄中的論文，提到了《海國圖志》六十卷，可是姚瑩在一八四五年持有的版本只能是一八四四年的五十卷版，而不可能是一八四七年的六十卷版（第一冊，第一四七頁〔卷五，葉一上〕）。很可能是在一八四七年底，姚瑩告訴一名通訊者他把《康輶紀行》一書「大為修整，去其繁蕪」而「增訂了諸般內容。（《東溟文集、文後集》，第一五一二：五六一頁〔卷八，葉一九下〕）。施立業，《姚瑩年譜》，第三二二—三二四頁。

24. 魏源，《海國圖志》五十卷本，卷一三，葉三八上。

25. 姚瑩，《康輶紀行》，第一冊，第八八—九一頁（卷三，葉二下—四上）。

26. 姚瑩，《康輶紀行》，第一冊，第二三六—二三七頁（卷八，葉三下—四上）。

27. 姚瑩，《康輶紀行》，第一冊，第二七五頁（卷九下，葉四下—五上）。

28. 姚瑩，《康輶紀行》，第二冊，第三〇一頁（卷一〇，葉一上），參見姚瑩手抄之南懷仁地圖，第二冊，第五八〇—五八一頁（卷一六，葉二五下—二六上）。

29. 姚瑩，《康輶紀行》，第一冊，第三〇一—三〇二頁（卷一〇，葉一上—一下）。

30. 魏源，《聖武記》，初版，續修四庫全書第四〇二：二七五頁（卷五，葉三八上）。

31. 姚瑩，《康輶紀行》，第一冊，第一五二—一五三頁（卷五，葉三下—四上）。

32. 魏源，《聖武記》第三版，第一六〇頁（卷五）。

33. 姚瑩，《康輶紀行》，第一冊，第一四七頁（卷五，葉一上）。

34. 魏源，《海國圖志》六十卷本，第六冊，第二六一五頁（卷四六，葉二上）。
35. 徐繼畬，《瀛環志略》，第六頁（作者序）。
36. 例如說，姚瑩的地圖在西藏以南處就完全忽視了東南亞大陸的半島形狀，儘管這在他所收錄的其他地圖中是這麼表現的（《康輶紀行》，第二冊，第六四六—六四七頁〔卷一六，葉五八下—五九上〕）。
37. 魏源，《海國圖志》六十卷本，第一冊，第一六五頁（卷二，敘）。
38. 魏源，《海國圖志》六十卷本，第一冊，第一六六—一六九頁（卷二，葉二下—三上）。參考李明徹，《圜天圖說》；莊廷旉，《大清統屬職貢萬國經緯地球式》（第六章，註四一—四二）。
39. 魏源，《海國圖志》六十卷本，第一冊，第一七三頁（卷二，葉五上）。參艾儒略，《職方外紀校註》，第二三頁。
40. 姚瑩，《康輶紀行》，第二冊，第六一二—六一三頁（卷一六，葉四一下—四二上）。
41. 其例見於魏源，《海國圖志》六十卷本，第一冊，第一九三頁（卷二，葉一五上）。
42. 姚瑩，《康輶紀行》，第二冊，第五八〇—五八一頁（卷一六，葉二五下—二六上）。
43. 魏源，《海國圖志》六十卷本，第一冊，第一八七—一八九頁（卷二，葉一二上—一三上）。
44. 姚瑩，《康輶紀行》，第一冊，第一四七頁（卷五，葉一上）。
45. 姚瑩，《康輶紀行》，第一冊，第一四七頁（卷五，葉一上）。
46. 魏源，《海國圖志》六十卷本，第一冊，第一九三頁（卷二，葉一五上）。
47. 魏源，《海國圖志》六十卷本，第二冊，第七一〇頁（卷一三，葉一七下）。
48. 魏源，《海國圖志》六十卷本，第一冊，第七五〇頁（卷一三，葉三七下）。
49. 魏源在序言中標舉說「〔是書〕何以異於昔人海圖之書？曰：彼皆以中土人譚西洋，此則以西洋人譚西洋也。」（《海國圖志》六十卷本，第一冊，第五頁〔序〕）
50. 魏源，《海國圖志》六十卷本，第六冊，第二六一三—二六三一頁（卷四六，葉一上—一〇上）。
51. 魏源主張佛教所提及的座標方向是相對的，南懷仁誤將其視作絕對方位了。
52. 姚瑩，《康輶紀行》，第一冊，第二七六頁（卷九，葉五下）。
53. 例如，見徐繼畬，《瀛環志略》，第七四—七五頁。
54. 前揭書，第二頁（序）。
55. 魏源，《海國圖志》五十卷本，卷一三，葉三九上—三九下；《海國圖志》六十卷本，第一冊，第一〇九—一一〇頁

（卷一，葉三八上—三八下）。

56. 魏源，《海國圖志》六十卷本，第一冊，第一六五頁（〈圓圖橫圖敘〉）。

57. 魏源，《海國圖志》五十卷本，卷一三，敘一上—一下；《海國圖志》六十卷本，第二冊，第六七一—六七二頁（卷一三，敘一上—一下）。

58. 魏源，《海國圖志》五十卷本，卷一三，敘一上—一下；《海國圖志》六十卷本，第二冊，第六七一—六七二頁（卷一三，敘一上—一下）。

59. 魏源，《海國圖志》五十卷本，卷一三，一下—二下；《海國圖志》六十卷本，第二冊，第六七二—六七三頁（卷一三，一下—二下）。

60. 魏源，《聖武記》，初版，續修四庫全書第四〇二：二七二—七三頁（卷五，葉三二下—三三上）。

61. 前揭書，第四〇二：二七五頁（卷五，葉三七下）。

62. 前揭書，第四〇二：二七五—二七六頁（卷五，葉三七下—三九上）。

63. 俞浩，《西域考古錄》，第二冊，第八四五—八四六頁（卷一六下，葉二二上—二二下）。

64. 姚瑩，《康輶紀行》，第一冊，第八九—九〇頁（卷三，葉三—三下）；梁廷枏，《夷氛聞記》，第一一二—一一三頁（卷四）。

65. 魏源，《聖武記》，初版，續修四庫全書第四〇二：二七五—二七六頁（卷五，葉三八上—三九上）。

66. 神田信夫，〈《聖武記》雜考〉，第三三二頁。

67. 魏源，《聖武記》，初版，續修四庫全書第四〇二：二七八頁（卷五，葉四三下）。

68. 魏源，《聖武記》，三版，第一六九—一七二頁（卷六）。

69. 王家儉，《魏源對西方的認識及其海防思想》，第一五一頁。

70. 魏源，《聖武記》，初版，續修四庫全書第四〇二：二七六—二七九頁（卷五，葉四〇上—四六上）。此篇歸諸《澳門月報》的文章，顯然是一八四〇年七月二十五日英文《廣東報》之所載者。其原文為：

> 高貴的〔俄羅斯〕大使如今正在其途中……往北京，去向中國人掏心掏肺，以求在即將到來的與英國的鬥爭中……透過其至高無上的主人，中國皇帝之手，把東亞組織起來對抗吾人……俄羅斯人甚少研究過印度事務，或許他們根本不知道，欲在我方平原上擊敗尼泊爾人，最有效的模式是來自北京的諭令。

魏源作品中的漢文翻譯是刪節且有偏失的，內容為「現聞鄂羅斯使者已自比革特（譯按：聖彼得堡）起程，由韃靼里到中國，必慫恿中國人與英國爭鬬，并欲得北京出諭與緬甸人〔原文如此〕，使前來攻擊。不知何時使臣能到得北京。」

71. 魏源，《聖武記》，初版，續修四庫全書第四〇二：二七八頁（卷五，葉四三上—四四下）。

72. 前揭書，第四〇二：二九四頁（卷六，葉二九上—二九下）；宋體字為筆者表達強調用。

73. 前揭書，第四〇二：二九四頁（卷六，葉二九下）。

74. 前揭書，第四〇二：二九四頁（卷六，葉二九下）。

75. 前揭書，第四〇二：二七六頁（卷五，葉三九上）。

76. 乾隆朝《清實錄》，第二一：八二一頁（卷一〇三一，葉一六上）。

77. 恆慕義，《清代名人傳略》，上冊，第九〇—九二頁；鮑拉切克，《內部的鴉片戰爭》，第一四七頁；趙利峰、吳霞，〈澳門土生葡人漢學家瑪吉士與《新釋地理備考》〉，第一三二頁。

78. 陳澧於一八四七年得以在廣東會見魏源（某些史料誤植於一八四九年）。他自己的敘述是，在向張維屏寫下那些反駁之後「數年」（《近代中國對西方及列強認識資料彙編》，第一輯第二分冊，一〇〇八—一一一〇頁）。因此陳澧很可能在魏源出書後（一八四四年）沒多久就讀到該書了（黃麗鏞，《魏源年譜》，第一五一頁）。

79. 《近代中國對西方及列強認識資料彙編》，第一輯第二分冊，一〇〇八—一一一〇頁。

80. 徐繼畬，《瀛環考略》，第七三頁。

81. 前揭書，第七三—七六頁；徐繼畬，《瀛環志略》，第二三六—二三七頁。

82. 方聞，《清徐松龕先生繼畬年譜》，第八四頁。

83. 《籌辦夷務始末．道光朝》，第四一六：一六三頁（卷七五，葉三八下—三九上）。

84. 《籌辦夷務始末．咸豐朝》，第四一六：五四六頁（卷一五，葉六上—六下）。

85. 雅普，《英屬印度的戰略：不列顛、伊朗、阿富汗，一七九八—一八五〇》，第一五頁。

86. 《籌辦夷務始末．咸豐朝》，第四一七：五三〇—五三三頁（卷四七，葉一六下—二三上）。

87. 馮桂芬，《校邠廬抗議》，第四九頁。

88. 例如，費正清稱魏源的《海國圖志》為「對國際貿易和西方炮艦所帶來的問題癥結，進行多方面探討且取得新焦點的先驅式努力」，儘管「時有誤報」（〈條約制度的形成〉，第二一九頁）。黃麗鏞則是典型的中國作者，讚美魏源為「開眼看世界」的先驅（《魏源年譜》，第一頁）。

結語

邊疆政策與對外政策之間

到了一八四〇年代，地理學與地緣政治思考的發展已可讓對外政策成形，作為先前那居宰制地位的邊疆政策的另一種選擇。在最早的形式中，對外政策不必然比起邊疆政策來得更現實或更有效；在多數官員與私家觀察家的世界觀中，前者也不能取代後者。追溯這兩種辦法間在一八六〇年以後的演化關係並不屬本書的範圍。而一八六〇年之後的數十年，那突出的政治動盪、管理創新、技術進步、意識形態轉移，以及與西方帝國主義那政治、經濟、文化上的力量之大幅親近，也不可能在短短的篇幅內恰當處理。反之，本書以提出邊疆政策與對外政策間後續關係的問題作結，此關係則如本書描繪的軌道所示。

邊疆政策一項不墜的優勢，就是它對帝國邊陲特定分區的地方狀況的留心：它權衡國家中央的資源與地形氣候的障礙，以及潛藏在北京對地方精英與鄰國民族關係史的先例。邊疆政策偏好審慎地維持平衡，這一點在太平天國之亂於一八五一年爆發，朝廷對新疆、西藏兩地的控制力有瓦解的危險時，變得格外具有吸引力。由於在這場亂事中，軍事與財政資源挪至他處，鄰國如廓爾喀及霍罕對邊區虎視眈眈，巨大的溝通困難使得維持現狀之流的作法，都變成了不起的成就。大膽出手以對抗俄、英帝國主義這種不那麼直接的威脅，更是在考慮範圍之外。另外，尤其是在一八六〇年後，邊疆政策的那些支柱雖已搖搖欲墜，卻仍挺立著。從地理學上來看，地方報導人仍是情報蒐集的樞紐。從戰略上來看，仍有充分理由質疑信賴外國盟友的「智舉」。官僚們已經面臨太多的個人問題，無心去顧及此時流行在私家學者間的那些籠統而抽象的評論。

即便如此，在一八四二年後，純粹的邊疆政策也已不再可行。在英、俄帝國的勢力範圍都已跨越多個邊疆的情況下，已無法再各自孤立考量海洋事務與內亞事務。就連謹慎的防禦性策略，都得留意到從伊犁到上海的整面地緣政治之網路。在鴉片戰爭期間，朝廷試圖量度西藏與新疆之於英國遠近時，新取徑的活躍變得十分鮮明，此後更日益增強。一八四六年發生的一件相對次要的危機，演示了這項轉變。

到了一八四〇年代初，印度次大陸上唯一真正獨立且軍力堅實、不受英國統治的國家，就只有由錫克君主爾蘭積星（Ranjit Singh）建立在旁遮普的國度。一八三九年爾蘭積星逝世，翌年，其子、其孫亦隨而離世，該國由是不穩，至一八四五年已與英屬印度交戰中。一八四六年，一項處置有效地斬斷該國之獨立性。這個錫克國家的一個名義上的附庸古拉卜．星訶，先前已征服拉達克，更曾意圖吞併西部西藏。由於戰爭期間支持過英國人，古拉卜．星訶的獎賞是能擁有他自己的領地。這塊地是錫克政府被東印度公司擊敗後所放棄的，如今回歸到古拉卜．星訶的控制下（少掉了某些戰略走廊）。在這過程中，英屬印度獲得了裁定這個新興的多格拉（Ḍogrā）王國與清朝西藏之邊界的權利。[1]

英國在旁遮普的勝利，和先前在印度次大陸上的動盪一樣，在多個清朝邊疆上激起了迴響。在新疆，此事關乎朝廷對俄羅斯要求在喀什噶爾貿易一事的考量。如同當地一位官員所指出的，暎咭唎「回語稱為排哴（即法朗機 Farangi）」，過去與音底接壤（音底即旁遮普，至少自一八二〇年起回部即以此稱呼），如今音底已遭其征服。喀什噶爾之南亦從而與暎咭唎相連。若允許俄國在喀什噶爾有貿易權，英國必從而效尤。[2] 這個恐懼是真知灼見，因為在英國保護下的拉達克確實希望擴展印度—新疆貿易。[3]

西藏則感受到更直接的後果。廓爾喀了解到，一旦爾蘭積星所建立的國家被征服，就會對他們在加爾各答保留自主性不利。早在一八四六年一月，戰爭還在進行時，廓爾喀君主就給在拉薩的駐藏大臣一封稟文，稱廓爾喀的人告知他，最近英吉利已戰勝森巴（即錫克）。廓爾喀國王警告說，若是森巴淪陷，英吉利將貪想清朝的地方；（他聲稱）英吉利已派軍要幫他取西藏。這位廓爾喀國王當然辭謝了這個提議，並要求清朝助其擋住共同的敵人。然而駐藏大臣還是抓著固定的政策，什麼也沒提供。[4]

地理學上而言，這封稟文標誌著清朝官方回覆的分水嶺。此前，就連鴉片戰爭期間與剛結束後，都沒有任何一封寄自西藏的奏疏明白把披楞與英吉利畫上等號。如今，尼泊爾國王這封國書的漢語譯文只提到了英吉利（雖說在駐藏大臣們的答覆裡還是繼續提披楞）。這項轉變實乃由於新的報導人到來所致。大約在一八四六年之始，兩名法國傳教士從蒙古來到拉薩：著名的秦噶畢（Joseph Gabet）與古伯察（Régis-Evariste Huc）。秦噶畢與古伯察研讀過蒙古語、滿洲語，以及一知半解的藏語和漢語。他們在甘肅時就遇過一名藏人的轉世化身喇嘛，問了他們是不是來自「噶哩噶答（Galgata）」的「披楞（Péling）」，而許多在拉薩的人也用同樣的話來描述他們。[5] 駐藏大臣琦善有了這兩名傳教士在手，在收到廓爾喀君主的國書時便要求兩名傳教士就這主題來說明。秦噶畢作了完整的解釋：「披楞即暎咭唎，並非兩處。緣唐古特番語（藏語）呼外國皆為**奇楞**（藏：*phi-gling*）；奇（*phyi*）字為內外之『外』字，訛寫**披楞**，並非國名。[6] 地名暎咭唎國，夷名昂格勒（法：*anglais*）是實。」琦善接受這個鑑定，還補充說，訪知在藏回商，森巴乃「西路溫都斯坦所屬地方」。[7]

大約在廓爾喀國書到達西藏的同一時期，來自旁遮普戰鬥前線的消息也傳到了珠江三角洲。一八四六年，清帝國辦理對英交涉的大臣兩廣總督耆英於其奏疏中報稱：唊咭唎新聞紙報告了一次唊咭唎與印度所屬之塞哥搆兵獲勝之事，雖說該消息的傳入並非立即獲得關注。[8] 此事仍需更多情報，而耆英藉由接獲香港總督、駐華全權代表德庇時之信函，又向咪唎嘡（美國）、西洋（葡萄牙）兩國探詢，證實了這份報告。[9]

不久，西藏邊疆與海洋邊疆間的聯結就變得很明白了。一八四六年夏，英屬印度委派專員調查多格拉領拉達克與清朝西藏間的邊界。英國印度總督發了兩封信函給清朝當局，一封給拉薩，另一封則給在廣州的耆英。而清廷則在幾乎同一時間，收到了從這兩個相隔遙遠的城市所上奏的關於勘界的奏章。早在一八四七年，耆英就奏報稱德庇時宣稱英國戰勝了西刻，奪取了克什米爾（加治彌耳）地方，從而與西藏交界，故希望能明定界阯。耆英擋下了這個要求，回覆說，據南京條約，唊咭唎只准在五口通商，故不許與西藏貿易。[10] 耆英在差遣屬下於西方人之間探訪後，已可進一步確認「西刻」即「塞哥」（譯按：即錫克），在印度西北，距西藏約有二千餘里，還另外獲得了一份多少有些斷章取義的、關於該區域之事物的記述。與德庇時的交涉，在廣州拖拖拉拉地進行著。[11]

透過廣州方面獲悉德庇時的信函後，才五天的時間，清廷又透過在拉薩的琦善之上奏，面臨到同一件議題。據琦善所奏，在堆噶爾本的西藏官員收到了一份難以理解的披楞來函，而琦善已知披楞即英吉利。傳信人口頭解釋說，披楞已戰勝森巴，奪下拉達克與克什米爾，因此希望西藏當局派個代表團去商定貿易章程。[12] 遣往西藏與拉達克之邊界的藏人人員報告說，披楞實際上統治了不少森巴的土地，包含克什米爾。

面對這種情況，道光皇帝試著盡量少去改變政策，希望能把西藏與英屬印度以及與沿海相關的渠道隔絕開來。和魏源不同，道光皇帝從兩帝國之陸路毗鄰這點上，看不出任何戰略優勢。然而，到了一八四〇年中期，關鍵的改變發生了。很清楚地，清廷必須統整在各不同區域所用的詞彙，而此時這事也已不再艱難。如同皇帝與軍機大臣就西藏邊界問題所作的評論：「夷人種類繁多。披楞既係噢夷。森巴即係噫酋（德庇時）所稱西刻。克什米爾即係加治彌耳。」[13] 當然，地方詞彙仍然堅持著：西刻、噻嘚、錫國、音底以及森巴全都出現在一八四〇年以後的漢文文檔中，用以指稱在旁遮普的錫克國。在西藏也繼續使用著「披楞」。可是，在過去，這種術語上的差異幾乎是不可能克服的，如今清政府卻可以靠著標準術語如英吉利、印度，判定這些區域性的世界觀在一個大概的輪廓中，如何符合一幅對外政策的整合圖像。多種情報材料，曾經是幾乎不可共量的，如今則即便某些細節仍留待解決，但要把這些材料協調、整合起來已是相對容易了。即使後期清政府仍在其政策視野上很大程度保持守勢，也已經不能忽視跨多邊疆來協調政策的需求了。

從某個角度來看，清朝最後幾十年的對外關係史，可以視為是在新制度的支撐之下，無情地強化一個統整的對外政策。一八六一年總理衙門成立，而其日益老練的外交工具，為中央觀察家們帶來了前所未有的豐富視角，並強調了透過極盡可能之寬廣的視鏡來看政策的需求。實際上，為總理衙門建立所作的辯護論述之一，就是外國帝國活躍於沿海那麼多地點，而這種情況下，已不再能承受由軍機處鬆散地監管著各個地方官在各自轄區管理這些對外事務。早在一八五六年，朝廷已經完成部分的《籌辦夷務始末》，在該書中把有關西方帝國主義從海上到內亞各邊疆的個案彙集起來。一八六一年後，總理衙門改善了多邊交流，不同區域的帝國官員們在處理同一外國之事務時更見效率。[14] 一八七〇年代，外交人員開始外駐時，協調變得更為複雜；一八八〇年代，總理衙門成為中國國內與國際電報網的中心點。[15] 相較於一八四〇年以前的時期那種邊官─軍機處對話，清朝中央政府的政策制定利用了更多的材料。集中化視角進一步深植其宰制性，則是在北京出現了西方國家的使館之後。這些使館把朝廷的目光吸引到邊疆各角落的案件與麻煩，從而補充了內部情報材料。像是一八七四年至一八七五年那著名的有關海防或陸防之優先性的論辯，雙方的鼓吹者李鴻章（一八二三─一九〇一年）與左宗棠（一八一二─一八八五年），都在這場論辯中顯示了他們很清楚沿海邊疆與內亞邊疆二者乃是緊密相連的。而伊犁危機（一八七九─一八八一年）中，大使們自國外向北京報告，安排了一塊內亞邊疆的命運。上述兩段插曲都證明了：到了一八七〇年代，地方化的邊疆政策已被淘汰了。[16] 在一個大規模帝國主義的年代裡，領土防禦乃是個多邊形各角交互關聯下的一項問題，而非各行其是之插曲中的一個累贅。

然而從另一個角度亦可見證，一八六〇年以後的時代，帝國中央對各邊地的控制力之減少。一八五〇年代至一八七〇年代那些叛亂的壓力，削弱了清政府在內亞邊疆的力量。若說這股力量到了一八八〇年代在新疆已大量恢復了，其在西藏與蒙古則仍然孱弱，一直到後一九〇〇年那激進的國家建設工程「新政」，挑起了朝廷與本土精英間的公開衝突之時。

在一八六〇到一九一一年間，資訊流通如何對清帝國境內諸多族群造成不同影響，尚待更多研究，蓋其可解釋外在趨勢如何衝擊帝國內部政治秩序長久的可行性。如同本書所證明，漢人文士精英的成員乃是首先建構歐洲帝國主義的全球性描述者，同時也是他們主張清帝國可藉由協調各個邊疆的活動，對抗歐洲帝國主義的威脅。一八六〇年之後，漢人文士精英日益在清政府的軍事與外交大員中居於主導。漢人官員們那新式整合的世界觀，在多大的程度上懷疑先前那種分散力量，從而維持與地方政治妥協的政策？這種視野的轉移又在多大程度上，造成漢人精英特權與在內亞握有權力的本土貴族及神職群體的隔閡？這引發了許多我們所不太知道的問題：蒙古人、西藏人、新疆各突厥語族人的精英，是透過哪種資訊材料，漸漸了解到接近中國邊疆的歐洲人帝國主義？在詮釋這種資訊的時候，他們所關懷的是哪個政治社群的利益？而這個社群與漢人精英所相信他們本身代表的社群，其交集程度又如何？

邊疆政策的延續是以次帝國單位（sub-imperial unit）之利益為中心，與北京精英的全帝國對外政策視野漸行漸遠，而將其延續與晚清的非漢人精英聯結在一起，卻也言之過早。但還是可以假設，為了追求一個設計來扭轉西方帝國主義的對外政策，從而削弱了對地方視角的敏感，這在清朝版圖那最後數十年的動盪中占有某些分量。至少到了清朝最後的日子，外國威脅的嚴苛對某些人而言似乎表示著，意圖建立起一個在中央堅定控制下的、更均質的管理結構是合理的，而實際上在這方面無所作為，可能就意味著這個朝代已不再有效率。然而，對另一些人而言，他們並不相信這種轉變中的全球地緣政治能保證這麼一個根本的重構。而這些人也可能把北京所主張的要對周邊加強控制看作是破壞先例，降低了這個朝代的統治權。無論哪個情況，在清朝的政策制定中，在一個中央化視角與多個地方化視角之間，重新校準各自的比重，都會觸及到王朝合法性的問題。

然後，一八六〇年代之後，新的問題浮現了。清帝國在其對外關係中，是否有著對帝國各處所有臣民一致的基本利益呢？如果是，誰合法地決定這些利益？這個判定利益的社群是站在延續愛新覺羅家族統治這一方的嗎？或者互不相干？若是後者，共同利益能用來強化後帝國時代之清朝國土的團結嗎？那些希望能強化團結的人，會主張國力在部分來說是基於對全球趨勢之更完善的知識上嗎？這些是對那曾經臣屬於清帝國的土地與人民之近代史至關緊要的問題。英屬印度的發現有著深刻的意義。

作者註

1. 藍姆，《英屬印度與西藏，一七六六—一九一〇》，第五七—六四頁。
2. 《籌辦夷務始末·咸豐朝》，第四一六：二八七頁（卷一，葉五下—六上）。
3. 藍姆，《英屬印度與西藏，一七六六—一九一〇》，第六一頁。
4. 《清代藏事奏牘》，上冊，第二九六—二九七頁；答諭見《籌辦夷務始末·道光朝》，第四一六：一五五頁（卷七五，葉二三上）。
5. 古伯察，《韃靼、西藏、中國紀遊：一八四四、一八四五及一八四六年》，第二卷，第四一—四二頁。
6. 關於 *phe-reng* 及 *phyi-gling* 的翻譯，見第四章，註三二。
7. 《清中前期西洋天主教在華活動檔案史料》，第三冊，第一三一四頁；《籌辦夷務始末·道光朝》，第四一六：一五五頁（卷七五，葉二四上）。
8. 《籌辦夷務始末·道光朝》，第四一六：一六三頁（卷七五，葉三九上）。
9. 《籌辦夷務始末·道光朝》，第四一六：一七六—一七七頁（卷七六，葉一四上—一五上）。
10. 《籌辦夷務始末·道光朝》，第四一六：一九五頁（卷七七，葉一一上—一一下）。
11. 《籌辦夷務始末·道光朝》，第四一六：二六五—二六六頁（卷七七，葉三一上—三二上）。
12. 《清代藏事奏牘》，上冊，第二九七—二九九頁。
13. 《籌辦夷務始末·道光朝》，第四一六：二〇六頁（卷七七，葉三一上—三二上）。
14. 霍洛維茲，〈中央權力與建國：中國的總理衙門及自強運動〉，第八四頁。
15. 關於這些變革，見尹煜，〈軍機處與晚清的通訊體系〉，以及霍爾西，〈晚清的建國與戰略知識：以中國電報管理為例〉。
16. 徐中約，〈一八七四年中國的政策大論戰：海防陸防之爭〉，第二一二—二二八頁。

譯後記

羅盛吉

有關馬世嘉（Matthew Mosca）教授的《破譯邊疆・破解帝國》（*From Frontier Policy to Foreign Policy*），蔡偉傑博士此前的書評值得一讀。就不多贅述了。

這裡先談談印度，這個對中國來說是那麼熟悉卻又那麼陌生的鄰居。

自佛法東傳以來，印度文化開始對中國以及與中國關係密切的東亞文化圈產生了深遠的影響。無論是宗教生活、哲學思想、聲韻理論、俗文學雅文學的創作乃至美學觀點，多個領域都可以見到印度文化的蹤影或回音（包括與印度文化針鋒相對的聲音）。跳脫世俗框架的印度人那無垠無涯的想像力與精妙深邃的沉思，給務實的東亞文化開創了一幅別開生面的景象。

然而，如同本書中提到的，對這個文化輸出的源頭——印度，在過去的中國，其語言幾乎只有少數精英能掌握（古典語言已然，更不用說各種現代語），其地理則更是古中國地理學上的大難題。在務實觀點的引領下，索性採取「地理學不可知論」：於是西域、南海孰是孰非，西洋範疇究竟為何，也都不再重要了。

這樣的態度，在過去或許有其不得不然的理由。畢竟過去在中國地理學上，知識人與冒險家旅行者的合作相對有限，也只有極少數人能身兼這兩種身分。但，如果到了今天，對於印度這麼一個關鍵鄰居的認識都只能透過間接資訊，那就不免太可惜了。也未免辜負了魏源那一番熱切的激情。

次之談談翻譯。歷史方面相關論述的翻譯，對文獻中專業術語乃至文本等的還原核對是必不可少的過程，這一點確實是最讓各個歷史領域的譯者感到頭大的。而對作者遣辭用句的理解與譯介表達，也是個「化」與「訛」之間的辨證歷程。怎樣能做出更好的譯文，誘發出讀者對作品的興趣而又盡量避免錯誤，這一點譯者我是還得更精進努力學習的。

人名地名的音譯是本書樞紐之一，也同樣是困擾中國古人的一大難題。譯界前輩學者自馮承鈞先生起，至當代如余大鈞先生等，都盡可能講究音譯用字，力求合乎該主題時期的音譯特色而不輕以現代普通話對音，尤其烏蘭先生《蒙古源流研究》甚至在漢語聲韻學上下足了工夫，這一點是特別讓譯者我心嚮往之的。玄奘法師、乾隆皇帝，都很講究音譯的規範、規則，雖其所見未必盡同而其揆一也。譯者以為，在音譯上能盡量做到王力先生所謂「代數式的統一」，而這統一又是建立在漢語歷史聲韻的自然基礎上，對學術上還是有好處的。否則同一「希」字，一會兒對應/hi/音一會兒又對應/ʃi/音，一旦碰上人名還原便讓人無所適從了。而這個「希」至少到郭實獵（Gützlaff，愛漢者）都還用/hi/來對音！

譯者我有幸取得翻譯馬世嘉教授這本力作的機會，既高興，又深感惶恐。由於自己無論在專業知識上或在語文（英語漢語乃至諸種語言）能力上的水準都有限，雖自以為已經卯足全力了，仍知必仍有多般疏漏。也希望讀者們能不吝指教。如果這部譯作能起到誘發華語界對本書的興趣與研究，那麼我的心願也達到了。

附錄
別名一覽

Afghanistan：愛烏罕(乾)、阿付顏尼(魏)、阿富汗、恩田（Indian）

America：墨利加（美洲）

American：咪唎㗸、米利堅、彌利堅（作國名用，今稱美國）

Asia：阿細亞、亞洲

Bengal：榜葛剌、榜噶剌、明呀喇、民呀、網絞臘、明絞脊、嗌吖喇、嗌嗺喇、嗌呀啦、嗌啊啦、嗌啊喇、孟阿臘、嗌咖喇、孟加臘、孟加剌、孟加拉

Bhutan：布魯克巴、不丹

Bombay：網買、噬嵋、嗌嘪、孟邁、孟買

Calcutta：迦梨迦多、噶哩噶達、架喇咭吋、加勒古大、甲利屈搭、加爾格打、加爾各答

Ceylon：錫蘭、錫蘭山、西隴、西崙、則意蘭

Delhi：第哩（參考索引第哩巴察條）、德里＝Jahānābād 扎納巴特、扎哈爾喇巴特、佳漢阿巴特＝Shāhjahānābād 沙扎納巴特

Enetkek：厄訥特黑、厄內忒黑、厄納特赫、厄訥特克、厄納忒可克、厄訥特珂克、厄納特珂克、厄訥特部落、厄訥特可克、厄納特珂克、額農阿克、額納特珂克

English／葡 Ingleza：暎咭唎、膺吃黎、英吉利（作國名用）

Europe：歐邏巴、歐羅巴

France：咈囒哂、佛蘭西、法國

Hindūstān：欣都斯塘、痕都斯坦、溫都斯坦、印度斯坦

Jalālābād：治拉拉拔、札拉拉巴德

Kashmir：克什米爾、克什彌爾、加治彌耳、音底（India）

Kathmandu：洋布、陽布、加德滿都

Ladakh：推巴特、拉達克

Libya：利未亞（指非洲）

London：蘭墩、蘭頓、倫敦

Madras：曼噠喇薩、嫚噠喇噠、曼打拉撒、馬德拉斯

Marāṭhā：馬喇他、馬拉他、瑪爾塔、嗎喇他

Mecca：天方、默伽、麥加

Nepal：呢咘爾、尼布爾、尼保爾、尼泊爾

Portugal：波爾都雅、葡萄牙

Sikkim：哲孟雄、錫金

人名拉丁字母對照（依筆畫排序）

三畫

士丹頓（Mr. Stanton）

四畫

丹肯（Duncan, Jonathan）
木爾克喇夫（Moorcroft, William）
巴多明（Parrenin, Dominique）
巴德利（Baddeley, John F.）
孔飛力（Kuhn, Philip A.）
孔恩（Kuhn, Thomas）

五畫

布剌孥耆梨（＝蘇納格哩？：Purangir）
弗拉濟斯拉維齊（Vladislavich, Sava）
白令（Bering, Vitus Jonassen）
白彬菊（Bartlett, Beatrice S.）
古力（Gully, Robert）
古伯察（Huc, Régis-Evariste）

六畫

年費伊（Fay, Peter Ward）
合克（Hopkirk, Peter）
安突德（Anstruther, Peter）
吉德（Kidd, Samuel）
伊納德（Isnard, Albert）
伊格那提業幅（Ignat’ev, Nikolai）
米兒・愛孜圖拉（Mir Izzat-ullah）
米憐（Milne, William）

艾宏展（Elverskog, Johan）
艾爾曼（Elman, Benjamin A.）
艾儒略（Aleni, Giulio）

七畫

克爾克派特里（幾哩巴底．Kirkpatrick, William）
宋君榮（Gaubil, Antoine）
李勒（尼可拉．德．）（de l'Isle, Jesoph-Nicolas）
李勒（紀堯穆．德．）（de l'Isle, Guillaume 或 Delisle, Guillaume）
吳勞麗（Newby, Laura J.）
那喀柱（Nuckajoo）
伯駕（Parker, Peter）
杜德美（Jartoux, Pierre）
沙．尼雅斯．汗（Shāh Niyāz Khān）
亨特（Hunter, William C.）
利瑪竇（Ricci, Matteo）
利類思（Buglio, Ludovico）
貝爾托勒德．勞費爾（Laufer, Berthold）
貝羅得（Bello, David A.）

八畫

帕麥斯頓（3rd Viscount Palmerston, H. J. T.）
易卜拉欣．賓．伊斯馬儀（Ibrāhīm bin ʾIsmāʿīl）
林珍珠（Leonard, Jane Kate）
舍爾巴都爾（Sher Bahadur Shāh）
亞瑟．韋利（Waley, Arthur）
波格爾（Bogle, George）
波斯特尼哥夫（Postnikov, Aleksey V.）
阿文（Aman）
阿布杜勒．喀迪爾．汗（Abdul al-Qadir Khan）
阿布都拉曼伯克（Abdul Rahman Begh）
阿布都里提普（ʿAbdul Laṭīf）
阿嘎．邁赫迪（Agha Mehdi．莫赫迪．拉法伊洛夫 Mehdi Rafailov）

九畫

南懷仁（Verbiest, Ferdinand）
胡夏米（Lindsay, Hugh Hamilton）
咱哈羅夫（Zakharov, Ivan Il'ich）
耶什克（Jaeschke, Heinrich August）
秦噶畢（Gabet, Joseph）
施其樂（Smith, Carl T.）
律勞卑（Napier, Willaim）
韋棟（Wyatt, Don J.）

十畫

徐懋德（Pereira, André）
師覺月（Bagchi, P. C.）
唐維爾（d'Anville, Jean Baptiste）
席文（Sivin, Nathan）
高慎思（d'Espinha , Joseph）
高德華（Gulick, Peter V.）
馬士（Morse, Hosea Ballou）
馬士曼（Marshman, Joshua）
馬他倫（Maitland, Frederick）
馬世嘉（Mosca, Matthew W.）
馬克姆（Markham, Clements R.）
馬治平（Marjoribanks, Charles）
馬國賢（Ripa, Matteo）
馬戛爾尼（Macartney, George）
馬禮遜（Morrison, Robert）

十一畫

曼寧（托馬斯）（Manning, Thomas）
偉烈亞力（Wylie, Alexander）
康沃利斯（Cornwallis, Charles）
郭實獵（Gützlaff, Karl）
麥哲維（Miles, Steven B）
麥都思（Medhurst, Walter Henry）

十二畫

湯士選（de Gouvêa, Alexandre）
斯當東（喬治・倫納德）（Staunton, George Leonard）
斯當東（喬治・湯瑪士）（Staunton, George Thomas）
斯葛特（Scott, John Lee）
勞生（Lawson, Philip）
賀清泰（de Poirot, Louis）
普利查（Pritchard, Earl H.）
喇納巴都爾薩野（Raņa Bahadur Shāh）
黑斯廷斯（Hastings, Warren）
喳噸（Jardine, William，或作喳咦、渣甸）
雅普（Yapp, Malcolm）
傅作霖（da Rocha, Felix）
傅禮初（Fletcher, Joseph）
馮秉正（de Mailla, Joseph）

馮客（Dikötter, Frank）
費正清（Fairbank, John K.）
費舍爾（瑪格莉特）（Fisher, Margaret）
費舍爾（麥可）（Fisher, Michael）
費隱（Fridelli, Ehrenbert）

十三畫

塔巴（阿瑪爾星）（Thāpā, Amar Sinh）
塔巴（畢穆辛）（Thāpā, Bhīmsen）
義律（Elliot, Charles）
達質耆梨（＝達齊格哩？·Daljit Gir）
解然（Keay, John）
鉢哩體微·那羅延·沙訶（Pṛthvī Nārāyaṇ Śāh）
蒂卜素勒坦（Ṭipu Sulṭān）
雷孝思（Régis, Jean-Baptiste）
雷孜智（Lazich, Michael C.）

十四畫

裴化行（Bernard, Henri）
裨治文（Bridgman, Elijah）
瑪吉士（Marques, José Martinho）
鄧達斯（亨利）（Dundas, Henry）

十五畫

德庇時（Davis, John Francis）
歐立德（Elliott, Mark C.）
劉松齡（Hallerstein, Ferdinand Augustin）
慕芮（Murray, Hugh）
蔣友仁（Benoit, Michel）
熱尊達爾畢噶爾瑪薩野（Rajendra Vikram Shāh）
衛三畏（Williams, Samuel Wells）
衛斯理（理查）（Wellesley, Richard）

十六畫以上

鮑友管（Gogeisl, Anton）
鮑拉切克（Polachek, James）
霍曼（Homann , Johann）
彌室羅（Misra, B. B.）
戴進賢（Kögler, Ignace）
魏斐德（Wakeman, Frederic, Jr）
饒大衛（Rowe, David Nelson）
鐵里伯克（Trebeck, George）

地名、事項對照（依筆畫排序）

扎納巴特城（Jahānābād，滿 Jahal rabat），即德里（Delhi）
巴特那（Patna）
加替阿跋（Kāthiāwār）
尼提山口（Niti Pass）
本地治里（Pondicherry）
瓦拉那西（Vārāṇasī）
多格拉（Ḍogrā）
列城（Leh）
西姆拉（Śimlā）
沙扎納巴特城（Shāhjahānābād），即德里（Delhi）
阿瓦德（Awadh）
阿格拉（Āgrā）
阿塔克必拉（Attock，滿：Atak bira）
阿爾莫拉（Almora）
姑瑪烏（Kumaon, Kumāuṃ）
果濟比哈爾（Koc Bihār）

帕尼帕特（Pānīpat，印度地名但音譯自波斯語）
亞穆納河（Yamunā）
馬喇他（Marāṭhā）
象泉河（Satluj）＝魯底雅那必拉（Ludhiana）
斯里那加（Srīnagar）
塞蘭布爾（Serampore，Śrīrāmpur）
英國海軍部飛馳號戰艦（HMS *Volage*）
輸送船納爾不達號（*Nerbudda*）
雙桅橫帆船凱特號（*Kite*）

參考書目

文獻檔案

British Library, Asia, Pacific & Africa Collections (formerly Oriental and India Office Collections)
大英圖書館，亞洲、太平洋與非洲類館藏（前東方與印度事務圖書館）

First Historical Archives (Beijing), *Junjichu, Lufu zouzhe*
北京，第一歷史檔案館，軍機處錄副奏摺

First Historical Archives (Beijing), Junjichu Manwen lufu zouzhe
北京，第一歷史檔案館，軍機處滿文錄副奏摺

National Palace Museum (Taipei), Junjichu dang
臺北，國立故宮博物院，軍機處檔

出版資料

阿哥斯頓（Ágoston, Gábor），〈資訊、意識形態以及帝國政策的限度：奧斯曼—哈普斯堡競爭脈絡下的奧斯曼大戰略〉（"Information, Ideology, and Limits of Imperial Policy: Ottoman Grand Strategy in the Context of Ottoman-Habsburg Rivalry."），收錄於阿克散（Virginia H. Aksan）、哥夫曼（DanielGoffman）編，《近代奧斯曼：重繪帝國版圖》（*The Early Modern Ottomans: Remapping the Empire*），紐約：劍橋大學出版社（New York: Cambridge University Press），二〇〇七：第七五—一〇三頁。

阿德勒（Alder, Garry），《布哈拉之外：木爾克喇夫傳——亞洲探索者及獸醫手術先驅》（*Beyond Bokhara: The Life of William Moorcroft, Asian Explorer andPioneer Veterinary Surgeon, 1767-1825*），倫敦：劍橋大學出版社（London: Century Publishing），一九八五。

艾儒略（Aleni, Giulio）著，謝方校釋，《職方外紀校釋》，北京：中華書局，二〇〇〇。

歐森（Allsen, Thomas T），《蒙古統治時期歐亞大陸的文化與征服》（*Culture and Conquest in Mongol Eurasia*），英國劍橋：劍橋大學出版社（Cambridge, UK: Cambridge University Press），二〇〇一。

《澳門歷史地圖精選》，北京：華文出版社，二〇〇〇。

阿里斯（Aris, Michael）編譯，濟美凌巴（*'Jigs-med-gling-pa*）之《談印度》（*"Discourse on India" of 1789: A Critical Edition and Annotated Translation of the "lHo-phyogs rgya-gar-gyi gtam brtagpa brgyad-kyi me-long"*），東京：國際佛教大學院大學，一九九五。

阿塔爾．阿里（Athar Ali, M.），〈印度意識之演化：皇帝阿克巴與宰相阿布勒法茲勒〉（"The Evolution of the Perception of India: Akbar and Abul Fazl."），見氏著《莫臥爾印度》（*Mughal India*），第一〇九—一一八頁。

——，《莫臥爾印度：政治、思想、社會與文化之研究》（*Mughal India: Studies in Polity, Ideas, Society, and Culture*），新德里：牛津大學出版社（New Delhi: Oxford University Press），二〇〇六。

巴德利（Baddeley, John F.），《俄國、蒙古、中國》全兩卷（*Russia, Mongolia, China.*2 vols.），倫敦：麥克米倫出版社（London: Macmillan），一九一九。

師覺月（Bagchi, P. C.），〈中文古籍中的印度古名考〉（"Ancient Chinese Names of India."），《華裔學志》（*Monumenta Serica*），第十三冊（一九四八）：第三六六—三七五頁。

里奧．巴格羅（Bagrow, Leo），〈俄羅斯之首批西伯利亞地圖及其在西歐對東北亞之製圖學之影響〉（"The First Russian Maps of Siberia and Their Influence on the West-European Cartography of N. E. Asia."），《國際地圖史雜誌》（*Imago Mundi*），第九卷（一九五二）：第八三—九三頁。

梵在（Bamzai, P. N. K.），《克什米爾文化政治史．卷二．中世克什米爾》（*Culture and Political History of Kashmir, vol. 2, Medieval Kashmir*），新德里：M D Publications，一九九四。

白彬菊（Bartlett, Beatrice S.），《君主與大臣：清中期的軍機處（一七二三—一八二〇）》（*Monarchs and Ministers: The Grand Council in Mid-Ch'ing China, 1723-1820*），柏克萊：加州大學出版社（Berkeley: University of California Press），一九九一。

鮑登（Bawden, Charles）英譯，《蒙古編年史——黃金史綱》（*The Mongol Chronicle Altan Tobči*），威斯巴登：Otto Harrassowitz，一九九五。

《八旬萬壽聖典》，景印文淵閣四庫全書第六六一冊。

白利（Bayly, C. A.），《帝國與資訊：印度之情報蒐集與社會溝通，一七八〇—一八七〇》（*Empire and Information: Intelligence Gathering and Social Communication in India, 1780-1870*），英國劍橋：劍橋大學出版社（Cambridge, UK: Cambridge University Press），一九九六。

——，〈全球帝國主義的第一紀元：一七六〇—一八三〇年頃〉（"The First Age of Global Imperialism, c. 1760-1830."），《英帝國與英聯邦史雜誌》（*Journal of Imperial and Commonwealth History*），第二六卷（一九九八）：第二八—四七頁。

貝羅得（Bello, David A.），《鴉片與帝國的限度：中國之內禁政策，一七二九—一八五〇》（*Opium and the Limits of Empire: Drug Prohibition in the Chinese Interior, 1729-1850*），麻州劍橋：哈佛大學亞洲中心（Cambridge, MA: Harvard University Asia Center），二〇〇五。

柏尼特（Ben-Dor Benite, Zvi.），《穆罕默德之道：帝制中國晚期之穆斯林文化史》（*Dao of Muhammad: A Cultural History of Muslims in Late Imperial China*），麻州劍橋：哈佛大學亞洲中心（Cambridge, MA: Harvard University Asia Center），二〇〇五。

蔣友仁（Benoist, Michel），《地球圖說》，續修四庫全書第一〇三五冊。

裴化行（Bernard, Henri），〈中國及其鄰近國家科學地圖繪製工作之諸發展〉（"Les Éstapes de la Cartographie scientifique "pour la Chine et les PaysVoisins."），《華裔學志》（*Monumenta Serica*），第一冊，第二期（一九三五）：第四二八—四七七頁。

喇嘛贊普（Bla-ma bTsan-po）著，威利（Wylie, Turrell）編譯，《一本藏語記述的尼泊爾宗教地理》（*A Tibetan Religious Geography of Nepal*），羅馬：意大利中遠東學院（Roma: Instituto italiano per il Medio ed Estremo Oriente），一九七〇。

波格爾（Bogle, George）著，藍姆（Lamb, Alastair）編，《不丹與西藏：喬治．波格爾與亞歷山大．漢密爾頓遊記，一七七四—一七七七年》（*Bhutan and Tibet: The Travels of George Bogle and Alexander Hamilton, 1774-1777*），英國Hertingfordbury：Roxford Books，二〇〇二。

白瑞華（Britton, Roswell S.），《中國報刊：一八〇〇—一九一二》（*The Chinese Periodical Press, 1800-1912*），上海：別發洋行（Kelley &Walsh），一九三三。

布洛克（Broc, Numa），《文藝復興之地理學，一四二〇—一六二〇》（*La Géographie de la Renaissance, 1420-1620*），巴黎：歷史和科學工作委員會出版中心（Paris: Les Éditions du C.T.H.S.），一九八六。

卜正民（Brook, Timothy），〈早期的耶穌會士與中國明末的疆界〉（"The Early Jesuits and the Late Ming Border: The Chinese Search for Accommodation."），載於吳小新編，《相遇與對話：明末清初中西文化交流國際學術研討會文集》（*Encounters and Dialogues: Changing Perspectives on Chinese-Western Exchanges from the Sixteenth to Eighteenth Centuries*），聖奧古斯丁：華裔學志（Sankt Augustin: Monumenta Serica），二〇〇五：第一九—三八頁。

利類思（Buglio, Ludovico），《西方要紀》，濟南：齊魯書社出版社，一九九七。

柏克（Burke, Peter），《知識社會史：從古騰堡到狄德羅》（*A Social History of Knowledge: From Gutenberg to Diderot*），英國劍橋：政體出版社（Cambridge, UK: Polity），二〇〇〇。

百薩克（Bysack, Gaur Dás），〈佛寺勃白岸（Bhoṭ Bágán）記〉（"Notes on a Buddhist Monastery at Bhoṭ Bágán."），《孟加拉亞細亞學會會刊》（*Journal of the Asiatic Society of Bengal*），第五九卷，第一期（一八九〇）：第五〇—九九頁。

蔡廷蘭，《海南雜著》，臺北：臺灣銀行，一九五九。

坎曼（Cammann, Schuyler），〈一七八〇年之班禪喇嘛造訪中國：英藏關係中的一段插曲〉（"The Panchen Lama's Visit to China in 1780: An Episode in Anglo-Tibetan Relations."），《遠東季刊》（*Far Eastern Quarterly*）第九卷第一期（一九四九）：第三—一九頁。

——，《越過喜馬拉雅的貿易：英國人早期為打開西藏市場的努力》（*Trade Through the Himalayas: The Early British Attempts to Open Tibet*），紐澤西普林斯頓：普林斯頓大學出版社（Princeton, NJ: Princeton University Press），一九五一。

盧計施．旃達羅（Chandra, Lokesh）編，《來自紫禁城中的滿、漢、蒙、藏文之梵語文本》，第一冊（*Sanskrit Texts from the Imperial Palace at Peking in the Manchurian, Chinese, Mongolian, and Tibetan Scripts, Part 1*），新德里：科學文化進步研究所（New Delhi:Institute for the Advancement of Science and Culture），一九六六。

張馨保（Chang, Hsin-pao），《林欽差與鴉片戰爭》（*Commissioner Lin and the Opium War*），紐約：諾頓出版社（New York: W.W. Norton），一九六四。

柴斯（Chase, Hanson），〈清初滿語之地位〉（"The Status of the Manchu Language in the Early Ch'ing"），華盛頓大學 PhD 論文（PhD diss., University of Washington），一九七九。

陳觀勝（Ch'en, Kenneth），〈利瑪竇對中國地理學之貢獻及其影響〉（"Matteo Ricci's Contribution to, and Influence on, Geographical Knowledge in China."），《美國東方學會會刊》（*Journal of the American Oriental Society*），第五九卷，第三期（一九三九）：第三二五—三五九頁。

——，〈利瑪竇對近中國地域之註記的一份可能材料〉（"A Possible Source for Ricci's Notices on Regions near China."），《通報》，第二輯，第三四卷，第三期（一九三九）：第一七九—一九〇頁。

陳克繩，《西域遺文》，臺北：華文書局，一九六八。

陳倫炯，《邊海全疆圖》，東洋文庫 II-11-L-56，一七九〇。

——，《海國聞見錄》，臺北：臺灣省文獻委員會，一九九六。

——，《海國聞見錄》，一七九三乾隆五十八年本。

陳勝粦，〈略論姚瑩開眼看世界的思想主張〉，載於《林則徐與鴉片戰爭論稿（增訂本）》，廣州：中山大學出版社，一九九〇：第三三二—三五〇頁。

陳松全（Chen, Songchuan），〈傳教士及英商在廣州發動的認知之戰：中國益知社，一八三四—一八三九〉（"An Information War Waged by Merchants and Missionaries at Canton: The Society for the Diffusion of Useful Knowledge in China, 1834-1839."），《現代亞洲研究》（*Modern Asian Studies*），二〇一一年第一期，第一—三一頁。

陳澤泓，〈著「圜天圖說」，建朝斗高臺——清代自學成材的天文學家，道士李明徹〉，《廣東史志》，一九九四年第四期，第七三—七六頁。

《籌辦夷務始末》，續修四庫全書。

祝平一（Chu, Pingyi），〈信賴、儀器與跨文化科學交換：一六〇〇—一八〇〇年中國對世界形狀之辯論〉（"Trust, Instruments, and Cross-Cultural Scientific Exchanges: Chinese Debate over the Shape of the Earth, 1600-1800."），《語境中的科學》（*Science in Context*），第十二卷，第三期（一九九九）：第三八五—四一一頁。

七十一，《西域總志》，臺北：文海出版社，一九六六。（譯按：本書實際所用者為清照堂叢書本，此載有誤。）

庫柏（Cooper, Randolf G. S.），《英—馬喇他逐鹿印度之戰役》（*The Anglo-Maratha Campaigns and the Contest for India: The Struggle for Control of the South Asian Military Economy*），英國劍橋：劍橋大學出版社（Cambridge, UK: Cambridge University Press），二〇〇三。

高第（Cordier, Henri）編，〈十八世紀國務卿貝爾坦的通信〉（"Les Correspondants de Bertin, Secrétaire d'État au XVIIIe siècle."），《通報》，第十八卷（一九一七）：第二九五—三七九頁。

古恒（Courant, Maurice），《十七與十八世紀的中亞：卡爾梅克帝國還是滿洲帝國？》（*L'Asie Centrale aux XVIIe et XVIIIe siècles: empire kalmouk ou empire mantchou?*），里昂（Lyon）：A. Ray，一九一二。

《中國叢報》（*The Chinese Repository*），廣東：Printed for the Proprietors，一八三二—一八五一。

揆恩（Crane, Nicholas），《麥卡托：為行星繪製地圖者》（*Mercator: The Man Who Mapped the Planet*），倫敦（London）：Weidenfeld & Nicolson，二〇〇二。

《大明一統志》，西安：三秦出版社，一九九〇。

《大清一統輿圖》，北京：全國圖書館文獻縮微複製中心，二〇〇三。

《大清一統志》，初修本。

《大英國人事略說》，麻六甲：英華書院，一八三二。

戴學稷，《鴉片戰爭人物傳》，福州：福建教育出版社，一九八五。

戴瑩琮，〈偽裝的挫敗：清朝緬甸戰役〉（"A Disguised Defeat: The Myanmar Campaign of the Qing Dynasty."），《現代亞洲研究》（*Modern Asian Studies*）第三八卷，第一期（二〇〇四），第一四五—一八九頁。

舍羅多．旃達羅．陀娑（Das, Sarat Chandra），《藏英詞典》（*Tibetan-English Dictionary*），新德里：阿達奢（New Delhi: Adarsh），二〇〇八。

阿申·陀娑笈多（Das Gupta, Ashin），〈十八世紀的印度與印度洋〉（"India and the Indian Ocean in the Eighteenth Century."），載於烏瑪·陀娑笈多（Das Gupta, Uma）編，《印度洋商賈之世界，一五〇〇—一八〇〇：阿申·陀娑笈多論文集》（*TheWorld of the Indian Ocean Merchant, 1500-1800: Collected Essays of Ashin Das Gupta*），新德里：牛津大學出版社（New Delhi: Oxford University Press），一九九二，第一八八—二二四頁。

戴維斯（Davies, C. Collin），〈愛哈默特·沙·杜蘭尼〉（"Aḥmad SHāh Durrānī."），《伊斯蘭大百科全書，第二版》，（*Encyclopedia of Islam, Second Edition.*）：http://referenceworks.brillonline.com/entries/encyclopaedia-of-islam-2/ahmadshah-DUM_0189（造訪日期：二〇一二年三月二十六日）。

德庇時（Davis, John F.），《交戰時期及媾和以來的中國》（*China, During the War and Since the Peace*），倫敦：朗文出版社（London: Longman, Brown, Green, and Longmans），一八五二。

——，《詞彙表，包含限於廣東和澳門以及此兩地貿易的中文詞語和短語；兼按字母順序排列的政府、十三行等等的全部官員的頭銜和稱呼，並欲成為以母語通信和交談之裨助》（*A Vocabulary, Containing Chinese Words and Phrases Peculiar to Canton and Macao, and to the Trade of the Those Places.*），澳門：可敬的東印度公司出版中心（Macao: Honorable Company's Press），一八二四。

德禮賢（D'Elia, Pasquale M.），〈關於利瑪竇神父在中國之世界地圖的最近發現與新研究〉（"Recent Discoveries and New Studies (1938-1960) on the World Map in Chinese of Father Matteo Ricci SJ."），《華裔學志》（*Monumenta Serica*），第二〇冊（一九六一）：第八二—一六四頁。

馮客（Dikötter, Frank），《近代中國之種族觀念》（*The Discourse of Race in Modern China*），加州史丹佛：史丹佛大學出版社（Stanford, CA: Stanford University Press），一九九二。

提娑揭錫（Diskalkar, D. B.），〈西藏—尼泊爾戰爭，一七八八—一七九三年〉（"Tibeto-Nepalese War, 1788-1793."），《比哈爾及奧里薩研究學會會刊》（*Journal of the Bihar and Orissa Research Society*），第十九卷，第四期（一九三三）：第三五五—三九八頁。

多羅費瓦—李希特曼（Dorofeeva-Lichtmann, Vera），〈黃河源在何方？：中國古代史學史中的一個爭議性問題〉（"Where Is the Yellow River Source? A Controversial Question in Early Chinese Historiography."），《遠東》（*Oriens Extremus*），第四五卷，第六八—九〇頁。

班丹益西〔班禪三世〕（Dpal-ldan ye-shes [Panchen Lama III]）著，格倫微德勒（Grünwedel, Albert）編譯，《香巴拉之路》

（*Der Weg nach Śambhala(Śamb'alai lam yig)*），慕尼黑：巴伐利亞王家科學研究院出版社（München: Verlag der Königlich Bayerischen Akademie der Wissenschaften），一九一五。

杜赫德（du Halde, J.-B.），《中華與韃靼中國誌》（*Description géographique, historique . . . de l'empire de la Chine et de la Tartarie chinoise . . .*），巴黎（Paris）：P. G. Lemercier，一七三五。

艾德生（Edson, Evelyn），《世界地圖：一三〇〇—一四九二》（*The World Map, 1300-1492*），巴爾的摩：約翰・霍普金斯大學出版社（Baltimore: Johns Hopkins University Press），二〇〇七。

歐立德（Elliott, Mark C.），〈韃靼的限界：皇帝與民族地理學下之滿洲〉（"The Limits of Tartary: Manchuria in Imperial and National Geographies."），《亞洲研究雜誌》（*Journal of Asian Studies*），第五九卷，第三期（二〇〇〇）：第六〇三—六四六頁。

——，〈這將是誰人之天下？十七世紀初葉滿人對歷史進程的描述〉（"Whose Empire Shall It Be? Manchu Figurations of Historical Process in the Early Seventeenth Century."），載於司徒琳（Struve , Lynn A.）編，《世界時間與東亞時間中的明清變遷》（*Time, Temporality, and Imperial Transition: East Asia from Ming to Qing*），檀香山：夏威夷大學出版社（Honolulu: University of Hawai'i Press），二〇〇五：第三一—七二頁。

艾爾曼（Elman, Benjamin A.），《科舉文化史》（*A Cultural History of Civil Examinations in Late Imperial China*），柏克萊：加州大學出版社（Berkeley: University of California Press），二〇〇〇。

——，《從理學到樸學：中華帝國晚期思想與社會變化面面觀》第二版（*From Philosophy to Philology: Intellectual and Social Aspects of Change in Late Imperial China*, 2nd ed），洛杉磯：UCLA 亞太專著系列（Los Angeles: UCLA Asian Pacific Monograph Series），二〇〇一。

——，《以他們自己的方式：科學在中國，一五五〇—一九〇〇》（*On Their Own Terms: Science in China, 1550-1900*），麻州劍橋：哈佛大學出版社（Cambridge, MA: Harvard University Press），二〇〇五。

艾宏展（Elverskog, Johan），《我大清：帝制中國晚期的蒙古人、佛教與國家》（*Our Great Qing: The Mongols, Buddhism and the State in Late Imperial China*），檀香山：夏威夷大學出版社（Honolulu: University of Hawai'i Press），二〇〇六。

潘翎（Lynn Pan）主編，《海外華人大百科》（*Encyclopedia of the Chinese Overseas*），麻州劍橋：哈佛大學出版社（Cambridge, MA: Harvard University Press），一九九九。

榎一雄，〈乾隆朝之西域調查及其成果——尤以《西域同文志》為中心〉（Researches in Chinese Turkestan during the Ch'ien-lung 乾隆 Period, with Special Reference to the *Hsi-yü-t'ung-wên-chih* 西域同文志），錄於 *Studia Asiatica*，東京：汲古書院，一九九八：第四四二—四七四頁。

——，〈一三七八—一三八二年宗泐出使西域考〉（Tsung-Lê's Mission to the Western Regions in 1378-1382），錄於 *Studia Asiatica*，東京：汲古書院，一九九八：第五四六—五五二頁。

費正清（Fairbank, John K.），〈條約制度的形成〉（"The Creation of the Treaty System."），《劍橋中國史》，第十卷，第一部（*Cambridge History of China* 10.1），英國劍橋：劍橋大學出版社（Cambridge, UK: Cambridge University Press），一九七八：第二一三—二六三頁。

——，〈一種初步的構想〉（"A Preliminary Framework."），載於費正清編，《中國的世界秩序：傳統中國的對外關係》（*The Chinese World Order: Traditional China's Foreign Relations*），麻州劍橋：哈佛大學出版社（Cambridge, MA: Harvard University Press），一九六八：第一—一九頁。

——，《中國沿海的貿易與外交：一八四二—一九五四年通商口岸的開埠》（*Trade and Diplomacy on the China Coast: The Opening of the Treaty Ports, 1842-1854*），加州史丹佛：史丹佛大學出版社（Stanford, CA: Stanford University Press），一九六九。

方東樹，《攷槃集文錄》，續修四庫全書第一四九七冊。

方豪，《中西交通史》，長沙：嶽麓書社，一九八七。

方聞，《清徐松龕先生繼畬年譜》，臺北：臺灣商務印書館，一九八二。

法夸爾（Farquhar, David M.），〈滿族蒙古政策的起源〉（"The Origins of the Manchus' Mongolian Policy."），載於費正清（Fairbank, John K.）編，《中國世界秩序：傳統中國的對外關係》（*The Chinese World Order: Traditional China's Foreign Relations*），麻州劍橋：哈佛大學出版社（Cambridge, MA: Harvard University Press），一九六八：第一九八—二〇五頁。

年費伊（Fay, Peter Ward），《鴉片戰爭》（*The Opium War, 1840-1842*），教堂山：北加州大學出版社（Chapel Hill: University of North Carolina Press），一九九七。

馮承鈞，《西域地名（增訂本）》，北京：中華書局，一九八〇。

馮桂芬，《校邠廬抗議》，上海：上海書店出版社，二〇〇二。

費舍爾（瑪格莉特）（Fisher, Margaret W.）等，《喜馬拉雅戰場：中印在拉達克的爭奪》（*Himalayan Battleground: Sino-Indian Rivalry in Ladakh*），紐約：普雷格出版公司（New York: Praeger），一九六三。

費舍爾（麥可）（Fisher, Michael H.），《在印度的間接統治：特派與參政司體系，一七六四—一八五八》（*Indirect Rule in India: Residents and the Residency System, 1764-1858*），德里：牛津大學出版社（Delhi: Oxford University Press），一九九一。

傅禮初（Fletcher, Joseph），〈中國與中亞〉（"China and Central Asia."），載於費正清（Fairbank, John K.）編，《中國世界秩序：傳統中國的對外關係》（*The Chinese World Order: Traditional China's Foreign Relations*），麻州劍橋：哈佛大學出版社（Cambridge, MA: Harvard University Press），一九六八：第二〇六—二二四頁。

——，〈西北中國的納克什班迪教團〉（"The Naqshbandiyya in Northwest China."），載於曼慈（Manz, B. F.）編，《中國內亞與伊斯蘭內亞研究》（*Studies on Chinese and Islamic Inner Asia*），英國奧爾德蕭特：集註出版社（Aldershot, UK: Variorum），一九九五。

佛麟特（Flint, Valerie J.），《克利斯托佛．哥倫布的想像世界》（*The Imaginative Landscape of Christopher Columbus*），紐約普林斯頓：普林斯頓大學出版社（Princeton, NJ: Princeton University Press），一九九二。

佛勒茲（Foltz, Richard），〈烏茲別克中亞與莫臥爾印度：十六及十七世紀之亞洲穆斯林社會〉（"Uzbek Central Asia and Mughal India: Asian Muslim Society in the 16th and 17th Centuries"），哈佛大學 PhD 論文（PhD diss., Harvard University），一九九六。

《印度威廉堡通信》第十七卷（*Fort William-India House Correspondence* vol. 17），德里：印度國家出版局（Delhi: Manager of Publications, Government of India），一九五五。

福斯（Foss, Theodore N.），〈西方解釋中國：耶穌會士製圖法〉（"A Western Interpretation of China: Jesuit Cartography."），載於羅南（Ronan, Charles E.）、歐（Oh, Bonnie B. C.）等編，《東方西方相遇：耶穌會士在中國：一五八二—一七七三》（*East Meets West: The Jesuits in China, 1582-1773*），芝加哥：羅耀拉大學出版社（Chicago: Loyola University Press），一九八八：第二〇九—二五一頁。

弗拉卡索（Fracasso, Riccardo），〈山海經導讀〉（"Shan hai ching 山海經."），見魯唯一（Loewe, Michael）編，《中國古代典籍導讀》（*Early Chinese Texts: A Bibliographical Guide*），加州柏克萊，古代中國研究會（Berkeley, CA: Society for the Study of Early China），一九九三：第三五七—三六七頁。

福華德（Fuchs, Walter），《康熙時代耶穌會教士地圖集》（*Der Jesuiten Atlas der Kanghsi Zeit: China und die Aussenlaender*），北京：輔仁大學，一九四一。

——，〈清朝地圖繪製的資料〉（"Materialien zur Kartographie der Mandju-Zeit."），《華裔學志》（*Monumenta Serica*），第一冊，第二期（一九三五）：第三八六—四二七頁、第三冊（一九三八）：第一八九—二三一頁。

——，《中國的「蒙古地圖」》（*The "Mongol Atlas" of China*），北平：輔仁大學，一九四六。

《福建通志》，臺北：華文書局，一九六八。

船越昭生，《來到鎖國日本之〈康熙圖〉地理學史上的研究》（鎖国日本にきた「康熙図」の地理学史的研究），東京：法政大學出版局，一九八六。

——，〈論在華耶穌會士之地圖製作及其影響〉（在華イエズス会士の地図作成とその影響について），《東洋史研究》，第二七卷，第四號（一九六九）：第五〇六—五二五頁。

《撫遠大將軍允禵奏稿》，北京：全國圖書館文獻縮微複製中心，一九九一。

宋君榮（Gaubil, Antoine），《宋君榮北京書翰集》（*Correspondance de Pékin*），日內瓦（Genèva）：Droz，一九七〇。

格林伯（Greenberg, Michael），《英國貿易與中國開放，一八〇〇—一八四二年》（*British Trade and the Opening of China, 1800-42*），英國劍橋：劍橋大學出版社（Cambridge, UK: Cambridge University Press），一九五一。

格雷夫邁爾（Grevemeyer, J.-H.），《支配、掠奪與相互性：巴達克山政治史，一五〇〇—一八八三》（*Herrschaft, Raub und Gegenseitigkeit: Die politische Geschichte Badakhshans, 1500-1883*），威斯巴登（Weisbaden）：Harrassowitz，一九八二。

《古漢語常用字字典》，北京：商務印書館，二〇〇〇。

《廣東海防彙覽》。

《（雍正）廣東通志》，景印文淵閣四庫全書；《（道光）廣東通志》，續修四庫全書。

陳佳榮等，《古代南海地名彙釋》，北京：中華書局，一九八六。

《故宮所藏痕都斯坦玉器特展圖錄》，臺北：故宮博物院，一九八三。

《古今圖書集成》，臺北：文星書店，一九六四。

《古今圖書集成方輿彙編邊裔典》，成都：四川民族出版社，二〇〇二。

高德華（Gulick, Edward V.），《伯駕與中國的開放》（*Peter Parker and the Opening of China*），麻州劍橋：哈佛大學出版

社（Cambridge, MA: Harvard University Press），一九七三。

古力（Gully, Mr.），《古力先生與顛林船長一八四二年中國遭俘日記》（*Journals Kept by Mr. Gully and Capt. Denham during a Captivity in China in the Year 1842*），倫敦（London）：Chapman and Hall，一八四四。

郭德焱，《清代廣州的巴斯商人》，北京：中華書局，二〇〇五。

《國朝耆獻類徵初編》，臺北：文海出版社，一九六六。

郭實獵（Gutzlaff, Charles [Karl Gützlaff]），《一八三一—一八三三年中國沿海三次航行記》（*Journal of Three Voyages Along the Coast of China*），倫敦（London）：Frederick Westley，一八三四。

——〔筆名：愛漢者〕，《東西洋考每月統記傳》，北京：中華書局，一九九七。

蓋博堅（Guy, R. Kent），《四庫全書：乾隆晚期的學者與國家》（*The Emperor's Four Treasuries: Scholars and the State in Late Ch'ien-lung Era*），麻州劍橋：哈佛大學出版社（Cambridge, MA: Harvard University Press），一九八七。

霍爾西（Halsey, Stephen R.），〈晚清的建國與戰略知識：以中國電報管理為例〉（"State-Making and Strategic Knowledge in the Late Qing: The Case of the Chinese Telegraph Administration"），未刊稿，於亞洲研究學會年會（the Annual Meeting of the Association for Asian Studies）上提出，聖地牙哥（San Diego）：二〇一二年三月。

鍾鳴旦（Standaert, Nicolas）編，《基督教在中國：研究指南》第一冊（*Handbook of Christianity in China*, vol. 1），萊登：博睿學術出版社（Leiden: Brill），二〇〇一。

《漢籍全文資料庫》，臺北：中央研究院計算中心，二〇〇〇。

《漢語大詞典》，上海：漢語大詞典出版社，一九九七。

哈里斯（Harris, George L.），〈利瑪竇的傳教〉（"The Mission of Matteo Ricci, S.J.: A Case Study of an Effort at Guided Culture Change in the Sixteenth Century."），《華裔學志》（*Monumenta Serica*）第二五冊（一九六六）：第一—一六八頁。

海西希（Heissig, Walther），《蒙古的宗教》（*The Religions of Mongolia*），柏克萊：加州大學出版社（Berkeley: University of California Press），一九八〇。

和琳，《衛藏通志》，續修四庫全書第六八三冊。

亨德森（Henderson, John B.），《中國宇宙論之興衰》（*The Development and Decline of Chinese Cosmology*），紐約：哥倫比亞大學出版社（New York: Columbia University Press），一九八四。

——，《經籍、正典與注疏》（*Scripture, Canon, and Commentary: A Comparison of Confucian and Western Exegesis*），紐澤西普林斯頓：普林斯頓大學出版社（Princeton, NJ: Princeton University Press），一九九一。

和寧，《西藏賦》，成都：四川民族出版社，二〇〇二。

何冠彪，〈清代前期君主對官私史學的影響〉，《漢學研究》，第十六卷，第一期（一九九八）：第一五五—一八四頁。

霍爾茨瓦爾斯（Holzwarth, Wolfgang），〈前殖民時期的改變：喀喇崑崙與東興都庫什區域史料之評估（一五〇〇年到一八〇〇年）〉（"Change in Pre-Colonial Times: An Evaluation of Sources on the Karakoram and Eastern Hindukush Regions (from 1500 to 1800)."），載於史戴勒列希特（Stellrecht, Irmtraud）編，《喀喇崑崙—興都庫什—喜馬拉雅：改變之動力》（*Karakoram-Hindukush-Himalaya: Dynamics of Change*），科隆（Cologne）：R. Köppe，一九九八：第二九七—三三七頁。

霍普柯克（Hopkirk, Peter），《大博弈：英俄帝國中亞爭霸戰》（*The Great Game: The Struggle for Empire in Central Asia*），倫敦：約翰．默里公司（London: John Murray），一九九〇。

霍洛維茲（Horowitz, Richard S.），〈中央權力與建國：中國的總理衙門及自強運動〉（"Central Power and State Making: The Zongli Yamen and Self-Strengthening in China, 1860-1880"），哈佛大學 PhD 論文（PhD diss., Harvard University），一九九八。

何羅娜（Hostetler, Laura），《清朝的殖民事業：近代中國早期的民族誌與製圖學》（*Qing Colonial Enterprise: Ethnography and Cartography in Early Modern China*），芝加哥：芝加哥大學出版社（Chicago: University of Chicago Press），二〇〇一。

徐中約（Hsü, Immanuel C. Y.），〈一八七四年中國的政策大論戰：海防陸防之爭〉（"The Great Policy Debate in China, 1874: Maritime DefenseVs. Frontier Defense."），《哈佛亞洲研究雜誌》（*HJAS*），第二五卷（一九六四—一九六五）：第二一二—二二八頁。

胡明輝，〈世界主義式的儒家思想架構：中國邁向現代科學之路〉（"Cosmopolitan Confucianism: China's Road to Modern Science"），加州大學洛杉磯分校 PhD 論文（PhD diss., University of California, Los Angeles），二〇〇四。

胡渭，《禹貢錐指》，景印文淵閣四庫全書，第六七冊。

華林甫，《中國地名學源流》，長沙：湖南人民出版社，二〇〇二。

黃愛平，《四庫全書纂修研究》，北京：中國人民大學出版社，一九八九。

黃進興（Huang Chin-shing），《擁有聖君的代價：康熙皇帝統治下政治機構對道統的同化》（*The Price of Having a Sage-Emperor: The Unity of Politics and Culture*），新加坡：東亞哲學研究所（Singapore: Institute of East Asian Philosophies），一九八七。

黃爵滋，《黃爵滋奏疏許乃濟奏議合刊》，北京：中華書局，一九五九。

黃麗鏞，《魏源年譜》，長沙：湖南人民出版社，一九八五。

黃沛翹，《西藏圖考》，拉薩：西藏人民出版社，一九八二。

《皇清職貢圖》，景印文淵閣四庫全書，第五九四冊。

《皇朝通典》，景印文淵閣四庫全書，第六四二—六四三冊。

《皇朝文獻通考》，景印文淵閣四庫全書，第六三二—六三八冊。

赫伯（Huber, Toni），《聖地重現：朝聖和佛教印度的藏式復興》（*The Holy Land Reborn: Pilgrimage & the Tibetan Reinvention of Buddhist India*），芝加哥：芝加哥大學出版社（Chicago: University of Chicago Press），二〇〇八。

古伯察（Huc, Evariste R.），《韃靼、西藏、中國紀遊：一八四四、一八四五及一八四六年》（*Souvenirs d'un voyage dans la Tartarie, le Thibet et la Chine pendant les années 1844, 1845 et 1846*），巴黎（Paris）：D'Adrien le Clere，一九五〇。

恆慕義（Hummel, Arthur）編，《清代名人傳略》英文版上下冊（*Eminent Chinese of the Ch'ing Period.* 2 vols.），臺北：南天書局，一九九一。

亨特（Hunter, William C.），《舊中國雜記》（*Bits of Old China*），臺北，成文出版社，一九七六。

——，《廣州「番鬼」錄，一八二五—一八四四——締約前「番鬼」在廣州的情形》（The 'Fan Kwae' at Canton before Treaty Days, 1825-1844），上海，別發洋行（Kelly & Walsh），一九一一。

《印中搜聞》（*Indo-Chinese Gleaner*），麻六甲（Malacca）：一八一七—一八二二。

井上裕正，《清代鴉片政策史研究》（清代アヘン政策史の研究），京都大學學術出版會，二〇〇四。

石濱裕美子，〈一七八〇年班禪喇嘛——乾隆帝會見之本質性意義〉（一七八〇年のパンチェンラマ・乾隆帝会見の本質的意義），見氏著，《藏傳佛教世界之歷史性研究》（チベット仏教世界の歴史的研究），東京，東方書店，二〇〇一。

易卜拉欣．賓．伊斯馬儀（Ismail, Ibrahim bin），〈在麻六甲的傳教士刊物，一八一五—一八四三年〉（"Missionary Printing in Malacca, 1815-1843."），《圖書館學雜誌》（*Libri*），第三二卷，第三期（一九八二）：第一七七—二〇六頁。
伊納德（Isnard, Albert），〈約瑟夫—尼可拉．德．李勒：個人傳記與國立圖書館所藏其地理地圖〉（“Joseph-Nicolas Delisle, sa Biographie et sa Collection de Cartes Géographiques à la Bibliothèque Nationale.”），《地理學門學刊》（*Bulletin de la Section de géographie*），第三〇卷（一九一五）：第三四—一六四頁。
雅各（Jacob, Christian），〈心靈中之地圖繪製：來自古亞歷山卓城之大地〉（“Mapping in the Mind: The Earth from Ancient Alexandria.”），載於科斯格羅夫（Cosgrove, Denis）編，《繪製地圖》（*Mappings*）倫敦（London），Reaktion Books，一九九九：第二四—四九頁。
耶什克（Jaeschke, H.），《藏英詞典》（*A Tibetan-English Dictionary*），德里（Delhi）：Motilal Banarsidass Publishers，一九八八（原一八八一）。
詹嘉玲（Jami, Catherine），〈帝國控制與西學：康熙帝的功績〉（“Imperial Control and Western Learning: The Kangxi Emperor’s Performance.”），《晚近帝制中國》（*Late Imperial China*），第二三卷，第一期（二〇〇二年六月）：第二八—四九頁。
——，《三角速算法和精確的圓周率（一七七四年），數學方面的中國傳統和西方的貢獻》（*Les “Méthodes rapides pour la trigonométrie et le rapport précis du cercle” (1774): Tradition chinoise et apport occidental en mathématiques*），巴黎：法蘭西公學院（Paris: Collège de France），一九九〇。
紀昀，《《閱微草堂筆記》注譯》，北京：中國華僑出版社，一九九四。
焦應旗，《西藏志》，臺北：文海出版社，一九六六。
《近代中國對西方及列強認識資料彙編》，臺北：中央研究院近代史研究所，一九七二。
鞠德源，〈蔣友仁繪坤輿全圖〉，載於曹婉如等編，《中國古代地圖集（清代）》，北京：文物出版社，一九九七。
神田信夫，〈《聖武記》雜考〉，載於氏著《清朝史論考》，東京：山川出版社。
《康熙朝漢文硃批奏摺彙編》，北京：檔案出版社，一九八四—一九八五。
《康熙幾暇格物編譯注》，上海：上海古籍出版社，一九九三。
解然（Keay, John），《可敬的東印度公司：東印度公司史》（*The Honourable Company: A History of the English East India Company.*），紐約：麥克米倫出版社（New York: Macmillan），一九九四。
金浩東（Kim, Hodong），《聖戰在中國：回變與中國所屬中亞的政府》（*Holy War in China: The Muslim Rebellion and the*

State in Chinese Central Asia, 1864-1877），加州史丹佛：史丹佛大學出版社（Stanford, CA: Stanford University Press），二〇〇四。

克爾克派特里（Kirkpatrick, William），《尼泊爾王國記》（*An Account of the Kingdom of Nepaul*），倫敦：威廉．米勒（London: WilliamMiller），一八一一。

科瓦列夫斯基（Kowalewski, J. E.），《蒙俄法詞典》（*Dictionnaire mongol-russe-français*），臺北：南天書局，一九九三。

孔飛力（Kuhn, Philip A.），《叫魂——一七六八年中國妖術大恐慌》（*Soulstealers: The Chinese Sorcery Scare of 1768*），麻州劍橋，哈佛大學出版社（Cambridge, MA: Harvard University Press），一九九〇。

孔恩（Kuhn, Thomas S.），《科學革命的結構》第三版（*The Structure of Scientific Revolutions*, 3rd ed.），芝加哥：芝加哥大學出版社（Chicago: Universityof Chicago Press），一九九六。

《廓爾喀檔》，臺北：沉香亭企業社，二〇〇六。

來新夏，《林則徐年譜新編》，天津：南開大學出版社，一九九七。

藍姆（Lamb, Alastair），《英屬印度與西藏，一七六六—一九一〇》第二版（*British India and Tibet: 1766-1910*, 2nd ed.），倫敦（London）：Routledge & Kegan Paul，一九八六。

勞費爾（Laufer, Berthold），〈藏語中的借詞〉（"Loan-words in Tibetan."），載於《漢藏研究》（*Sino-Tibetan Studies*），新德里：日照出版社（New Delhi: Aditya Prakashan），一九八七。

勞生（Lawson, Philip），《東印度公司史》（*The East India Company: A History*），倫敦：朗文出版社（London: Longman），一九九三。

雷孜智（Lazich, Michael C.），〈中國益知社：廣東時期認知戰略〉（"The Diffusion of Useful Knowledge in China: The Canton EraInformation Strategy."），載於朗宓榭（Lackner, M.）、費南山（Vittinghoff, N.）編，《呈現意義：晚清中國新學領域》（*Mapping Meanings: The Field of New Learning in LateQing China*），萊登：博睿學術出版社（Leiden: Brill），二〇〇四：第三〇五—三二七頁。

勒東尼（LeDonne, John P.），《俄羅斯帝國的大戰略，一六五〇—一八三一》（*The Grand Strategy of the Russian Empire, 1650-1831*），紐約：牛津大學出版社（New York: Oxford University Press），二〇〇四。

雷狄亞德（Ledyard, Gari），〈韓國地圖學〉（"Cartography in Korea."），見哈雷（Harley, J. B.）、烏德沃德（Woodward, David）編，《地圖學史》第二卷，第二冊（*The History of Cartography* 2.2），芝加哥：芝加哥大學出版社（Chicago:

University of Chicago Press），一九八七：第二三六—三四五頁。
理雅各（Legge, James）英譯，《書經》（*The Chinese Classics: The Shoo King or The Book of Historical Documents*），臺北：南山書局，二〇〇〇。
林珍珠（Leonard, Jane Kate），《魏源和中國對海洋世界的再發現》（*Wei Yuan and China's Rediscovery of the Maritime World*），麻州劍橋：東亞研究委員會（Cambridge, MA: Council on East Asian Studies），一九八四。
雷斯禮（Leslie, Donald D.）、華瑟（Wassel, Mohamed），〈劉智所用的阿拉伯與波斯材料〉（"Arabic and Persian Sources Used by LiuChih."），《中亞雜誌》（*Central Asiatic Journal*），第二六卷（一九八二）：第七八—一〇四頁。
《耶穌會士書簡集：關於亞、非、美洲》（*Lettres édifiantes et curieuses: concernant l'Asie, l'Afrique, et l'Amérique*），巴黎（Paris）：A. Desrez，一八四三。
李維（Levi, Scott C.），《中亞的印度離散人群及其貿易，一五五〇—一九〇〇》（*The Indian Diaspora in Central Asia and Its Trade, 1550-1900*），萊登：博睿學術出版社（Leiden:Brill），二〇〇六。
魯威儀（Lewis, Mark Edward），《古代中國的空間結構》（*The Construction of Space in Early China*），阿爾巴尼：紐約州立大學出版社（Albany: State University of New York Press），二〇〇六。
李柏榮，《魏源師友記》，長沙：嶽麓書社，一九八三。
陸西華（Li, G. Roth），《滿文：文檔讀本》（*Manchu: A Textbook for Reading Documents*），檀香山：夏威夷大學出版社（Honolulu: University of Hawai'i Press），二〇〇〇。
李明徹，《圜天圖說》，北京：北京出版社，一九九七。
李若虹，〈十八世紀西藏的一個貴族世家〉（"A Tibetan Aristocratic Family in Eighteenth-Century Tibet"），哈佛大學 PhD 論文（PhDdiss., Harvard University），二〇〇二。
李孝聰，《歐洲收藏部分中文古地圖敘錄》，北京：國際文化出版公司，一九九六。
李星沅，《李星沅日記》，北京：中華書局，一九八七。
李兆洛，《歷代地理志韻編今釋》，續修四庫全書。
——，光緒本《養一齋文集》，一八七八。
梁嘉彬，《廣東十三行考》，廣州：廣東人民出版社，一九九九。
梁廷枏，《海國四說》，北京：中華書局，一九九三。

——，《夷氛聞記》，北京：中華書局，一九八五。

《兩朝御覽圖書》，北京：紫禁城出版社，一九九二。

林滿紅（Lin, Man-houng），《銀線：十九世紀的世界與中國》（*China Upside Down: Currency, Society, and Ideologies, 1808-1856*），蕭州劍橋：哈佛大學出版社（Cambridge, MA: Harvard University Press），二〇〇六。

《林則徐全集》，福州：海峽文藝出版社，二〇〇二。

《林則徐書簡（增訂本）》，福州：福建人民出版社，一九八五。

胡夏米（Lindsay, H. H.），《阿美士德號貨船來華經過》（*Report of Proceedings on a Voyage to the Northern Ports of China*），倫敦（London）：B. Fellowes，一八三三。

《凌廷堪全集》，合肥：黃山書社，二〇〇九。

李普曼（Lipman, Jonathan N.），《熟悉的陌生人：西北中國回民史》（*Familiar Strangers: A History of Muslims in Northwest China*），西雅圖：華盛頓大學出版社（Seattle: University of Washington Press），一九九七。

劉貫文，〈從《輿圖考略》到《瀛環志略》〉，見氏著，《徐繼畬論考》，太原：山西高校聯合出版社，一九九五：第六三—八三頁。

劉介廉〔智〕，《天方至聖實錄》，臺北：廣文書局，一九七五。

龍巴爾—蘇爾夢（Lombard-Salmon, Claudine），〈一位在爪哇的中國人（一七二九—一七三六）〉（"Un Chinois a Java (1729-1736)."），《法國遠東學院學報》（*Bulletin de l'ÉcoleFrançaise d'Extrême-Orient*），第五九卷（一九七二）：第二七九—三一八頁。

羅密，《蒙古博爾濟吉忒氏族譜》，收於郭又陵等主編，《北京圖書館藏家譜叢刊民族卷》第一冊，北京：北京圖書館出版社，二〇〇二：第三二三—六六九頁。

陸次雲，《八紘譯史》，北京：中華書局，一九八五。

呂建福，〈佛教世界觀對中國古代地理中心觀念的影響〉，《陝西師範大學學報（哲學社會科學版）》，第三四卷，第四期（二〇〇五年七月）：第七五—八二頁。

陸鴻基（Luk, Bernard Hung-kay），〈艾儒略的《職方外紀》研究〉（"A Study of Giulio Aleni's *Chih-fang wai chi* 職方外紀."），《倫敦大學亞非研究學報》（*Bulletin of the School of Oriental and African Studies*），第四〇卷，第一期（一九七七）：第五八—八四頁。

羅曰褧，《咸賓錄》，北京：中華書局，二〇〇〇。

馬德新，《朝覲途記》，銀川：寧夏人民出版社，一九八八。

馬揭、盛繩祖，《衛藏圖志》，臺北：文海出版社，一九七〇。

馬俊良，《禹貢圖說》，北京：北京出版社，一九九七。

馬注，《清真指南》，寧夏：青海人民出版社，一九八九。

馬戛爾尼（Macartney, George）著，克藍默—比英（Cranmer-Byng, J. L.）編，《馬戛爾尼使中國記》（*An Embassy to China: Being the Journal Kept by Lord Macartneyduring his Embassy to the Emperor Ch'ien-lung, 1793-1794*），倫敦：朗文出版社（London: Longmans），一九六二。

曼素恩（Mann Jones, Susan）、孔飛力（Kuhn, Philip A.），〈王朝衰落與叛亂的根源〉（"Dynastic Decline and the Roots of Rebellion."），《劍橋中國史》，第十卷，第三章（*Cambridge History of China* 10.1 Late Ch'ing, 1800-1911, Part 1），英國劍橋：劍橋大學出版社（Cambridge, UK: Cambridge University Press），一九七八：第一〇七—一六二頁。

茅海建，《天朝的崩潰：鴉片戰爭再研究》，北京：三聯書店，二〇〇五。

茅瑞徵，《皇明象胥錄》，臺北：華文書局，一九六八。

馬克姆（Markham, Clements R.）編，《叩響雪域高原的門扉：喬治・波格爾西藏見聞及托馬斯・曼寧拉薩之行紀實》（*Narratives of the Mission of George Bogle to Tibet and ofthe Journey of Thomas Manning to Lhasa*），新德里：宇宙出版社（New Delhi: Cosmo Publishing），一九八九。

馬士曼（Marshman, J.），《中國言法》（*Elements of Chinese Grammar*），塞蘭布爾（Serampore）：Mission Press，一八一四。

周紹明（McDermott, Joseph P.），《書籍的社會史》（*A Social History of the Chinese Book: Books and Literati Culturein Late Imperial China*），香港：香港大學出版社，二〇〇六。

麥沾恩（McNeur, George H.），《中華最早的佈道者梁發》（*China's First Preacher, Liang A-fa, 1789-1855*），上海：廣學書局，一九三四。

麥都思（Medhurst, Walter H.），《英漢字典》（*English and Chinese Dictionary*），上海：墨海書館（Mission Press），一八四七。

梅文鼎，〈論回回歷與西洋同異〉，《歷學疑問》，收錄於《梅氏叢書輯要》，龍文書局，一八八八，卷四六，葉四上。

孟保，《西藏奏疏》，臺北：廣文書局，一九七八。
——，《西藏奏疏》四卷本，臺北：中央研究院傅斯年圖書館善本室，索書號 A 925.375 233。
《緬檔》，臺北：沉香亭企業社，二〇〇七。
麥哲維（Miles, Steven B.），《學海：十九世紀廣州的社會流動性與身分認同》（*The Sea of Learning: Mobility and Identity in Nineteenth-Century Guangzhou*），麻州劍橋：哈佛大學亞洲中心（Cambridge, MA: Harvard University Asia Center），二〇〇六。
米華健（Millward, James），〈「入版圖」：西域地理學與中華帝國統一新疆過程中輿圖繪製的命名學〉（"'Coming on to the Map': 'Western Regions' Geography and Cartographic Nomenclature in the Making of Chinese Empire in Xinjiang."），《晚近帝制中國》（*LateImperial China*），第二〇卷，第二期（一九九九年十二月）：第六一—九八頁。
米憐（Milne, William，筆名博愛者），《察世俗每月統記傳》，麻六甲，一八二〇。
《明史》，景印文淵閣四庫全書。
米施（Mish, John L.），〈為中國創造西方意象：艾儒略的《西方答問》，介紹、翻譯與註釋〉（"Creating an Image of Europe for China: Aleni's Hsi-Fang Ta-Wen 西方答問, Introduction, Translation, and Notes."），《華裔學志》（*Monumenta Serica*），第二三冊（一九六四）：第一—八七頁。
彌室羅（Misra, B. B.），《東印度公司的中央管理，一七七三—一八三四》（*The Central Administration of the East India Company, 1773-1834*），曼徹斯特：曼徹斯特大學出版社（Manchester: Manchester University Press），一九五九。
宮崎市定，〈關於將南洋劃分為東西洋之根據〉（南洋を東西洋に分つ根拠に就いて），《宮崎市定全集》，東京：岩波書店，一九九一—一九九四，第十九卷，第二五七—二七七頁。
——，〈狼牙脩國與狼牙須國〉（狼牙脩国と狼牙須国），《宮崎市定全集》，東京：岩波書店，一九九一—一九九四，第十九卷，第二七八—三一六頁。
木爾克喇夫（Moorcroft, William），〈摩那娑娑盧伐湖遊記〉（"A Journey to Lake Mánasaróvara in Ún-dés, a Province of Little Tibet."），《孟加拉亞洲協會亞洲研究》（*Asiatick Researches*），第十二卷（一八一八）：第三八〇—五三六頁。
木爾克喇夫（Moorcroft, William）、鐵里伯克（Trebeck, George）著，威爾生（Wilson, H. H.）編，《欣都斯坦及旁遮普之喜馬拉雅諸州遊記》（*Travels in the Himalayan Provinces of Hindustan and the Panjab; in Ladakh and Kashmir; in Peshawar, Kabul, Kunduz,and Bokhara: 1819-1825*）新德里（New Delhi）：Munshiram Manoharlal，二〇〇五。

摩根（Morgan, David），〈波斯對蒙古人與歐洲人之認知〉（"Persian Perceptions of Mongols and Europeans."），錄於施瓦茲（Schwartz, Stuart B.）編，《隱藏的理解：近代時期歐洲人與其他各民族間之相遇的觀察、報告、與反映》（*ImplicitUnderstanding: Observing, Reporting, and Reflecting on the Encounters between Europeans and Other Peoples in the Early Modern Era*），英國劍橋：劍橋大學出版社（Cambridge, UK: Cambridge University Press），一九九四：第二〇一—二一七頁。

艾莉莎．馬禮遜（Morrison, Eliza）編，《馬禮遜回憶錄》全兩冊（*Memoirs of the Life and Labours of Robert Morrison*. 2 vols.），倫敦：朗文出版社（London:Orme, Brown, Green, and Longmans），一八三九。

馬禮遜（Morrison, Robert），《華英字典三卷本》（*A Dictionary of the Chinese Language, In Three Parts*），澳門：可敬的東印度公司出版中心（Macao: Honorable East India Company's Press），一八一五—一八二三。

——，《一八一六使團大事回憶錄》（*A Memoir of the Principal Occurrences during an Embassy from the British Government to the Court of China in the Year 1816*），倫敦（London）：Hatchard 書店，一八二〇。

——，《中國大觀》（*A View of China for Philological Purposes*），澳門：可敬的東印度公司出版中心，一八一七。

——，《西遊地球聞見略傳》，一八一九。

馬士（Morse, H. B.），《東印度公司對華貿易編年史：一六三五—一八三四》，全四卷（*The Chronicles of the East India Company Trading to China, 1635-1834*. 4 vols.），牛津：牛津大學 Clarendon 出版社（Oxford: Clarendon Press），一九二六—一九二九。

——，《中華帝國對外關係史》，全兩卷（*International Relations of the Chinese Empire*. 2 vols.），臺北：Book World Co.，一九六六。

馬世嘉（Mosca, Matthew W.），〈帝國及邊疆情報之流通：清朝對奧斯曼的概念〉（"Empire and the Circulation of Frontier Intelligence: QingConceptions of the Ottomans."），《哈佛亞洲研究雜誌》（*HJAS*），第七〇卷，第一期（二〇一〇）：第一四七—二〇七頁。

——，〈清代中國對印度之認知，一七五〇—一八四七〉（"Qing China's Perspectives on India, 1750-1847"），哈佛大學 PhD 論文（PhD diss., Harvard University），二〇〇八。

牟潤孫，〈論清代史學衰落的原因〉，載於氏著，《海遺雜著》，香港：中文大學出版社，一九九〇，第六九—七六頁。

穆克紀（Mukherjee, B. N.），〈漢語觀念中關於身毒一名的地理學意涵〉（"Chinese Ideas about the Geographical Connotation

of theName Shen-tu."），《東方與西方》（*East and West*），第三八卷（一九八八年十二月）：第二九七—三〇三頁。
——，《印度次大陸的外國稱呼》（*The Foreign Names of the Indian Subcontinent*），邁索爾：印度地名協會（Mysore: Place Names Societyof India），一九八九。
孟德衛（Mungello, David E.），《奇異的國度：耶穌會適應政策及漢學的起源》（*Curious Land: Jesuit Accommodation and the Origins of Sinology*），斯圖加特：弗蘭茨施泰納出版社（Stuttgart: Franz Steiner Verlag），一九八五。
穆尼斯（Shir Muhammad Mirab Munis）、阿噶希（Muhammad Riza Mirab Agahi）著，尤里・布列格勒（Yuri Bregel）英譯，《花剌子模史》（*Firdaws al-Iqbāl: History of Khorezm*），波士頓：博睿學術出版社（Boston: Brill），一九九九。
室賀信夫、海野一隆，〈在日本的佛教系世界圖及其與歐洲人地圖之接觸〉（"The Buddhist World Map in Japan and Its Contact with European Maps."），《國際地圖史雜誌》（*Imago Mundi*），第十六卷（一九六二）：第四九—六九頁。
慕芮（Murray, Hugh），《地理學大百科》，三卷本（*Encyclopædia of Geography*. 3 vols.），費城（Philadelphia）：Lea and Blanchard，一八三九。
奈爾（Nair, P. Thankappan）編，《十八世紀的加爾各答：遊人印象》（*Calcutta in the 18th Century: Impressions of Travellers*），加爾各答（Calcutta）：Firma KLM，一九八四。
——，《十九世紀的加爾各答：東印度公司統治下》（*Calcutta in the 19th Century: Company's Days*），加爾各答：Firma KLM，一九八九。
李約瑟（Needham, Joseph），〈地理學與地圖學〉（"Geography and Cartography."），見氏著，《中國科學技術史》第三卷（*Science and Civilisation in China*, vol. 3），英國劍橋：劍橋大學出版社（Cambridge, UK: Cambridge University Press），一九五九，第四九七—五九〇頁。
吳勞麗（Newby, L. J.），《帝國與汗國：清與浩罕關係政治史》（*The Empire and the Khanate: A Political History of Qing Relations with Khoqand, c. 1760-1860*），萊登：博睿學術出版社（Leiden: Brill），二〇〇五。
吳振強（Ng, Chin-keong），《廈門的興起》（*Trade and Society: The Amoy Network on the China Coast, 1683-1735*），新加坡：新加坡大學出版社，一九八三。
羅傑瑞（Norman, Jerry），《簡易滿英詞典》（*A Concise Manchu-English Lexicon*），西雅圖：華盛頓大學出版社（Seattle: University of Washington Press），一九七八。
王大海〔Ong-Tae-Hae〕原著，麥都思（Medhurst, W. H.）英譯，《海島逸誌》（*The Chinaman Abroad; An Account of the*

Malayan Archipelago, Particularly of Java），上海，墨海書館（Mission Press），一八四九。

小沼孝博，〈一七七〇年代之清—哈薩克關係——漸趨封閉的清朝西北邊疆〉（一七七〇年代における清—カザフ関係—閉じゆく清朝の西北辺疆），《東洋史研究》，第六九卷，第二號（二〇一〇）：第一—三四頁。

馬修（Matthew, H. G. C.）、哈里生（Harrison, Brian）主編，《牛津國家人物傳記大辭典》（*Oxford Dictionary of National Biography*），牛津：牛津大學出版社（Oxford: Oxford University Press），二〇〇四。

朴賢熙（Park, Hyunhee），〈勾劃海岸線：自七五〇年至一五〇〇年間中國與伊斯蘭世界相互間地理學知識之成長〉（"The Delineation of a Coastline: The Growth of Mutual Geographic Knowledge in China and the Islamic World from 750 to 1500"），耶魯大學 PhD 論文（PhD diss., Yale University），二〇〇八。

帕克（Parker, Geoffrey），《腓力二世的大戰略》（*The Grand Strategy of Philip II*），紐哈芬：耶魯大學出版社（New Haven, CT: Yale University Press），一九九八。

皮爾（Peers, Douglas M.），《戰神與財神之間：在印度的殖民部隊與屯駐政府：一八一九—一八三五》（*Between Mars and Mammon: Colonial Armies and the Garrison State in India, 1819-1835*），倫敦：陶利斯學術研究（London: Tauris Academic Studies），一九九五。

濮德培（Perdue, Peter C.），〈邊界、地圖和運動：近代早期歐亞地區的中國、俄國和蒙古帝國〉（"Boundaries, Maps, and Movement: Chinese, Russian, and Mongolian Empires in Early Modern Central Eurasia."），《國際歷史評論》（*International History Review*），第二〇卷，第二期（一九九八年六月），第二六三—二八六頁。

——，《中國西進：大清征服中亞》（*China Marches West: The Qing Conquest of Central Eurasia*），麻州劍橋：哈佛大學出版社（Cambridge, MA: Harvard University Press），二〇〇五。

伯戴克（Petech, Luciano），《十八世紀早期的中國和西藏》第二版（*China and Tibet in the Early XVIIIth Century: History of the Establishment of Chinese Protectorate*, 2nd ed.），萊登：博睿學術出版社（Leiden: Brill），一九七二。

——，〈西藏的達賴喇嘛和攝政：一個編年史研究〉（"The Dalai-Lamas and Regents of Tibet: A Chronological Study."），《通報》，第四七卷，第三—五期（一九五九）：第三六八—三九四頁。

——，〈藏文獻中記載的波格爾和特納的出使〉（"The Missions of Bogle and Turner according to Tibetan Texts."），《通報》，第三九卷，第三—五期（一九五〇）：第三三〇—三四六頁。

——，〈拉達克史箚記〉（"Notes on Ladakhi History."），《印度歷史季刊》（*Indian Historical Quarterly*），第二四卷，

第三期（一九四八），第二一三—二三五頁。
費賴之（Pfister, Louis），《在華耶穌會士列傳及書目》（*Notices Biographiques et Bibliographiques sur les Jesuites de l'Ancienne Mission de Chine, 1552-1773*），上海：天主教傳道會石印本，一九三二（一九七六重印）。
《平定準噶爾方略》，景印文淵閣四庫全書。
鮑拉切克（Polachek, James M.），《內部的鴉片戰爭》（*The Inner Opium War*），麻州劍橋：東亞研究委員會（Cambridge, MA: Council on East Asian Studies），一九九二。
彭慕蘭（Pomeranz, Kenneth），《大分流：歐洲、中國及現代世界經濟的發展》（*The Great Divergence: Europe, China, and the Making of the Modern World Economy*），紐澤西普林斯頓：普林斯頓大學出版社（Princeton, NJ: Princeton University Press），二〇〇〇。
鮑培（Poppe, Nicholas），〈雷納特卡爾穆克地圖〉（"Renat's Kalmuck Maps."），《國際地圖史雜誌》（*Imago Mundi*），第十二卷（一九五五）：第一五七—一五九頁。
波斯特尼哥夫（Postnikov, Aleksey V.），〈十八世紀圖表繪製者之俄國海軍〉，（"The Russian Navy as Chartmaker in the Eighteenth Century."），《國際地圖史雜誌》（*Imago Mundi*），第五二卷（二〇〇〇）：第七九—九五頁。
普利查（Pritchard, Earl H.）編，〈東印度公司對馬戛爾尼勳爵使華之指示〉（"Instructions of the East India Company to Lord Macartney on His Embassy to China, 1792-4, Pt. III."），《皇家亞洲學會雜誌》（*Journal of the Royal Asiatic Society*），第四卷（一九三八）：第四九五—五〇九頁。
譚克，〈元及明初對南印度 Kayal 地區之認識〉（Yuan and Early Ming Notices on the Kayal Area in South India），見氏著《中國與南亞、東南亞間的海運貿易（一二〇〇—一七五〇）》（*China's Seaborne Trade with South and Southeast Asia (1200-1750)*）英國奧爾德蕭特（Aldershot, UK）：Ashgate 出版，一九九九：第一三七—一五六頁。
《葡萄牙東波塔檔案館藏清代澳門中文檔案彙編》，澳門：澳門基金會，一九九九。
錢謙益，〈釋迦方志辨〉，《牧齋有學集》，續修四庫全書，第一三九一冊。
秦國經、劉若芳，〈清朝輿圖的繪製與管理〉，載於曹婉如等編，《中國古代地圖集（清代）》，北京：文物出版社，一九九七。
（欽定）《大清一統志》，二修本，景印文淵閣四庫全書，第四七四—四八三冊。
《欽定皇輿西域圖志》，景印文淵閣四庫全書，第五〇〇冊。

《欽定廓爾喀紀略》，北京：全國圖書館文獻縮微複製中心，一九九二。

《欽定遼金元三史國語解．元史語解》，景印文淵閣四庫全書，第二九六冊。

《欽定四庫全書總目》，臺北：臺灣商務印書館，一九八三。

《欽定同文韻統》，景印文淵閣四庫全書，第二四〇冊。

《清〔皇朝〕經世文編》，北京：中華書局，一九九二。

《清內務府造辦處輿圖房圖目初編》，北京：國立故宮博物館文獻館，一九三六。

《清史稿》，北京：中華書局，一九七七。

《清實錄》，北京：中華書局，一九八五。

《清實錄》，漢籍全文資料庫，臺北：中央研究院計算中心，二〇〇〇。

《清中前期西洋天主教在華活動檔案史料》，北京：中華書局，二〇〇三。

《清代外交史料》，北京：故宮博物院，一九三二。

《清代藏事奏牘》，北京：中國藏學出版社，一九九四。

《清宮內務府造辦處檔案總匯》，北京：人民出版社，二〇〇五。

羅依果（Rachewiltz, Igor de）譯註，《蒙古秘史》（*The Secret History of the Mongols: A Mongolian Epic Chronicle of the Thirteenth Century*），萊登：博睿學術出版社（Leiden: Brill），二〇〇四。

蘭朵斯（Randles, W. G. L.），〈世界地理學之古典模型及其在美洲發現後之變形〉（"Classical Models of World Geography and Their Transformation Following the Discovery of America."），見氏著，《文藝復興時的地理學、地圖學及航海科學》（*Geography, Cartography and Nautical Science in the Renaissance*），英國奧爾德蕭特（Aldershot, UK）：Ashgate集註出版社，二〇〇〇：第五—七六頁。

饒宗頤，《饒宗頤二十世紀學術文集》，臺北：新文豐出版，二〇〇三。

羅友枝（Rawski, Evelyn S.），〈清的形成與早期現代〉（"The Qing Formation and the Early Modern Period"），載於司徒琳（Struve , Lynn A.）編，《世界歷史時間中清的形成》（*The Qing Formation in World-Historical Time*），麻州劍橋：哈佛大學亞洲中心（Cambridge, MA: Harvard University Asia Center），二〇〇五：第二〇七—二四一頁。

訶羅鉢羅娑陀．雷（Ray, Haraprasad），《印中關係中之貿易與外交：十五世紀孟加拉研究》（*Trade and Diplomacy in India-China Relations: A Study of Bengal during the Fifteenth Century*），新德里：輻射出版公司（New Delhi: Radiant

Publishers），一九九三。
迭麗．R．歷彌（Regmi, D. R.），《現代尼泊爾》（*Modern Nepal*），加爾各答（Calcutta）：Firma K. L. Mukhopadhyay，一九七五。
摩醯施．旃達羅．歷彌（Regmi, Mahesh C.），《廓爾喀帝國列王及其政治領導人，一七六八—一八一四年》（*Kings and Political Leaders of the Gorkhali Empire, 1768-1814*），海德拉巴：東方朗文（Hyderabad: Orient Longman），一九九五。
利瑪竇（Ricci, Matteo）原著，德禮賢（D'Elia, Pasquale M.）編譯，《坤輿萬國全圖》（*Il Mappamondo cinese del p. Matteo Ricci, S.I.*），羅馬：梵諦岡宗座圖書館（Roma: Biblioteca apostilica Vaticana），一九三八。
——，《乾坤體義》，景印文淵閣四庫全書，第七八七冊。
理查遜（Richardson, H. E.），《在拉薩的清代碑銘》（*Ch'ing Dynasty Inscriptions at Lhasa*），羅馬：意大利中遠東學院（Roma: Instituto italiano per il Medio ed Estremo Oriente），一九七四。
里茲維（Rizvi, Janet），〈十九、二十世紀之跨喀喇崑崙貿易〉（"The Trans-Karakoram Trade in the Nineteenth and Twentieth Centuries."），《印度經濟社會史評論》（*Indian Economic and Social History Review*），第三一卷，第一期（一九九四）：第二七—六四頁。
羅斯（Rose, Leo E.），《尼泊爾：生存戰略》（*Nepal: Strategy for Survival*），伯克萊：加州大學出版社（Berkeley: University of California Press），一九七一。
饒大衛（Rowe, David Nelson），《清代籌辦夷務始末索引》（*Index to Ch'ing Tai Ch'ou Pan I Wu Shi Mo*），哈姆登：鞋帶出版社（Hamden, CT: Shoestring Press），一九六〇。
羅茲斯基（Rozycki, William），《滿語中的蒙古語因素》（*Mongol Elements in Manchu*），布盧明頓：印第安那大學內陸亞洲研究所（Indiana University, Research Institute for Inner Asian Studies），一九九四。
陸德芙（Rudolph, Hennifer）《晚清中國的協商力量：總理衙門與政治改革》（*Negotiated Power in Late Imperial China: The Zongli Yamen and the Politics of Reform*），紐約綺色佳：康乃爾大學東亞學程（Ithaca, NY: Cornell University East Asia Program），二〇〇八。
羅明堅（Ruggieri, Michele）、利瑪竇（Ricci, Matteo）著，魏若望（Witek, John W.）編輯，《葡漢字典》（*Dictionário Português-Chinês*），理斯本：葡萄牙國家圖書館（Lisboa: Biblioteca Nacional Portugal），二〇〇一。

定方晟著，關守藝濃（Sekimori, Gaynor）英譯，《佛教宇宙觀》（*Buddhist Cosmology: Philosophy and Origins*），東京：佼成出版社，一九九七。

佐口透，《十八—十九世紀新疆社會史研究》（十八—十九世紀東トルキスタン社会史研究），東京：吉川弘文館，一九六三。

蘇爾夢（Salmon, Claudine），〈王大海及其對海島諸國的看法（一七九一）〉（"Wang Dahai and His View of the 'Insular Countries' (1791)."），載於陳祖明（Ding Choo Ming）編，《馬來世界華人研究：比較研究》（*Chinese Studies of the Malay World: A Comparative Approach*），新加坡：東方大學出版社（Singapore: Eastern Universities Press），二〇〇三。

薩揭（Sarkar, Jadunath），《莫卧爾帝國之衰亡》（*Fall of the Mughal Empire*），孟買：東方朗文（Bombay: Orient Longman），一九六四—一九七二。

——，《十八世紀印度研究》（*A Study of Eighteenth Century India*），加爾各答：娑羅室伐圖書館（Calcutta: Saraswat Library），一九七六。

佐佐木正哉，《鴉片戰爭前中英交涉文書》，臺北：文海出版社，一九七六。

佐藤長，《中世西藏史研究》（中世チベット史研究），東京：同朋舍，一九八六。

施瓦茲伯格（Schwartzberg, Joseph E.），《宇宙誌圖繪》（"Cosmographical Mapping"），見哈雷（Harley, J. B.）、烏德沃德（Woodward, David）編，《地圖學史》下冊，第二章（*The History of Cartography* 2.1），芝加哥：芝加哥大學出版社（Chicago: University of Chicago Press），一九八七：第三三二—三八七頁。

斯葛特（Scott, John Lee.），《船難後幽囚述聞》（*Narrative of a Recent Imprisonment in China after the Wreck of the Kite*），倫敦：道爾頓（London: Dalton），一八四一。

沈丹森（Sen, Tansen），《佛教、外交與貿易：六〇〇—一四〇〇中印關係的重整》（*Buddhism, Diplomacy, and Trade: The Realignment of Sino-Indian Relations, 600-1400*），檀香山：夏威夷大學出版社，二〇〇三。

沙甲巴（Shakabpa, Tsepon W. D.），《西藏政治史》（*Tibet: A Political History*），紐哈芬：耶魯大學出版社（New Haven, CT: Yale University Press），一九六七。

夏平（Shapin, Steven），《真理的社會史：十七世紀英國的文明與科學》（*A Social History of Truth: Civility and Science in Seventeenth-Century England*），芝加哥：芝加哥大學出版社（Chicago: University of Chicago Press），一九九四。

施立業，《姚瑩年譜》，合肥：黃山書社，二〇〇四。
《史料旬刊》，臺北：國風出版社，一九六三。
《（嘉慶）四川通志》，成都：巴蜀書社，一九八四。
西門華德（Simon, Walter）、納爾遜（Nelson, Howard G. H.），《倫敦滿文圖書總目：聯合目錄》（*Manchu Books in London: A Union Catalogue*），倫敦：大英博物館出版社（London: British Museum Publications），一九七七。
席文（Sivin, N.），〈哥白尼在中國〉（“Copernicus in China.”），《哥白尼研究》（*Studia Copernicana*），第六卷（一九七三）：第六三—一二二頁。
《景印文淵閣四庫全書》，臺北：臺灣商務印書館，一九八三—一九八六。
施其樂（Smith, Carl T.），《中國基督徒：香港精英、中間人及教會》（*Chinese Christians: Elites, Middlemen, and the Church in Hong Kong*），香港：香港大學出版社，二〇〇五。
施其樂（Smith, Carl T.）、范岱克（Van Dyke, Paul A.），〈一七〇〇—一九三〇年珠江三角洲的穆斯林〉（“Muslims in the Pearl River Delta, 1700-1930”），《文化雜誌》（*Revista de Cultura*），第十卷（二〇〇四）：第六—十五頁。
司馬富（Smith, Richard J.），〈測繪中國世界〉（“Mapping China’s World”），載於葉文心編，《中國社會中的景觀、文化與權力》（*Landscape, Culture, and Power in Chinese Society*），柏克萊：加州大學東亞研究所（Berkeley: Institute of East Asian Studies），一九九八：第五二—一〇九頁。
斯達理（Stary, Giovanni），〈滿文書寫史外一章：天竺字〉（“An Unknown Chapter in the History of Manchu Writing: The ‘Indian Letters’ (*tianzhu zi* 天竺字)”），《中亞雜誌》（*Central Asiatic Journal*），第四八卷，第二期（二〇〇四）：第二八〇—二九一頁。
斯坦因（Stein, Aurel），《西域：中亞與中國西陲探險報告》（*Serindia: Detailed Report of Explorations in Central Asia and Westernmost China*），德里（Delhi）：Motilal Banarsidass Publishers，一九八〇—一九八三。
司徒琳（Struve, Lynn A.），《明清之爭（一六一九—一六八三）：文獻指南》（*The Ming-Qing Conflict, 1619-1683: A Historiography and Source Guide*），密西根安娜堡：美國亞洲研究學會（Ann Arbor, MI: Association for Asian Studies），一九九八。
珊闍伊．須婆羅門閻（Subrahmanyam, Sanjay），〈在印度這個窗口上〉（“On the Window that was India”），載於氏著《探索歷史繫連：從太加斯河到恆河》，新德里：牛津大學出版社（New Delhi: Oxford University Press），二〇〇五。

松筠，〈綏服紀略〉，載於氏著，《鎮撫事宜》，臺北：華文書局，一九六九。
——，《西招圖略》，臺北：華文書局，一九六九。
鈴木中正，《圍繞西藏的中印關係史：約十八世紀中至十九世紀中》（チベットをめぐる中印関係史：十八世紀中頃から十九世紀中頃まで），東京：一橋書房，一九六二。
鄧津華，《臺灣的想像地理：中國殖民旅遊書寫與圖像（一六八三—一八九五）》（*Taiwan's Imagined Geography: Chinese Colonial Travel Writingsand Pictures, 1683-1895*），麻州劍橋：哈佛大學亞洲中心（Cambridge, MA: Harvard University Asia Center），二〇〇四。
《特選撮要每月紀傳》，巴達維亞。
佘克斯頓（Thackston, Wheeler M.），《巴布爾紀：王子、皇帝巴布爾之回憶錄》（*The Baburnama: Memoirs of Babur, Prince and Emperor*），紐約：現代圖書館（New York: Modern Library），二〇〇二。
瑪妲玉（Thampi, Madhavi），《在華印度人：一八〇〇—一九四九年》（*Indians in China, 1800-1949*），新德里：摩努訶羅出版事業（New Delhi: Manohar Publishers），二〇〇五。
圖理琛原著，今西春秋校註，《校注異域錄》，天理：天理大學，一九六四。
特納（Turner, Samuel），《覲見大昭寺喇嘛紀實》（*An Account of an Embassy to the Court of the Teshoo Lama*），新德里：亞州教育服務（New Delhi: Asian Educational Services），一九九一。
海野一隆，〈談湯若望及蔣友仁之世界圖〉（湯若望および蔣友仁の世界図について），載於氏著，《東西地圖文化交涉史研究》，大阪：清文堂，二〇〇三。
烏斯班斯基（Uspensky, Vladimir），〈乾隆的前世〉，載於布列澤（Blezer, Henk）編，《西藏：過去與現在，西藏研究I》，萊登：博睿學術出版社（Leiden: Brill），二〇〇二：第二一五—二二八頁。
高羅佩（Van Gulik, Robert H.），《悉曇：中國和日本梵文研究的歷史》（*Siddham: An Essay on the History of Sanskrit Studies in China and Japan*），那伽補羅：印度文化國際研究院（Nāgapur: International Academy of Indian Culture），一九五六。
南懷仁（Verbiest, Ferdinand），《坤輿圖說》，景印文淵閣四庫全書，第五九四冊。
魏斐德（Wakeman, Frederic, Jr.），〈度路利占領澳門及中國對前現代帝國主義的回應〉（"Drury's Occupation of Macau and China's Response to Early Modern Imperialism."），《東亞史》（*East Asian History*），第二八卷（二〇〇四）：第二七

—三四頁。

——，《大門口的陌生人：一八三九—一八六一年間華南的社會動亂》（*Strangers at the Gate: Social Disorder in South China, 1839-1861*），柏克萊：加州大學出版社（Berkeley: University of California Press），一九六六。

亞瑟．韋利（Waley, Arthur），《中國人眼中的鴉片戰爭》（*The Opium War through Chinese Eyes*），加州史丹佛：史丹佛大學出版社（Stanford, CA: Stanford University Press），一九五八。

衛周安（Waley-Cohen, Joanna），《北京的六分儀：中國歷史中的世界潮流》（*The Sextants of Beijing: Global Currents in Chinese History*），紐約：諾頓出版公司（New York: W. W. Norton），一九九九。

魏漢茂（Walravens, Hartmut），〈南懷仁神父之中文世界地圖（一六七四年）〉（Father Verbiest's Chinese World Map (1674)）《國際地圖史雜誌》（*Imago Mundi*），第四三卷（一九九一）：第三一—四七頁。

王朝宗，《海外番夷錄》，北京：漱六軒，一八四四。

王大海著，姚楠、吳琅璇校注，《海島逸誌校注》，香港：學津書店，一九九二。

王賡武，〈《海國聞見錄》中的"無來由"〉，收錄於《東南亞與華人：王賡武教授論文選集》，北京：中國友誼出版社，一九八六。

王家儉，《魏源對西方的認識及其海防思想》，臺北：國立臺灣大學文學院，一九六四。

——，《魏源年譜》，臺北：中央研究院近代史研究所，一九八一。

王建平，《中國伊斯蘭教詞彙表》（*A Glossary of Chinese Islamic Terms*），英國里士滿（Richmond, UK），Curzon，二〇〇一。

汪前進，〈康熙、雍正、乾隆三朝全國總圖的繪製〉，載於《清廷三大實測全圖集》，北京：外文出版社，二〇〇七。

——，〈乾隆十三排圖定量分析〉，載於曹婉如等編，《中國古代地圖集（清代）》，北京：文物出版社，一九九七。

王湘雲，〈清朝宮廷的藏傳佛教：章嘉三世的生平與事業（一七一七—一七八六）〉（"Tibetan Buddhism at the Court of Qing: The Life and Work of lCang-skya Rol-pa'i-rdo-rje (1717-86)"），哈佛大學 PhD 論文，一九九五。

王章濤，《阮元年譜》，合肥：黃山書社，二〇〇三。

王重民，《冷廬文藪》，上海：上海古籍出版社，一九九二。

華盛頓（Washington, George），《華盛頓全集》（*The Writings of George Washington from the Original Manuscript Sources, 1745-1799*），華盛頓哥倫比亞特區：美國政府出版局（Washington, DC: U.S. Gov't Print. Off.），一九三一—一九四

四。
魏源，《海國圖志》五十卷本，古微堂，一八四四。
——，《海國圖志》六十卷本，臺北：成文出版社，一九六七。
——，《聖武記》初版，續修四庫全書，第四〇二冊。
——，《聖武記》三版，臺北：世界書局，一九六二。
《文獻叢編》，臺北：國風出版社，一九六四。
魏根深（Wilkinson, Endymion P.），中國歷史手冊（*Chinese History: A Manual*），麻州劍橋：哈佛大學亞洲中心（Cambridge, MA: Harvard University Asia Center），二〇〇〇。
衛三畏（Williams, S. Wells），《漢英韻府》（*A Syllabic Dictionary of the Chinese Language*），上海：美華書館（American Mission Press），一八七四。
衛思韓（Wills, John E., Jr.），〈偶然的聯繫：福建、中華帝國與早期現代世界〉（"Contingent Connections: Fujian, the Empire, and the Early Modern World."），載於司徒琳（Struve , Lynn A.）編，《世界歷史時間中清的形成》（*The Qing Formation in World-Historical Time*），麻州劍橋：哈佛大學亞洲中心（Cambridge, MA: Harvard University Asia Center），二〇〇五：第一六七—二〇三頁。
——，《使團與幻覺：遣向康熙的葡萄牙及荷蘭使節，一六六六—一六八七》（*Embassies and Illusions: Dutch and Portuguese Envoys to K'ang-hsi, 1666-1687*），麻州劍橋：東亞研究委員會（Cambridge, MA: Council on East Asian Studies），一九八四。
——，《一六八八年的全球史》（*1688: A Global History*），紐約：諾頓（New York: Norton），二〇〇一。
——，〈朝貢、防禦與獨立：關於明清對外關係中某些基本觀念的用途與局限〉（"Tribute, Defensiveness, and Dependency: Uses and Limits of Some Basic Ideas about Mid-Qing Dynasty Foreign Relations."），《美國海神》（*American Neptune*），第四八卷，第四期（一九八八）：第二二五—二二九頁。
伍德（Wood, Herbert），〈英國，中國與拿破崙戰爭〉（"England, China, and the Napoleonic Wars."），《太平洋歷史評論》（*Pacific Historical Review*），第九卷，第二期（一九四〇）：第一三九—一五六頁。
吳寶祥，〈梁廷枏年譜簡編〉，《佛山科學技術學院學報（社會科學版）》，第二〇卷，第四期（二〇〇二）：第八二—八八頁。

韋棟（Wyatt, Don J.），《前近代中國之黑人》（*The Blacks of Premodern China*），費城：賓州大學出版社（Philadelphia: University of Pennsylvania Press），二〇一〇。

偉烈亞力（Wylie, Alexander），《在華新教傳教士紀念錄》（*Memorials of Protestant Missionaries to the Chines*），臺北：成文出版社，一九六七。

蕭騰麟，《西藏見聞錄》，北京：全國圖書館文獻縮微複製中心，二〇〇三。

《小方壺齋輿地叢鈔再補編》，臺北：廣文書局，一九六四。

謝清高口述，楊炳南筆錄，安京校釋，《海錄校釋》，北京：商務印書館，二〇〇二。

《西寧府新志》，西寧：清海人民出版社，一九八八。

阮明道編，《西域地理圖說注》，延吉：延邊大學出版社，一九九二。

《續修四庫全書》，上海：上海古籍出版社，一九九五—一九九九。

許地山編，《達衷集》，臺北：文海出版社，一九七四。

徐繼畬，《瀛環考略》，臺北：文海出版社，一九七四。

——，《瀛環志略》，上海：上海書店出版社，二〇〇一。

玄奘，《大唐西域記》，臺北：三民書局，一九九八。

嚴從簡，《殊域周咨錄》，北京：中華書局，一九九三。

嚴如熤，《洋防輯要》，北京：知識產權出版社，二〇一一。

姚瑩，《東溟文集文後集》，續修四庫全書。

——，《東溟奏稿》，臺北：臺灣銀行，一九五九。

——，《康輶紀行》，臺北：廣文書局，一九六九。

——，《識小錄》，合肥，黃山書社，一九九一。

齊思和編，《鴉片戰爭》，上海：神州國光社，一九五四。

《鴉片戰爭檔案史料》，上海：上海人民出版社，一九八七。

《鴉片戰爭時期思想史資料選輯》，北京：中華書局，一九六三。

雅普（Yapp, M. E.），《英屬印度的戰略：不列顛、伊朗、阿富汗，一七九八—一八五〇》（*Strategies of British India: Britain, Iran, and Afghanistan, 1798-1850*），牛津大學 Clarendon 出版社（Oxford: Clarendon Press），一九八〇。

余定國（Yee, Cordell D. K.），〈大地的量度：介於觀察與文字之間的中國地圖〉（"Taking the World's Measure: Chinese Maps between Observation and Text"），見哈雷（Harley, J. B.）、烏德沃德（Woodward, David）編，《地圖學史》第二卷，第二冊（*The History of Cartography* 2.2），芝加哥：芝加哥大學出版社（Chicago: University of Chicago Press），一九九四：第九六—一二七頁。

——，〈傳統中國地圖學及其西化的問題〉（"Traditional Chinese Cartographyand the Myth of Westernization."），見哈雷（Harley, J. B.）、烏德沃德（Woodward, David）編，《地圖學史》第二卷，第二冊（*The History of Cartography* 2.2），芝加哥：芝加哥大學出版社（Chicago: University of Chicago Press），一九九四：第一七〇—二〇二頁。

言蘇菲（Yen, Sophia Su-fei，音譯），《中國對外關係中的臺灣，一八三六—一八七四》（*Taiwan in China's Foreign Relations, 1836-1874*），哈姆登：鞋帶出版社（Hamden: Shoe String Press），一九六五。

印光任、張汝霖著，趙春晨校注，《澳門記略校注》，澳門：文化司署，一九九二。

《英使馬戛爾尼訪華檔案史料彙編》，北京：國際文化出版公司，一九九六。

尹煜（Yoon, Wook），〈軍機處與晚清的通訊體系〉（"The Grand Council and the Communication Systems in the Late Qing"），耶魯大學 PhD 論文，二〇〇八。

尤侗，《明史外國傳》，臺北：學生書局，一九七七。

——，《外國竹枝詞》，北京：中華書局，一九九一。

於福順，〈清雍正十排《皇輿圖》的初步研究〉，《文物》，第十二期（一九八三）：第七一—七五、八三頁。

俞浩，《西域考古錄》，臺北：文海出版社，一九六六。

裕謙，《裕靖節公遺書》，臺北：文海出版社，一九六九。

俞正燮，《俞正燮全集》，合肥，黃山書社，二〇〇五。

《元史》，北京：中華書局，一九七六。

《元史》，景印文淵閣四庫全書，第二九二—二九五冊。

《御定音韻闡微》，景印文淵閣四庫全書，第二四〇冊。

《粵海關志校注本》，廣州：廣東人民出版社，二〇〇二。

玉爾（Yule, Henry）、布尼勒（A. C. Burnell），《哈伯森．扎伯森：英印俗語詞典》（*Hobson-Jobson: A Glossary of Colloquial Anglo-Indian Words and Phrases*），倫敦：羅德里奇（London: Routledge & Kegan Paul），一九八五。

永貴、蘇爾德，《新疆回部志》，北京：北京出版社，二〇〇〇。

《御製滿珠蒙古漢字三合切音清文鑑》，景印文淵閣四庫全書，第二三四冊。

《御製詩集》，景印文淵閣四庫全書，第一三〇二—一三一一冊。

《御製文集》，景印文淵閣四庫全書，第一三〇一冊。

張海，《西藏紀述》，臺北：成文出版社，一九六八。

張玉書，《外國紀》，上海：上海書店，一九九四。

趙利峰、吳震，〈澳門土生葡人漢學家瑪吉士與《新釋地理備考》〉，《暨南學報（哲學社會科學版）》，第二八卷，第二期（二〇〇六）：第一三一—一三六頁。

鄭光祖，《舟車所至》，臺北：正中書局，一九六二。

《中國地方志總目提要》，臺北：漢美圖書有限公司，一九九六。

《中國第一歷史檔案館所存西藏和藏事檔案目錄（滿藏文部分）》，北京：中國藏事出版社，一九九九。

《中國伊斯蘭百科全書》，成都：四川辭書出版社，一九九四。

《中華古地圖珍品選集》，哈爾濱：哈爾濱地圖出版社，一九九八。

周靄聯，《西藏紀遊》，北京：中國藏學出版社，二〇〇六。

周凱，《廈門志》，臺北：臺灣銀行，一九六一。

朱鶴齡，《禹貢長箋》，景印文淵閣四庫全書，第六七冊。

朱思本、羅洪先，《廣輿圖》，臺北：學海出版社，一九六九。

莊吉發，〈國立故宮博物院典藏「大藏經」滿文譯本研究〉，《清史論集（三）》，臺北：文史哲出版社，一九九七：第一—九六頁。

——，《清高宗十全武功研究》，臺北：國立故宮博物院，一九八二。

莊廷旉，《大清統屬職貢萬國經緯地球式》，一七九四，美國國會圖書館（Library of Congress）G3200 1794.Z5。

許理和（Zürcher, Erik），《佛教征服中國：佛教在中國中古早期的傳播與適應》第三版（*The Buddhist Conquest of China: The Spread and Adaptation of Buddhism in Early Medieval China3rd. ed.*），萊登：博睿學術出版社（Leiden: Brill），二〇〇七。

——，〈徐光啟與佛教〉（Xu Guangqi and Buddhism），載於詹嘉玲（Jami, Catherine）等編，《晚明經世與思想革新：徐光啟的跨文化綜合（一五六二—一六三三）》（*Statecraft & Intellectual Renewal in Late Ming China: The Cross-Cultural Synthesis of Xu Guangqi (1562-1633)*），萊登：博睿學術出版社（Leiden: Brill），二〇〇一：第一五五—一六九頁。

二十一畫

二十二畫

十七畫

十八畫

十九畫

二十畫

十六畫

十五畫

十四畫

十三畫

十二畫

十一畫

十畫

九畫

八畫

七畫

六畫

五畫

索引

破譯邊疆．破解帝國：印度問題與清代中國地緣政治的轉型 / 馬世嘉 (Matthew W. Mosca) 作；羅盛吉譯. -- 初版. -- 新北市：臺灣商務，2019.02
面；　公分. -- (歷史．中國史)
譯自：From frontier policy to foreign policy : the question of India and the transformation of geopolitics in Qing China
ISBN 978-957-05-3186-2(平裝)

1. 中印關係 2. 地緣政治 3. 清代

643.71　　107022079

歷史 中國史

破譯邊疆・破解帝國
印度問題與清代中國地緣政治的轉型

From Frontier Policy to Foreign Policy:
The Question of India and the Transformation of Geopolitics in Qing China

作　　者：馬世嘉 Matthew W. Mosca
譯　　者：羅盛吉
發 行 人：王春申
總 編 輯：李進文
編輯指導：林明昌
責任編輯：林蔚儒
校　　對：涂蕙云
美術設計：黃子欽
內頁排版：菩薩蠻電腦科技有限公司

營業經理：陳英哲
行銷企劃：魏宏量
出版發行：臺灣商務印書館股份有限公司
23141 新北市新店區民權路 108-3 號 5 樓（同門市地址）
電話：(02)8667-3712　傳真：(02)8667-3709
讀者服務專線：0800056196
郵撥：0000165-1
E-mail：ecptw@cptw.com.tw
網路書店網址：www.cptw.com.tw
Facebook：facebook.com.tw/ecptw

局版北市業字第 993 號
初版一刷：2019 年 2 月
定價：新臺幣 680 元
法律顧問：何一芃律師事務所
ISBN 978-957-05-3186-2（平裝）